Erste Stimmen zum Buch:

„Die Marke, das Kapital eines Unternehmens, gehört eigentlich nicht dem Hersteller sondern dem Verbraucher. Eine Marke ist alleine das, was der Verbraucher über sie denkt, sie existiert nur im Kopf des Verbrauchers. Dieses Buch sollte jeder lesen, der erfahren will, wie man Marken – aus Sicht des Verbrauchers – erfolgreich (weiter-) führen kann."
David John Shaw, Leiter Marktforschung/Media, Interbrew Germany – Brauerei Beck & Co

„All denen, die vorhaben, ihre Marke auf eine breitere Basis zu stellen oder Lizenzen zuzukaufen, kann ich nur empfehlen, sich mit diesem Buch zu beschäftigen. Das Buch bietet einen guten Überblick, nicht nur über die Ziele sowie die Risiken solcher Ansätze, sondern auch strukturierte Hilfe zur Evaluierung eines Marken-Diversifikations-Potenzials."
Heiner Stöve, Commercial Director, Masterfoods Europe

Jeder, der sich mit Markenführung beschäftigt, sollte die in diesem Buch beschriebenen Erfolgs- und Misserfolgs-Beispiele genau durcharbeiten und daraus die für ihn relevanten Learnings ableiten, um in Zukunft die eigene Fehlerquote verringern zu können. Das Herausarbeiten des Potenzials einer Marke und die intensive Auseinandersetzung mit dem Konsumenten sind die wichtigsten Bestandteile für eine erfolgreiche Markenführung. Dieses Buch bietet vielfach bewährte Ansätze, diese Aufgaben strukturiert anzugehen."
Cathrin von Dassel, Regional Marketing Direktor Eastern Europe, Reemtsma

„Im Marketingstudium vor 15 Jahren war für mich „Imagetransfer" der Autoren Mayer de Groot das beste, praktikabelste Buch über Markendiversifikation. Heute ist, für die Praxis der strategischen Markenführung, dieses „Nachfolge"-Buch eine einzigartige Richtschnur für die Analyse und Realisierung von Marken-Erweiterungen."
Frank von Glan, General Manager Food, Kraft Foods Deutschland

„Ein hervorragendes Buch aus der Praxis für die Praxis. Die Fülle der dargelegten Beispiele für missglückten Marken-Transfer sollte für jeden Geschäftsführer eines Markenartikel-Unternehmens Anlass genug sein, sich in-

tensiv mit den Erfolgs-Faktoren einer Marken-Diversifikation zu beschäftigen. Dieses Buch gibt hierzu vorzügliche Anleitung und Hilfestellung."
Detlef Holst, Vorsitzender der Geschäftsführung, Campina

„Behandeln Sie Ihre Assets, Ihre Marken ebenso wie Mayer de Groot. Sein bemerkenswertes Buch bringt Sie durch eine systematische Anleitung dazu, zu entscheiden, wie lange Sie Ihre Marken ausdehnen können, bevor sie „entzweigehen"."
Jean-Paul Rigadeau, Managing Director, Johnson & Johnson

„Dieses Buch ist die „Lizenz zum Erfolg". Der sich ständig beschleunigende Wandel der Absatzmärkte erfordert ein radikales Umdenken. Die Nutzung bekannter Marken in neuen Märkten kann die bereits vorverkaufte Popularität mit minimiertem Risiko kapitalisieren. Mayer de Groot hat seine hervorragende Fachkompetenz wieder mit akkurater Recherchearbeit kombiniert und einen brand-aktuellen Leitfaden mit verlässlichen Kriterien geschaffen."
Michael A. Lou, Vorstand der V.I.P. Entertainement und Merchandising AG, Hamburg, und Präsident der ELMA, European License Marketing & Merchandising Association

„Das Buch greift eines der heißesten Themen der Markenartikelindustrie auf. Insbesondere die vielen Praxisbeispiele sowie die vorgeschlagenen Instrumente zur Umsetzung in die praktische, tägliche Arbeit machen den Stoff leicht verdaulich und darüber hinaus praktisch nützlich."
Günther Hess, Marketing Manager, McCain

„Für mich ist es das erste Werk mit hohem praxis-relevantem Nutzwert in diesem Themenbereich."
Ernst-Albrecht Klahn, Geschäftsführer Markendiversifikationen Reemtsma (jetzt: Managing Director Brand Consult, Hamburg)

„Ein Patentrezept für Marken-Diversifikation gibt es nach wie vor nicht und wird es auch nie geben. So verschieden wie Menschen sind, so verschieden sind auch Markenpersönlichkeiten. Sie werden geprägt durch ihre Historie, ihr Umfeld, ihre Kernkompetenz, ihr Image beim Konsumenten und im Handel. In diesem Buch findet man daher auch keine einfachen, 1 zu 1 übertragbaren Konzepte.

Was man sehr wohl findet, sind gute markenspezifische Vorgehensweisen und Empfehlungen. Noch viel wichtiger als die zahlreichen praxisrelevanten Beispiele aus erfolgreichen und auch weniger erfolgreichen Marken-Diversifikationen sind aber die guten Werkzeuge in Form von Marktforschungsansätzen und Wirkungsmodellen zur Kapitalisierung der Potenziale, die in nahezu jeder Marke schlummern."
Leo A. Möllerherm, Leiter Marketing & Vertrieb, J. G. Niederegger

„Dieses auch international bedeutsame Buch kommt im richtigen Moment. Denn das Markenwert-Wachstum der Top-100-Weltmarken beträgt nur zwei Prozent (Interbrand-Analyse 2003).

Eine Fülle von empirisch besicherten und minutiös erarbeiteten neuen Erkenntnissen hilft gezielt den Markenwert zu steigern; übersichtlich zusammengefasst in 22 Regeln der Marken-Diversifikation. Zudem gut veranschaulicht anhand einer Vielzahl akribisch analysierter Fallstudien, die sich teilweise geradezu dramatisch lesen.

Nach intensiver Durcharbeitung dieses Werkes kristallisiert sich heraus: Mit Hilfe der vorgestellten (MOT-) Simulations-Methode und ihrer ungewöhnlich hohen Prognosezuverlässigkeit lässt sich das in jeder Marke vorhandene Diversifikationspotenzial erkennen und optimal nutzen."
Dipl.-Kfm. Hans-Jürgen Schmidt, Marketingberater und Sachbuchautor

Zu den Methoden:

„Beiersdorf hat im Laufe der erfolgreichen NIVEA-Brand Extension viele unterschiedliche Marktsimulations-Verfahren eingesetzt. Die Prognose-Übereinstimmungen mit den realen Markt-Ergebnissen von NIVEA Soft gehören definitiv mit zu den besten Resultaten, die jemals erzielt werden konnten. Die Abweichung der Vorhersagewerte zu den in Italien und Deutschland erzielten Werten lag jeweils unter einem Prozentpunkt. Insofern kann der Methode, die Konzept & Analyse heute als MOT-Marktsimulation bezeichnet, eine außerordentlich hohe Prognosezuverlässigkeit bescheinigt werden."
Klaus M. Wecker, Beiersdorf-Marktforschungsleiter Consumer von 1971 bis 2001 (planung & analyse 2/2001)

„Bei der Einführung von Beck´s Gold waren für uns die Marktsimulationen und Werbetests eine wichtige Entscheidungshilfe. Vor allem die Prognose der Abverkaufswirkung, inklusive der zu erwartenden Kannibalisierung, und die Image-Wirkung der Einführung von Beck´s Gold auf die Marke Beck´s Pils waren für uns entscheidend."
David John Shaw, Leiter Marktforschung/Media, Interbrew Germany – Brauerei Beck & Co

„Die Marken-Erweiterung Jules Mumm spricht (erwartungsgemäß) erfolgreich und gezielt ein neues Segment an. ... Zudem hat sich die prognostizierte schwache Kannibalisierungs-Rate mit Mumm classic auch im Markt bestätigt. Hierdurch bedingt konnte die Gesamtmarke Mumm den höchsten Marktanteil in den letzten fünf Jahren übertreffen."
Johannes Kues und Alexa Michel, Rotkäppchen-Mumm Sektkellereien (planung & analyse 1/2003)

„Richtig erstaunlich war für mich die Prognose-Zuverlässigkeit der heute als „MOT-Marktsimulation" bezeichneten Methode: Bei einem zweistelligen Millionen-Betrag im ersten Jahr gab es nur eine Abweichung von 9.000 €. Wichtig für den Erfolg war vor allem die Diagnose, dass es eine große Probierkauf-Schwelle gab und der stärkte Schub über Sampling ausgelöst wurde."
Cathrin von Dassel, Regional Marketing Director Eastern Europe, Reemtsma

Dr. Ralf Mayer de Groot

Marken-Diversifikation und Tragfähigkeit

Imagetransfer und Line-Extension.

Wie Sie die Chancen der Schlüssel-Strategien der Zukunft nutzen und die Risiken vermeiden.

© Dr. Ralf Mayer de Groot, Eppstein und Nürnberg 2003
ISBN 3-00-011625-7

Herstellung: Holzmann Druck, 86825 Bad Wörishofen

*Dieses Buch ist
meiner Frau Anneliese und meinen Kindern
Laura, Jan und Charlotte gewidmet,
die deshalb häufig auf mich verzichten mussten.*

---

*Mein besonderer Dank gilt den wertvollen Anregungen
und Optimierungs-Hinweisen von:*

Carsten Burgdorff
Head of Consumer & Market Insight,
Unilever IC Skin Cleansing & Care Europe/HPCE

Gerd Daffertshofer
Director Marketing Tapes, Henkel KGaA

Cathrin von Dassel
Regional Marketing Director Eastern Europe, H.F. & Ph.F. Reemtsma

Detlef Holst
Vorsitzender der Geschäftsführung von Campina

Ernst-Albrecht Klahn
Geschäftsführer Markendiversifikationen Reemtsma
(jetzt: Managing Director Brand Consult, Hamburg)

Leo A. Möllerherm
Leiter Marketing & Vertrieb, J. G. Niederegger

Heiner Stöve
Commercial Director, Masterfoods Europe

7

Warum es dieses Buch gibt.

In den letzten zwanzig Jahren hat sich das Marketing-Umfeld gravierend gewandelt. Mit erheblichen Auswirkungen auf die Marketing-Strategie: In den Jahren 1977 bis 1984 betrug der Marken-Diversifikationsanteil etwa 40% an den Produkt-Neu-Einführungen in den USA. Heute liegt er bei über 90%. Und weltweit „boomt" das Lizenzgeschäft.

Die Schlüsselstrategie Markendiversifikation scheint aber in der Praxis nicht so unkompliziert umsetzbar zu sein, wie sich das viele Unternehmensleitungen erhofft haben. Die Flop-Rate beträgt circa 80% bei den Imagetransfers und etwa 28% bei den – vermeintlich „einfachen" – Line Extensions.

Die Ursache ist vor allem darin zu sehen, dass es bisher weitgehend sowohl an
1. der Kenntnis der notwendigen Voraussetzungen,
2. den relevanten Bewertungskriterien als auch
3. einem zuverlässigen Ansatz zur Bestimmung der Marken-Tragfähigkeit und des Markendiversifikations-Potentials fehlt. (Wie u.a. auch die wissenschaftlichen Analysen von Zatloukal (2002) und Sattler (1988) beweisen.)

Darüber hinaus werden bei der Realisierung von Imagetransfers und Line Extensions häufig die gleichen Fehler gemacht.

Als erfolgreiche „Parade-Beispiele" der Markendiversifikation werden oft NIVEA und CAMEL genannt. Wenig bekannt ist, dass sich die Transfer-Erfolge bei diesen – sowie vielen anderen – Marken erst in größerem Ausmaß einstellten, nachdem einschneidende Änderungen in der Strategie und Umsetzung vorgenommen wurden.

Die Erfahrung aus unserer Marktforschungs- und Marketingberatungspraxis zeigt: Erfolgreiche Markendiversifikation ist systematisch und zuverlässig erreichbar!
Ziel dieses Buches ist es daher, den Leser mit den 22 Regeln für erfolgreiche Markendiversifikation vertraut zu machen. Die zentralen Erkenntnisse werden dabei anhand von sehr vielen Fallbeispielen aus den unterschiedlichsten Märkten einfach und unterhaltsam nachvollziehbar gemacht.

Wie ist dieses Buch im Hinblick auf das MarkenMonopol®-Konzept einzuordnen?

Bei der Aufbereitung des Themas hat uns insbesondere der MarkenMonopol®-Ansatz geholfen. Konzept und Analyse hat diesen konsequenten Grundgedanken erfolgreicher Markenführung bereits vor 10 Jahren vorgestellt. Hinter diesem MarkenMonopol®-Ansatz steht als zentrale Erkenntnis aus mehreren Jahrzehnten Marketing- und Agentur-Linien-Erfahrung, Marktforschung und Markenberatung:

Erfolgreiche Marken besetzen dominant den zentralen funktionalen und vor allem den emotionalen Nutzen, den Verbraucher in einer Kategorie oder Subkategorie suchen. Dadurch nehmen sie quasi eine „Monopolstellung" in der Wahrnehmung der Verwender ein.

Zu der gleichen Auffassung gelangt auch der bekannte US-Professor Aaker (1996, S. 97): „Die stärksten Marken-Identitäten haben beides. Sie sprechen sowohl funktionale als auch (präzise) emotionale Benefits an."

MarkenMonopole® stellen die emotionalen Verbraucherwünsche in den Mittelpunkt, indem sie ihr Angebot gezielt darauf ausrichten. So entsteht für fest umrissene Zielgruppen-Potenziale die beste, erreichbare Alternative auf dem Markt. Und dieser Vorteil in der Wahrnehmung bleibt meist bestehen – auch im Falle „gleich guter" Testergebnisse der Stiftung Warentest. Marken-Monopole® stehen deshalb weniger unter Preis- und Handelsmarkendruck.

Bei Markendiversifikationen wird nach unserer Erfahrung häufig gegen diesen zentralen und hochwirksamen Marktmechanismus verstoßen. Erschwerend kommt hinzu, dass eine nicht relevante Markendiversifizierung nicht nur Geld vernichtet, sondern sehr häufig auch die Stammmarke (und damit letztlich den Unternehmens-Wert) schädigt, indem sie deren „Monopolstellung" in der Wahrnehmung untergräbt.

Auf Grund der erheblichen Veränderungen im Marketing-Umfeld, bietet sich der Gedanke an, eine Marke nicht nur einmal, sondern mehrfach zu nutzen. Aufgabe dieses Buches ist es aufzuzeigen, wie Sie den kaufentscheidenden (emotionalen) Nutzen mit einer Marke in mehreren Warengruppen besetzen können, ohne unnötige Risiken einzugehen. Gut geeignete Marken-Diversifikationen lassen die emotionalen und rationalen Stärken einer Marke klarer und prägnanter hervortreten. Durch Transfer-Partner-Produkte mit hohen Affinitäten wird der Marken-Kern und Motiv-Schlüssel gehärtet.

Zum Autor dieses Buches:

Dr. Ralf Mayer de Groot ist ein ausgewiesener Experte bei Markendiversifikationen. Er ist Co-Autor des Buches „Imagetransfer", das 1987 international das erste Buch war, das den geplanten Transfer von Markenimages systematisch analysierte. Die dieser ersten Veröffentlichung zugrundeliegende Diplomarbeit wurde 1984 mit dem 1. Preis des Markenartikelverbandes e.V. ausgezeichnet.
Für dieses Buch hat er über tausend Marken-Diversifikations-Versuche analysiert, von denen über 200 zu Veranschaulichungs-Zwecken erläutert werden.
Mein Partner Dr. Ralf Mayer de Groot ist seit 1999 Mitglied des Vorstandes der Konzept und Analyse AG.

Für wen ist das Buch geschrieben?

• Für alle, die die Markenführung beeinflussen: Geschäftsleitung, Marketing-Direktion, Marktforscher, Produktmanager, Werbefachleute, Designer...
• und für alle, die Marketing lehren und lernen.

Und was nützt es dem Leser?

• Es aktiviert, erweitert das marken-strategische und marktforscherische Repertoire (Wissens-Effekt).
• Es führt schneller, rationeller, effektiver zu alternativen Realisierungs-Möglichkeiten des Imagetransfers und der Line Extension (Rationalitäts-Effekt).
• Es wird erstmalig eine Analyse-Methode zur zuverlässigen Marken-Diversifikations-Potenzialgrößen-Bestimmung und Marken-Tragfähigkeits-Überprüfung veröffentlicht, die sich in den letzten 15 Jahren in der Praxis

bewährt hat. Gleiches gilt für einen neuartigen Ansatz der Sortiments-Optimierung. (Entscheidungs-Sicherheits-Effekt)
- Es unterstützt die professionelle Arbeitsweise: Sie finden zahlreiche Anhaltspunkte zur Erstellung von Checklisten im Einzelfall, für die Marktforschung etc. Darüber hinaus werden entscheidungsorientierte Handlungs-Anweisungen entwickelt.

Denn am Ende zählt nur eins: der Erfolg Ihrer Marke.

Viel Spaß und viele gute Anregungen beim Lesen

Ralph Ohnemus
Vorstand Konzept & Analyse AG

Lese-Empfehlung:

Allen Lesern wird empfohlen, zumindest <u>die Marken-Diversifikations-Checkliste sowie die 22 Schlüssel-Erkenntnisse dieses Buches</u> zu lesen.

Sie sollten zudem die Einleitung und die Management-Zusammenfassung am Anfang dieses Buches nutzen, um sich einen Überblick über den letzten Erkenntnisstand der Marken-Diversifikations-Strategie und -Forschung zu verschaffen.

Das Buch ermöglicht es Managern mit wenig Zeit, relevante Einzel-Aspekte und Fallstudien selektiv zu vertiefen. Hierzu dient das Inhaltsverzeichnis sowie das Marken- und Fallstudien-Verzeichnis (am Ende des Buches).

Den höchsten Erkenntnis-Gewinn (aus über 200 erläuterten Fallstudien) erzielt natürlich derjenige, der das ganze Buch nutzt.

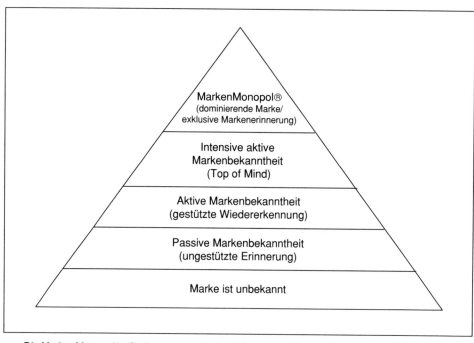

Die MarkenMonopol® - Stellung in der Markenbekanntheis-Pyramide

INHALTSÜBERSICHT

INHALTSVERZEICHNIS SEITE

14

EINLEITUNG

Wer sich heute als Anbieter von Produkten oder Dienstleistungen im Markt erfolgreich behaupten will, muss sich mit seinem Angebot klar von den Mitbewerbern abheben. – Marken, die den Konsumenten keinen deutlich identifizierbaren emotionalen und/oder rationalen Vorteil bieten, verbleibt in Zukunft nur eine undankbare Position. Bei austauschbaren Produkten und Handelsmarken diktiert der Handel Preise und Mengen.

Bereits für Hans Domizlaff (1939) war „das Ziel der Markentechnik die Sicherung einer **Monopolstellung** in der Psyche der Verbraucher". – 60 Jahre später haben Ries und Ries (1999, S. 172 und S. 21) diesen Gedanken aufgegriffen, indem sie schreiben: „Was ist eine Marke? Eine einzig(artig)e Idee oder ein Konzept, das sie in der Wahrnehmung des Verbrauchers besitzt." „Das ultimative Ziel jedes Marken-Programms ist es, eine Kategorie zu dominieren." (vgl. auch Stein 1997, 2002)

Der Markenbegriff hat sich seit seinem Bestehen immer wieder gewandelt. Das Credo eines Hans Domizlaff – eine Marke für ein Produkt – gilt heute ebenso wenig uneingeschränkt als Erfolgsrezept wie das entgegengesetzte Konzept – eine Marke für ein möglichst breites Produktangebot in unterschiedlichen Märkten.

Die Einführung, Durchsetzung und ausreichende Unterstützung von Einzelmarken wird immer weniger finanzierbar und ständig schwieriger. Pro Jahr werden in Europa über 500.000 neue Items eingeführt. Inzwischen gibt es allein in den USA über 1.200.000 und in Deutschland über **660.000 geschützte Marken, von denen ca. 60.000** beworben werden. Bei einem durchschnittlichen aktiven Wortschatz von **2.500 Worten** in Deutschland wird es für Marken immer schwieriger, spontan erinnert zu werden.

Vor diesem Hintergrund bietet sich der Gedanke geradezu an, unterschiedliche Produkte unter einem bereits etablierten Markennamen anzubieten.

Weltweit ist ein Markendiversifikations-„Boom" zu beobachten: Seit 1991 werden circa 90% aller neuen Produkte in den USA unter bereits bekannten Marken eingeführt. Früher (1977 – 1984) betrug dieser Anteil pro Jahr nur etwa 40%.

Die Marktbedeutung von Marken-Diversifikationen ist erheblich größer als der Lizenz-Markt: Denn in Lizenz-Umsatz-Angaben sind keine Absätze von Unternehmen enthalten, die ihre Markenrechte selbst in unterschiedlichen Produktkategorien nutzen. So vermarktet beispielsweise die BEIERSDORF AG unter der eigenen Marke NIVEA über 300 Produkte mit einem Umsatz im Jahr 2002 von circa 2,6 Milliarden Euro. KNORR, die weltweit führende Marke im UNILEVER Portfolio, erzielte im Jahr 2001 einen Umsatz von etwa 3 Milliarden Euro. Und das DR. OETKER-Sortiment umfasst etwa 600 Artikel. – Es existieren jedoch keine Zahlen über den Gesamtmarkt der Marken-Diversifikationen. Daher wird die Dynamik der Entwicklung am Lizenz-Markt verdeutlicht.

Innerhalb der letzten zwanzig Jahre hat sich z.B. der Marktausschnitt des Lizenzgeschäftes weltweit fast verachtzehnfacht (1.787%). **Weltweit werden allein mit Lizenzprodukten inzwischen schätzungsweise 160 Milliarden € jährlich umgesetzt.** (Quelle: License! 10/2001)

Nach Angaben der LIMA [Licensing Industry Merchandiser´s Association] wächst kein Geschäftsfeld so rasant wie das Brand Licensing.

Im Jahr 2001 wurden mit lizenzierten Produkten im deutschsprachigen Raum 24,4 Milliarden € umgesetzt. (Abgabe-Preise an den Handel exkl. MwSt.). Zu Endverbraucherpreisen dürfte dies einem Marktvolumen von mindestens 35 Milliarden € oder mehr entsprechen. Zu den umsatzstärksten Lizenz-Branchen zählen Lebensmittel und Getränke (29%), Verlagsprodukte (16%) und Bekleidung (13%). Weitere Geschäftsfelder-Lizenzumsätze entnehmen Sie bitte den Abbildungen. (Quelle: ELMA-Lizenzmarkt-Studie 2002 [ELMA = European License Marketing & Merchandising Association])

Trotz des Marken-Diversifikations-„Booms" ist allerdings die „Erfolgsbilanz" erschreckend: circa **80% aller Imagetransfer- und etwa 28% aller Line Extension-Versuche scheitern.** – Scheitern wird hier definiert als Produkt-Einstellung vor Erreichen der Gewinn-Schwelle (Break even).

Die Ursache ist vor allem darin zu sehen, dass es bisher weitgehend sowohl an der Kenntnis der notwendigen Voraussetzungen, den relevanten Bewertungs-Kriterien, als auch einem zuverlässigen Prognose-Ansatz zur Marken-Diversifikations-Potenzial-Bestimmung fehlte.

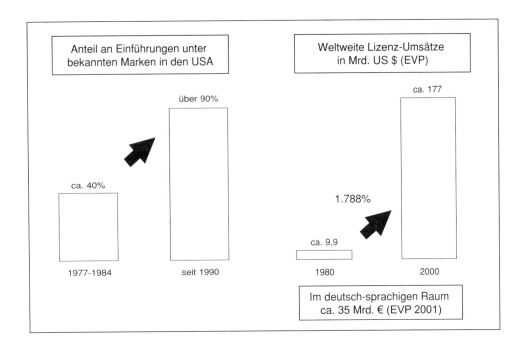

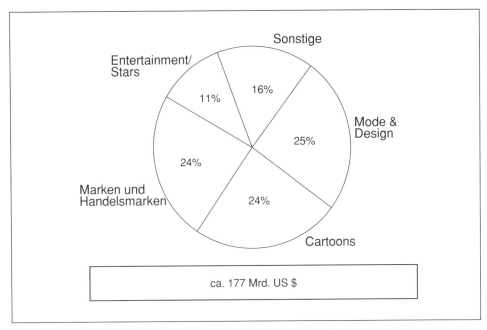

Struktur der weltweiten Lizenz-Umsätze (Quelle: License 10/2001)

Bis auf wenige Ausnahmen haben Beiträge zur Marken-Diversifikation nur wenig Substantielles im Sinne einer wissenschaftlichen Fundierung einerseits oder einer systematischen Entscheidungs-Unterstützung für die Praxis andererseits hervorgebracht. Im Wesentlichen beschränken sich die Beiträge auf Begriffs-Diskussionen und deren Verdeutlichung anhand von Beispielen. (Esch 2001, S. 642; vgl. Zatloukal 2002)

In der Realität geht es jedoch um strategische Entscheidungen, die große Umsatz- und Profit-Auswirkungen haben und im Extremfall die Existenz einer bisher erfolgreichen Marke in Frage stellen können.

Deshalb wird erstmalig in diesem Buch ein dreistufiger Untersuchungs-Ansatz veröffentlicht, der sich in den letzten 15 Jahren in der Praxis bewährt hat. Die Prognose-Zuverlässigkeit wird u.a. anhand den ausführlich dargestellten NIVEA Creme und NIVEA Soft sowie JULES MUMM-Fallstudien nachgewiesen. (Darüber hinaus wurde das zugrundeliegende Simulations-Verfahren an sich in mehreren hundert Anwendungen validiert.)

Zudem wird ein neuartiger Ansatz zur Varietäts- und Sortiments-Optimierung bei Line Extensions vorgestellt.

Abschließend ist leider festzustellen, dass auch bei der Realisierung von Imagetransfers und Line Extensions – nach wie vor – von unterschiedlichen Unternehmen immer wieder die gleichen Fehler gemacht werden.

Ziel dieses Buches ist es, anhand von erfolgreichen Beispielen aus den unterschiedlichsten Märkten zu zeigen, welche Vorgehensweisen gezielt zu Marken-Diversifikations-Erfolgen führen. Der Fehler-Vermeidung dienen die zahlreichen Flop-Beispiele.

Zu diesem Zwecke wurden über tausend Marken-Diversifikations-Versuche analysiert, von denen über 200 zu Veranschaulichungs-Zwecken erläutert werden.

Außerdem fließen Erkenntnisse aus über 20 Jahren Beratung und Marktforschung in strategischen Fragen der Marken-Diversifikation mit ein.

In diesem Buch wurden unter anderem Erfahrungen berücksichtigt mit:

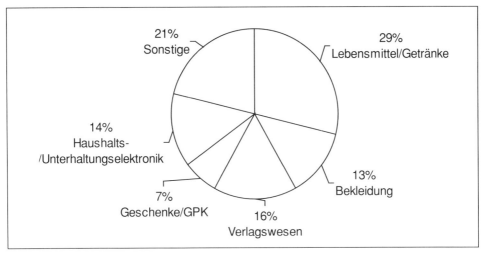

Umsatz mit Lizenzprodukten im deutschsprachigen Raum (zu Großhandelspreisen) 2001

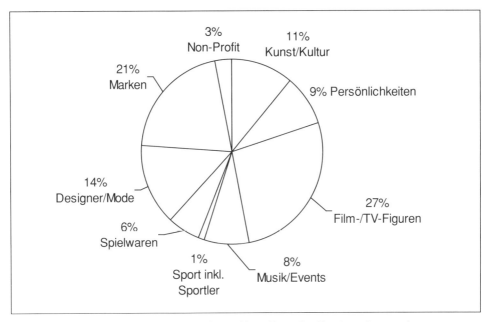

Umsatz mit Lizenzprodukten im deutschsprachigen Raum (zu Abgabepreisen an den Handel) 2001 (in Prozent nach Branchen/Arten (Quelle: ELMA/Universität Hamburg)

- Adidas
- Allga Pharma
- Bahlsen
- Bauer Verlag
- Beck´s
- Beiersdorf
- Berentzen
- Bestfoods / Knorr
- Brauns-Heitmann
- Campina
- Dralle
- Eckes
- Effem
- Ellen Betrix
- Ferrero
- Hochland
- Kraft
- Langnese Iglo
- Leitz
- Lever Fabergé
- L´Oréal
- Maggi
- McCain
- Meggle
- Merz
- Nestlé
- Niederegger
- Nordmilch
- Dr. Oetker
- Pedigree Petfoods
- Pfanni
- Pond´s
- Procter & Gamble
- Reemtsma
- Roche
- Schering
- Seagram
- Unilever
- Unisabi (Mars)
- Viba Sweets
- VK Mühlen
- Wrigley
- Woelm Pharma (J&J)
- Zott

Allerdings – und das sei hier ausdrücklich vorweggeschickt – wird dabei nur auf veröffentlichtes Material zurückgegriffen. – Ausnahmen wurden von den Kunden genehmigt.

DIE 22 REGELN DER MARKEN-DIVERSIFIKATION

„EIN STARKER MARKENNAME
ist von unschätzbarem Wert.
Manager sollten wissen,
wie und wann sie ihn nutzen können,
wann sie ihn schützen müssen,
und wie sie die richtige Entscheidung
treffen."

Die 22 Schlüssel-Erkenntnisse des Buches

1. Ein einfaches Patentrezept für erfolgreiche Marken-Diversifikation gibt es nicht.

So verschieden wie Menschen sind, so unterschiedlich sind auch die „Persönlichkeiten" starker Marken. Sie werden geprägt durch ihre unterschiedliche Historie, ihr spezifisches Konkurrenz-Umfeld, ihre individuellen Kernkompetenzen und Images (ihren Motiv-Schlüssel) beim Konsumenten und im Handel.

Was einer vermeintlich „ähnlichen" Marke gelingt, klappt bei der anderen Marke oft nicht – und umgekehrt. Dies beweisen die unterschiedlichen Erfolge von COCA COLA- und PEPSI COLA-Mode (in den USA), von DU DARFST- und NATREEN-Wurst, von DOR LOTION und PRIL BALSAM Spülmittel, von BUTONI-, CAMPBELL-, PANZANI- und PREGO-Spaghetti-Tomatensaucen, um nur einige Beispiele zu nennen. Deshalb muss jede Erweiterung marken-spezifisch analysiert werden.

2. Schwache Marken „mit Mauerblümchen-Dasein" können nicht größeren Erfolg versprechend diversifiziert werden.

Grundsätzlich gilt, dass schwache Marken wenig Diversifikations-Potenzial besitzen: Wenn sich eine Marke schon nicht in ihrem eigenen Markt durchsetzen konnte, warum sollte ihr dies in einem neuen Markt gelingen?
Die relevanten Beurteilungs-Kriterien der Marken-Stärke werden einschließlich von Erfahrungswerten ("Faustregeln") ab Seite 305 erläutert.

3. Den erheblichen Vorteilen der Marken-Diversifikation stehen nicht zu unterschätzende Risiken gegenüber. – Und die Flop-Rate ist hoch.

Es ist leider eine Illusion, dass Marken-Diversifikation "ein schneller, kostengünstiger, risikoarmer und hochprofitabler Weg" sei, eine Marke mehrfach zu nutzen. – Dies behaupten insbesondere gerne Lizenz-Berater (vgl. u.a. Kessler, S. 2; Anson, S. 28; Diedrichs, S. 289; Binder, S. 95; Böll 2001, S. 451). – Denn Imagetransfers und Line Extensions können auch schaden.

Zudem erreichen schätzungsweise 80% aller Imagetransfers nicht die geplanten Ziele. Bei den vermeintlich einfachen Line Extensions beträgt die Flop-Rate 28%, wie eine US-Studie von Ernst & Young, Prime Consulting zeigt (o. V. 1997). Mehr über die Vorteile der Marken-Diversifikation erfahren Sie ab Seite 91 und über die Risiken ab Seite 178.

4. Bei der Marken-Diversifikation ist oft weniger mehr, und mehr weniger.

Marken-Diversifikation folgt ihren eigenen Gesetzmäßigkeiten. Was offensichtlich und logisch erscheint, ist leider häufig falsch. Jede neue Marken-Erweiterung, so wird meist angenommen, bringt auch ein Mehr an Umsatz und Ertrag. Erfahrungsgemäß gilt jedoch häufig das Gegenteil.

Dieses „Paradox" kann auf mehrere Ursachen zurückgeführt werden:

- Zu viele Optionen – insbesondere wenn sie sich kaum von einander unterscheiden – rufen Gefühle von Verwirrung und Überforderung hervor. Diese veranlassen die Konsumenten oft dazu, ganz vom Kauf Abstand zu nehmen.
- In unseren Studien zeigte sich zudem häufig, dass die Befragten, die unter einer umfassenden Sortiments-Palette wählen durften, die Alternativen oft weniger attraktiv empfanden, mit ihrer Wahl weniger zufrieden waren und sich eher mit „Nachkauf-Dissonanzen" quälten. Dies war bei anderen Personen eindeutig weniger der Fall, denen nur eine begrenzte und klar differenzierte Auswahl angeboten wurde.

Aus nachvollziehbaren Geheimhaltungs-Gründen dürfen wir hier keine Kunden-Studien zitieren. Zur Veranschaulichung sei daher auf ein Experiment der Stanford-University verwiesen. Im ersten Durchgang wurden in einem Supermarkt 24 verschiedene Marmeladen-Sorten platziert, im zweiten nur sechs. Das größere Sortiment zog erwartungsgemäß mehr Kunden an: circa 60% der vorbeikommenden Kunden hielten bei den 24 Sorten inne, verglichen mit etwa 40% beim kleinen Sortiment. Gravierende Unterschiede zugunsten des kleineren Marken-Angebots gab es hingegen bei der Abverkaufs-Wirkung: Während nur 3% bei dem ausladenden Test-Sortiment ein Glas kauften, erwarben 30% eine Marmelade beim Sechser-Sortiment.

Die bisherigen Möglichkeiten, Sortimente zu verbessern, führen meist zu keinen optimalen Lösungen. So ergibt beispielsweise die weit verbreitete Ermittlung einer reinen Rangreihe von Sorten-Präferenzen meist keine optimale Auswahl.

Deshalb wird ein neuartiges Verfahren zur Sortiments-Optimierung erstmalig vorgestellt, das sich in der Praxis vielfach bewährt hat. Dies wird in Abschnitt IV 8. ab Seite 393 erläutert.

Nach unseren Erfahrungen sind durch solche Marken-Sortiments-Optimierungen durchaus zusätzliche Umsatz-Potenziale von 10% bis 30% (in Einzelfällen sogar deutlich mehr) erschließbar: Ohne Ausweitung der Sortimente. Auch bei einer Verkleinerung eines Sortiments sind im Einzelfall drastische Einsparungen möglich.

5. Die weit verbreitete Annahme ist <u>falsch</u>, dass Neueinführungen unter bekannten Markennamen niedrigere Kommunikations-Budgets ermöglichen.

Marken-Diversifikation ist auch in anderer Hinsicht nicht „logisch". Es wird häufig vermutet, dass die Marketing-Budgets bei Neueinführungen unter bekannten Markennamen (in erheblichem Umfang) niedriger ausfallen können als beim Launch einer neuen Marke. Diese Annahme ist in der Regel leider <u>falsch</u>, wie anhand von empirischen Daten (ab Seite 99) bewiesen wird.

Von extrem seltenen Ausnahmefällen abgesehen, gibt es beim Imagetransfer – während der Einführungszeit (in den meisten Märkten circa 2 - 3 Jahre) mit einem bekannten Markennamen – keine "economies of scale". Diese plausibel erscheinende, aber falsche Prämisse dürfte einer der Hauptgründe sein, warum circa 80% aller Imagetransfers nicht die gesetzten Ziele erreichen.

6. Eine für eine Erweiterung ausreichende Markenstärke besagt noch nicht, dass eine Diversifikation der Marke erfolgreich ist.

Es stellt sich die Frage nach der **Markenkompetenz**. Kompetenz bedeutet dabei die widerspruchsfreie Zuständigkeit für ein (für den Konsumenten) nachvollziehbares Leistungsspektrum der Marke. Darüber hinaus sollte **das neue Produkt der bekannten Marke im Diversifikations-Markt einer ausreichend großen Zielgruppe einen relevanten wahrgenommen Vorteil bieten.**

7. Produktgeprägte Markenimages eignen sich in der Regel weniger für einen Transfer als nutzengeprägte.

Der Unterschied zwischen produkt- und nutzengeprägten Markenimages sei an Beispielen aus dem Margarine-Markt hier kurz verdeutlicht: RAMA ist produktgeprägt (RAMA ist Margarine), während die Marke BECEL (Gesundheit) und DU DARFST-Margarine (kalorienarm) nutzengeprägt sind.

Die Bandbreite möglicher Marken-Erweiterungen ist zudem bei emotionalen Nutzen-Versprechen meist erheblich größer als bei faktischen – und am geringsten bei Gattungsmarken. (Mehr erfahren Sie ab Seite 247.)

8. „Dachmarken gibt es im Kopf des Verbrauchers nicht. Er gibt sein Geld für einen bestimmten Nutzen und nicht für eine Dachmarke aus." (Dr. Rolf Kunisch, Vorstandsvorsitzender von Beiersdorf)

Eine Hauptursache für das Scheitern vieler Marken-Diversifikationen ist die Vermutung, dass man, aufgrund der erwarteten Überlegenheit des transferierten starken Markenimages, die zu erbringenden Leistungen zumindest niveaumäßig vernachlässigen könnte. Dies war und ist ein Trugschluss.

Große Marken-Diversifikations-Erfolge sind meist nur bei emotional und/oder faktisch überlegenem Marken-Produkt-Erlebnis möglich. (Auf dieses Schlüssel-Kriterium wird ab Seite 342 eingegangen.)

9. Der bekannte Markenname wirkt in der Regel wie eine „Denkschablone".

Er kann zu einer anderen Produktwahrnehmung seitens des Verbrauchers und gegebenenfalls zu einem erlebten Produkt-Vorteil (oder -Nachteil) führen, der „objektiv" nicht vorhanden ist. (Blindtest-Resultate sind daher in diesem Zusammenhang (nahezu) irrelevant.) – Fallstudien-Beispiele finden sich u.a. ab Seite 93 und ab Seite 250)

10. Die größte Gefahr sind bei der Marken-Diversifikation negative Rücktransfers auf die Marke. – Deshalb reicht selbst die erlebte Vorteilhaftigkeit im Ziel-Markt nicht aus!

Marken-Diversifikation als Multi-Produkt-Strategie muss mit einer Marke vorsichtiger umgehen als ein Mono-Marken-Produkt. Denn emotional und/oder faktisch unverträgliche Transfer-Partner-Produkte können zu negativen Rücktransfers führen.

Diese „Badwill-Rücktransfers" können den Verfall des Markenimages auslösen. Diese Gefahr ist um so stärker gegeben, je größer die emotionalen oder sachhaften Unterschiede zwischen den Produkten sind, die mit Hilfe eines Markennamens verbunden werden sollen. – Dem steht selbst die erlebte Vorteilhaftigkeit des Partner-Produkts im Ziel-Markt nicht entgegen.

So konnte z.B. zwar die Pflege-Kompetenz der Kosmetik-Marke PALMO-LIVE erfolgreich auf Spülmittel transferiert werden. – Dies bewirkte allerdings im Laufe der Zeit einen gravierenden negativen Rücktransfer auf die ursprünglich wahrgenommene Kosmetik-Kompetenz der Marke PALMO-LIVE. Dieses und weitere Beispiele werden ab Seite 194 analysiert.

Insofern sind vordergründige Marken-Passungs-Untersuchungen („Fit") oder Assoziations-Tests bei weitem nicht ausreichend. Es sollte vielmehr unbedingt eine Image-Rücktransfer-Überprüfung vorgenommen werden.

11. Je mehrdimensionaler eine Marke im Kompetenz-Anspruch wird, desto größer ist die Gefahr der Deprofilierung.

Das ursprüngliche Profil der Marke kann insbesondere durch zu viele, zu schnell aufeinander folgende oder nicht als ausreichend zueinander passende Produkte verloren gehen. – Bereits die Erweiterung eines Markennamens um ein etwas inadäquates Produkt kann große Schäden auslösen. Fallstudien hierzu finden Sie ab Seite 182.

Deshalb empfiehlt es sich, bei jeder Marken-Erweiterung die Image-Auswirkungen auf das Marken-Profil der Mutter-Marke zu kontrollieren.

12. Das relative „Rangwertigkeits-Verhältnis" der Produkte bzw. der Diversifikationsmärkte zueinander sollte grundsätzlich bei jeder Marken-Erweiterung beachtet werden.

Mit dem relativen Rang wird darauf abgestellt, welches Bedeutungs-Gewicht den durch eine Marke verbundenen Produkten nach Umfang und Intensität ihrer Leistungen für die Bedürfnis-Befriedigung zukommt.

Eine Marken-Diversifikation, die von einem höherrangigen oder zumindest gleichrangigen Stamm-Produkt ausgeht (von Kamera auf Film, von Fotokopierer auf Fotokopier-Papier), ist meist unproblematisch.

Demgegenüber verfügt eine Marke für ein höherrangiges Partner-Produkt (von Film auf Kamera) meistens über kein ausreichendes Transfer-Potenzial.

Auf das Kriterium der Rangwertigkeit der Produkt-Kategorien wird u.a. in Abschnitt II. Risiken 1.3 (Seite 197) und in III.1.3 (ab Seite 262) noch näher eingegangen.

13. Es ist meist nicht so schlimm, wenn eine unpassende Marken-Diversifikation sofort scheitert. Viel schlimmer ist, wenn die negativ wirkende Marken-Ausdehnung längere Zeit überlebt oder dahinvegetiert.

Während dieses ganzen Zeitraums kann sie unverträgliche Marken-Assoziationen auslösen und den Markennamen verletzen. Damit verbunden ist oft eine Marken-Deprofilierung oder ein Kompetenzverlust der Marke. Die Verwässerung des Marken-Images kann zur Erosion des Markenwertes führen und gravierende Umsatz-Auswirkungen haben.

33

14. Imagetransfers und Line Extensions können eine Marke nachweisbar stärken.

Insofern ist die häufig – insbesondere in der amerikanischen Literatur (z.B. Ries und Trout) – generell vertretene Auffassung falsch, dass jede Diversifikation eine Marke schwächt. (Aber der Umkehrschluss ist ebenso falsch. Diese Behauptung findet sich u.a. bei Dancin/Smith 1994, Sheinin/Schmitt 1994, Boush/Loken 1991)

Im Mittelpunkt der Zielinhalte vieler Markendiversifikations-Strategien steht gerade die Stärkung der etablierten Marke (Abschnitte II. Ziele 2.1 bis 2.3, ab Seite 127). Ziel ist es oft, durch Imagetransfers oder Line Extension das (gemeinsame) Marken-Vorstellungsbild beim Verbraucher zu festigen, auszubauen oder zu aktualisieren.

Eine konsequente Abstellung auf den markenspezifischen Motiv-Schlüssel und der sich hieraus ergebenden Transferachsen bei Stamm- und Transfer-Produkten kann eine Intensivierung der tragenden Imagekomponente(n) bewirken und damit zur weiteren Profilierung der Marke beitragen.

Insofern gilt zwar einerseits, dass das Kompetenz-Spektrum einer Marke zwangsläufig begrenzt ist. Andererseits kann jedoch dieses meist im Zeitablauf sukzessive – mit der erforderlichen strategischen und marktforscherischen Sorgfalt – erfolgreich ausgebaut werden, wie die Marke NIVEA zeigt.

15. Höhere Produkt-Kannibalisierungs-Raten können sich auch beim Imagetransfer ergeben.

Das Risiko des sogenannten Produkt-Kannibalismus ist insbesondere bei der Product Line Extension gegeben. Größere Produkt-Kannibalisierungs-Raten treten aber auch häufiger beim Imagetransfer auf – womit meist nicht gerechnet wird.

Ursache für diese meistens nicht beabsichtigte Wirkung ist oft der gemeinsame Markenname, der häufig die Wahrnehmung wie eine „Denkschablone" prägt. In diesen Fällen weisen die Partner-Produkte trotz einer unterschiedlichen Kategoriezugehörigkeit in der Wahrnehmung der Zielgruppe große Ähnlichkeiten und hohe Substitutions-Möglichkeiten in der Verwendung auf. Mehr Informationen hierzu finden Sie ab Seite 238.

Es empfiehlt sich daher, bei jeder Marken-Diversifikation die Volume Source zuverlässig zu ermitteln.

16. Die mir am häufigsten gestellte Schlüsselfrage nach der Marken-Tragfähigkeit kann nur in Kenntnis der jeweils mit der Marke verfolgten Ziele beantwortet werden.

Strebt man auch langfristig eine stark aufgeladene, kompetente Marke an, so sollte die Verwendung eines Namens (auch) bei der Marken-Diversifikation **auf eine möglichst konzentrierte Idee beschränkt werden.** Insofern ist hier der Erweiterungs-Spielraum auf die Produkte beschränkt, die den Marken-Motiv-Schlüssel in seinen bestehenden Image-Ausprägungen stärker profilieren und härten.

Die Marken-Tragfähigkeit endet in diesem Falle einerseits da, wo der etablierte Markenname dem neuen Produkt keinen relevanten Image-Vorteil im Transfer-Markt bringt. Und andererseits dort, wo ein neues Produkt dieser Marke beginnt, das Marken-Profil (den Motiv-Schlüssel) zu verwässern und aufzuweichen. (**„Marken-Tragfähigkeit im engeren Sinne"**)

Am anderen Ende des Ziel-Spektrums stehen Marken (wie z.B. Dr. OETKER, KNORR, KRAFT oder MAGGI), die möglichst breit und Produktkategorie-übergreifend angelegt sind. Ihnen kommt meist eine reine Absender- und Qualitätsgarantie-Funktion zu. Zudem stehen sie für ein gewisses Preis-Spektrum.

Andererseits sind sie auf Grund ihrer Breite kaum in der Lage, ein neues Angebot unter einer Marke dieser Art stärker konkret imagemäßig zu profilieren oder zu unterstützen. Hierzu sind meist separate Kommunikations-Maßnahmen erforderlich.

In diesem Falle ist die Marken-Tragfähigkeit begrenzt durch die Marken-Vorstellungen sowie die Produkte, auf die diese adäquat transferiert beziehungsweise angewendet werden können. Die Marken-Tragfähigkeit endet dort, wo das Leistungsspektrum der Marke für die Konsumenten nicht mehr nachvollziehbar ist und ggf. negative Rücktransfers einsetzen. (**„Marken-Tragfähigkeit im weiteren Sinne"**)

17. Von Expertengremien ist abzuraten.

Häufig wird empfohlen, potentielle Marken-Erweiterungs-Ideen durch Expertengremien oder -Panels entwickeln oder beurteilen zu lassen (z.B. Hupp u.a. 2/2003, S. 17). Hiervon ist abzuraten. Die Praxis hat gezeigt, dass die Experten – gerade durch ihr Expertentum – nicht in der Lage sind, die „naive" Sichtweise des Konsumenten oder unterschiedlicher Verbraucher-Segmente richtig einzuschätzen.

Entsprechend häufig kommt es erfahrungsgemäß zu gravierenden Fehlprognosen. So beweist auch eine Umfrage von Sattler (1998) bei Marketing-Führungskräften, dass diese bei bekannten Marken die Erfolgs-Wahrscheinlichkeiten von Marken-Diversifikationen subjektiv völlig unterschiedlich und somit meist falsch einschätzen.

Die Erfahrung zeigt, dass adäquat und repräsentativ angelegte Verbraucher-Befragungen eine erheblich zuverlässigere Entscheidungsbasis sind.

18. Der Marken-Wert ist kein guter Indikator für bestehende Marken-Diversifikations-Fähigkeit

In der Fach-Literatur und von Beratern wird häufig an Stelle der Marken-Stärke ein hoher Marken-Wert als Voraussetzung für mögliche Marken-Erweiterungen genannt. Dies halte ich ausdrücklich für <u>falsch</u>, da

• der Marken-Wert auch von den Marken-Diversifikations-Möglichkeiten, also der Nutzungsfähigkeit der spezifischen Marke in anderen Kategorien abhängt. (= Zirkularitäts-Problem)
• dominante Marken, wie zum Beispiel TEMPO oder NUTELLA, deren Image untrennbar mit einer Kategorie verbunden ist, einen hohen Markenwert besitzen können, bei minimalem Diversifikations-Potenzial.
• die alternativen Markenbewertungsverfahren oft zu sehr unterschiedlichen

Werten kommen. Die Streubreite bei der Berechnung von Marken-Werten kann je nach eingesetztem Verfahren zum Teil um den Faktor 10 oder 20 (= das Zwanzigfache!) schwanken. (Mehr erfahren Sie hierzu ab Seite 165.)

• Zudem kann sich der Marken-Wert durch den Eintritt besonderer Ereignisse relativ schnell verändern. (Diese Argumente werden etwas ausführlicher auf Seite 304 diskutiert.)

19. Die bisherigen Intensiv-Verwender der „Stamm-Produkte" einer Marke stellen eine besonders vielversprechende Zielgruppe für die neuen Partner-Produkte dar.

Erstmalig wird auf breiterer Basis – und nicht nur anhand von Einzelfällen – die Hypothese validiert, dass die bisherigen Intensiv-Verwender der „Stamm-Produkte" einer Marke eine erhöhte Konsum-Neigung für die Diversifikations-Produkte der gleichen Marke besitzen.

(Dies wird durch 39 Sonder-Auswertungen in der Verbraucheranalyse 2002 auf der Basis von 30.547 Befragten bestätigt. – Die Analyse-Ergebnisse finden Sie ab Seite 142.)

20. Es sollte nur Geld in Marktforschung investiert werden, die alle relevanten Erfolgsfaktoren überprüft und die wechselseitigen Effekte einer Marken-Diversifikation nachweisbar zuverlässig vorhersagen kann.

Für die Analyse und Bewertung des Marken-Diversifikations-Potenzials sind unterschiedliche Untersuchungsansätze vorgeschlagen worden. Die wissenschaftlichen Analysen von Zatloukal 2002 (S. 11) und Sattler 1998 (S. 486) haben jedoch nachgewiesen, dass alle bisher veröffentlichten Verfahren „mit verschiedenen Problemen behaftet sind". Insofern „besteht ein hohes Risiko der Fehleinschätzung des Markentransfer-Erfolges." (Eine kritische Auseinandersetzung mit einigen häufiger empfohlenen oder angewandten Verfahren lesen Sie ab Seite 369).

Erstmalig wird in diesem Buch daher ein Untersuchungs-Ansatz veröffentlicht (ab Seite 297), der erwiesenermaßen zuverlässig in der Lage ist, das Marken-Diversifikations-Potenzial zu analysieren und zu bewerten.

Als zentrale Vorteile des Verfahrens sind zu nennen:

- In drei Analyse-Stufen werden **systematisch alle relevanten Erfolgsfaktoren** herausgearbeitet und **überprüft.**
- Es werden die Auswirkungen der neuen Erweiterungen auf das Marken-Profil **(positive oder negative Auswirkungen auf den Motiv-Schlüssel = Marken-Stärkung oder -Verwässerung bzw. negativer Rücktransfer) zuverlässig prognostiziert.**
- Es wird bei jedem Marken-Diversifikations-Versuch auch die Volume Source bzw. **Produkt-Kannibalisierungs-Rate** ermittelt.
- Das MOT Markt-Simulations-Verfahren unterscheidet sich deutlich – sowohl im Hinblick auf die **verhaltenswissenschaftliche Fundierung** des Markenwechsel-Kriteriums als auch bezüglich der **individuellen Prognose** der Markenwahl ("segment of one approach") – von den unzuverlässigen Simulationsverfahren der ersten Generationen.
- **Die Fähigkeit zur marktnahen Vorhersage** der später in der Realität erzielten Umsatzvolumen des Simulations-Verfahrens und der verwendeten Markenwahl-Kriterien ist **in mehreren hundert Fällen immer wieder bestätigt worden.** Drei ausführliche Validierungen, NIVEA SOFT in zwei Ländern sowie JULES MUMM, finden Sie ab S. 355 und ab S. 479.
- Die Diagnosefähigkeit ist hoch. Das MOT Markt-Simulations-Verfahren nennt Ihnen die Gründe, warum das Markt-Potenzial so groß und nicht noch größer ist. Sie gibt darüber hinaus **eindeutige Hinweise,** wie ggf. das Produktleistungsvermögen/Marketing-Mix **konkret verbessert werden muss,** um ein noch höheres Wachstums-Potenzial für die getestete Marken-Erweiterung zu generieren. – Hierin sehen viele unserer Kunden – neben der Prognosezuverlässigkeit – einen weiteren „U.S.P." unseres Verfahrens.
- Das Verfahren ist in den letzten 15 Jahren in ständiger Interaktion mit Markt-Untersuchungen entwickelt und weiterentwickelt worden. Es hat sich in der Praxis nachweisbar bewährt, wie u.a. die angeführten Fallstudien beweisen.
- Ergänzend sei angemerkt, dass das vorgestellte Verfahren auch alle genannten zentralen Weiterentwicklungs-Forderungen des Wissenschaftlers Zatloukal (2002, S. 231 f.) erfüllt.

21. Bei der Realisierung von Marken-Diversifikationen empfiehlt sich eine aufeinander abgestimmte Gestaltung aller Maßnahmen der Partner-Produkte.

Marken-Diversifikations-Strategien erfordern über die vertikale Abstimmung der Marketing-Mix-Instrumente (wie bei der Individual-Markenstrategie) hinaus zusätzlich eine **horizontale Abstimmung** der Partner-Produkte.

Besonders hohe Anforderungen ergeben sich an die koordinierte Marken-Führung bei der Vergabe von Lizenzen. Sie bedeuten immer auch einen Verlust an Kontrolle, denn man gibt einen Teil der Marken-Steuerung in fremde Hände. Jedes zusätzliche Produkt, das man unter einer bekannten Marke einführt, birgt auch ein Risiko.

Der Marken-Inhaber muss deshalb alles unternehmen, um die Marken-Nutzung so zu steuern, dass sie zur Bereicherung und Stärkung des Marken-Images (Motiv-Schlüssel) beiträgt und mit ihm in voller Übereinstimmung steht. **Die Vorgabe verbindlicher Produkt-, Distributions- und Kommunikations-Richtlinien zur Marken-Verwendung und -darstellung sind erfahrungsgemäß effektive Steuerungs-Mechanismen** zur Sicherstellung erfolgreicher Marken-Diversifikationen. Bei Lizenz-Vergabe empfiehlt sich zudem der **Einsatz eines Lizenz-Koordinators.**

Mehr über die unterschiedlichen Realisierungs-Möglichkeiten erfahren Sie ab Seite 250 und ab Seite 401.

22. Es ist nicht immer das beste Erfolgsrezept, ein neues Produkt unter einem etablierten Markennamen einzuführen.

Aus wirtschaftlichen und kommunikativen Gesichtspunkten empfiehlt sich häufig eine Einführung unter einem bereits bekannten Markennamen.

Bei „echten" Neuheiten sollte aber ein neuer Markenname gewählt werden. In diesen Fällen wäre eine bekannte Marke eher hinderlich. Denn die bestehenden Marken-Assoziationen dürften die Kommunikation und Wahrnehmung des Neuigkeits-Aspekts eher nivellieren als fördern.

Unter „echten" Innovationen verstehen wir Produkte, die sich in der Wahrnehmung der Konsumenten deutlich von bisherigen Lösungen oder Angeboten unterscheiden. Ob sie „objektiv" neu sind, ist dabei nicht von Belang. Diese Innovationen können technischer Natur sein (z.B. Informationstechnologie), ästhetischer Natur (z.B. neue Mode) oder sie können einen für die Produktkategorie neuen emotionalen oder faktischen Nutzen bieten. (vgl. Haimerl u.a. 2001)

Die Bedeutung wirklich innovativer Produkte für den längerfristigen Unternehmenserfolg ist heute größer denn je und auch völlig unumstritten. Studien haben immer wieder gezeigt, dass Innovationen höheren Neuigkeitsgrades mittelfristig sehr viel erfolgreicher sind als Produkte, die nur moderate Innovationen darstellen (vgl. z.B. Kleinschmidt/Cooper, S. 244 ff; Song/Montoya-Weiss, S. 131; Deloitte & Touche).

Diese Innovationen bieten die Chance, jene MarkenMonopole zu werden, die oft für Jahrzehnte Märkte dauerhaft beherrschen.

In diesen Fällen sind daher die hohen Kosten für die Einführung, den Auf- und Ausbau neuer Marken gerechtfertigt. (In den USA etwa belaufen sich die durchschnittlichen Kosten für den Launch einer neuen Marke branchenabhängig auf circa 150 Millionen Euro.)

Marken-Diversifikations-
CHECKLISTE

*„Starke Marken sind der wertvollste Be-
standteil eines Unternehmens."*

*„Die bessere Kenntnis des Konsumenten
ist der wichtigste Wettbewerbs-Vorteil."*

„Marketing ist Chefsache."

Diese Aussagen macht fast jedes Unternehmen.

- **Investieren Sie 3 Minuten** für den kurzen, aber harten „Selbst-Test",
um fest zu stellen, ob es in Ihrem Unternehmen stimmt.

- Falls Sie eine oder mehrere Fragen nicht positiv beantworten konnten,
besteht **akuter Handlungsbedarf.**

- Bedenken Sie: „Die Wahrheit ist nicht so schlimm, nur deren plötzliche Erkenntnis." (Mark Twain). Und am Schlimmsten sind nicht
Handlungs- sondern Unterlassungsfehler.

Bevor Sie die Marken-Disversifikation-Checkliste (ab Seite 43 unten) **lesen, empfiehlt sich eventuell ein kleiner, aber harter „Selbst-Test":**

• An wie vielen qualitativen Marktforschungs-Präsentationen haben Sie als (bzw. Ihr) Geschäftsführer/Vorstand im letzten Jahr teilgenommen?

• Kennen Sie und Ihre Mitarbeiter alle in Ihrem Markt verhaltens-relevanten, rationalen und emotionalen Motive und Hemmschwellen? – Wirklich?

• Dann können Sie die drei folgenden Schlüssel-Fragen des Marketing <u>ursächlich erklärend</u> (und nicht nur beschreibend) beantworten:

- Welche persönlichen, faktischen und vor allem emotionalen Nutzen führen bei einzelnen Konsumenten zur Verwendung oder Nicht-Verwendung Ihrer Waren-/Service-Kategorie?

- Was unterscheidet einen (erheblich umsatz-relevanteren) Intensiv- von einem Selten-Verwender?

- Warum kaufen bestimmte Konsumenten hauptsächlich Ihre Marke und nicht eines der Konkurrenz-Angebote? – Und umgekehrt? „Allgemein-Plätze" wie besserer Geschmack, Qualität etc. gelten nicht als Antwort! *(Anmerkung: Erfahrungsgemäß wissen über 80% aller Unternehmen meist viel über die rationalen, aber erstaunlich wenig über die wahren tieferliegenden emotionalen Bedürfnisse und Gründe für die Verwendung Ihrer Warengruppen und der Markenwahl.)*

• Werden alle Marketing-Mix-Maßnahmen an der Positionierung und dem Motiv-Schlüssel (als zentrales Steuerungselement) Ihrer Marke ausgerichtet? Gibt es einfach verständliche und verbindliche Produkt-, Distributions-, Preis- und Kommunikations-Richtlinien zur Marken-Verwendung und -darstellung?

• Sind Änderungen an diesen wichtigsten Markensteuerungs-Kriterien sowie zentrale Markenführungs-Entscheidungen (die somit den größten Teil Ihres Unternehmens-Wertes beeinflussen) Sache der Geschäftsleitung?

• Hat die Marktforschung, als „Anwalt des Konsumenten", in Ihrem Unternehmen eine ausreichend starke Stellung? – Ist sie der „Gralshüter" Ihrer Marken? – Oder kann ein (eventuell schnell wechselnder) Marketing-Direktor oder -Manager sich „gegen Marktforschung(s-Ergebnisse)" entscheiden?

- Testen Sie jede Marketing-Mix-Veränderung „hart" genug: Das heißt über-prüfen Sie jede Produkt-, Packungs-, Distributions-, Preis- und Kommuni-kations-Änderung vor allem im Hinblick auf die Abverkaufs- und Image-Wirkung (Motiv-Schlüssel)? – Und mit ausreichender Fallzahl? – Oder verwenden Sie häufig nur „weiche" Kriterien wie Gefallen/Attraktivität, Aufmerksamkeit, Kaufbereitschaft?

- Sind die von Ihnen eingesetzten Test-Methoden ausreichend validiert? D.h. messen sie wirklich das, was Sie messen wollen und sind sie nach-weisbar prognose-zuverlässig in der Markt-Realität?

Gestatten Sie mir wichtige, differenzierende Anmerkungen. Entscheidend sind nicht die relativ ähnlich klingenden Behauptungen aller Institute, son-dern der Wirkungs-Nachweis im Markt. Am besten sind die Überprüfungs-Nachweise in Ihrem eigenen Unternehmen. (Stimmen z.B. Ihre Pretest-Er-gebnisse mit den später im Markt gemessenen Werten (z.B. in Tracking, Ima-gestudien etc.) überein oder nicht?) Höhere Glaubwürdigkeit besitzen auch Fallstudien-Veröffentlichungen zusammen mit Kunden.

*Wie bereits geschrieben: „**Die Wahrheit ist nicht so schlimm, nur deren plötzliche Erkenntnis.**" (Mark Twain). Falls Sie eine oder mehrere Fragen nicht positiv beantworten konnten, besteht akuter Handlungsbedarf.*

Die folgende Checkliste enthält eine Auswahl entscheidender Fragen für Marken-Diversifikations-Erfolge.

Eine vollständige Auflistung ist allein aufgrund der Spezifität einzelner Branchen und Länder sowie der unterschiedlichen Rechtslagen, der Indivi-dualität der Marken, der verfolgten Firmen-Ziele und -Kulturen sowie der jeweiligen Konkurrenz-Situationen nicht möglich.

1. Analyse der Marken-Stärke und der Marken-Rechte

Diese Fragen gelten der Feststellung, <u>ob die prinzipiellen Voraussetzungen für eine Marken-Diversifikation überhaupt erfüllt werden.</u> Generell gilt:

Schwache Marken können (meist) nicht erfolgversprechend diversifiziert werden. – Häufig reichen für die folgende Analyse (in Form von „Desk Research") bereits im Unternehmen vorhandene oder allgemein erhältliche Daten (z.B. Verlagsstudien) aus oder sie können relativ kostengünstig erhoben bzw. zugekauft werden.

Die meisten der folgenden Fragen können zudem auch zur vorbereitenden Wettbewerbs-Analyse in potentiellen Diversifikations-Märkten genutzt werden, um einen ersten Hinweis auf die Erfolgschancen zu erhalten.

- Wie hoch ist „Top of mind" und die spontane sowie die gestützte **Marken-Bekanntheit?** *(Als „Faustregel" kann man von einer starken Marke ausgehen, wenn die Marken-Bekanntheit spontan mindestens 20% und gestützt mindestens 75% beträgt.)*
- Wie hat sich der Gesamtmarkt (und der Transfer-Markt) im Zeitablauf entwickelt (unter Berücksichtigung des Preisverhaltens)?
- Wie groß ist der absolute und der **relative Marktanteil,** im Vergleich zum Marktführer und weiteren Wettbewerbern? Wie hat sich die Anteils-Relation in der Vergangenheit verändert (unter Berücksichtigung des Preisverhaltens)? *(Anmerkung: Marken mit relativ geringem Marktanteil sollten sich meist erst in ihrem angestammten Markt stärker durchsetzen bevor sie diversifiziert werden. – Exklusive Marken müssen bei Anwendung dieses Kriteriums allerdings anders behandelt werden als Produkte in „Massenmärkten".)*
- Wie hoch ist die Intensität der **Markenloyalität und der Kundenzufriedenheit?** *(Von einer starken Marke kann als Faustregel ausgegangen werden, wenn die Wiederkaufsrate bei schnelldrehenden Konsumgütern 30% übersteigt.)*
- Wie groß ist die Käufer-Reichweite? (Bisherige Intensiv-Verwender der „Stamm-Produkte" einer Marke haben eine erhöhte Konsum-Neigung für Marken-Erweiterungen.) *Wünschenswert ist meist eine Käufer-Reichweite von 30% oder mehr (Ausnahme: exklusive Marken).*
- Wie hoch ist die gewichtete Distribution und wie lang ist die Regalstrecke? *(Bei starken Marken liegt die gewichtete Distribution meist über 70%.)*
- Wie groß ist die aktive Werbe-Bekanntheit und -Erinnerung? Werden die Kommunikations-Inhalte und Slogans richtig zugeordnet? Wie ist die Relation im Vergleich zur Konkurrenz? *(Starke Marken weisen häufig eine*

spontane Werbe-Erinnerung von 15% und gestützt von 30% oder mehr auf.)

- Gibt es gravierende „Marken-Probleme"? (Marken, die aktuell größere Image-Probleme haben *(mögliche Ausnahmen: „alte" Marke, „nicht aktuell" etc.), sollten grundsätzlich zunächst nicht (weiter) diversifiziert werden, sondern erst selbst gestärkt werden.)*
- Wie viele Diversifikations-Versuche dieser Marke waren bisher erfolgreich? Stimmt deren Positionierung, deren Motiv-Schlüssel und deren Qualitäts-Wahrnehmung überein?
- Gingen die bisherigen Extensionen in die gleiche oder in unterschiedliche Richtungen? *(Gleich gerichtete Marken-Diversifikationen erhöhen die Erfolgschancen.)*
- Und wie viele Diversifikationen sind bisher gescheitert? Wie aktuell sind diese und wie lange waren sie auf dem Markt? Ist hierdurch eine Marken-Deprofilierung und Marken-Erosion eingetreten?
- Erfolgen die Marken-Erweiterungen bisher eventuell zu häufig und zu schnell aufeinander? *(Eine generelle und konkrete Antwort ist nicht möglich, was „zu häufige" und „zu schnell aufeinanderfolgende" Marken-Dehnungs-Versuche sind. Insofern hilft die Überprüfung: Welche Frequenz ist markt-üblich? Handelt es sich bei den letzten Marken-Ausweitungen um eng verwandte oder weit „entfernte" Märkte?).*
- Ist eventuell die Tragfähigkeit der Marke durch die Anzahl und/oder die Unterschiedlichkeit der Partner-Produkte insgesamt überfordert? *(Hinweise auf Probleme kann z.B. eine größere Varianz in der (Qualitäts-) Wahrnehmung der Partner-Produkte oder ein schwach ausgeprägter Motiv-Schlüssel der Gesamt-Marke sein.)*
- Wie groß ist die Zielgruppen-Übereinstimmung? Und in welchem Verhältnis stehen die unterschiedlichen, bisher de facto angesprochenen und zukünftig angestrebten Zielgruppen zueinander? *(Sofern größere Abneigungen zwischen diesen (bzw. einseitig) vorherrschen, ist es besser, den Imagetransfer oder die Line Extension zu unterlassen.)*
- In wie weit sind die Marken-Schutzrechte für die interessierenden Waren- und Dienstleistungs-Gruppen und Länder (bereits) abgesichert? Wurde gegen Verletzer der Marken-Rechte bisher erfolgreich vorgegangen? *(Oder sind die Rechte eventuell durch unterlassene Verfolgungen eingeschränkt worden?)*

Eine für eine Erweiterung ausreichende Markenstärke besagt noch nicht, dass eine Diversifikation der Marke erfolgreich ist. Insofern sollten Sie auch in der Lage sein, die folgenden Fragen zuverlässig zu beantworten.

2. Kennen Sie wirklich alle verhaltens-relevanten, rationalen und emotionalen Motive und Hemmschwellen – in Ihrem Stamm-Markt und den potentiellen Transfer-Märkten?

Will Marketing einen gezielten Einfluss auf das Verhalten und die Markenwahl des Konsumenten in mehreren Märkten haben, dann gilt die Voraussetzung: Es muss die ursächlichen rationalen und emotionalen Gründe, Motive und Hemmschwellen für das Kaufverhalten im Stamm-Markt wie auch in intendierten Diversifikations-Märkten kennen und verstehen.

Diese scheinbar so einfache und selbstverständliche Aufgabe stellt aber Marketing und Marktforschung vor Probleme. – So verblüffend es auf den ersten Blick scheinen mag: In über 80% aller Fälle wissen erfolgreiche Unternehmen meist viel über die rationalen, aber erstaunlich wenig über die wahren tieferliegenden emotionalen Bedürfnisse und Gründe für die Verwendung Ihrer angestammten Warengruppen.

Das Verständnis vor allem der emotionalen, psychologischen Nutzen für den Verbraucher ist aber eine der wichtigsten Grundvoraussetzungen für den Einfluss auf die Markenwahl im Stamm-Markt und den Diversifikations-Märkten. Denn diese Dimension steuert die Produktverwendung/Nichtverwendung, die Heavy/Light Usage und die Hauptmarkenwahl! Und gerade die Übertragung emotionaler Benefits ermöglicht vielversprechende Marken-Diversifikations-Chancen in größerer Bandbreite als Transfers auf Basis faktischer Nutzen.

In der Folge wird in dieser Checkliste unterstellt, dass Sie über die folgenden notwendigen Basis-Informationen (in zuverlässiger Form) für Ihren bisherigen Markt und die potentiellen Transfer-Märkte verfügen.

• über alle verhaltens-relevanten, rationalen und emotionalen Motive und Hemmschwellen *(Anmerkung: Dies können Sie anhand der drei Schlüsselfragen (zweiter Unterpunkt) im vorangegangenen, harten „Selbst-Test" unmittelbar überprüfen.)*

46

- die jeweilige Bedürfnisstrukturen
- die Angebotsstrukturen
- bestehende wahrgenommene Defizite und Marktlücken.

Wie bereits ausgeführt, können die meisten Firmen diese drei zentralen Fragen des Marketing nicht ausreichend zuverlässig beantworten. – Insofern ist es kein Wunder, dass die Floprate im Marketing so hoch ist (93% aller neuen Produkte und 80% aller Imagetransfers scheitern im Branchen-Durchschnitt). – Ohne dieses Kern-Wissen, ist es aber eigentlich nicht möglich eine Marke systematisch zu größeren Erfolgen zu führen und zu diversifizieren.

(Anmerkung: Sofern Sie sich nicht sicher fühlen, können Sie dies in Abschnitt IV. 3.2.1 und 3.2.2 tiefer analysieren.)

3. Grundsätzliche Marken-Extensions-Fähigkeit in Abhängigkeit von der Art der Imageausprägung

- Kann die spezifische Marke überhaupt – größeren Erfolg versprechend – übertragen werden?
- Ist das Marken-Image produktgeprägt *(= geringe Diversifikations-Möglichkeiten)?*
- Handelt es sich gar um eine Gattungsmarke *(= sehr beschränkte Extensions-Chancen)?*
- Oder ist das Image nutzen-geprägt? Ist dieser Benefit eher faktisch oder emotional ausgeprägt? *(Emotionale Nutzenverspechen haben meist eine erheblich weiteres Spektrum an Marken-Dehnungs-Möglichkeiten als faktisch-funktionale.)*
- In welchen Märkten stellen die stärker (im Motiv-Schlüssel) ausgeprägten Benefits Ihrer Marke einen relevanten und ausreichend differenzierenden Basis- oder Zusatznutzen dar?
- Welches gemeinsame Nutzenversprechen (Transferachse) ist am besten geeignet?
- In welche Produkt- und/oder Servicefelder kann die Marke übertragen werden? Wie gut passen diese jeweils zur Marke? Wie groß ist die Marken-Tragfähigkeit?

- Welche Extensions-Reihenfolge und welcher zeitliche Mindestabstand empfiehlt sich, um das Risiko zu begrenzen?
- Und mit welchem gemeinsamen Nutzenversprechen (Transferachse)?
- Welche Anforderungen müsste ein Produkt dieser Marke aus Konsumenten-Sicht auf jeden Fall erfüllen?

4. Chancen im Transfer-Markt

- Ist das Nutzenverspechen der Mutter-Marke im Markt der geplanten Marken-Diversifikation kaufrelevant? Wird sie im Transfer-Markt hierfür als kompetent angesehen? *(Anmerkung: Kompetenz bedeutet dabei die widerspruchsfreie Zuständigkeit für ein (für den Konsumenten) nachvollziehbares Leistungsspektrum der Marke.)*
- Ist die Kaufrelevanz des Marken-Benefits eher steigend oder rückläufig?
- Steigert die Übertragung des Marken-Namens die Attraktivität im Diversifikations-Markt?
- Sind die spezifischen, wahrgenommenen Marken-Vorteile auch im Transfer-Markt glaubwürdig (auch bezüglich der Marken-Historie), vom Wettbewerb ausreichend differenzierend und konsequent umsetzbar?
- Ist die beabsichtigte Marken-Diversifikation innovativ, ein me-too-Produkt oder von unterdurchschnittlicher Qualität?
- Bietet das neue Marken-Produkt einen relevanten, wahrgenommenen Vorteil einer ausreichend großen Zielgruppe im Transfer-Markt? Wie groß ist das Markt-Potential der einzelnen Marken-Diversifikations-Alternativen?
- Wurde zur Ermittlung ein nachweisbar zuverlässiges Potenzial-Bestimmungs-Verfahren eingesetzt?
- Erzielt die Marken-Diversifikation bei der voraussichtlichen Zielgruppen-Penetration (Marktanteil) eine ausreichende Profitabilität?
- Durch welche konkreten Optimierungen lässt sich das Markt-Potenzial gezielt erhöhen?
- Tritt das Extension Produkt im Transfer-Markt gegen starke und etablierte „Spezialisten" an oder gegen relativ schwache Wettbewerber und/oder Generalisten? *(Im zweiten Fall sind die Erfolgsaussichten meist erheblich größer als im ersten Szenario.)*

5. Auswirkungen der Marken-Erweiterungen auf das Marken-Profi der „Mutter-Marke" und das bisherige Marken-Sortiment

- Trägt das neue Produkt zur Bereicherung und Stärkung des Marken-Images (Motiv-Schlüssel) bei?
- Stärkt es die Marke?
- Steht es mit dem Motiv-Schlüssel in ausreichender Übereinstimmung? Welche Imagedimensionen der Marke werden durch die Werbung verstärkt, welche werden nicht tangiert und welche werden abgeschwächt? *(Gut geeignete Marken-Diversifikationen lassen die Grundeigenschaften der Marke klarer und prägnanter hervortreten. Durch Transfer-Partner-Produkte mit hohen Affinitäten wird der Marken-Kern und Motiv-Schlüssel gehärtet.)*
- Wie ist das relative „Rangwertigkeits-Verhältnis" der Partner-Produkte bzw. der Diversifikationsmärkte zueinander? *(Eine Marken-Diversifikation, die von einem höherrangigen oder zumindest gleichrangigen Stamm-Produkt ausgeht (z.B. von Kamera auf Film), ist meist weniger problematisch. Demgegenüber verfügt eine niederrangige Marke für ein höherrangiges Partner-Produkt meistens über kein ausreichendes Transfer-Potenzial*
- Ergänzen sich die Produkte einer Marke sinnvoll?
  - Oder schwächt die beabsichtigte Erweiterung die Marke?
  - Wird das Markenprofil verwässert?
  - Oder kommt es sogar zu einem negativen Rücktransfer?
- Wird die Marke aus ihren Stärken (Motiv-Schlüssel) heraus systematisch weiterentwickelt und aktuell gehalten? – Wird darauf verzichtet, die Marke kurzfristigen Trends oder dem „Zeitgeist" zu „opfern"? – Werden Geschäfts-Chancen ausgelassen, wenn sie nicht zur Marke passen?
- Wie hoch ist die Produkt-Kannibalisierungs-Rate? Ist sie in dieser Höhe erwünscht? Welche Profitabilitäts-Auswirkungen hat sie? Übersteigen die Komplexitätskosten die Vorteile?

6. Wird die Marken-Diversifikation richtig umgesetzt?

- Werden die Sub-Brands (Untermarken) und Partner-Produkte gezielt am Marken-Versprechen, -Benefit sowie den zentralen -Eigenschaften und -Emotionen ausgerichtet?
- Werden die Wieder-Erkennungs-Merkmale der Marke konsequent beibe-

halten? Stehen sie in einem inhaltlichen Zusammenhang zum Marken-Versprechen?

• Wird die gleiche Qualitäts-Wahrnehmung erzielt?

• Ist das Preisniveau oder die Preisrelation in den Diversifikations-Märkten gleich?

• Stimmt die Positionierung der Partner-Produkte überein? Werden alle Marketing-Mix-Maßnahmen am Markennutzen (Motiv-Schlüssel) ausgerichtet? Wurden die einzelnen Marketing-Mix-Maßnahmen durch „harte" Pretests (mit nachweisbar hoher Prognosezuverlässigkeit) im Hinblick auf Image- und Verkaufs-Wirkung überprüft?

• Wird jeweils eine vertikale und horizontale Abstimmung der Marketing-Mixe aller Partner-Produkte vorgenommen? *(Je hochwertiger eine Marke ist, desto strenger müssen die Regeln und Restriktionen sein, wobei der Spielraum auch bei anderen Marken relativ eng definiert werden sollte.)*

• Gibt es einfach verständliche, verbindliche Produkt-, Distributions-, Preis- und Kommunikations-Richtlinien zur Marken-Verwendung und -darstellung? – Welche Kontroll-Mechanismen gibt es? Werden sie eingehalten?

• Ist ein ausreichend großes Marketing- und Werbebudget vorgesehen? *(Anmerkung: Es wird häufig vermutet, dass die Marketing-Budgets bei Neueinführungen unter bekannten Markennamen (in erheblichem Umfang) niedriger ausfallen können als beim Launch einer neuen Marke. Diese Annahme ist in der Regel leider falsch, wie anhand von empirischen Daten in diesem Buch bewiesen wird. Von extrem seltenen Ausnahmefällen abgesehen, gibt es beim Imagetransfer – während der Einführungszeit (in den meisten Märkten circa 2 - 3 Jahre) mit einem bekannten Markennamen – keine "economies of scale". Diese plausibel erscheinende, aber falsche Prämisse dürfte einer der Hauptgründe sein, warum circa 80% aller Imagetransfers nicht die gesetzten Ziele erreichen.)*

• Welche Möglichkeiten des „Cross-Marketing" gibt es?

• Gibt es Synergien in der Distribution? – Empfiehlt sich eventuell ein gemeinsamer Sortiments- oder Dachmarken-Auftritt? Wie gut passen eventuell weitere Vertriebs-Kanäle zur Marke?

7. Zusatzfragen im Falle einer Lizenz-Vergabe

- Lohnt sich die Lizenz-Vergabe? – Finanziell und strategisch? – Stehen Risiko und Ertrag in einem guten Verhältnis? – Wie hoch sind die garantierten Mindest-Lizenzgebühren?
- Welche Gefahren könnte eine Lizenz-Vergabe beinhalten?
- Welchen Ruf hat der Lizenznehmer im Markt? Passt er zur Marke?
- Welche Markenführungs-Erfahrung hat er?
- Wie viele und welche Erfahrungen hat der Lizenznehmer mit anderen Marken-Rechten? Hält er seine Business-Pläne ein?
- Wie ist seine Liefer-Qualität, -Pünktlichkeit und -Vollständigkeit?
- Wird die Fertigungsqualität vom Lizenzgeber kontrolliert?
- Welches Engagement hat der Lizenznehmer? Sind die Lizenz-Produkte für ihn ein essentieller Kernbereich oder nur ein Randbereich seines Sortimentes? Übernimmt er eventuell eine Marke nur, um Mitwettbewerber fern zu halten?
- Wie ist seine finanzielle Ausstattung und seine voraussichtliche finanzielle Unterstützung der neuen Marken-Produkte? Wird ein ausreichend großes Marketing- und Werbebudget verpflichtend vorgeschrieben? – Muss der Lizenznehmer seine Anstrengungen eventuell reduzieren, wenn sich der Erfolg nicht schnell einstellt?
- Verfügt der Lizenznehmer über eine qualitativ oder zahlenmäßig ausreichende Vertriebs-Organisation?
- Passen die Vertriebs-Kanäle des Lizenznehmers zur Marke?
- Welche Mitsprache-Rechte/Eigenständigkeit hat der Lizenzpartner?
- Wird ein Lizenz-Koordinator (mit ausreichenden Machtbefugnissen) etabliert?

8. Zusatzfragen im Falle eines Lizenz-Erwerbs

Darüber hinaus stellt sich vor allem aus der Sicht des Lizenznehmers, der für die Lizenz normalerweise zwischen 2% und 15% an „Royalties" (= Lizenzgebühren) abführen muss, zusätzlich die Frage:
- Erzielt mein (innovatives) Produkt durch das Angebot unter diesem bekannten Markennamen – für den ich Lizenzgebühren zahlen muss – einen ausreichend deutlichen Vorteil im Vergleich zur Vermarktung unter einem neuen, eigenen Namen? Können die Kosten für die Lizenz durch die

Mehreinnahmen des gesteigerten Abverkaufs gedeckt und kann der Gewinn erhöht werden?

- Ist es eventuell mittel- bis langfristig zielführender, eine eigene Marke aufzubauen und ein gewisses Abhängigkeits-Verhältnis vom Lizenzgeber von vorneherein zu vermeiden?
- Wurden Alternativen untersucht und gegeneinander bewertet?
- Kann zumindest die kritische Mindest-Absatzmenge erreicht werden, um die vereinbarten Garantiesummen auszugleichen?
- Wie viele und welche Erfahrungen hat der Marken-Inhaber mit anderen Lizenznehmern?
- Gibt es Lizenznehmer in anderen Produkt-/Service-Kategorien? Wie hoch ist deren Marketing- und Kommunikations-Unterstützung?
- Ist die Lizenz für die betreffende Kategorie exklusiv? Für welche Länder gilt sie? (*Zu bedenken ist in Europa der geltende freie Warenverkehr innerhalb der EU: In Auslegung der Artikel 30 ff. EWGV hat der Europäische Gerichtshof eine Rechtsprechung entwickelt, nach der der Inhaber eines gewerblichen Schutzrechtes oder eines Urheberrechts „grundsätzlich nicht verhindern kann, dass Waren, die von ihm selbst oder mit seiner Zustimmung innerhalb des gemeinsamen Marktes in Verkehr gebracht worden sind, von einem Mitgliedsstaat in einen anderen geliefert werden. Die Zirkulation der Waren innerhalb der Gemeinschaft kann urheberrechtlich nicht untersagt werden."*)
- Unterstützt der Lizenzgeber seine Marke ausreichend?
- Wird die Lizenz-Vergabe als strategisch und langfristig angelegte Allianz angesehen, die erfolgreich sein „muss"?
- Wie lang ist die Vertrags-Laufzeit? Was passiert nach einer Beendigung der Lizenz-Laufzeit? Gibt es eine Verlängerungs-Option? Welche Kündigungsfristen gibt es beim Eintritt „besonders kritischer Ereignisse/Vertragsverletzungen"?
- Welche Mitsprache-Rechte/Eigenständigkeit hat der Lizenzpartner?

9. Marken-Entwicklungs- und Partner-Produkt-Monitoring

Grundsätzlich empfiehlt es sich, die Marken-Diversifikationen durch nachweisbar zuverlässige Marken-Erweiterungs-Untersuchungen und Tracking-Studien zu begleiten. Hierdurch kann möglichen Fehlentwicklungen frühzeitig durch die Einleitung geeigneter Maßnahmen vorgebeugt werden.

- Wie wird die Motiv-Schlüssel- und Image-Entwicklung der Gesamt-Marke sowie die der einzelnen Partner-Produkte im Zeitablauf überwacht? *(Bei der Interpretation muss die jeweilige Marken-Produkt-Kenntnis, die Verwendungserfahrung und Usage-Intensität sowie die Werbe-Kontaktchancen pro Befragtem adäquat berücksichtigt werden.)*
- Welche Art von Tracking-Untersuchung und -Frequenz empfiehlt sich?
- Welche Zielwerte müssen im Einzelnen erreicht werden, bevor die Marke der Belastung weiterer Extensions-Versuche ausgesetzt wird?
- Bei welchen Zielunterschreitungen werden Diversifikations-Produkte wieder aus dem Markt genommen oder eingestellt?

1 Flasche Champagner zur Belohnung für Sie!

Lieber Leser,

dieses Buch lebt – neben den Marktforschungsansätzen und Wirkungsmodellen zur Kapitalisierung der Erweiterungs-Potenziale, die in vielen Marken schlummern –insbesondere von den zahlreichen relevanten Beispielen aus der Praxis an erfolgreichen und auch weniger erfolgreichen Marken-Diversifikationen.

Bei den Fallstudien ergibt sich teilweise die Problematik, dass die in Veröffentlichungen enthaltenen Fallstudien häufig recht oberflächlich und distanziert beschrieben sind. Teilweise kommt man mit Insider-Kenntnissen zu deutlich anderen Schlussfolgerungen und Erkenntnissen, als sie publiziert wurden, wie z.B. beim Licensing der NFL National Football League im Kontrast zum Bundesliga-Merchandising oder beispielsweise bei den Fallstudien von FABERGÉ, PRIL, PALMOLIVE oder SACHER, um nur einige zu nennen.

Insofern möchte der Autor jede zusätzliche oder deutlich intensiver von Insidern beschriebene und in den folgenden überarbeiteten Auflagen veröffentlichte Fallstudie mit einer Flasche Champagner belohnen. Dabei können Sie selbstverständlich als Quelle genannt werden oder – sofern gewünscht – auch anonym bleiben.

Eine Flasche Champagner erhalten Sie auch für relevante Optimierungs- oder Ergänzungs-Hinweise zur Weiterentwicklung dieses Buches.
Darüber hinaus freue ich mich über konstruktive Kritik oder zusätzliche Zitate.

Vielen Dank im voraus für Ihr Engagement!

Ralf Mayer de Groot

MANAGEMENT ZUSAMMENFASSUNG

„Lieber verlieren wir Geld als Vertrauen."
(Robert Bosch, Unternehmer)

„Markenverwässerung ist eine Todsünde"
(Patrick Ricard, Vorstandsvorsitzender
von Pernod Ricard SA)

I. BEGRIFFLICHE GRUNDLAGEN

Der Begriff Marken-Diversifikation wird als Oberbegriff verwendet und umfasst sowohl Imagetransfers als auch Brand oder Product Line Extensions.

Mit Brand oder **Product Line Extension** wird die Ausdehnung eines Sortiments **innerhalb** einer bestehenden Produkt-Kategorie oder verwandter Teilmärkte unter Verwendung des gleichen Markennamens bezeichnet. (z.B. von MARLBORO Full Flavour-Zigaretten auf MARLBORO Light- oder Menthol-Zigaretten)

Wesentliches Merkmal von **Imagetransfer-Strategien** ist das einheitliche Auftreten mehrerer Produkte **unterschiedlicher** Kategorien unter einer Marke (z.B. MARLBORO Zigaretten und MARLBORO Jeans).

Durch den gemeinsamen Markennamen soll die Übertragung positiver markenspezifischer Vorstellungsbilder auf die Partner-Produkte ermöglicht werden. Ziel ist es, Erlebnis-Zusammenhänge zwischen Produkten und/oder Dienstleistungen zu schaffen, die zunächst nicht als zusammengehörig erlebt wurden.

Ähnliche Zielsetzungen werden auch bei der Lizenzierung, beim Franchising und beim Merchandising verfolgt. Marken-Diversifikation geht über diese Begriffe hinaus, da sie auch die oft verbreiteten Fälle einschließt, in denen Unternehmen ihre eigenen Markenrechte selbst in anderen Märkten nutzen. Man denke z.B. an DR. OETKER mit über 600 Produkten in unterschiedlichen Märkten.

II. BEWERTUNGSKRITERIEN VON MARKEN-DIVERSIFIKATIONEN

Als Bewertungskriterien von alternativen Marken-Diversifikations-Möglichkeiten bieten sich grundsätzlich Ziele und Risiken an.

ZIELE

Mit der Planung und Durchführung von Marken-Diversifikations-Strategien wird meistens primär eines oder mehrere der folgenden Ziele angestrebt:

1. Reduktion von Markteintritts-Barrieren und Senkung des Flop-Risikos bei <u>neuen Produkten</u> durch

- erhöhte Aufmerksamkeit (selektive Wahrnehmung) und (Qualitäts-) Vertrauensvorschuss bzw. ein "besseres" Produkterlebnis durch den bekannten Markennamen
- erwartete Einsparungsmöglichkeiten bei Werbe- bzw. Marketingkosten während der Einführungsphase (in den ersten 2 Jahren). – **Diese Annahme ist** bei der Diversifikation in neue, nicht „verwandte" Märkte meistens **falsch!** Dies wird anhand von Paneldaten von insgesamt 167 Neueinführungen in den USA und Großbritannien sowie zahlreichen weiteren Fallstudien bewiesen.
- gezielte Erschließung neuer Marktsegmente bzw. internationaler Märkte
- kurzfristige Verfügbarkeit eines geeigneten Markennamens
- gesteigerte Listungsbereitschaft des Handels

2. Stärkung <u>etablierter Marken</u> und Steigerung von Marketing-Effizienz durch

- "Spill over"-Effekte auf das Marken-Stammprodukt
- Aktualisierung und Modernisierung der Marke
- Intensivierung und Abstützung der Markenwelt vor allem bei stärker emotional positionierten Marken
- Heranführung neuer Konsumenten an die Marke und Intensivierung der Markenbindung bei den bisherigen Verwendern

57

3. Erschließung zusätzlicher Profitquellen

4. Steigerung des Marken-Wertes

5. Markenzeichenschutz

Die Verwendung einer bekannten Marke ist bei Waren-Ungleichartigkeit in vielen Ländern rechtlich – ohne Genehmigung durch den Marken-Inhaber – möglich. In diesen Fällen besteht die Gefahr, dass die Marke möglicherweise durch minderwertige oder unpassende Produkte anderer Schaden nimmt oder an Profil-Schärfe verliert.

Diesem Problem beugen viele Unternehmen vor, durch die Ausdehnung der im Warenverzeichnis eingetragenen Produkt-Kategorien. In vielen Ländern besteht zudem ein "Benutzungszwang" eingetragener Zeichen, so dass wirklich eine Übertragung des Markennamens auf neue Produktbereiche vorgenommen werden muss.

6. Aufrechterhaltung von Kommunikationsmöglichkeiten bzw. Umgehung von Werbebeschränkungen

Diese Absicht dürfte nicht zuletzt auch den Imagetransfer-Versuchen einiger Zigaretten-Marken zu Grunde liegen.

Hinzu können weitere Unternehmens- oder branchen-spezifische Zielsetzungen treten.

RISIKEN

Besondere Sorgfalt ist geboten, wenn ein Markenname statt wie bisher für ein Produkt künftig für mehrere Produkte genutzt werden soll. Den erheblichen Vorteilen der Marken-Diversifikation stehen nämlich nicht zu unterschätzende Risiken gegenüber. Zu nennen sind vor allem:

1. die emotionale und/oder faktische Unverträglichkeit von Partner-Produkten

2. die Überforderung der Tragfähigkeit der Marke durch

- zu viele oder
- zu schnell aufeinanderfolgende Imagetransfers sowie
- die Ansprache zu unterschiedlicher Zielgruppen

3. Produktkannibalismus, der nicht nur bei Line Extensions sondern oft auch bei Imagetransfers passiert

4. erhöhte negative Auswirkungen im Falle von Erpressungsversuchen sowie „Marken-Terrorismus" und

5. Abhängigkeit vom Lizenzmarken-Geber.

Die Skala der Wirkungen von Imagetransfers und Line Extensions reicht von:

- viel nützen
- wenig nützen
- nichts nützen
- wenig schaden bis
- viel schaden.

Es wäre daher grundsätzlich falsch zu meinen, dass die Skala der Wirkungen von Marken-Diversifikationen bei "nichts nützen" endet. Denn eine falsche Diversifikation kann der Marke auch schaden und im Extremfall deren Existenz gefährden. Dies trifft insbesondere bei zu starker **Marken-Deprofilierung** zu und wenn **negative Rücktransfers** oder „bad will transfers" ausgelöst werden. Beispiele wie BAYER ASPIRIN (in den USA), PALMOLIVE und BEAUJOLAIS PRIMEUR verdeutlichen diese Gefahr.

In der Hierarchie steht die Marke „als Brücke zum zunehmend entfremdeten Verbraucher" an oberster Stelle – und nicht das Produkt. – Dies sei hier ausdrücklich betont. Das heißt zugleich auch, dass Maßnahmen unterlassen werden sollten, die vielleicht einem einzelnen Produkt kurzfristig etwas bringen, aber dem Vertrauen in die Marke insgesamt abträglich sind.

III. SYSTEMATISCHE ANALYSE UND BEWERTUNG DES MARKEN-DIVERSIFIKATIONS-POTENZIALS / DER MARKENTRAGFÄHIGKEIT

Die Entscheidung zur Durchführung von Imagetransfers und Line Extensions besitzt strategischen Charakter und ist von nicht geringer finanzieller Bedeutung. Denn die Wettbewerbsstärke und -fähigkeit der meisten Markenartikel-Unternehmen basiert auf einigen wenigen Marken.

Schätzungsweise 80% aller Imagetransfers erreichen nicht die geplanten Ziele. Darüber hinaus scheitern auch knapp 30% aller Line Extensions.

Marken-Diversifikation ist leider eben nicht „a quick, low-cost, low-risk way to take a brand into specific new product areas" oder für den „Markenartikler als Lizenzgeber eine kostengünstige und risikoarme Ausweitung seiner Produktpalette sowie eine Steigerung des Bekanntheitsgrades seines Markennamens", wie einige Lizenz-Agenturen behaupten.

Bei der Auswahl der Partner-Produkte ist die Übereinstimmung der nachvollziehbaren Produktleistungen und Anmutungs-Qualitäten der Transferpartner und ihres jeweiligen Marketing-Mix genauestens zu kontrollieren, um die für einen langfristigen Marken-Erfolg notwendige Kongruenz und Kontinuität sicherzustellen.

Angesichts dieser Situation steht für die Entscheidungsträger – vor der Durchführung eines Imagetransfers oder einer Line Extension – die Frage im Mittelpunkt des Interesses: Welches Image und welche Tragfähigkeit besitzt eine Marke? Daraus ergeben sich – schon etwas stärker konkretisiert – die folgenden, abgeleiteten Fragestellungen:

- Kann eine Marke überhaupt – größeren Erfolg versprechend – übertragen werden (Marken-Tragfähigkeit)?
- Wenn ja, in welche Produkt-Bereiche sowie in welcher Reihenfolge – und mit vertretbarem Risiko?
- Welches gemeinsame Nutzen-Versprechen (Transferachse) ist am besten geeignet?
- Welche Anforderungen müssten Produkte dieser Marke in den „neuen" Märkten aus Konsumentensicht auf jeden Fall erfüllen?

60

• Welches Umsatzvolumen (und ggf. Lizenzgebühren) sind im neuen Markt zu erwarten?

Eine Umfrage von Sattler (1998) bei Marketing-Führungskräften hat gezeigt, dass diese bei bekannten Marken die Erfolgswahrscheinlichkeiten von Marken-Diversifikationen subjektiv völlig unterschiedlich einschätzen.
Es empfiehlt sich daher eine Operationalisierung der Markentragfähigkeits-Fragestellung.

ZU DEN BISHER VERÖFFENTLICHTEN UNTERSUCHUNGS-ANSÄTZEN UND STUDIEN

Für die Prüfung, ob ein neues Produkt unter einer bekannten Marke über Marken-Diversifikations-Potenzial verfügt oder nicht, sind unterschiedliche Untersuchungsansätze vorgeschlagen worden. Alle bisher publizierten Verfahren sind jedoch aus unterschiedlichen Gründen zur zuverlässigen Potenzial-Bestimmung und Analyse der Marken-Tragfähigkeit ungeeignet. – Dies bestätigen auch die wissenschaftlichen Analysen von Sattler 1998 und Zatloukal 2002.

Seit 1985 sind über 40 sogenannte „empirische" Studien vorgenommen und veröffentlicht worden. – „Als problematisch erweist sich jedoch, dass alle bisherigen Studien lediglich **Partialanalysen** durchgeführt haben, d.h. in jeder Studie (mit den alternativ vorgeschlagenen Untersuchungs-Ansätzen) wurde stets nur ein Teil der bisher empirisch ermittelten Erfolgsfaktoren betrachtet. ...
Für eine umfassende Entscheidungsunterstützung ist dies jedoch erforderlich. Andernfalls besteht ein hohes Risiko der Fehleinschätzung des Markentransfer-Erfolges." (Zatloukal 2002, S. 11)
Ähnlich kritisch hatte sich bereits Professor Sattler (1998, S. 486) geäußert:
„Die empirischen Studien sind ... mit verschiedenen Problemen behaftet."

Bei überwiegend niedrigen Fallzahlen (meist deutlich unter 100) und weiteren methodischen Problemen überrascht es kaum, dass die meisten „Erkenntnisse" einander widersprechen.

ZUVERLÄSSIGE ANALYSE UND BEWERTUNG DES MARKEN-DIVERSIFIKATIONS-POTENZIALS IN 3 SCHRITTEN

Erstmalig wird in diesem Buch ein Untersuchungs-Ansatz veröffentlicht, der sich in den letzten 15 Jahren in der Praxis nachweisbar bewährt hat. In drei Analyse-Stufen werden systematisch alle relevanten Erfolgsfaktoren überprüft.

1. Das Marken-Diversifikations-Potenzial 3. Grades

Das Potenzial 3. Grades stellt die geringsten Anforderungen. Es befasst sich – als „check for negatives" – mit der Frage, ob überhaupt die Voraussetzungen für einen Imagetransfer erfüllt sind.

Grundsätzlich gilt, dass **schwache Marken kein Marken-Diversifikations-Potenzial besitzen.** – Dies ist bei großen und bekannten Marken meist kein Problem.

Zur Bewertung der Markenstärke haben sich 10 Kriterien bewährt.

ANALYSE DES DIVERSIFIKATIONS-POTENZIALS
3. GRADES – prinzipielle Voraussetzungen

1. aktive Marken-Bekanntheit
2. relativer Marktanteil
3. Marken-Loyalität

4. Käufer-Reichweite
5. gewichtete Distribution

6. aktive Werbe-Erinnerung
7. keine „größeren" Marken-Probleme
8. Historie vorangegangener Diversifikationen
9. Zeitabstand
10. ausreichende Zielgruppen-Überein-
    stimmung

ANALYSE DES DIVERSIFIKATIONS-POTENZIALS
2. GRADES – Vorauswahl der Partner-Produkte

1. Ermittlung aller rationalen und emotionalen Motive (Psychodrama)
2. zukunftsorientierte Marken-Image-, -Kern & Motiv-Schlüssel-
   Analyse (GAP-Analyse)
3. Marken-„Fit"-Analyse
4. Konkurrenz-Analyse im neuen Markt

ANALYSE DES DIVERSIFIKATIONS-POTENZIALS
1. GRADES – Endauswahl der Partner-Produkte

1. Vorteils-Überprüfung und Markt-Potenzial-Bestimmung
   (Zielgruppen-Größe)
2. Rücktransfer-Analyse
3. Ermittlung der Kannibalisierungs-Rate

2. Das Marken-Diversifikations-Potenzial 2. Grades

Eine für eine Erweiterung ausreichende Markenstärke besagt noch nicht, dass ein Imagetransfer auf einen weiter entfernten Produktbereich erfolgreich ist oder sein kann.

Gegenstand der Analyse des Marken-Diversifikations-Potenzials 2. Grades ist die **Markenkompetenz.** Grundsätzlich ist das Erweiterungs-Potenzial begrenzt durch die markenspezifischen Emotionen und/oder faktischen Vorstellungen sowie die Produkte, auf die diese adäquat transferiert, bzw. angewendet werden können. Kompetenz bedeutet dabei die widerspruchsfreie Zuständigkeit für ein (für den Konsumenten) nachvollziehbares Leistungsspektrum der Marke.

Es stellt sich somit die Frage, ob die „Transferachsen" ausreichend stark sind.

Verantwortungsbewusste Markenarbeit beginnt deshalb mit einer Analyse, die die Marke auf ihren unverrückbaren Kern reduziert. Um erst dann zu prüfen, ob und wie dieser Kern für eine imagemäßige Diversifikation genutzt werden kann.

Sollte die Übertragung eines Markennamens auf einen neuartigen Produktbereich nur auf „Zuspruch" bei einem zu kleinen Marktsegment stoßen, so ist ein Marken-Diversifikations-Potenzial 2. Grades nicht gegeben. Denn eine falsche oder zu frühe Marken-Erweiterung kann auch schaden.

Generell kann festgestellt werden, dass sich produktgeprägte Markenimages in der Regel weniger für einen Transfer eignen als nutzengeprägte. Am größten sind die Diversifikations-Möglichkeiten in der Regel bei emotionalen Benefits.

(**Anmerkung:** Eine Marke mit einem produktgeprägten Image weist selbstverständlich auch einen Produktnutzen auf, dient also der Befriedigung eines bestimmten Bedürfnisses (bzw. einer spezifischen Bedürfnisstruktur).– Eine nutzenorientierte Produkt-Positionierung zielt nun darauf ab, anstelle einer Produkt-Markenbindung eine starke Nutzen-Markenbindung aufzubauen. Die Marke stellt sich somit nicht als Produkt dar, sondern verspricht

64

in erster Linie eine Problemlösung. Das geflügelte Wort eines Bohrerher-
stellers verdeutlicht den Unterschied: „Wir verkaufen keine 5 mm Stahlboh-
rer sondern 5 mm Löcher.")

3. Das Marken-Diversifikations-Potenzial 1. Grades

Das Marken-Diversifikations-Potenzial 1. Grades stellt die härtesten Anforderungen an das neue Marken-Produkt. Grundsätzlich muss das Produkt den
Anforderungen des (neuen) Marktes in der Konsumenten-Wahrnehmung
entsprechen. Darüber hinaus darf das neue Produkt keinesfalls gravierende
rationale und/oder emotionale Unverträglichkeiten bei den Verwendern der
„Markenmutter" auslösen (im Sinne eines negativen Rücktransfers auf die
Marke oder deren Kernprodukte).

Es hat sich immer wieder bestätigt, dass das Transfer-Potenzial selbst starker Marken gering ist, wenn die Marken-Diversifikations-Produkte die Erfordernisse des Erweiterungs-Marktes in der Konsumenten-Wahrnehmung
nicht erfüllen. (Hier dürfte eine vorbeugende Kontrolle vermutlich ganz im
Sinne der betroffenen Unternehmen bzw. aller Lizenz-Vertragspartner sein.)

Anmerkung: Dabei sollte nicht vergessen werden, dass der bekannte Markenname zu einer anderen Produktwahrnehmung seitens des Verbrauchers
und gegebenenfalls zu einem erlebten Produkt-Vorteil (oder -Nachteil) führen kann. (Blindtest-Resultate sind daher in diesem Zusammenhang (nahezu) irrelevant.)

Hierzu ein Beispiel: Die berühmte Marke CAMPBELL brachte eine objektiv überlegene Spaghettisauce auf den Markt. Das schien für eine Marke, deren Spitzenprodukt Tomatensuppe ist, vermeintlich leicht möglich zu sein.–
Es wurde jedoch (zunächst) ein Misserfolg, da die Spaghettisauce vom Konsumenten als zu „wässrig" erlebt wurde. – Mit dem Namen PREGO wurde
das gleiche Produkt im zweiten Anlauf in Großbritannien ein großer Erfolg.

Die Prognose-Zuverlässigkeit der vorgestellten, dreistufigen Analyse-Me-
thode wird anhand der ausführlich in Kapitel IV Abschnitt 5 dargestellten
NIVEA Creme und NIVEA Soft- sowie der JULES MUMM-Fallstudie in
Kapitel VI Abschnitt 3 nachgewiesen. (Darüber hinaus wurde das zugrunde-

liegende Simulations-Verfahren an sich in mehreren hundert Anwendungen validiert.)

So bestätigen beispielsweise die (inzwischen ehemaligen) Beiersdorf-Manager C. von Dassel und K. M. Wecker (2001), dass „die Prognose-Übereinstimmungen mit den realen Markt-Ergebnissen von NIVEA Soft definitiv mit zu den besten Resultaten gehören, die jemals von Beiersdorf mit unterschiedlichen Testmarkt-Simulationsverfahren erzielt werden konnten. Die Abweichung der Vorhersagewerte zu den in Italien und Deutschland erzielten Werten lagen jeweils unter einem halben Prozentpunkt. Insofern kann der Methode, die Konzept & Analyse heute als MOT Marktsimulation bezeichnet, eine außerordentlich hohe Prognosezuverlässigkeit bescheinigt werden." „Auch die vorhergesagte Kannibalisierungsrate zeigte – mit einer Abweichung von nur 0,8% – eine ungewöhnlich gute Übereinstimmung mit der Marktrealität."

Auch J. Kues und A. Michel von den ROTKÄPPCHEN-MUMM Sektkellereien (2003) äußern: „Damit Markterfolge wie JULES MUMM richtig entwickelt und prognostiziert werden können, ist es unumgänglich, im Anfangsstadium die emotionalen Verwendungs-Motive der Kategorie und der einzelnen Marken aufzuklären. Dies ermöglicht es, zielgerichtet und nicht nach dem Trial & Error-Prinzip zu agieren.

Die Marken-Erweiterung JULES MUMM spricht (erwartungsgemäß) erfolgreich und gezielt ein neues Segment an. ... Zudem hat sich die prognostizierte schwache Kannibalisierungs-Rate mit MUMM classic auch im Markt bestätigt. Hierdurch bedingt konnte die Gesamtmarke MUMM den höchsten Marktanteil in den letzten fünf Jahren übertreffen."

IV. „HIT UND FLOP"- BEISPIELE FÜR MARKEN-DIVER-SIFIKATIONEN

Marken-Diversifikation ist nicht einfach. Den Erfolgen, von denen jeder spricht, stehen in der Realität deutlich mehr Flops gegenüber.

Ziel dieses Buches ist es, anhand von erfolgreichen Beispielen aus den unterschiedlichsten Märkten, zu zeigen, welche Vorgehensweisen gezielt zu Diversifikations-Erfolgen führen. Der gleichen Zielsetzung dienen die zahlreichen Flop-Beispiele.

So werden beispielsweise NIVEA und CAMEL häufig als „Parade-Beispiele" für erfolgreiche Imagetransfer und Marken-Diversifikation genannt.

Wenig bekannt ist, dass sich die Diversifikations-Erfolge bei beiden Marken erst in größerem Ausmaß einstellten, nachdem einschneidende Änderungen in der Transferstrategie bzw. -Umsetzung vorgenommen wurden. Deshalb werden im Kapitel VII die Fallstudien von NIVEA und CAMEL sowie von JULES MUMM ausführlicher diskutiert.

I.
BEGRIFFLICHE GRUNDLAGEN

„Wenn die Sprache nicht stimmt,
so ist das, was gesagt wird, nicht das,
was gemeint ist;
ist das, was gesagt wird, nicht das,
was gemeint ist, so kommen die Werke
nicht zustande.“

(Konfuzius)

1. MARKEN-DIVERSIFIKATION

Der Begriff Markendiversifikation wird als Oberbegriff verwendet und umfasst sowohl Imagetransfers als auch Product Line Extensions.

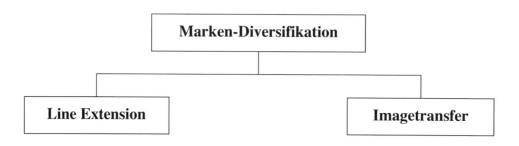

2. IMAGE

„Theoretische" Vorbemerkung

Images (und Einstellungen) werden in der Marktpsychologie einhellig als die zentralen, intervenierenden Variablen zur Erklärung des menschlichen Konsumverhaltens bezeichnet. Entsprechend ist die Anzahl von Definitionen kaum mehr überschaubar.

Mit nahezu jedem weiteren Definitionsversuch steigt die Unklarheit und Uneinigkeit darüber, was unter diesen Konstrukten eigentlich zu verstehen ist und in welchem Verhältnis sie zueinander stehen. Dies braucht nicht zu verwundern, denn wissenschaftliche Definitionen von "nicht beobachtbaren, rein hypothetischen" Erscheinungen können weder falsch noch richtig, sondern nur mehr oder weniger zweckmäßig sein.

Zweckmäßigkeitskriterien sind letztlich:
1. die Anforderungen der Praxis
2. die theoretische Fundierung durch praktische Untersuchungen sowie
3. die Angabe konkreter Operationalisierungs- und Messanweisungen.

Der Einfachheit halber halten wir uns an den üblichen Sprachgebrauch mit der Unterscheidung von rationalen und emotionalen Imagedimensionen. Dabei ist uns bewusst, dass eine Grenzziehung zwischen rationalen und emotionalen Kriterien schwierig ist, man denke nur an das „mouth feel" von Eis, das sowohl rational als auch emotional wirkt.

Zum Image-Begriff

Image wird hier definiert als die Gesamtheit aller subjektiven, rationalen und emotionalen Einstellungen, Kenntnisse, Erfahrungen, Wünsche, Gefühle usw., die mit einem bestimmten Meinungs-Subjekt oder -Objekt verbunden sind.

In dieser Definition drückt sich zunächst aus, dass sich das Image aus einer Vielzahl von Eindrücken zusammensetzt. Diese können sowohl auf Wissen und Erfahrungen des Konsumenten aufbauen als auch mit dessen emotionalem Erleben und subjektivem Empfinden zu tun haben. Wesentlich ist, dass das Image diese verschiedenen Aspekte ganzheitlich umfasst und integriert. Als wichtigste Träger des Images kommen im Marketing vor allem Marken, Produkte, Unternehmen sowie Personen, fiktive Charaktere, Events und Länder in Betracht.

3. IMAGETRANSFER

Der Begriff Imagetransfer bezeichnet die

- **langfristig angelegte,** zielgerichtete und bewusste Herbeiführung
- **von wechselseitigen Übertragungen und Verstärkungen emotionaler und/oder sachhaft-funktionaler Assoziationen**
- **zwischen Produkten unterschiedlicher Kategorien** (bzw. zwischen Personen des öffentlichen Lebens, Cartoon-Charakteren, Film-/Event-Themen und Produkten als Sonderfall).

Wesentliches Merkmal von Imagetransfer-Strategien ist das einheitliche Auftreten mehrerer Produkte unterschiedlicher Kategorien unter einer Marke.

Durch den gemeinsamen Markennamen soll die Übertragung positiver marken-spezifischer Vorstellungsbilder auf Partnerprodukte ermöglicht und Erlebnis-Zusammenhänge zwischen Produkten geschaffen werden, die zunächst nicht als zusammengehörig erlebt wurden.

Wichtige Elemente an dieser Imagetransfer-Definition sind:

3.1. die langfristige Anlage

Die langfristige Anlage unterscheidet die Marken-Diversifikation vom sogenannten „Merchandising". Hierauf wird noch bei den begrifflichen Abgrenzungen näher eingegangen.

3.2. die bewusste Herstellung eines Zusammenhangs zwischen Produkten aus unterschiedlichen Märkten durch einen einheitlichen Markenauftritt.

Imagetransfer vollzieht sich im Kopf des Verbrauchers. Werden diesem zu wenig Hilfen – im Sinne der Beibehaltung typischer Angebotsmerkmale wie z.B. Schriftzug, des Markenlogos, Produkt-/Packungsdesign, Preisstellung, Kommunikationsinhalte, etc. – angeboten, so findet kein Imagetransfer statt.

Die Produkte werden dann nur zufällig als namensgleich erlebt, wie z.B. bei den wirklich zufällig namensgleichen TRIUMPH Schreibmaschinen, Miederwaren und PKW/Motorrädern; BUGATTI Mode und PKW; BOUNTY Schokoladen-Riegel und Küchenrolle; AOK Krankenversicherung und AoK Kosmetik; LANVIN Mode und Schokolade (z.B. in Frankreich); ARIEL Zigarette (z.B. in Frankreich) und Waschmittel; GARDENA Gartenzubehör und Waffel-Riegel in Italien; sowie bei LUX Zigarette und Seife – bei denen keine Imagetransfers angestrebt wurden.

Um einen Erlebnis-Zusammenhang zwischen Produkten zu schaffen, die zunächst nicht als zusammengehörig erlebt wurden, ist eine Beibehaltung charakteristischer Angebotsmerkmale notwendig. Das neue Produkt muss vor allem derart markiert werden, dass der Verbraucher Stamm- und Transferprodukt nicht nur als zufällig gleich markiert, sondern als „zusammengehörende Einheit" erlebt.

Nicht verschwiegen werden soll, dass in Ausnahmefällen auch Assoziationen zwischen historischen Zufällen und Marken übertragen werden können. So dürfte der ehemalige sowjetische Staatschef Gorbatschow einen maßgeblichen Anteil am Durchbruch der Wodka-Marke GORBATSCHOW haben, die den langjährigen Marktführer MOSKOVSKAYA vom ersten Platz verdrängte. (In den 70er Jahren war der Versuch gescheitert, die Wodka-Marke GORBATSCHOW national durchzusetzen.) – Umgekehrt verlor eine US-Diät-Marke namens AYDS mit Beginn der AIDS-Epidemie in kürzester Zeit die Hälfte ihres Umsatzes. (Ries, S. 93)

Einen anderen Ausnahmefall dürfte der Versuch einer „dualen Markenstrategie" der Marke MEDIMA („Gesundheitswäsche" und „Lingerie/Dessous") darstellen, bei der das Erlebnis zufälliger Namensgleichheit beim Konsumenten – nicht jedoch beim Handel – gezielt angestrebt wird. – Ein Imagetransfer der Angorawäsche-Verwenderin-Assoziationen auf MEDIMA-Lingerie im Sinne eines „sexy wie meine Oma" soll in diesem Fall bewusst verhindert werden. – Bei Interesse lesen Sie den Exkurs.

EXKURS: „DUALE MEDIMA-MARKEN-STRATEGIE"

Das „Rezept" für den Aufbau von MEDIMA-Lingerie/Dessous neben der bekannten MEDIMA-Gesundheitswäsche aus Angora-Wolle („Medizin in Maschen") lautete: ein Absender, zwei Marken-Logos, zwei Vertriebskanäle, zwei unterschiedliche Kampagnen sowie eine (soweit wie möglich) überschneidungsfreie Medienauswahl.

Ursächlich für diese "duale Strategie" war: einerseits die fehlenden finanziellen Mittel für den Aufbau einer zweiten Marke sowie andererseits das Bestreben, die hohe Bekanntheit und das positive Image von MEDIMA beim Fachhandel zu nutzen.

„Mut scheint bei dem Plan angebracht, einer Marke ohne Änderung des Absenders Jugendlichkeit und Luxus einzuhauchen, wenn Imageuntersuchungen genau das Gegenteil belegen. ... Eine duale Marken-Strategie, die – laut Geschäftsführer Rupp – beim Handel erstaunlicherweise breite Zustimmung fand. „Die sind froh, dass MEDIMA endlich zwischen Gesundheits- und Mode-Segment eine klare Linie gezogen hat." (Wesp)

Die Gefahr – bei teilweise doch gleichen Vetriebsoutlets – war ein Imagetransfer auf MEDIMA-Lingerie im Sinne „sexy wie meine Oma". (Schlitt)

Nach vier Jahren wurde diese Strategie eingestellt. Größere Erfolge blieben aus. Ursächlich waren hierfür auch zu geringe Werbe-Budgets (1992 wurde die Lingerie-Kommunikation bereits eingestellt). Zudem ging der Außendienst den „Weg des geringsten Widerstands" und verkaufte auch im angestammten Sanitätshandel. Ein Scheitern war auch daher nahezu zwangsläufig.

EXKURS-ENDE

Darüber hinaus ist eine aufeinander abgestimmte Gestaltung aller Maßnahmen des Marketing-Mix der Partner-Produkte – zumindest während der Einführungsphase – in der Regel erforderlich. Marken-Diversifikations-Strategien erfordern, über die vertikale Abstimmung der Marketing-Mix-Instrumente (wie bei der Individual-Markenstrategie) hinaus, zusätzlich eine horizontale Abstimmung. Dies wird bei der Realisierung noch näher analysiert.

3.3. die wechselseitige Übertragung und Verstärkung von Assoziationen zwischen Marken-Stammprodukt und Transferpartnerprodukt

Imagetransfer und Marken-Diversifikation bedeuten gegenseitiges Geben und Nehmen.

Falsch wäre es zu meinen, dass Imagetransfer nur vom Marken-Stammprodukt in Richtung des neuen Transferpartnerproduktes erfolgt.

Es gibt auch Rücktransfers. Diese können positive oder negative Wirkungen haben. Darauf wird noch näher eingegangen.

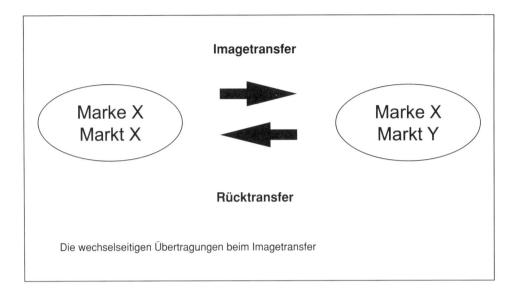

Die wechselseitigen Übertragungen beim Imagetransfer

3.4. Die Übertragung und Verstärkung von emotionalen und/oder faktisch-funktionalen Assoziationen

Jedes Produkt ist durch zwei Assoziationskreise umgeben, die durch Imagetransfer und Marken-Diversifikation übertragen werden können.

a. Denotationen

Denotative bzw. faktische Produktmerkmale und -eigenschaften sind unmittelbar mit dem Produkt verbunden und dadurch eher objektiv nachvollziehbar.

Bezüglich einer Zigarette können solche sachhaltigen Produktmerkmale etwa Nikotin- und Kondensatgehalt, Länge der Zigarette, mit und ohne Filter, Farbe, Zugwiderstand, Preis, etc. sein. Denotationen zielen auf kognitive Auseinandersetzung mit dem Einstellungsobjekt und umreißen vernunftbetonte, wissensbezogene Kriterien.

b. Konnotationen

Konnotative bzw. nicht-sachhaltige, emotionale oder anmutungshafte Assoziationen lassen der Phantasie großen Spielraum und stehen zu dem Produkt nur in einem metaphorischen, übertragenen Sinn.

Bezüglich einer Zigarette könnten solche Konnotationen z.B. sein: Exklusiv, männlich/weiblich, modern, weltoffen, etc. Konnotationen sind damit affektgeladen und deuten auf wissensunabhängige Eigenschaften.

Es ist notwendig, bei der Marken-Diversifikation beide Assoziationskreise zu berücksichtigen.

In einigen Untersuchungen zum Imagetransfer wird das Image ausschließlich emotional „als Konnotationssystem" definiert, womit faktische Produkteigenschaften explizit ausgeschlossen werden. (so z.B. Mazanec 1978, S. 59 ff. und 1979, S.174 f.; ähnlicher Ansicht sind u.a. auch Hätty, S. 255 f; Meffert/Heinemann, S. 5)

Dies halte ich ausdrücklich für falsch und gefährlich, da Imagetransfers einerseits auch durch Übertragung faktischer Eigenschaften durchgeführt werden können.

Andererseits können sie durch die Unverträglichkeit wahrgenommener, faktischer Eigenschaften scheitern.

Letzteres sei am ersten bekannt gewordenen und gescheiterten Marken-Diversifikations-Versuch in Deutschland verdeutlicht:

In den sechziger Jahren klagten Test-Verbraucherinnen darüber, dass ihre mit einer ganz bestimmten Stärke behandelte Wäsche beim Bügeln am Bügeleisen klebte.

Untersuchungen ergaben, dass es für dieses Phänomen keinen objektiven, physikalisch-technischen Grund gab. In anschließend durchgeführten Blindtests – bei neutralisierten Markennamen – verlor die Wäschestärke denn auch die zuvor so beklagte „Klebe"-Eigenschaft völlig.

Der Grund für diese - auf den ersten Blick unverständliche – Produktbeurteilung war jedoch relativ naheliegend: Die Wäschestärke mit Namen UHU-LINE stammte aus dem gleichem Hause und trug den gleichen Namen wie die bekannte Klebstoffmarke UHU.

Auch das bereits erwähnte Flop-Beispiel der CAMPBELL-Spaghettisaucen zeigt, dass Markennamen wie „Denk-Schablonen,, wirken. In diesem Fall waren als unverträglich wahrgenommene faktische Eigenschaften ausschlaggebend für das Scheitern im ersten Anlauf.

4. BRAND/PRODUCT LINE EXTENSION

Im Marketing wird häufig der Begriff der Line Extension verwendet. Unter Brand/Product Line Extension wird die Ausdehnung des Markensortiments auf bedarfs- und produktionstechnisch-verwandte Produkte verstanden, die in engem Zusammenhang mit dem bisherigen Leistungsprogramm der Marke stehen.

Mit Marken- oder Produktlinien-Erweiterungen („Extensions„) werden Einführungen von neuen Geschmacks- oder Duftsorten, Größen, Modellen innerhalb einer bestehenden Produktkategorie oder verwandten Teilmärkten unter dem gleichen Markennamen bezeichnet.

Der Unterschied zwischen Brand/Product Line Extension (in der Regel innerhalb eines Marktes/einer Kategorie) und Imagetransfer (zwischen unterschiedlichen Produktklassen) soll durch die Abbildung optisch veranschaulicht werden.

Zugegebenermaßen sind jedoch die Grenzen und Übergänge zwischen beiden Begriffen fließend – in Abhängigkeit von der jeweils verwendeten Marktdefinition. Entscheidend ist letztlich die Konsumenten-Auffassung – und nicht die Herstellersicht.

Zur Veranschaulichung sei hier nur auf einige Beispiele aus dem Medienbereich hingewiesen. Je nach verwendeter Marktdefinition kann man vom Medien-Markt sprechen oder unterschiedlichen Teilmärkten:

- Die Zeitschrift Der Spiegel (als Leitmedium und die Synergiemedien:) *Spiegel-TV, Spiegel-Spezial* (TV-Sendung), *Spiegel-Extra* (Abonnenten-Beilage/ Sonderthemen-Zeitschrift), *Spiegel online, Spiegel-Bücher.*
- Die Zeitschrift *Bravo* (als Leitmedium und die Synergiemedien:) *Bravo-TV, Bravo-Girl* (Zeitschrift), *Bravo-Hits* (Tonträger)
- Die Zeitschrift *Playboy* (als Leitmedium und die Synergiemedien:) *Playboy*-Bücherserien, *Playboy*-Videos.

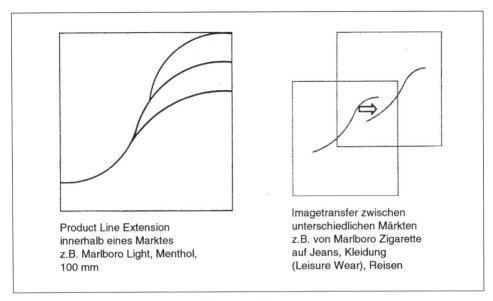

Product Line Extension
innerhalb eines Marktes
z.B. Marlboro Light, Menthol,
100 mm

Imagetransfer zwischen
unterschiedlichen Märkten
z.B. von Marlboro Zigarette
auf Jeans, Kleidung
(Leisure Wear), Reisen

Abgrenzung von Line Extensions und Imagetransfers

5. BEGRIFFLICHE ABGRENZUNGEN

5.1. Merchandising

Im Rahmen von Verkaufsförderungs-Maßnahmen (häufig auch als **„Merchandising"** bezeichnet) erfolgen öfter auch zeitlich begrenzte Übertragungen des Markennamens oder anderer Lizenzthemen auf andere Produktbereiche. Das primäre wirtschaftliche Ziel liegt hier in der kurzfristigen, absatzfördernden Unterstützung des Hauptproduktes, nicht jedoch in der Erreichung langfristiger Unternehmensziele wie bei der Marken-Diversifikation.

Häufig handelt es sich hierbei um „Streuartikel„ des allgemeinen Merchandising wie z.B.
• Schlüsselanhänger
• Kugelschreiber
• Zigarettenanzünder
• Luftballons
• Taschen
• etc. (NIVEA-Sonnenbälle, FROLIC-Frisbees, MILKA-Uhren, WEST-Telefonkarten)

Seltener handelt es sich um höherwertige „Transferprodukte„ (im weiteren Sinne) mit dem Ziel, Aufmerksamkeit für das Hauptprodukt zu wecken sowie dessen Imageposition beim Verbraucher zu unterstützen. So z.B.:

• Toaster (Self Liquidating Offer) von „GOLDEN TOAST"
• Edition SCHARLACHBERG Meisterbrand Schallplatten mit klassischen Meisterwerken

Der Handel ist bei der Fülle kurzfristiger Lizenzangebote und der Fülle der Flops in den letzten Jahren vorsichtiger geworden und überlegt genau, welche Lizenz zu ihm passt und wie viel Zeit er hat, um damit erfolgreich zu sein.
Angesichts von mehr als 100 000 Artikeln aus den unterschiedlichsten Produkt-Kategorien kann von einer regelrechten Verstopfung des Marktes gesprochen werden. Insbesondere bei Filmthemen stellen sich Vermarktungs-Erfolge nicht mehr automatisch ein. (vgl. Zimmermann, S. 46)

Oft soll z.B. ein einziger Film eine Welle der Nachfrage auslösen, für die sich der Handel vorher rüsten muss. Und immer häufiger bleibt die Ware liegen. Unprofessionelle Vermarktung, schwache Medienpower oder ein schlichtes Überangebot locken den Kunden zu selten ins Kino, geschweige denn an die Regale. (Lindl, S. 236 f.)

Interessant mögen in diesem Zusammenhang Erfahrungswerte aus dem TV-Serien-Bereich sein, auch wenn sie großen Filmen wie Jurassic Parc oder Star Wars (Lizenz-Umsatz in 1998 630 Millionen €) nicht gerecht werden: Diese Erfahrungswerte zeigen, dass Merchandising-Maßnahmen zu einer TV-Serie erst ab einer Programm-Menge von mindestens 26 halben Stunden im wöchentlichen Ausstrahlungs-Rhythmus Aussicht auf Markterfolg haben. (vgl. MTV-Geschäftsführerin C. zu Salm, S. 143)

Ein erfolgreicher Film allein reicht zudem noch nicht: Man muss das Thema so umsetzen, dass es von den Verbrauchern angenommen wird. Harry Potter und der Filmklassiker Star Wars wurden trotz ihrer Erfolge für viele Lizenznehmer zum Debakel (z.B. für die Spielzeug-Firma HASBRO, die für die weltweite Star Wars-Lizenz 450 Mio. € bezahlte), für einige allerdings auch zu einem großen Erfolg (z.B. LEGO). (vgl. FAZ 08.09.2001, S. 26; O. Fischer, S. 121)

Der Handel ist zunehmend weniger bereit, das Risiko unabgestimmter (Merchandising-) Sortimente, der temporären Verzögerungen, der kurzfristigen Erfolgsaussichten und der nicht koordinierten Promotions-Maßnahmen zu tragen. Der Erfolg mit Aktionsfiguren, Handspielpuppen, Babyrasseln, Poesiealben, Bällen und Regenschirmen, auf denen Lizenzen verewigt waren, hielt sich in Grenzen.

Zudem wurden und werden Lizenzen häufig kontraproduktiv vermarktet: Ein Hersteller lieferte dem Spielwarenhandel Aktionsfiguren zu 14 cm. Im gleichen Zeitraum vertrieb MCDONALD´S seine Hamburger mit der gleichen Aktionsfigur in 9 cm Größe in der Junior-Tüte zu sehr unterschiedlichen Preisen. (vgl. Lindl, S. 237)

Die Erkenntnis setzt sich zunehmend durch, dass die Größe der Merchandisingerfolge mit Lizenzthemen – neben der grundsätzlichen Attraktivität des Themas – vor allem von einer professionellen und koordinierten Vorgehensweise von Lizenzgebern, -agenturen, -nehmern und dem Handel abhängen. Die größten Lizenzgeber aus der Entertainment-Branche, DISNEY und WARNER BROS., haben auf diese Entwicklung in gewohnter Professionalität reagiert und die Strategie geändert. Standard-Charaktere wie MICKY MOUSE, DONALD DUCK, BUGS BUNNY oder TOM & JERRY rücken wieder in den Mittelpunkt. Diese lassen eine breite und v.a. kontinuierliche Vermarktung zu. (Die Klassiker BUGS BUNNY und seine Gefährten oder TOM & JERRY machen z.B. über 80% der Lizenzumsätze bei WARNER BROS. aus.)

Auch der Handel sollte noch stärker umdenken. Denn er kann einen erheblichen Erfolgsbeitrag leisten. Die mangelnde Koordination der Einkaufsabteilungen führt oft dazu, dass aktuelle und erfolgreiche Lizenzthemen nicht erfolgreich umgesetzt werden können. Es werden keine Erlebniswelten geschaffen. Wie soll die Präsenz eines Themas deutlich werden, wenn die Lizenz-Produkte in den Regalen verschiedener Abteilungen ein Schatten-Dasein führen?

Wie solche Konzepte aussehen können, demonstriert DISNEY seit September 2000 in 26 deutschen C&A-Filialen in 50-100 qm großen Fashion-for-Fun-Shops.

5.2. Franchising

Unter Franchising versteht man im Rahmen der Distributionspolitik eine bestimmte, sehr weitgehende Form vertraglicher Vertriebssysteme. Durch rechtliche Vereinbarung wird hierbei einem (rechtlich) selbstständigen Franchisenehmer gegen Entgelt vom Franchisegeber das Recht eingeräumt, unter Verwendung von Markenzeichen, typischer Ausstattung sowie kaufmännischem und technischem Know-how einen bestimmten Geschäftsbetrieb (z.B. Restaurant, Baumarkt) einzurichten und wirtschaftlich selbstständig zu betreiben.

Auch beim Franchising darf somit ein anderer ein Markenzeichen verwenden, aber nur entsprechend den Bestimmungen des Franchisegebers für art-, umfang- und auftrittsgleiche Service- bzw. Distributionsleistungen.

Anmerkung: Im anglo-amerikanischen Sprachgebrauch und der Fachliteratur wird gelegentlich der Begriff Brand Franchise Extension verwendet, der von „consumer franchise" abgeleitet ist. Dies kann man mit Goodwill oder Vertrauenskapital übersetzen. Insofern entspricht dieser Begriff inhaltlich dem Imagetransfer und sollte daher nicht mit dem des Franchising verwechselt werden. (so z.B. Tauber 1981, S. 36 ff.; Kinnear/Bernhard, S. 302)

5.3. Corporate Identity

Einige Publikationen ziehen – bewusst oder unbewusst – eine enge Verbindung zwischen Corporate Identity und Marken-Diversifikation, wie z.B. das folgende Zitat:

„Corporate Identity bedeutet – psychologisch betrachtet – die Herstellung von Erlebnis-Zusammenhängen zwischen Tatbeständen, die zunächst nicht als zusammengehörig erlebt wurden. Solche Tatbestände sind interne oder externe unternehmerische Verhaltensweisen und Entscheidungen, die Veränderungen nach sich ziehen, aber auch Gegenstände wie Produkte, Marken, Medien. ...

Corporate Identity kann die Verbindung zwischen unterschiedlichen Produkten, Produktgattungen oder Marken herstellen und so etwa einem neuen Produkt eine wichtige Starthilfe bieten. ... Corporate Identity bedeutet grundsätzlich den Transport oder Transfer von Informationen von einem Tatbestand auf den anderen oder auch die Schaffung neuer Informationen durch die Verknüpfung unterschiedlicher Tatbestände, marktpsychologisch ausgedrückt: Corporate Identity begünstigt den Transfer von Image, Goodwill und steigert dadurch die Bekanntheit und die Akzeptanz.„ (Gutjähr, S. 92 f.)

Viele der hier geschilderten Ziele und Aspekte treffen sicherlich in irgendeiner Weise auch auf Imagetransfers und Line Extensions zu.

Festzustellen ist jedoch, dass die Corporate Identity als unternehmenspolitisches Konzept unbestritten eine Hierarchiestufe höher anzusiedeln ist (man denke z.B. an HENKEL) als die markenpolitischen Strategien (z.B. von PERSIL, PRIL usw.). Darüber hinaus sind die Zielsetzungen von Corporate Identity und Marken-Diversifikations-Strategien in aller Regel deutlich unterschiedlich.

5.4. Licensing

Die Tätigkeit des Lizenzierens (engl. „licensing") stellt in erster Linie auf die Schaffung einer Rechtsbeziehung zwischen einem Lizenzgeber, der das Recht an dem jeweiligen Lizenzgegenstand oder -thema hält, und einem Lizenznehmer ab.

Durch einen Lizenzvertrag zwischen diesen beiden Parteien wird ein Nutzungsrecht am Lizenzgegenstand, nicht aber das Eigentum, übertragen. Solche Rechte entspringen insbesondere dem Urheberrecht, dem Warenzeichengesetz (u.a. Patente, Geschmacks- und Gebrauchsmuster), dem Titelschutz oder lassen sich auch aus dem Persönlichkeitsrecht ableiten.

Lizenzthemen stammen aus allen Bereichen. Markennamen und Logos, Fotos, Namen und Figuren von Prominenten und fiktiven Charakteren eignen sich als „Properties". Es wird u.a. differenziert zwischen:
• Brand Licensing
• Corporate Licensing
• TV und Kino-Film (Movie) Licensing
• Foto Licensing
• Music Licensing
• Personality Licensing
• Character (Cartoon, Puppen, Figuren) Licensing
• Charity Licensing
• Event Licensing
• Sport Licensing
• Kunst (Art) Licensing
• Mode (Fashion) und Design Licensing.

Mit dem Erwerb einer Lizenz verfolgt der Lizenznehmer meist Marken-Diversifikations-Ziele: Der Bekanntheitsgrad, das Image und die Marken-Attraktivität der Ausgangsmarke soll derart auf sein eigenes Produkt übertragen werden, dass sich ein Umsatzerfolg auch auf dem eigenen Markt einstellt.

Marken-Diversifikation geht über das Lizenzieren hinaus, da es auch die oft verbreiteten Fälle einschließt, in denen Unternehmen ihre eigenen Markenrechte selbst in anderen Märkten nutzen. Man denke z.B. an NIVEA mit inzwischen über 300 Produkten in unterschiedlichen Märkten.

6. ZUSAMMENFASSUNG DER BEGRIFFLICHEN GRUNDLAGEN

Der Begriff Marken-Diversifikation wird als Oberbegriff verwendet und umfasst sowohl Imagetransfers als auch Product Line Extensions.

Image wird hier definiert als die Gesamtheit aller subjektiven Einstellungen (Denotationen und Konnotationen), Kenntnisse, Erfahrungen, Wünsche, Gefühle usw., die mit einem bestimmten Meinungs-Subjekt oder -Objekt verbunden sind.

Der Begriff **Imagetransfer** bezeichnet die langfristig angelegte, zielgerichtete und bewusste Herbeiführung von wechselseitigen Übertragungen und Verstärkungen emotionaler und/oder sachhaft-funktionaler Assoziationen zwischen Produkten unterschiedlicher Kategorien (bzw. zwischen Personen des öffentlichen Lebens und Produkten als Sonderfall). Wesentliches Merkmal von Imagetransfer-Strategien ist das einheitliche Auftreten mehrerer Produkte unterschiedlicher Kategorien unter einer Marke.

Als besonders wichtige Elemente dieser Imagetransfer-Definition wurden herausgestellt:
• die langfristige Anlage und
• die bewusste Herbeiführung eines Imagetransfers
• die wechselseitige Übertragung von Assoziationen zwischen Marken-Stammprodukt und dem Transferpartnerprodukt
• die Notwendigkeit einer grundsätzlichen Berücksichtigung sowohl von emotionalen als auch von sachhaft-funktionalen Assoziationen.

Mit **Brand/Product Line Extension** wird die Ausdehnung des Markensortiments auf bedarfs- und produktionstechnisch-verwandte Produkte bezeichnet, die in engem Zusammenhang mit dem bisherigen Leistungsprogramm der Marke stehen. (z.B. Erweiterungen um neue Geschmacks- oder Duftsorten, Größen, Modelle innerhalb einer bestehenden Produktkategorie oder verwandten Teilmärkten unter dem gleichen Markennamen.)

Die Begriffe des Imagetransfers und der Line Extension wurden abgegrenzt gegenüber:
• Merchandising
• Franchising
• Corporate Identity und
• Licensing.

II.
BEWERTUNGSKRITERIEN VON
MARKEN-DIVERSIFIKATIONEN

„What's in a name? ... a rose by any other name would smell as sweet."
(W. Shakespeare)

„Shakespeare was wrong. A rose by any other name would not smell as sweet... which is why the single most important decision in the marketing of perfume is the name." *(A. Ries, J.Trout)*

Als Bewertungskriterien von alternativen Marken-Diversifikations-Möglichkeiten bieten sich grundsätzlich Ziele und Risiken an:

ZIELE

Was will das betreffende Unternehmen (qualitativ/inhaltlich und quantitativ) erreichen und inwieweit ist der spezifische Imagetransfer oder die Line Extension voraussichtlich in der Lage, dies zu realisieren?

RISIKEN

Welche Probleme können dabei auftreten? Inwieweit wird gegebenenfalls die Marke bzw. das Stammprodukt oder das Kernsortiment gefährdet oder negativ beeinflusst?

MARKEN-DIVERSIFIKATIONS-ZIELE

„Brands have become the barrier to entry, but they are also the means to entry."   *(E. Tauber)*

„Procter hat 300 Marken. So ein komplexes Gebilde ist nicht mehr durchschaubar. Mehr als 30 oder 40 Marken sind nicht beherrschbar."
(R. Kunisch, Vorstandsvorsitzender von Beiersdorf)

1. ZIELE DER MARKEN-DIVERSIFIKATION BEI NEUEN PRODUKTEN

Mit der Planung und Durchführung von Marken-Diversifikations-Strategien wird meistens primär eines oder mehrere der folgenden Ziele angestrebt:

- Reduktion von Markteintritts-Barrieren und Senkung des Flop-Risikos
- Stärkung der Marke und Steigerung von Marketing-Effizienz
- Erschließung zusätzlicher Profit-Quellen
- Steigerung des Markenwertes
- Markenzeichenschutz
- Erhalt von Kommunikationsmöglichkeiten (bzw. „Umgehung von Werbebeschränkungen")

Hinzu können weitere unternehmens- oder branchenspezifische Zielsetzungen treten.

Gegenstand dieses Kapitels ist die Diskussion und Analyse der Primärziele anhand zahlreicher Fallbeispiele, um festzustellen, ob und in wie weit diese Ziele erreichbar sind.

1.1. Reduktion von Markteintritts-Barrieren und des Flop-Risikos

Grundsätzliches Ziel der Marken-Diversifikation ist meistens eine Erleichterung der Markteinführung neuer Produkte und eine Reduzierung des Flop-Risikos.

Angesichts der Entwicklung folgender Umfeld-Parameter bietet sich der Gedanke geradezu an, unterschiedliche Produkte unter dem gleichen Markennamen anzubieten:

- der starken Zunahme der Neuprodukteinführungen bei gleichzeitiger Steigerung der Flop-Raten (93% aller Marken-Neueinführungen scheitern und 80% aller neuen Produkte bleiben unter einem Umsatz von 10 Mio. €. „Das sind keine Erfolge.") (Biehl, S. 44; Lebensmittel-Zeitung (Hrsg.): Tod im Regal (Analyse); vgl. auch Madell)

- des steigenden Verdrängungswettbewerbs (d.h. bei den teilweise stagnierenden Marktvolumen sind Umsatzzuwächse nur auf Kosten anderer Wettbewerber möglich)
- zunehmend verkürzter Produkt-Lebenszyklen
- des zusätzlichen Auftretens von Handelsmarken (und damit weiterer Intensivierung des Wettbewerbs)
- der abnehmenden Kooperations-Bereitschaft des Handels bei sinkenden Handelsspannen und steigender Nachfragemacht der Distributionsunternehmen
- zusätzlicher Wettbewerbs-Verschärfung durch die Internationalisierung der Märkte
- steigender Werbekosten und zunehmender Zersplitterung der Medien (und damit einhergehend geringerer effektiven Reichweiten).

Inzwischen gibt es in Deutschland Werbung in über 5000 Zeitschriften, über 220 Radiosendern und 23 national empfangbaren TV-Sendern. Steigende Titel- und Senderanzahlen führten meist zu sinkenden Reichweiten pro Titel und TV-Sendung. So wurden z.B. im Jahr 2000 allein in den 13 größten TV-Sendern pro Tag durchschnittlich 2184 TV-Werbe-Minuten (= 36,4 Stunden) in Deutschland ausgestrahlt – aber nur circa 17 TV-Werbe-Minuten am Tag durchschnittlich gesehen!

Durch das Angebot unterschiedlicher Produkte unter dem gleichen Markennamen kann langfristig aufgebauter Marken-Goodwill – sowie die hierfür erforderlichen Investitionen – mehrfach genutzt werden. Die neu hinzutretenden Partnerprodukte können ihrerseits wiederum zur Markenpflege und Aufrechterhaltung des Marken-Goodwill beitragen.

1.1.1. Bekannte Markennamen erhöhen die Aufmerksamkeit und beeinflussen die Qualitätswahrnehmung

Die Einführung und Durchsetzung von Einzelmarken wird immer weniger finanzierbar und ständig schwieriger, wie die bereits in der Einleitung genannten Zahlen in der Abbildung zeigen.

Auch die Aufrechterhaltung bereits etablierter Marken wird selbst von großen Konzernen inzwischen in vielen Fällen als zu aufwendig angesehen.

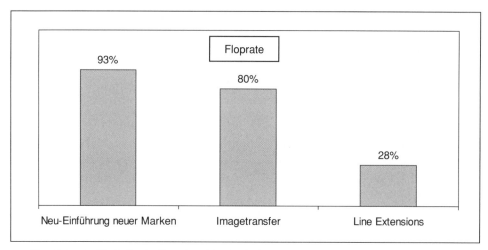

Flop-Raten im Marketing im Branchen-Durchschnitt

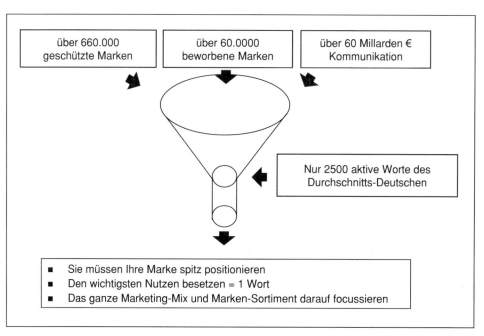

Bekannte Marken mit den richtigen Assoziationen können das Floprisiko reduzieren

So beabsichtigt beispielsweise UNILEVER, sein Portfolio von einst 1600 Marken auf nur noch 400 starke Namen bis zum Jahre 2004 zu reduzieren. „Diese Zahl dürfte im Jahr 2002 bereits auf etwa 800 Marken zurückgegangen sein." „Der Ertragszuwachs hat sich gegenüber dem Vorjahr beschleunigt, obwohl sich die Rahmenbedingungen angesichts einer schwachen Konjunktur und einer gesunkenen Konsumneigung verschlechtert haben. ... Die Wachstumsraten außerhalb der Kernprodukte fallen nicht so hoch aus." (FAZ 28.01.2003)

Auch der größte Konsumgüter-Hersteller PROCTER & GAMBLE „setzt vor allem darauf, bestehende Marken, die viele Verbraucher kennen, zu erweitern." „Unsere Marken haben sehr breite Schultern", sagt der für das globale Marketing von PROCTER & GAMBLE verantwortliche James Stengel. (Wirtschaftswoche 27.02.2003, S. 57)

Hinzu kommt die Erkenntnis, dass Marken, die den Konsumenten keinen klar identifizierbaren Vorteil bieten, in Zukunft nur die undankbare Position eines Handelsmarken-Zulieferers verbleibt. – Laut A.C.NIELSEN greifen knapp 68% der immer anspruchsvolleren – Konsumenten inzwischen auch auf Handelsmarken zurück. Ihre Qualität wird von 70% der Befragten häufig als ebenbürtig zu den Markenprodukten beurteilt. 1994 waren es erst 53%. (LZ 09.02.2001, S. 51)

Für den Konsumenten werden die Märkte immer unübersichtlicher aufgrund wachsender Produktdifferenzierung und zunehmendem Verdrängungswettbewerb. Bei der Marken-Diversifikation soll der bekannte Markenname eine Orientierungs-Funktion erfüllen. So sagt beispielsweise LEIFHEIT-Vorstand Dietmar Menze: „LEIFHEIT zählt mit 80% zu den renommiertesten Marken in seinen Kategorien. LEIFHEIT soll dem Kunden das Vertrauen und die Sicherheit geben, die er gerade dann braucht, wenn kaum oder gar keine Beratung am Regal stattfindet." (Rück, S. 66)

Zum einen kann davon ausgegangen werden, dass der Konsument, aufgrund der Selektivität der Wahrnehmung, bevorzugt solchen Marken Aufmerksamkeit schenkt, die ihm (aus anderen Produktfeldern) bekannt sind. – Die klassische psychologische Lern-Hierarchie der Effekte geht davon aus, dass bereits bekannte Reize ein höheres Aktivierungs-Potenzial besitzen als unbekannte und demzufolge auch besser wahrgenommen werden:

"Eine wesentliche Rolle für das Wirkungs-Potenzial einer Kampagne spielt – erwartungsgemäß – die (Marktstellung der) Marke. Je höher Verwendung, Besitz oder Kaufneigung sind, umso mehr Chancen hat eine Kampagne, Wirkung zu erzielen, da bereits eine größere Zahl von Menschen Vorwissen besitzt und dadurch für die neuerlichen Werbe-Appelle aufgeschlossen ist." (ZDF o. J. 1991, S. 113; vgl. auch Kroeber-Riel, S. 262 f.; o. V.: Major Advertiser ..., S. 44 ff.)

Zum anderen wird der Stellenwert des gemeinsamen Markennamens als Starthilfe für Produkt-Neueinführungen dadurch erhöht, dass Markennamen vielfach zur Qualitätsbeurteilung herangezogen werden.

Hat eine Marke einen guten Ruf, so überträgt sich die entsprechende Erwartung auf die Qualitätswahrnehmung (wenn die wahrgenommenen Eigenschaften dieser Übertragung nicht entgegenstehen). Dieser sogenannte „Markenartikel-Effekt" gehört zu den ersten Befunden der Marktpsychologie (König 1926, S. 198). Er wurde seither immer wieder bestätigt. (siehe hierzu z.B. auch: Allison/Uhl 3/1964, S. 36 ff; Mähen 1965, S. 261 ff.)

Ein bekannter Markenname wirkt wie eine „Denk-Schablone": Er beeinflusst automatisch die gesamte Produktwahrnehmung.

Dies erklärt auch, warum Blindtest-Resultate häufig deutlich von Produkttest-Ergebnissen bei Markennennung (der gleichen Produkte wie im Blindtest) abweichen.

Dieser sogenannte "Markenartikeleffekt" in der älteren deutschen psychologischen Forschung hat – in der anglo-amerikanischen Fachliteratur – unter dem Namen "Halo-Effekt" eine Renaissance erlebt.

„Es besteht ein Halo-Effekt in den Fällen, in denen eine Präferenz für einen Gegenstand die Eigenschafts-Beurteilungen so beeinflusst, dass diese der Präferenz eher entspricht." (Huber/James, S. 478; siehe auch Beckwith/ Lehmann, S. 275 ff.)

Der Halo-Effekt kann somit im allgemeinen durch das Streben nach kognitiver Konsistenz erklärt werden. Damit eignet sich dieser Effekt sehr gut zur Erklärung des Beurteilungsprozesses von Marken-Diversifikations-

Produkten. Durch die Übertragung der Einstellung vom Stammprodukt auf das Transferprodukt nimmt der Konsument häufig dort - innerhalb gewisser Grenzen – eine Aufwertung vieler (oder aller) Produkteigenschaften vor, also auch solcher, die sich beim Stammprodukt nicht finden bzw. nicht relevant sind, ohne dass diese Höherbewertung den objektiven Tatsachen zu entsprechen braucht. – Im negativen Fall kann allerdings auch eine entsprechende Abwertung stattfinden.

Als wichtigste Determinaten eines starken Halo-Effektes werden genannt:

• geringe Vertrautheit mit dem Wahrnehmungsobjekt
• unklare oder nur subjektiv interpretierbare Produkteigenschaften (also insbesondere Konnotationen)
• hohe wahrgenommene Beliebtheit oder Nutzung des Wahrnehmungsobjektes.

Anzumerken ist in diesem Zusammenhang, dass die Transferwirkung im Zeitablauf (häufig) abnimmt. So ist es durchaus möglich, dass bei erster Konfrontation mit dem Transferprodukt Generalisationen und damit Einstellungs-Transfers auftreten. Mit zunehmender Produktvertrautheit und vor allem Verwendungserfahrung können diese zurückgehen. Dabei muss allerdings berücksichtigt werden, dass die Produktwahrnehmung und -beurteilung selbst wiederum stark von einer bereits gebildeten Einstellung beeinflusst wird.

Als weitere Gründe für das Absinken des Goodwill-Transfers im Zeitablauf ist z.B. das Erscheinen neuer, eventuell überlegener Produkte zu nennen. Soweit empirische Messungen zu diesem Aspekt vorliegen, bestätigen sie diese These. (siehe Simon S. 6 und die dort angegebene Literatur)

Auf den Fall sich eventuell ergebender, konträrer Einstellungen bzw. Produkterlebnisse bzgl. Stamm- und Transferprodukt wird noch eingegangen.

Beispiel   DR. OETKER

Zur Veranschaulichung der Bedeutung eines bekannten Markennamens als

Starthilfe sei eines der wenigen publizierten Beispiele aus der Praxis angeführt, bei dem die Einführung zunächst unter dem „falschen" Namen scheiterte und später unter anderem Namen erfolgreich wurde:

„DR. OETKER trat 1962 mit der Marke „FROSTI" testweise in den Tief-
kühlmarkt ein, und zwar in einer Partnerschaft mit der Firma Unifranck. Es
zeigte sich sehr bald, dass gegen die damals dominierenden Marken LANG-
NESE-IGLO und FINDUS-JOPA nur eine gewaltige Anstrengung Chancen
eröffnete. Das Risiko war groß – und der Erfolg blieb leider aus. Unifranck
zog sich zurück und wir (DR. OETKER) standen vor der Frage: Wird die
Marke DR. OETKER anstelle der im Test gescheiterten Marke „FROSTI"
den Durchbruch schaffen?"

„Als Folge unserer Untersuchungen begannen wir dann mit der Umstellung
von „FROSTI" auf „DR. OETKER". Der Erfolg spricht für sich, auch wenn
der steile Absatzanstieg in den letzten Jahren sicher nicht ausschließlich auf
die Umstellung der Marke zurückzuführen ist, sondern auch auf eine starke
Ausdehnung des Vertriebsapparates."

„Wie sehr (die Marke DR. OETKER) verkaufen hilft, geht ferner daraus
hervor, dass die Hausfrauen bereit waren, für die DR. OETKER Tiefkühlprodukte bei gleicher Qualität einen etwas höheren Preis zu zahlen als für
die anderen anonymen Tiefkühlangebote. DR. OETKER verfügt, dies bewiesen die Hausfrauen in der Befragung, in den Dimensionen Verlässlich-
keit, Kompetenz und Pflege des Angebots gegenüber den anonymen Angeboten einen spürbaren Vorsprung."

„Zusammengefasst: Die Problematik war, dass FROSTI als Marke keine
Marktchance hatte, ... der Goodwill-Transfer von ... DR. OETKER ... mach-
te einen Marktdurchbruch möglich und hilft nachdrücklich verkaufen."
(Sandler S. 68 f.)

Beispiel MARS-EISCREME

Der (Industrie-)Speiseeis-Markt war in West-Deutschland ca. 1,1 Milliarden
€ groß. Er wurde vor allem von LANGNESE-IGLO, SCHÖLLER und DR.
OETKER dominiert. Und bei Kleinpackungen, die über den Lebensmittel-

einzelhandel, Kioske, Tankstellen und Bäckereien vertrieben werden, gab es jahrelang weder bei Menge noch Wert Bewegung. Versuche von SCHÖL-LER und LANGNESE-IGLO, neue Marken wie TRAMP (1986) oder JO-KER (1987) durchzusetzen, waren nur begrenzt erfolgreich.

MARS Inc. nutzte 1989 die Beobachtung, dass viele Konsumenten ihre Schokoladen-Riegel im Sommer im Kühlschrank aufbewahren, zum Transfer von MARS, SNICKERS, BOUNTY und MILKY WAY auf Eiscreme. Dem „Newcomer MARS (gelang) bei Eis ein Wachstum aus der eigenen Substanz, das die etablierten Eisprofis nicht geschafft haben." (Titze, S. 206) Der Eiscremesnack-Umsatz lag 1991 bei rund 35 Millionen € in Deutschland.

Noch größer war der Erfolg auf dem englischen Markt: „Vor zwei Sommern konnte der UK Eiscreme-Hersteller, LYONS MAID, selbstbewusst auf den gesättigten Eiscreme-Markt und seine sehr hohen Zugangs-Barrieren u.a. in Form der Tiefkühl-Truhen-Distribution sehen. (Bereits zwei Jahre später stand) die Firma zum Verkauf. Ihr Marktanteil schmolz (jedoch schnell) unter dem Wettbewerbsdruck der Imagetransfers von MARS Riegeln zu Eiscreme dahin." (Macrae, S. 8 f.)

1.1.2. Vermutete Einsparungs-Möglichkeiten von Werbe- bzw. Marketingkosten bei Neueinführungen unter bekannten Markennamen

Durch die Verwendung des Namens einer bereits erfolgreich am Markt etablierten Marke sowie der weitgehenden Beibehaltung von spezifischen Marketing-Mix-Komponenten wird eine Übertragung der aufgebauten Markenbekanntheit und der mit ihr verbundenen (Wert-) Vorstellungen auf ein neues Produkt angestrebt. Da der Markenname mit seinem spezifischen Bedeutungsumfeld nicht mehr gelernt werden muss, kann sich die Einführungswerbung auf die Publizierung des neuen Produkt-Marken-Konzepts konzentrieren.

Darüber hinaus wird häufig vermutet, dass insbesondere die Werbekosten bei der Einführung neuer Produkte unter bekannten Markennamen wesentlich reduziert werden können, da das neue Produkt durch den gemeinsamen Namen bereits "vorverkauft" sei. Hierzu einige Zitate:

„Etablierte Marken-Präferenzen stellen häufig hohe Markt-Zugangsbarrieren dar, die ein Vermögen an Werbung für einen neuen Wettbewerber kosten würden. Jetzt können sie in bestimmten Fällen einfach übersprungen werden, indem bekannte Marken lizenziert werden, um das (Image und) Prestige auf ein neues Produkt zu übertragen." (so bereits Hines, S. 136)

„Ein weiterer Vorteil ist, dass die Investitionen – mit signifikanten Kosten – minimiert werden, die für eine neue Marke erforderlich wären." (Tauber 1981, S. 38)

„Einer (der wichtigsten Vorteile von Imagetransfer) liegt sofort auf der Hand: die Kostenersparnis. Mit einer einheitlichen, konsequent durchgezogenen Werbelinie kann man eine wesentliche Einsparung der Werbekosten erreichen." (Mayerhofer/Schönthaler/Walther, S. 28)

„Mit Hilfe des gemeinsamen Markennamens ... ist es möglich, den Goodwill einer Marke für eine Produktneueinführung zu nutzen, wodurch Einführungswerbekosten gespart werden können." (Schweiger 6/1983, S. 260)

Leider trifft es nicht zu, dass man beim Launch eines neuen Produktes **unter einem bekannten Markennamen Marketingkosten in nennenswertem Umfang während der Einführungszeit** (in der Regel den ersten 2 Jahren) **sparen kann.**

Dies lässt sich anhand von Nielsen-Daten auf der Basis von insgesamt 167 Neueinführungen in den USA und Großbritannien beweisen. Es wurde der erzielte Marktanteil nach 2 Jahren von neuen Marken mit dem von Produkten verglichen, die unter Markendächern oder mit bekannten Marken in einem neuen Markt eingeführt wurden. Auf den ersten Blick ergibt sich in der Abbildung auf der folgenden Seite ein deutlicher Unterschied.

Dieses Chart scheint zunächst eindeutig für die Einführung neuer Marken und gegen Marken-Diversifikation zu sprechen. Wenn man jedoch tiefer in die Daten einsteigt, ergibt sich ein anderes Bild – wie die untere Analyse auf der nächsten Seite zeigt:

„Auf Basis der Werbe- und Promotions-Ausgaben für die Dachmarken wird deutlich, dass die Manager offensichtlich glauben, dass die bestehende Aura des etablierten Markennamens es Ihnen ermöglicht, bei Neueinführungen deutlich weniger Geld auszugeben. Sie liegen damit eindeutig falsch." (Saunders, S. 96 f.; vgl. auch Jones, S. 58 f.; Peckham, S. 90 ff.)

Wenn man die Daten mit den Werbe- und Marketingausgaben für jede neue Marke gewichtet, erzielt man nahezu die gleichen Resultate für neue und etablierte Marken (mit tendenziellen Vorteilen für die bekannten Marken).

Mit anderen Worten: Die Ursache für das schlechtere Abschneiden der bekannten Marken ist in dem geringeren Marketing-Investitions-Niveau zu sehen.

„Viele Marketing Manager, die diese Resultate gesehen haben, meinen, dass die Ursache hauptsächlich eine Frage der Marketing-Psychologie ist: Da einerseits bekannt ist, dass die Einführung neuer Marken schwierig ist, werden entsprechend höhere Marketing-Budgets eingesetzt. Anderseits wird allgemein (und **fälschlicher Weise,** wie sich zeigt) **angenommen, dass ein etablierter Markenname bereits vor-verkauft sei. Entsprechend werden weniger finanzielle Mittel eingesetzt** und das neue Produkt unter der etablierten Marke weniger durch Aktivitäten unterstützt. **Die Konsequenz: Es ergibt sich ein geringerer Markt-Anteil."** (Peckham, S. 91)

Als generelle Faustregel lässt sich festhalten, dass die Größe des Einführungs-Erfolgs sehr viel stärker von dem Ausmaß der (finanziellen) Unterstützung abhängt als von dem bekannten Markennamen. „In introducing a new ... (product) in a given category you get what you pay for." (Peckham, S. 99 ff.)

„Neue Marken, welche den höchsten Absatzanteil erreichten, zeigten auch den höchsten Anteil an Werbeaufwendungen. Umgekehrt stehen diejenigen mit dem niedrigsten Absatzanteil auch unten auf der Liste des Anteils der Werbeaufwendungen." (Stern, S. 9; vgl. auch Jones a. a. 0., S. 84)

Es scheint somit keine "economies of scale" bei der Einführung eines neuen Produktes durch den bekannten Markennamen zu geben.

Hinweise auf den notwendigen Share of Voice gibt eine andere Nielsen-Untersuchung, basierend auf 64 Produkt-Neueinführungen, wobei einerseits

II. BEWERTUNGSKRITERIEN VON MARKEN-DIVERSIFIKATIONEN: ZIELE

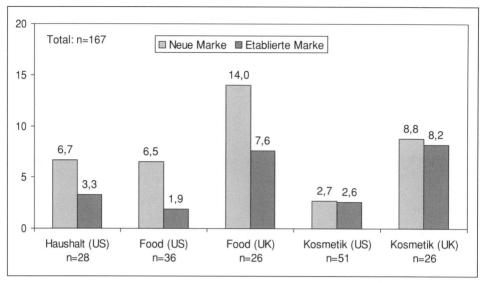

Vergleich erzielter Marktanteile nach 2 Jahren (Basis: 167 Marken - Quelle: Peckham. S. 89 f.)

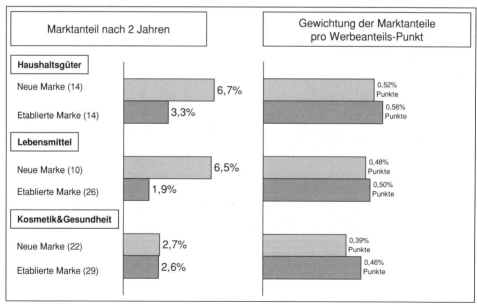

Vergleich erzielter Marktanteile unter Berücksichtigung des Werbedrucks
(Basis: 115 US-Produkte - Quelle: Peckham. S. 90)

der angestrebte Marktanteil und andererseits die Höhe der relativen Produktüberlegenheit im Vergleich zur etablierten Konkurrenz berücksichtigt werden muss: Durchschnittlich benötigt man für einen Marktanteils-Prozentpunkt 1,6 bis 1,7 Werbeanteil-Prozentpunkte.

Einschränkend sei hier allerdings angemerkt, dass aus den publizierten Fallstudien nicht hervorgeht, ob eventuell andere Gründe – wie z.B. ein geringeres Produkt-Leistungsvermögen der Produkte unter bekanntem als unter neuem Namen – auch eine Rolle spielten.

Beispiel CAMEL Imagetransfers

Nicht existierende "economies of scale" wurden offensichtlich auch bei der Einführung der "CAMEL COLLECTION" und später von "CAMEL BOOTS" erwartet:

„Für REYNOLDS ist dieser Schritt in die Diversifikation von begrenztem Risiko. Während Zigaretten-Neueinführungen zwischen 15 und 20 Millionen DM (7,5 - 10 Mio. €) für begleitende Werbung und Promotion-Aktionen verschlingen, liegt der Promotion-Etat für die CAMEL-Kollektion mit DM 200.000 (€ 100.000) nicht zuletzt deshalb so niedrig, weil die laufende Camel-Werbung (Jahresetat: 6 Millionen €) unterstützend genutzt wird." (o. V. 21.03.1977)

„... eine halbe Million Mark (250.000 €) steckten die Textilindustriellen (R. & A. BECKER) in die Einführungskampagne des CAMEL-Looks. Die Kölner (REYNOLDS) indes bezahlten keinen Pfennig in den Werbetopf. „Wir beteiligen uns mit unserem Namen", so der damalige CAMEL-Produktmanager, „und der ist wertvoll genug". (o. V. 18.03.1977)

„1980 ... wird damit begonnen, die Endverbraucher mit Werbung für die "CAMEL Collection" direkt anzusprechen." (o. V. FAZ, 21.01.1980)

Die im Zusammenhang mit einem Rechtsstreit 1984 durchgeführte repräsentative Befragung machte deutlich, dass die Befragten mit CAMEL folgende Produkte spontan assoziierten (vgl. OLG Köln: Urteil v. 30.11.1984 „Camel", S. 560):

- zu 86,0% mit Tabakwaren
- zu   1,7% mit CAMEL-Bekleidung/Collection   (Einführung 1977)
- zu   3,1% mit CAMEL-Schuhe/Boots   (Einführung 1979)
- zu   2,1% mit CAMEL-Abenteuerreisen   (Einführung 1980/81)

REYNOLDS scheint aus den niedrigen Bekanntheitswerten der Diversifikations-Produkte gelernt zu haben. 1988 wurde von der STAR COOPERATION ca. 4,5 Mio. € für das Marketing der CAMEL-Transferprodukte ausgegeben, wovon ca. 3 Mio. € auf klassische Werbung entfielen.

„Vergleichbar erfolgreich wie die Umsatzentwicklung verläuft die Kurve der Markenbekanntheit." Nach mehreren Jahren verstärkter Werbung betrug die Markenbekanntheit 1988 bereits 53% für CAMEL BOOTS und 51% für CAMEL COLLECTION. (vgl. o. V. 1988, S. 32 ff., Zitat: S. 36)

Andere Beispiele:

MÖVENPICK

„Übrigens scheint es die MÖVENPICK-Vermarkter auch nicht sonderlich zu interessieren, ob ihre Partner für die Produkte werben oder nicht. Bisher hat lediglich SCHÖLLER für „MÖVENPICK-Eis" tüchtig die Werbetrommel gerührt,"das als einziges „MÖVENPICK"-Lizenzprodukt ein wirklich großer Erfolg wurde. (Der Marktanteil lag jahrelang bei über 50% im Premium-Eissegment.) – So ist z.B. die MÖVENPICK-Salatsauce nicht über einen Marktanteil von 5% hinausgekommen. (o. V. 8/1987, S. 24)

Positiv entwickelten sich auch die MÖVENPICK-"Marmeladen" (aus juristischen Gründen, auf Grund des deutlich höheren Fruchtanteils, richtige Bezeichnung: "Fruchtaufstriche") von SCHWARTAU – Dank eigener Werbung.

NIVEA

Die Line Extensions der Marke NIVEA werden häufig als "Paradebeispiele" angeführt. – Wenig bekannt ist hingegen die Tatsache, dass sich der Erfolg der NIVEA Line Extensions bis Mitte der 70er Jahre in Grenzen hielt. (Ausnahme: Sonnenschutz).

Der Transfererfolg stellte sich erst in größerem Umfang ein, als

1. die Transferstrategie systematisch und mit aller Konsequenz auf Basis einer nutzenorientierten Markenklammer (Markenidee) „milde (Haut-) Pflege" verfolgt wurde und
2. die Produkte einzeln beworben wurden.

So schreibt auch H. J. Prick (1988, S. 95) – Marketingleiter in der Cosmed-Sparte von Beiersdorf – über NIVEA-Transfer-Erfolge: „Solche Erfolge sind allein durch die Übertragung eines Erfolgsrezeptes auf eine Palette von Produkten nicht erreichbar, sondern nur durch Produkte, die zu selbstständigen Markenpersönlichkeiten geworden sind."

Tendenzielle Ausnahmen:

COCA-COLA-Freizeitkleidung

Nicht vergessen werden sollte allerdings, dass es auch Ausnahmen von dieser Relations-Regel ("you get what you pay for") zu geben scheint. Als Beispiel sei COCA-COLA-Freizeitkleidung in den USA angeführt. Im ersten Jahr (1985) wurde ein Umsatz von ca. 225 Mio. € und im zweiten Jahr von über 450 Mio. € erzielt. Danach brach allerdings der Umsatz ein und der Lizenznehmer Murjani blieb auf großen Lagerbeständen sitzen. (In Deutschland war hingegen Coca-Cola-Mode bei wiederholten Versuchen direkt ein Flop.)

GABRIELA SABATINI-Parfüm

GABRIELA SABATINI-Parfüm wurde – bei relativ niedrigem Werbeetat – ein großer Erfolg. Im zweiten Jahr wurden bereits 45 Mio. € Umsatz erreicht (25 Mio. € davon in Deutschland). Damit war GABRIELA SABATINI-Parfüm (im zweiten Jahr) bereits größer als 4711, das zuvor das größte und Stammprodukt des Hauses MÜHLENS (heute WELLA) war.

1.1.3. Erschließung neuer Märkte bzw. Marktsegmente

Bekannte Marken positionieren neue Produkte in neuen Märkten auf direktestem Wege. Insofern bietet sich der Gedanke an, diese zur gezielten Erschließung neuer Marktsegmente bzw. internationaler Märkte zu verwenden.

1.1.3.1. Premium-Produkte

Plant ein Unternehmen den Vorstoß in das Segment der Premium-Produkte, so wird ihm dieser Schritt ohne einen klangvollen Namen mit Symbolkraft und die entsprechenden Assoziationen in der Regel verwehrt bleiben.

„Die Premium-Version einer Mainstream-Marke kann nicht überzeugend mit einer wirklichen Premium-Marke konkurrieren, die keine Mainstream-Verbindung hat. So mag eine Corvette dabei helfen, andere Chevrolets zu verkaufen. Deren Image behindert aber die Fähigkeit der Corvette, überzeugend gegen Porsche anzutreten." (Quelch, S. 41)

Der Aufbau einer Premium- oder Exklusiv-Marke erfordert viel Zeit (und Geld) und dürfte aus dem Stand heraus nahezu unmöglich sein.

„Später als die Konkurrenz hat der Lederwarenhersteller GOLDPFEIL den Sprung ins internationale Luxus-Business gewagt – mit neuer CI, veränderten, an langfristigen modischen Trends orientierten Kollektionen, dem weltweiten Aufbau eigener Shops und einer mehrstufigen Kampagne, die diesen Wandel in allen Phasen begleitet. ... Neun Prozent des Jahresumsatzes ... und damit weit mehr als der Branchendurchschnitt stellt das Unternehmen Goldpfeil für die Kommunikation zur Verfügung. ...

Dass die Entwicklung der Marke deutlich langsamer vorangeht als es Unternehmen und Agentur lieb sein kann, hat auch mit der neuen Positionierung zu tun. In dem vergleichsweise winzigen Segment Luxusmarkt fällt es schwer, gegenüber bereits etablierten Marken wie LOUIS VUITTON oder HERMES Profil zu gewinnen." (Winter, S. 18)

Zwischenzeitlich hat das Unternehmen GOLDPFEIL (zusätzlich) die

Namensrechte von DAVIDOFF (als Lizenz) erworben. – Kurzfristig stellt der Rückgriff auf einen bereits entsprechend eingeführten Marken-Namen im Zuge einer Warenzeichenlizenz oft die einzige Möglichkeit dar, sich im Premium-Segment zu etablieren. Da das Risiko zudem kalkulierbar erscheint, stellt der Eintritt in das Premium- bzw. Luxus-Segment durch Lizenznahme eine interessante Handlungsalternative für solche Unternehmen dar.

„In Kategorien, in denen emotionale Benefits die Entscheidungen dominieren, kann die Kultivierung eines Prestige-Images oft die Grundlage für die Führerschaft sein. Image-Führerschaft wird zum Teil erzielt durch die relative Exklusivität eines Premium-Preises (und die Wahl entsprechender Distributions-Kanäle), die auf den Gegenstand transferiert werden. Dies kann verstärkt werden durch wohl-selektierte Marken-Namen, Logos und Packungs-Designs sowie die Kommunikation der Produkt-Herkunft, der Art der Herstellung sowie die Persönlichkeit, die dahinter steht." (Quelch, S. 39 f.)

Beispiel SCHÖLLER-MÖVENPICK

Als Beispiel für die Erschließung neuer Marktsegmente kann SCHÖLLER-MÖVENPICK angeführt werden. SCHÖLLER-Eiscreme war lange Zeit eine Marke unter vielen. Sie litt sogar unter den Schwächen einer Traditionsmarke, die einfach nicht mehr aktuell ("up to date") war. Bis mit MÖVENPICK die Lizenz für eine Marke übernommen wurde, mit deren "Leitbild"-Funktion sich plötzlich besondere Qualität zu viel ergiebigeren Preisen verkaufen ließ. Durch diesen Imagetransfer hat ein "Trading up" stattgefunden. Dieses Beispiel zeigt, wie durch die Verbindung zweier Marken ein "Multiplikationseffekt" in der Positionierung und Wirkung gegenüber dem Verbraucher erzielt werden kann.

Seit 1974 bot SCHÖLLER-MÖVENPICK das Eis in der Gastronomie und seit 1979 auch im Lebensmittelhandel an. Der Erfolg von SCHÖLLER-MÖVENPICK wäre allerdings undenkbar gewesen ohne die überlegene Produktqualität des Premium-Eis. Eiscreme mit großen Stücken von Nüssen, Erdbeeren und Schokolade war bei der Einführung neu für den deutschen Verbraucher. Diese neue Qualität wurde entsprechend in der Werbekampagne dramatisiert.

Zu dem Erfolg hat auch beigetragen, dass die Verbraucher die überlegene Geschmacksqualität im Restaurant kennen lernen konnten und können. Dieses Geschmackserlebnis kann man auch seinen Familienangehörigen und Freunden zu Hause bieten. Das "gastronomische Geschmackserlebnis" wird durch den Einkauf nach Hause transferiert.

Der Wettbewerb reagierte auf den Erfolg des Mövenpick-Eis. 1981 brachte DR. OETKER (die Nr. 3 auf dem Eiscrememarkt hinter LANGNESE-IGLO und SCHÖLLER) mit DAS FEINE ebenfalls ein Premium-Produkt auf den Markt.

1982 führte LANGNESE-IGLO MAXIM'S ein. – Theoretisch ein weiterer Imagetransfer von dem Pariser Gourmet-Restaurant. Den meisten Haushaltsführenden dürfte jedoch dieses nicht bekannt gewesen sein.

Beide Wettbewerbs-Marken profitieren durch den von SCHÖLLER-MÖVENPICK ausgelösten Markttrend zum Premium-Eis. Sie konnten allerdings SCHÖLLER-MÖVENPICK (zunächst) bei weitem nicht einholen. Zehn Jahre nach der Konkurrenz-Einführung (1991) hatte SCHÖLLER-MÖVENPICK einen Anteil von ca. 55% am Markt für Premium-Eis (LANGNESE ca. 23%, DR. OETKER ca. 6%). Der Gesamtumsatz mit MÖVENPICK-Eis betrug 1991 in Deutschland ca. 70 Mio. € - international 1985 bereits annähernd 135 Mio. €. (vgl. Mayer (de Groot) 1987, S. 152 ff. und S. 65 ff.; o.V. 31/1985, S. 20 ff.) – Im Jahr 2002 erzielte MÖVENPICK ein Marktvolumen von rund 200 Mio. € (FAZ 24.01.2003).

EXKURS ZU LANGNESE CREMISSIMO

LANGNESE IGLO hat seit 1979 zunächst vergeblich versucht, die Marktführerschaft in diesem Segment zu erobern. 1980 wurde mit LANGNESE SUPERBE ein eigenes Premiumeis eingeführt. 1982 kam MAXIM´S. 1989 folgte CARTE D´OR und später wurde zusätzlich I´CESTELLI als Super-Premium-Eis (in einer "Zangen-Strategie") erfolgreich angeboten. Es gelang jedoch nicht, den Konkurrenten MÖVENPICK von seiner komfortablen Spitzenposition zu verdrängen.

Erst mit CREMISSIMO erzielte LANGNESE im Jahr 2001 die Marktführer-

schaft im Premium-Eissegment. LANGNESE CREMISSIMO zählt zu den klarsten, schnellsten und erfolgreichsten Marken-Re-Positionierungen der letzten Jahre. – Die Case Study wurde mit dem **Marken-Award 2003** *der absatzwirtschaft ausgezeichnet. – Diese Fallstudie beweist erneut, dass die bessere Kenntnis der emotionalen und rationalen Verbraucherbedürfnisse der wichtigste Wettbewerbsvorteil eines Unternehmens ist. Ohne diese Schlüsselinformationen ist es eigentlich nicht möglich, eine Marke systematisch zu höherem Umsatz und Ertrag zu führen.*

Wie aber kam es zu LANGNESE CREMISSIMO?

Am Anfang der Entwicklung standen strategische Marketing-Überlegungen und Marktforschung. Mitte der neunziger Jahre wurde Konzept & Analyse mit einer Grundlagenstudie beauftragt. Durch die Untersuchung sollten folgende Kernfragen beantwortet werden:

1. *Wie sieht der Verbraucher CARTE D´OR im weiterentwickelten Premium-Markt, insbesondere im Vergleich zu MÖVENPICK?*
2. *Kann der Verbraucher sich einen rationalen und/oder emotionalen Nutzen vorstellen, der für ihn ein wahrnehmbarer, kaufentscheidender Vorteil gegenüber MÖVENPICK wäre?*
3. *Wie sollte eine Neupositionierung aussehen, die kaufrelevante Vorteile gegenüber MÖVENPICK bringt?*

Zur Beantwortung dieser Schlüsselfragen wurde ein mehrstufiger Untersuchungsansatz gewählt:

1. *Psychodrama: Ein qualitativer Methodenansatz zum Verständnis der Konsumenten und ihrer Kauf- und Konsummotivation (vgl. ausführlicher Haimerl/Roleff 2000, pp. 109; dies. 3/1996, S. 266 ff)*
2. *GAP-Marken-Status, Image- und Positionierungs-Defizit-Untersuchung*

Die Schlüsselergebnisse der Untersuchung

- *CARTE D´OR und MÖVENPICK waren eng beieinander positioniert und wiesen starke Substitutionsbeziehungen auf.*
- *Beiden Marken fehlte eine eigenständige und markante Profilierung.*

109

CARTE D´OR wurde überwiegend als "me too" zum "Goldstandard" MÖVENPICK erlebt, ohne einen verbraucher-relevanten Vorteil zu besitzen. – Eine Wahrnehmung als "gleich gut" reicht aber nicht aus, um die Konsumenten verstärkt zum Markenwechsel zu motivieren. - Beide Marken wurden von den Konsumenten primär über faktische Produktmerkmale (Premium, Sorten) charakterisiert.

* *Die Marke MÖVENPICK wies Mängel in der Positionierung auf. Sie verfügte weder über einen relevanten rationalen noch einen emotionalen Benefit. –Die langjährige MÖVENPICK-"Eis des Jahres"-Kommunikation hatte bisher nur einen Reason why "Stückigkeit", einen allgemeinen Qualitätseindruck (der aber nicht auf markante Dimensionen rückführbar war und diffus blieb,) sowie unterschiedliche Sorten (als "Eis des Jahres") etabliert.*

* *Stückigkeit wurde aber vom Premiumeis-Käufer inzwischen nur relativ selten spontan als eine der wichtigsten Produkteigenschaften genannt. Sondern sie wurde in diesem Segment – nach über 15 Jahren – als selbstverständlich vorausgesetzt.*

* *In Psychodramen und der GAP-Analyse wurden die relevanten emotionalen und faktischen Konsum-Motive und Hemmschwellen herausgearbeitet. Cremigkeit als Konsistenz und ein sahniger Geschmack waren die primär gewünschten Eigenschaften, die bisher von keiner Premiumeis-Marke dominant besetzt waren. Hinzu kam ein zentrales emotionales Bedürfnis, das wir hier – aus Geheimhaltungsgründen nur in begrenztem Umfang – mit "Wärme" umschreiben möchten.*

Die Analysen empfahlen somit eindeutig eine eigenständig-überlegene Neupositionierung von CARTE D´OR. – Noch größere Chancen versprach allerdings die Einführung einer neuen Marke, um sich aus der "me too" Stellung zu MÖVENPICK zu befreien. Die Erfolgsaussichten waren groß, MÖVENPICK "vom Thron zu stoßen".

Zur Realisierung im Markt

LANGNESE-IGLO stellte die emotionalen und faktischen Verbraucherwünsche bei der Vorbereitung der Produkt-Neueinführung in den Mittelpunkt, indem sie ihr Angebot und Marketing-Mix gezielt darauf ausrichtete. Die Erwartung war, dass für fest umrissene Zielgruppen-Potenziale die beste,

110

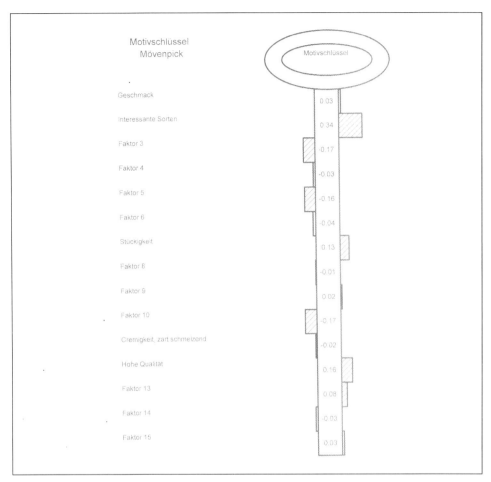

Motivschlüssel
Mövenpick

Geschmack	0.03
Interessante Sorten	0.34
Faktor 3	-0.17
Faktor 4	-0.03
Faktor 5	-0.16
Faktor 6	-0.04
Stückigkeit	0.13
Faktor 8	-0.01
Faktor 9	0.02
Faktor 10	-0.17
Cremigkeit, zart schmelzend	-0.02
Hohe Qualität	0.16
Faktor 13	0.08
Faktor 14	-0.03
Faktor 15	0.03

Der Motivschlüssel von Mövenpick war Mitte der 90er Jahre schwach ausgeprägt
(Ausnahme: interessante Sorten)

Erläuterungen zum Motivschlüssel

Der Motivschlüssel ist ein zentrales Steuerungselement zur Markenführung. Er zeigt das kompetitive Profil oder die Kraft einer Marke im Wettbewerbsumfeld. Zu diesem Zwecke werden alle Hauptmarken-Urteile außer der untersuchten Marke gleich Null gesetzt.

Vereinfacht ausgedrückt: Wenn 70% der Verwender anderer Hauptmarken deren Geschmack mit gut beurteilen und die Mövenpick-Verwender mit 71%, so würde sich ein Vorteil von 1% (=Differenz) ergeben.

Da die Statementbatterie in der Regel umfangreich sind, wird der Motivschlüssel - aus Übersichtlichkeitsgründen - auf Faktorenebene erstellt.

erreichbare Alternative auf dem Markt entsteht und so die Marktführer-schaft auch im Premiumeis-Segment erobert werden konnte.

Die Einführungs-Strategie im Jahr 1998 hatte drei Schlüssel-Ziele:
1. LANGNESE CREMISSIMO sollte innerhalb von drei Jahren eine markt-dominierende Stellung erreichen.
2. Die Verwenderschaft sollte ausgeweitet und verjüngt werden.
3. Cremigkeit sollte als einzigartiges Marken-Versprechen etabliert werden, um sich gegen MÖVENPICK durchzusetzen.

Da die marktpsychologische GAP-Analyse eindeutig herausgearbeitet hat-te, dass die Cremigkeit der weitaus wichtigste Benefit ist, wurden in der Pro-duktentwicklung die Rezepturen in diesem sensorischen Aspekt gezielt opti-miert.

Bei der Namenswahl wurde die bereits emotional aufgeladene Marke LANGNESE mit dem Begriff „Cremissimo" kombiniert. Die beschreibende Bezeichnung „Cremissimo" positionierte das neue Premiumeis auf direktes-te Art und Weise – zumal Cremigkeit und sahniger Geschmack in engem, as-soziativem Zusammenhang stehen.

Die Cremigkeit wurde – als zentraler Benefit – in der Produktszene in der Werbung transportiert. Darüber hinaus war es die Aufgabe der werblichen Kommunikation, die zartschmelzenden Produkt-Eigenschaften von LANG-NESE CREMISSIMO auf emotionale Art umzusetzen. Die kreative Idee: „LANGNESE CREMISSIMO lässt Gefühle ineinander verschmelzen." Da-zu wählte die Agentur Ogilvy & Mather eine Situation, die zwischen Mann und Frau von besonderer Bedeutung ist – den Heiratsantrag. Der romanti-sche Auftritt stand zunächst unter dem Motto: „Sag es doch Cremissimo", das im Jahr 2001 von „Liebe ein Leben lang" abgelöst wird.

In diesem zweiten Flight wird ein Paar gezeigt, das in seiner Kinderzeit schöne Augenblicke mit LANGNESE erlebt hat und heute als Erwachsene zu Hause liebevolle Momente mit CREMISSIMO genießt. Jessica Bönisch hat den kommunikativen Ansatz anlässlich des Gewinns des Marken-Awards 2003 der absatzwirtschaft so beschrieben: „Es geht darum, den funktiona-len Vorteil der Cremigkeit in ein emotionales Versprechen für Geborgenheit, Wärme und tiefe Gefühle übergehen zu lassen. Dafür steht LANGNESE

CREMISSIMO. Zudem weckt die Marke LANGNESE Kindheitserinnerung und ist darin nicht kopierbar." (Marken-Sonderausgabe der absatzwirtschaft (3/2003, S. 84)

Zur Inszenierung der emotionalen Eiscreme-Welt wurde als Basis-Medium TV gewählt. Zusätzlich wurden Anzeigen, Plakate und PoS-Medien eingesetzt. Darüber hinaus wurde die SAT 1-TV-Sendung „Nur die Liebe zählt" gesponsert.

Der Erfolg im Markt

1998 wurde LANGNESE CREMISSIMO gelauncht. 1999 wurde die zweite Marktposition vor LANDLIEBE-Eis ausgebaut. Im Jahr 2000 wurde der Marktanteil verdoppelt: LANGNESE CREMISSIMO kam mit einem Marktanteil von 17% bereits MÖVENPICK mit 19,3% gefährlich nahe. In 2001 erzielte LANGNESE CREMISSIMO die Marktführerschaft und konnte MÖVENPICK – nach zwanzig Jahren – von der Spitzenposition verdrängen.

Ein ungewöhnlicher Erfolg, der selten gelingt: Denn meistens bleibt eine Marke unangreifbar, die ein neues Segment schafft. Analysen von 33 Produkt-Kategorien in USA und UK zeigen, dass 27 von 33 Marktführern – nach 60 Jahren! – noch immer diese dominante Position besaßen. Weitere vier waren die zweitgrößte Marke (siehe Tabellen Seiten 115 und 116).

LANGNESE CREMISSIMO wurde aber nicht nur Marktführer sondern auch Imageführer, wie die Tracking-Daten in der Tabelle zeigen.

Image-Tracking-Daten 2000	Mövenpick	Langnese Cremissimo
Passend für besondere Gelegenheiten	*13%*	*16%*
Beste Eiscreme	*10%*	*11%*
Höchste Qualität	*2%*	*7%*
Eleganz	*9%*	*13%*

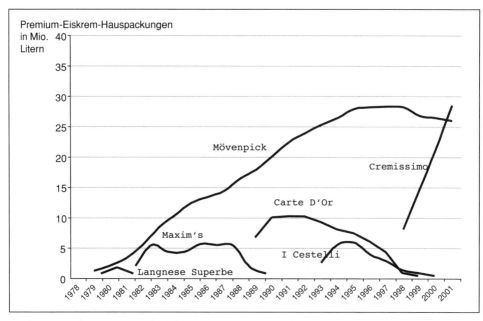

Langnese Cremissimo wird mit dem weitaus wichtigsten Benefit Cremigkeit in drei Jahren
Marktführer

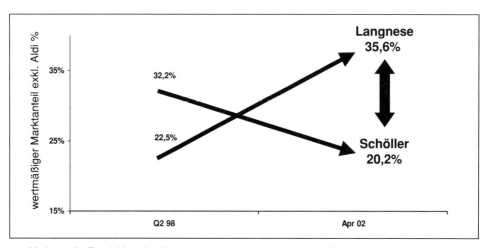

Marktanteils-Entwicklung bei Haushaltspackungen: Langnese vs. Schöller

LANGNESE-IGLO schaffte es mit CREMISSIMO zudem, die Käuferschichten zu verjüngen. Der Anteil junger Singles verdreifachte sich und der der Singles im mittleren Alter verdoppelte sich. Paare mit Kindern legten zweistellig zu, diejenigen mit Kindern bis 5 Jahre sogar um 60 Prozent.

UNILEVER freut sich über die deutliche Marktführerschaft, "über zweistellige Zuwachsraten und einen geschätzten Umsatz von 90 Millionen Euro. „CREMISSIMO bringt auch Marktwachstum: Allein durch uns stieg der Umsatz bei Premium-Haushaltspackungen um 36 Prozent", fährt Harald Melwisch, bei LANGNESE für Marketing Ice Cream verantwortlich, fort. Und: Auch die Wertschöpfung in einem preissensiblen Markt kann sich sehen lassen. Während Hauspackungen im Schnitt 1,85 Euro pro Liter kosten, verkauft sich CREMISSIMO für 3,03 Euro. Der Konsument nimmt 64 Prozent Preisunterschied in Kauf." (Marken-Sonderheft der Absatzwirtschaft 3/2003 , S. 82 ff.

Ausführlichere Darstellungen der Fallstudie finden Sie in unterschiedlichen Veröffentlichungen von: Jessica Bönisch, Ralf Mayer de Groot, Thomas Scharf: Cremissimo (2002) sowie im Marken-Sonderheft der Absatzwirtschaft (3/2003, S. 80 ff.) anlässlich des Gewinns des Marken-Awards 2003 der Absatzwirtschaft.

Markt-Position von UK-Marken: 1933 im Vergleich zu 1993
(Stobart 1994)

UK-Marke	Markt/Kategorie	1933	1993
Hovis	Brot	1	1
Stork	Margarine	1	1
Kellogg's	Cornflakes	1	1
Gillette	Nass-Rasierer	1	1
Schweppes	Mix-Getränke	1	1
Colgate	Zahncreme	1	1
Kodak	Film	1	1
Hoover	Staubsauger	1	1

Markt-Position von US-Marken: 1923 im Vergleich zu 1983
(ADVERTISING AGE 1983)

US-Marke	Markt/Kategorie	1923	1983
Swift's	Premium-Schinken	1	1
Kellogg's	Cornflakes	1	3
Eastman Kodak	Foto-Camera	1	1
Del Monte	Dosen-Früchte	1	1
Hershey's	Schokolade	1	2
Disco	Kuchen-Fettglasur	1	2
Carnation	Dosenmilch	1	1
Wrigley	Kaugummi	1	1
Nabisco	Kekse	1	1
Everready	Lampen-Batterien	1	1
Gold Medal	Mehl	1	1
Life Savers	Pfefferminz	1	1
Sherwin-Williams	Farbe	1	1
Hemmermill	Papier	1	1
Prince Albert	Pfeifen-Tabak	1	1
Gillette	Nass-Rasierer	1	1
Singer	Nähmaschinen	1	1
Manhattan	Hemden	1	Top 5
Coca-Cola	Soft Drinks	1	1
Campbell's	Suppen	1	1
Ivory	Seifen	1	1
Lipton	Tee	1	1
Goodyear	Reifen	1	1
Palmolive	Toiletten-Seifen	1	2
Colgate	Zahncreme	1	2

Beispiel SACHER-Eiscreme, Gebäcke, Bohnenkaffee, Schokoladenwaren

Als weiteres Beispiel für die Erschließung neuer Marktsegmente kann der Versuch der Kapitalisierung der berühmten Wiener Caféhaus-Marke SACHER angeführt werden. Auf Basis der langen Tradition des Hauses SACHER in Wien hatte die Fernsehserie „Hallo Hotel Sacher, Portier" in den siebziger Jahren für einen nahezu hundertprozentigen Bekanntheitsgrad von SACHER in Deutschland gesorgt. Außer der Sacher Torte waren damals keine konkreten Produkte im Markt verfügbar.

Dennoch fand man durch Imagestudien heraus, dass ein latentes Premium-Image vorhanden war und die Marke SACHER beim Verbraucher für folgende Warengruppen tragfähig sein konnte:

- Eiscreme
- Gebäcke
- Bohnenkaffee
- Schokoladenwaren

Unter der Federführung des Pralinen- und Schokoladen-Herstellers LUDWIG-Schokolade wurde ein zeitgemäßes Dachmarken-Konzept entwickelt, unter dem alle vier Warengruppen Platz hatten. Zum Start hatte LUDWIG-Schokolade eine Premium Pralinen- und Schokoladen-Range entwickelt. Zudem wurde in DR. OETKER ein Partner gefunden, der unter der Dachmarke SACHER fast zeitgleich eine Eiscreme-Range lancierte. Interessant ist dabei, dass schon seinerzeit der heute von LANGNESE CREMISSIMO besetzte Produktnutzen „Cremigkeit" als zentraler Benefit der SACHER Eisrange von Konzept & Analyse ausgemacht wurde. (Hierauf wurde in einem Exkurs bereits näher eingegangen.)

Die Einführungs-Kampagnen der beiden Hersteller wurden aufeinander abgestimmt und unter dem emotionalen Slogan „Der Anfang einer großen Leidenschaft" gefahren. Die Herstellernamen traten lediglich als Absenderangabe auf den Packungen auf, zugunsten eines einheitlichen dominanten Brandings der neuen Marke SACHER.

Gescheitert ist die Durchsetzung von SACHER aber dann doch kurz nach der Einführung wegen schleppender Listungs-Durchsetzung im Handel, bei

117

gleichzeitiger Ungeduld der Industrie-Partner und damit einhergehender abnehmender Investitions-Bereitschaft in Werbung. Das Potenzial der Marke SACHER hätte bei „längerem Atem" durchaus einen Markterfolg hergeben können.

Diese Informationen verdankt der Autor einem Insider, der aber anonym bleiben möchte.

Beispiel LANDLIEBE-Eiscreme

Größere Erfolge wurden von DR. OETKER mit einem zweiten Imagetransfer erzielt: mit LANDLIEBE. LANDLIEBE-Eiscreme wurde 1996 eingeführt und erreichte 1997 bereits die zweite Marktposition im Premium-Eissegment, knapp vor CARTE D´OR – aber weit hinter dem Marktführer MÖVENPICK. 1998 erzielte LANDLIEBE-Eiscreme den höchsten wertmäßigen Marktanteil mit 8,4% (zum Vergleich: MÖVENPICK 22,7%).

1999 wurde LANDLIEBE-Eiscreme – trotz nahezu stabilem Marktanteil – durch CREMISSIMO vom zweiten Platz verdrängt.

Den LANDLIEBE-Eiscreme-Erfolg nutzte Dr. OETKER, um ihren Eiscreme-Bereich profitabel zu veräußern.

Beispiel CAMEL und SALAMANDER

Als zusätzliches erfolgreiches Beispiel sei für die Erschließung neuer Marktsegmente die Kooperation zwischen CAMEL und SALAMANDER angeführt. Salamander hatte viele vergebliche Versuche unternommen, im Schuhmarkt in höhere Preissegmente zu expandieren. Mit "CAMEL"-Boots und -Schuhen ist dies gelungen. – Der Marke SALAMANDER selbst hingegen ist dies bis jetzt noch immer nicht geglückt.

Beispiel   PIERRE CARDIN-Duft

Die SHULTON Division der AMERICAN CYANAMID, dem Vermarkter von OLD SPICE, der führenden mittelpreisigen Herrenkosmetik-Linie, hat die Lizenzrechte von PIERRE CARDIN für eine teure Duft-Linie erworben. Der Erwerb der Lizenzrechte eines etablierten Designers kostet weniger an Investitionen, als eine eigene Premium-Marke aufzubauen. (vgl. Quelch, S. 41 f.)

1.1.3.2. „Billig"-Marken

Umgekehrt kann der Erwerb der Lizenzrechte einer "Economy"-Marke interessant sein, wenn man mehr Volumen erzielen und gleichzeitig ein "trading down" von höher angesiedelten eigenen Marken vermeiden möchte. So vermarktet z.B. LEVI STRAUSS & CO. eine preiswerte Herrenlinie unter der Lizenzmarke REED ST. JAMES.

„REED ST. JAMES erlaubt den Herstellern das preiswerte Ende des Bekleidungsmarktes abzudecken, ohne ihren eigenen guten Markennamen auf Billigware zu zeigen." (Carson/Dunkin, S. 50)

Ein weiteres bekanntes Beispiel ist die Marke BIC, auf die später noch näher eingegangen wird.

1.1.3.3. Gezielte Erschließung neuer Zielgruppen

Eine auf den ersten Blick ungewöhnliche Koppelung von Produkt und Marke hat der amerikanische Unternehmer Kash Gobindram vorgenommen. Im hoffnungslos übersättigten Markt für Unterhaltungs-Elektronik wollte er Männer ansprechen, die draußen Musik hören und ihre Geräte dabei nicht schonen. Zu diesem Zwecke lizenzierte er die Marke JEEP.

Die Transfer-Achsen stimmten: Bei dieser Zielgruppe „steht JEEP für Individualität, Wind-und-Wetter-Festigkeit sowie raues Design". Diese Assoziationen wurden im Design der stoß- und wasserfesten JEEP BOOM BOX (in Form eines Jeep-Werkzeugkoffers) gezielt aufgegriffen.

Der Lohn: Design-Preise, viel PR und ein Umsatz von 22 Mio. € (vgl. Fischer, S. 120 ff.)

Einen „indirekten" Imagetransfer erzielte WILKINSON durch Lizenzerwerb und die Bewerbung des Nass-Rasierers LADY PROTECTOR mit den RTL GUTE ZEITEN SCHLECHTE ZEITEN-Stars Cora und Flo in Werbeblöcken während dieser Sendung sowie im GZSZ-Fan-Magazin. – Jugendliche Mädchen und junge Frauen von 14 bis 29 Jahre stellen fast die Hälfte der Seher dieser Sendung. Laut Marketingchef Peter Voss gab es einen „regelrechten Umsatzschub" und die Listungsbereitschaft des Handels stieg deutlich an. (LZ Special 2/2001 Nonfood)

Selbst Firmen, die schon ein gutes Image haben, nutzen Lizenzen als effektiven Weg zu neuen Zielgruppen. – So steht zum Beispiel die Marke JUNGHANS für solide, technisch hochwertige und erschwingliche Uhren. Sie gilt aber weder als kindgerecht noch als modisch. – Mit knallbunten LEGO-Uhren wurde gezielt das Marktsegment der Kinder angesprochen. Und mit JOOP werden modisch interessierte Kunden erreicht und eine bislang unerreichbare Preiskategorie erschlossen: Bis 800 € kostet eine JOOP-Uhr. – Für eine JUNGHANS zahlen die Kunden maximal 500 €. (vgl. Fischer, S. 120 ff.)

Die SARA LEE PERSONAL PRODUCTS GmbH, Rheine, vermarktet die Strumpf-Marke „NUR DIE". Mit BENJAMIN-BLÜMCHEN-Kindersocken hat sie gezielt ein neues Segment erschlossen. Bis 2002 wurden über 5 Millionen dieser Kindersocken abgesetzt.

1.1.3.4. Gezielte Erschließung globaler Märkte

Eine weitere primäre Zielsetzung von Imagetransfers auf dem Wege der Lizenznahme liegt sehr häufig in der Erschließung globaler Märkte. Oft gilt: Globale Märkte sind ("schnell"(er)) nur mit globalen Marken zu öffnen.

Die Schwierigkeit für den Aufbau neuer nationaler Marken sind schon nicht unerheblich, wie z.B. der Biermarkt in Deutschland verdeutlicht, auf dem es wenige überregional erfolgreiche Marken gibt. Es kann daher davon ausgegangen werden, dass sich die Neu-Kreation globaler Marken kurzfristig noch deutlich schwieriger gestaltet. Die Problematik wird durch das folgende Zitat umschrieben:

„Globale Markt-Ideologien pragmatisch neu zu entwickeln, liegt kaum mehr drin. Nicht mehr zu bezahlen. Engagement und Risiko zu groß ... Also beginnt man fremd zu gehen ... Man will ganz einfach einen Namen, der weit und breit eingeführt ist, der einfach da ist, dem man vertrauen muss, weil er Vertrauen hat. Nur den Namen. Alles andere könnte besorgt werden: Produktion, Vertrieb, Marketing, Werbung – no problem. Das kriegt man immer hin. Nur einen Namen, so wie DIOR, OMEGA, CARTIER, DUNHILL, PORSCHE, DUPONT, NESTLÉ, MAGGI, MAXIM'S, ADIDAS, HEAD – das ist alles, was fehlt." (Huber, S. 184)

Dabei sollte berücksichtigt werden, dass die Markengläubigkeit in anderen Ländern gegenwärtig sehr viel stärker ausgeprägt ist als in der Bundesrepublik Deutschland. In Europa lassen sich vor allem die Franzosen und Italiener von bekannten Markennamen faszinieren. Sie werden dabei allerdings von den Japanern noch weit übertroffen, wie u.a. das nachfolgende, sicherlich etwas überspitzte Zitat belegt: „Nun fügt es sich für die meisten Japaner höchst rätselhaft, dass die als Konsumenten zu unberechenbaren Fehltritten neigenden Europäer Nippons Sehnsucht nach einwandfrei preislich quantifizierbarem Status und Prestige kongenial befriedigen. Dabei hilft vor allem die im ganzen Inselreich anerkannte Gewissheit, dass ausländische Marken auch simpler Machart so sündhaft teuer sind, dass sie allemal die Funktion sozialer Abhebung aus der Uniformität inländischen Statuseinerleis gewährleisten." (o. V. 12/1986, S. 4)

Dies setzt selbstredend eine ausreichende Penetration der Marken-Kenntnis und ihrer Preisstellung voraus. „Ein neuer Name findet bei Nippons Käufern nur Verachtung. Die feudalen Insignien der japanischen Gesellschaft müssen importiert sein. Man munkelt in Tokio, dass LOUIS VUITTON, der französische Hersteller konkurrenzlos teuren Reisegepäcks, etwa die Hälfte des Weltumsatzes der Massenhysterie japanischer Käufer verdankt. Wie zu einer Hostie drängt es gehobene Konsumenten Nippons auch zu allem, was mit den drei Buchstaben des YVES ST. LAURENT geschmückt ist. PIERRE CARDIN, CHANEL, DIOR, PACO RABANNE, FENDI, TRUSSARDI – am liebsten trüge man die Firmenschilder außen sichtbar."

Ein Beispiel für die Erschließung internationaler Märkte als hauptsächlicher Transfergrund ist die Porzellanserie MAXIM'S von HUTSCHENREUTHER. MAXIM'S ist im Gegensatz zum eigenen Namen für Ausländer leicht auszusprechen und damit schneller merkfähig. Darüber hinaus hat MAXIM'S international eine deutlich höhere Ausstrahlung. – Ganz im Gegenteil übrigens zum Inland, wo dem Hersteller-Namen eine größere Kompetenz für Porzellan zugesprochen wird. Deswegen beruhte der Erfolg der Porzellanserie MAXIM'S auch in erster Linie auf dem Auslandsgeschäft.

1.1.4. Kurzfristige Verfügbarkeit eines geeigneten Markennamens

Eine häufig unterschätzte Markteintritts-Barriere stellt oft die fehlende kurzfristige Verfügbarkeit eines geeigneten und (z.B. europaweit) geschützten Markennamens dar. Indikatoren für die Schwierigkeiten der Markennamens-Findung sind nicht zuletzt die zwischenzeitlich zahlreichen Spezial-Agenturen, die sich dieses Problems annehmen, sowie die durchschnittliche Dauer von circa 2 Jahren für die Generierung und rechtliche Absicherung geeigneter Namen.

In der Bundesrepublik Deutschland sind über 660.000 Marken rechtlich geschützt und in den USA über 1.200.000 Namen. Diese Zahlen lassen die Größe des Problems offenkundig werden.

Dabei gilt es zu bedenken, dass nicht nur diese Namen für die Kennzeichnung ausfallen, sondern, sofern Warengleichartigkeit vorliegt, ein Vielfaches an ähnlich klingenden Namen. – So wäre vermutlich z.B. die Einführung der ADIDAS-Körperpflegeserie auf Grund von Verwechslungsfähigkeit zur warengleichartigen Marke BADEDAS unmöglich gewesen. Der Lizenznehmer gehörte zum gleichen Konzern wie der BADEDAS-Hersteller. Hinzu treten rechtlich bedingte Eintragungshindernisse, die sich bei international erforderlichem Markenschutz potenzieren, da es bislang an einem international einheitlichen Markenrecht fehlt.

Steht der Markenname mit dem Transfer-Produktbereich in Einklang, so stellt die Verwendung einer bekannten Marke aus einem anderen Markt eine willkommene Problemlösung dar. Dies gilt vor allem dann, wenn im Warenverzeichnis der Marke der Transfer-Produktbereich bereits geführt wird.

1.1.5. Gesteigerte Aufnahmebereitschaft des Handels

Ein wesentlicher Grund für den Flop von (Marken-) Neueinführungen ist die häufig fehlende Aufnahmebereitschaft des Handels. Insbesondere beim Absatz von Konsumgütern übernimmt der Handel die Rolle eines "Torwächters". Für den Hersteller stellt sich somit die Aufgabe, sein Produkt zweimal verkaufen zu müssen: erst an den Handel und dann an den Konsumenten.

Während die Industrie im Kampf um Marktanteile ständig auf der Suche nach Neuprodukten ist, bringt der Handel grundsätzlich nicht die Bereitschaft und die Motivation mit, das damit verbundene Risiko der Industrie zu teilen. Dies gilt vor allem, wenn er mit den Verkäufen im entsprechenden Produktbereich zufrieden ist.

Nachdem die meisten Märkte stagnieren, kann eine Neueinführung oder ein Relaunch die Einnahmen des Handels nämlich nur verlagern, von einer Marke zur anderen, oder von einem Produktsegment zum anderen. Für den Händler ergibt sich daraus meist kein Mehrgewinn, sondern eher ein verlangsamter Regalumschlag. So braucht es angesichts der knappen Regalplätze nicht zu verwundern, wenn der Handel der Flut von Neuprodukten, insbesondere neuer Marken, lustlos bis ablehnend gegenübersteht. (vgl. z.B. Silverman, S. 355 ff.)

Die eher begrenzte Listungsbereitschaft des Handels wird verständlich, wenn man die Lage einmal aus seiner Sicht sieht:
• Von 75% aller gelisteten Items werden in einem größeren Supermarkt 12 oder weniger Einheiten pro Woche verkauft.
• Bei einem Drittel von diesen werden sogar nur 4 Einheiten in dieser Zeit abgesetzt. (vgl. auch Peckham, S. 22)
• An ca. 80% bis 85% der gelisteten Artikel verdient der Handel in Deutschland kein Geld. (Quelle: unveröffentlichte Präsentation v. H. Hunsinger)

Die in den letzten Jahren zu verzeichnende Flut von Produktneueinführungen (in Europa werden inzwischen über 500.000 neue Items pro Jahr eingeführt) hat zu einer Zunahme des Wettbewerbs um die Regalplätze im Handel geführt und wird in Zukunft eine stärkere Beachtung der relevanten Bestimmungsfaktoren sortimentspolitischer Entscheidungen erfordern.

Analysen herstellerbezogener Variablen als Bestimmungsfaktoren der Akzeptanz weisen auf die Bedeutung von Hersteller und Markenimages als Einflussgrößen hin. So werden bei der Entscheidung über die Aufnahme von Neuprodukten bisherige Erfolge von Neueinführungen als wesentliches Urteilskriterium wirksam. (vgl. Pfeiffer, S. 178 ff; Huppert, S. 48 f.) Dies lässt sich schlagwortartig auf die Formel bringen: „Nichts ist so erfolgreich wie der Erfolg."

Durch die namensmäßige Verknüpfung mit einem bereits erfolgreich am Markt eingeführten Produkt kann die Aufnahmebereitschaft erhöht werden. So hat der Handel beispielsweise den Einstieg von BOSS in die Damenmode mit einem großen Vertrauensbonus bedacht. „Die Händler haben die erste Kollektion blind gekauft" erinnert sich der Vorstandschef Bruno Sälzer in der FAZ vom 23.01.2002, S. 16. Siebzig Prozent der Händler, die die zweite Kollektion verkauften, führten auch die Herrenmode. BOSS WOMAN blieb jedoch – zumindest im ersten und zweiten Anlauf – weit hinter den Erwartungen zurück. Die Verluste aus der Damenmode betrugen bis September 2002 11 Millionen €. In 2001 hatte der Verlust zu diesem Zeitpunkt 13 Millionen € betragen. (FAZ 07.11.2002, S. 14)

Markenartikeln kommen im Handel mehrere wesentliche Funktionen zu. Markenartikel dienen u.a. dem Aufbau von Geschäftsimage und der Sortimentsprofilierung.

Diese Zielsetzung verfolgt beispielsweise die VEDES EG, die größte Spielwaren-Verbandsgruppe Europas: Um sich vom Massenmarkt abzuheben, in dem namenlose Hersteller über Discounter billigere Qualität absetzen, hat die VEDES-Gruppe 1997 mit der Entwicklung und Vermarktung einer hochwertigen Produktrange begonnen. Nicht ein einzelnes Produkt soll im Regal stehen, sondern eine komplette, abgerundete Erlebniswelt für eine definierte Zielgruppe. (vgl. Lindl, S. 235 f.)

Hinzu kommt, dass starke Marken, sofern sie durch eine intensive Verbraucher-Kommunikation unterstützt werden, quasi vorverkauft werden, wodurch der Handel zur Neuprodukt-Aufnahme nahezu gezwungen wird.
Zwei Voraussetzungen gilt es hierbei allerdings zu beachten: Erstens sollte die Marke für das Transferprodukt Kompetenz besitzen. Ist das Produkt zu weit vom bestehenden Markenprogramm entfernt bzw. fehlt eine starke in-

haltliche Klammer, so wird der Handel mangels Überzeugung nur eine geringe Bereitschaft zur Listung signalisieren.

Zweitens muss es sich um eine wirklich starke Marke handeln, mit der der Handel Erfolge assoziiert: "Vor allem der Verkauf drängt auf neue NIVEA-Produkte, denn dieser Absender auf der Ware erleichtert dem Außendienst die Argumentation bei den Einkäufern im Handel. Mit (anderen) Marken... tut sich der Verkäufer schon schwerer." (Raithel S. 239)

Der Handel ist bei der Fülle der Marken-Diversifikationen und der Fülle der Flops in den letzten Jahren vorsichtiger geworden. Er überlegt genau, welche Marke oder welches Merchandising-Thema zu ihm passt und wie viel Zeit er hat, um damit erfolgreich zu sein.

1.1.6. Zusammenfassung

Primäres Ziel von Imagetransfers (seitens des Lizenznehmers) und Line Extensions ist eine Erleichterung der Markteinführung neuer Produkte und eine Reduzierung des Flop-Risikos.

Eine Marke, die bereits aus einem anderen Markt bekannt ist, wird in der Regel eher wahrgenommen und besitzt einen (Qualitäts-) Vertrauens-Vorschuss gegenüber einer unbekannten Marke. Voraussetzung hierfür ist allerdings, dass die Diversifikation vom Verbraucher nachvollzogen wird und die entsprechenden Eigenschaften im neuen Markt relevant sind. Dies kann sich dann z.B. in einer erhöhten Probierbereitschaft niederschlagen.

Aufgrund von Plausibilitätsüberlegungen wird meistens vermutet, dass Werbe- bzw. Marketingkosten bei Neueinführungen unter bekannten Markennamen (in erheblichem Umfang) eingespart werden können. Diese Annahme ist in der Regel leider falsch, wie anhand von empirischen Daten belegt wurde. Von extrem seltenen Ausnahmefällen abgesehen, gibt es beim Imagetransfer – während der Einführungszeit (in den meisten Märkten ca. 2 Jahre) – keine "economies of scale". Diese falsche Prämisse dürfte einer der Hauptgründe sein, warum circa 80% aller Imagetransfers nicht die gesetzten Ziele erreichen.

Eine 80% Imagetransfer-Floprate nennt (für die USA) z.B. auch Craig Kalter, "President" von Marathon Projects, einer Lizenz-Agentur. (vgl. Kessler S. S-2). Auch die Misserfolgsrate von den – vermeintlich so einfachen – Line Extensions wird oft unterschätzt. Sie liegt in den USA bei 28%. (Ernst & Young, Prime Consulting Inc., o.V. 1997, S. 1 und S. 16)

Ein weiterer Vorteil von Marken-Diversifikation ist es, dass bekannte Marken neue Produkte in neuen Märkten auf direktestem Wege positionieren. Insofern bietet sich der Gedanke an, diese zur gezielten Erschließung neuer Marktsegmente und internationaler Märkte zu verwenden.

Durch Imagetransfer kann zudem ein zunehmend wichtig werdender Engpass für die Einführung neuer Produkte umschifft werden: die häufig fehlende, kurzfristige Verfügbarkeit eines geeigneten und (z.B. europaweit) geschützten Markennamens.

Hinzu kommt, dass neue Produkte unter bekannten starken Marken – sofern sie durch eine intensive Verbraucher-Kommunikation unterstützt werden – quasi vorverkauft werden, wodurch sich der Handel zur Neuproduktaufnahme und zur Zuteilung der zunehmend knappen Regalfläche oft nahezu gezwungen sieht.

2. ZIELE DER DIVERSIFIKATION BEI BESTEHENDEN MARKEN

2.1. Stärkung der Marke und Steigerung von Marketing-Effizienz

Ziel der Markierung von Produkten ist es, an sich homogene (austauschbare) Güter durch besondere Packungs-Gestaltungen und Namensgebung etc. zu heterogenisieren, um sich vom übrigen Angebot durch Betonung von Imageunterschieden abzuheben. Die Möglichkeit hierzu wird um so größer sein, je prägnanter diese Markierung ist.

Im Mittelpunkt der Zielinhalte von Imagetransfer-Strategien bei bereits im Markt eingeführten Produkten steht die Stärkung der eigenen Marke. In diesem Fall muss der Lizenzgeber sein Hauptaugenmerk auf die Suche nach geeigneten Transferpartner-Produkten richten. Diese sollten eine starke inhaltliche Klammer (Transferachse) zum Stamm-Produkt aufweisen und dadurch in der Lage sein, das (gemeinsame) Marken-Vorstellungsbild beim Verbraucher zu festigen und zu intensivieren. Eine konsequente Abstellung auf den Marken(wert)kern und auf die sich hieraus ergebenden Transferachsen bei Stamm- und Transfer-Produkt kann eine Festigung der tragenden Imagekomponente(n) bewirken und damit zur weiteren Profilierung der Marke beitragen.

2.1.1. Steigerung der Marketing-Effizienz durch Spill-over Effekte

Eine primäre Zielsetzung der Marken-Diversifikation, die immer wieder herausgestellt wird, sind Ersparnisse von Marketingkosten – insbesondere in Form von Werbeaufwendungen. „Dahinter (dem Imagetransfer) steht die Idee, dass durch die gemeinsame Marke das Werbebudget wirkungsvoller eingesetzt werden kann, da sich die Werbung für die Produkte wechselseitig durch positive Ausstrahlungseffekte stützt." (Schweiger 2/1982, S. 321; vgl. auch Mazanec 1979, S. 176)

Auch wenn bisher überzeugende, quantitative, empirische Beweise fehlen und vermutlich auch niemals erbracht werden können (siehe Fußnote nächste Seite), ist eine Ersparnis bei den laufenden Werbekosten des Stamm-Produktes plausibel – im Gegensatz zur Einführungswerbung von neuen Produkten unter einer bekannten Marke.

Die Werbung für etablierte Marken ist – von Sonderfällen wie Relaunches etc. einmal abgesehen – häufig in erster Linie Erhaltungswerbung. Sie zielt darauf ab, den Markennamen und die Markenwelt inklusive Produktversprechen ständig präsent zu halten und damit dem Vergessensprozess entgegenzusteuern.

Es kann davon ausgegangen werden, dass eine Werbemaßnahme von einem Transferprodukt auch für das Stammprodukt wirkt. Wenn ein Konsument eine Werbung für das "Partnerprodukt" sieht, so löst der gemeinsame Markenname automatisch auch Erinnerung an das Stammprodukt aus (wenn dieses dem betreffenden Individuum bekannt ist). Der gleiche Erinnerungseffekt dürfte auch bei jeder Verwendung des Produktes bewirkt werden.

Eventuell etwas zu stark sieht G. Schweiger (1983, S. 261) diesen Effekt: „Durch wiederholte Konfrontation der Zielpersonen mit dem Markennamen wird auch das alte Marken-Produkt-Konzept gefördert und es kommt zu einer erhöhten Prädisposition, zu einem Wiederkauf der „Stamm-Marke"."

Diesen Effekt strebt offensichtlich auch KRAFT mit der Vergabe von MILKA-Markenlizenzen an (z.B. MILKA-Plüsch-Kuh, MILKA-Traktor, MILKA-"New Beetle", MILKA-Spielbälle, MILKA-Bastelsets). Sabine Kraus, Marketing-Direktorin von KRAFT, zielt mit dem neuen Marketing-Schachzug darauf ab, „die Popularität und Relevanz von MILKA durch die Omnipräsenz der Marke im täglichen Leben der Verbraucher noch zu steigern." (LZ vom 09.04.1999; vgl. auch Manz, S. 40 f.)

Dieser „Spill-over" Effekt gilt auch umgekehrt, wenn das Marken-Diversifikations-Produkt erst einmal hinreichend bekannt ist. Dann trägt auch die Werbung des Stamm-Produktes zur Erinnerung an das Partner-Produkt bei. Die hierfür erforderlichen Investitionen wirken also mehrfach, so dass Imagetransfers und Markenfamilien (mittelfristig) ein günstiger Return on Investment bescheinigt werden kann.

Simon hat verschiedene Modelle analysiert, die diese Wirkungsbeziehungen zu erfassen versuchten. Er kommt zu dem Ergebnis, dass viele auf hypothetischen, empirisch nicht abgesicherten Überlegungen basieren. Andere Modelle haben als ökonomisch fragwürdig zu gelten, da sie zu komplex und nicht verallgemeinerungsfähig sind. Insgesamt sieht Simon kaum realistische Aussichten, derartige Beziehungen zufriedenstellend zu messen. (vgl. Simon, S. 42 und S. 97 ff. sowie die dort angegebene Literatur.)

Für diesen „Multiplikationseffekt" in der Wirkung gegenüber dem Verbraucher gelten allerdings zumindest zwei Voraussetzungen:
• Das Produkt muss hinreichend bekannt sein. D.h. es muss eine feste Assoziationsbeziehung Partner-Produkt - Markenname - Stamm-Produkt bestehen.
• Für den Aufbau einer starken Assoziationsbeziehung ist eine starke inhaltliche Klammer auch in der Werbung zwischen Stamm- und Partner-Produkt erforderlich.

Darüber hinaus empfiehlt sich eine Abstimmung der Mediaplanung, um zu lange Werbepausen in den einzelnen Medien für die Marke insgesamt zu vermeiden.

Beispiel SUNKIST

„... um für ein Unternehmen das Meiste herauszuholen, muss Licensing in die gesamte Marketing-Strategie integriert sein und spezifische Marketing-Ziele unterstützen. ..."

„Licensing unterstützt unser Kern-Geschäft an frischen Marken-Früchten, indem es es uns ermöglicht, während des gesamten Jahres die SUNKIST-Botschaft zu kommunizieren (und nicht nur nach der Ernte-Zeit) und "economies of scale" im Marketing zu erzielen", sagt Mr. Loudon (Senior Manager of Licensed Products Marketing and Administration for Sunkist Growers, Sherman Oaks, Calif., eine US-Farmer Genossenschaft).

Sunkist erzielte 1986 weltweit über 12 Millionen € an Lizenzeinnahmen. Lizenzen werden für drei Bereiche vergeben:

• Nahrungsprodukte (z.B. tiefgefrorene Fruchtdesserts, Früchte-Snacks)
• Erfrischungsgetränke (insbesondere Fruchtsäfte, Frischsaft-Bars)
• und Gesundheitsprodukte (z.B. Sunkist Vitamin C-Tabletten, aber keine medizinischen Produkte)

„Während das Soft Drink Business wichtig für unsere Bekanntheit ist, sind die anderen Partnerprodukte wichtig wegen der engen Verbindungen (und Assoziationen) mit unserem Kern-Geschäft." (Kessler, S. 2 und S. 4)

Beispiel   Markenstärkung und -ausbau von JIL SANDER

„Vor allem von den Kosmetik-Produkten, die mit 100 Mio. DM (50 Mio. €) an den Lizenzumsätzen beteiligt sind, ... (versprach sich Jil Sander) weitere "sehr positive" Impulse für den internationalen Bekanntheitsgrad der Marke." (o. V.: FAZ, 08.05.1991)

In allen auszugsweise veröffentlichten Lizenzverträgen der JIL SANDER AG, werden die Lizenznehmer (Kosmetik, Lederwaren, Brillen) verpflichtet, einen angemessenen Teil der Verkaufserlöse für Werbung, (Öffentlichkeitsarbeit) und Verkaufsförderung aufzuwenden. (Handelblatt-Anzeige vom 24/25.11.1989, S. 34 f. anlässlich des Börsengangs der JIL SANDER AG)

Exkurs: Ein „neuer„ effizienter Weg der Markenstärkung:
Eigene Marken-Geschäfte

„In 1965 konnte das Budget einer typischen Marke circa 30 Minuten an TV-Werbezeit kaufen. Aber heute reicht das gleiche Budget nur für 3,5 bis 5 Minuten. Die Wahrnehmung der Leute ist seit den sechziger Jahren „eingefroren". Heute muss ein 10 Sekunden-Spot das gleiche leisten wie früher ein 30 Sekunden-Spot. Wir sollten stärker über die Werbe-Wirkung und Effektivität nachdenken. Wir verschwenden heutzutage Media-Budgets wie die Autos in den Siebzigern Benzin verschwendeten." (Marketing Week, 24.11.1989)

„Während der achtziger Jahre entwickelten sich Franchise Geschäfte als einer der effektivsten Wege, um World Class Brands zu etablieren ... Überraschender Weise haben Newcomer wie THE BODY SHOP (oder z.B. BENETTON oder ESPRIT) oft das stärkste Momentum auf dieser effizienten Route zu globalem Branding definiert – während die etablierten Hersteller und Handelsorganisationen meistens nur zuschauten. Multinationale Hersteller sollten sich weniger abwartend verhalten und mehr experimentieren, wenn es darum geht, diese konkreten Wege zur Marken-Entwicklung zu nutzen." (Macrae, S. 79)

BENETTON (zit. nach Macrae, S. 29) lehnt für sich das Wort Franchise System ab, sondern definiert die gewährte „Unabhängigkeit" so:

„Jedem Shop wird die freizügige Verwendung des (BENETTON) Labels garantiert, vorausgesetzt, dass der BENETTON Decor Stil adoptiert wird und nur BENETTON Produkte verkauft und durch unseren Repräsentanten bezogen werden. Unsere Repräsentanten haben die Aufgabe, Konsumenten-Trends zu beobachten, BENETTON Produkte zu fördern, lokale Repräsentanten sowie Unternehmer bei der Eröffnung neuer Shops zu unterstützen, die Kunden-Aktivitäten beobachtend zu begleiten und den Kauf der gesamten BENETTON Collection zu Marketingzwecken zu veranlassen. ...

Dieses Pseudo-Franchising erzielt einen maximalen Effekt. BENETTON Shops zeichnen sich immer durch ein glänzendes Layout – eine visuelle Belohnung für die Käufer – eine harmonische Kombination der Eigenständigkeit des Händlers und sorgfältig geplanter Marken-Gestaltungs- und Ausstattungs-Richtlinien aus. BENETTON verwendet zunehmend die besten internationalen Shopping Locations. Diese werden als ein signifikanter Teil der eigenen Media Abdeckung gewertet…

BENETTON's „world of colours" dehnt sich auch vorsichtig über das eigene Franchise System aus. So wird z.B. die 'COLOURS' Perfumes Range auch in Kauf- und Warenhäusern angeboten. Die Packung unterstreicht nicht nur die Vorteile dieser Produkte sondern ist ein weiteres „flagship of BENETTON's universal appeal".

In einer anderen Zusammenarbeit streben BENETTON und MATTEL, der Hersteller der BARBIE Puppen eine erhöhte Aufmerksamkeit für ihre Kinderkleidung sowie Puppen an. Vielleicht zeigen uns demnächst die 'United Colours of BENETTON BARBIES' die letzten Modetrends in der Spielzeugwelt." (Macrae, S. 29)

„COCA COLA hat in Manhattan ein Geschäft eröffnet, in dem ausschließlich Artikel mit dem Aufdruck der Marke verkauft werden, Postkarten und Anstecker ebenso wie Eisschränke und große Leuchtreklamen.

„Das Verkaufen der 500 Produkte ist nicht unser wichtigstes Ziel", erklärte Marketingdirektor Peter Sealey. Für ihn ist das Geschäft eine dreidimensionale Werbung. „Das Gefühl der Menschen, wenn sie in das Geschäft kommen, das Produkt betrachten, berühren, vielleicht ein Stück mit nach Hause nehmen, kann unmöglich durch einen 30-Sekunden-Werbespot erreicht werden", meint Sealey." (LZ 24.01.1992)

*Auch **CAMEL** (Worldwide Brand Inc.) hat 21 lizenzierte „CAMEL STORE" eröffnet. Sie sollen sukzessive auf 50 bis 100 Stützpunkte ausgebaut werden. In einer "CAMEL"-adäquaten Gestaltungs- und Einkaufsatmosphäre wird auf einer Gesamtfläche von 300 Quadratmetern das gesamte Produktsortiment angeboten. Jedes Geschäft macht zwischen 375.000 und 500.000 € Umsatz. (vgl. Horizont 34/1991; w & v 38/1998, S. 80; FAZ 08.07.2000, S. 21)*

*Ebenso gewinnt bei **BOSS** der eigene Einzelhandel an Bedeutung. In 2001 ist die Anzahl der in Eigenregie betriebenen BOSS Shops von 20 auf 45 gestiegen. In 3 Jahren sollen es 100 sein. Auch die Anzahl der Franchise-Geschäfte soll von 500 auf 600 steigen. Diese BOSS-Verkaufsstellen erzielen bereits etwa 20% des BOSS-Umsatzes. (vgl. FAZ vom 23.02.2002, S. 16)*

Klassische Werbung bleibt wichtig. Doch viel wichtiger wird das Marketing am Point of Sale (PoS): Diese Entwicklung hat zu einer Inflation von "Flagship-Stores", Corners und Shop-in-Shops in Kaufhäusern geführt.

2.1.2. Aktualisierung und Modernisierung der Marke

Weiteres Ziel kann die Aktualisierung und Modernisierung der eigenen Marke sein, indem durch die Wahl von Transferpartnern (und -items) eine Veränderung der mit dem Produkt assoziierten Erlebniswelt angestrebt wird. Gegebenenfalls soll durch die gezielte Betonung gemeinsamer Eigenschaften bzw. Imagekomponenten die Abkehr von einem unklaren oder unerwünschten Marken-Vorstellungsbild beim Verbraucher erreicht werden.

Beispiel CAMEL

Diese Zielsetzung – Korrektur einer unerwünschten Verbraucher-Vorstellung – bestand z.B. unter anderem auch beim ersten Imagetransfer von CAMEL auf Freizeitkleidung, wie die folgenden historischen Zitate verdeutlichen:

„Fein dosiert wollen die Reynolds-Manager das "CAMEL"-Werbeprofil den modernen Erfordernissen eines Markenartikels anpassen. Der erste Schritt ist mit Bob Beck getan, der den urigen Typen im Gammel-Look und durchgelaufener Schuhsohle abgelöst hat. Leger und gepflegt ist er allen Mitbewerbern meilenweit überlegen und verkörpert ein leicht retuschiertes „CAMEL"-Image." (o. V. FAZ 21.03.1977)

„Es sieht jedenfalls danach aus, als ob das aus einer Promotionidee entstandene Konzept, das Image einer Top-Zigarettenmarke auf Freizeitkleidung zu übertragen, Reynolds gelungen sei. ... Dass die „CAMEL COLLECTION" dieses Jahr noch besser läuft, dafür soll zunächst einmal die „verfeinerte und sauberer gewordene Kollektion sorgen". (Kohler FAZ 28.01.1978)

Beispiel WEIGHT WATCHERS

WEIGHT WATCHERS hatte das Image eines Anbieters von kalorierreduzierter, aber auch genussarmer Kost. Die Einführung von Desserts half WEIGHT WATCHERS, das Image um Genuss-Komponenten anzureichern. (vgl. Huber, S. 135; Aaker 1991, S. 215)

Beispiel Revitalisierung und Aktualisierung von NIVEA

Als überaus erfolgreiches "Paradebeispiel" für die Aktualisierung einer Marke durch gezielte Imagetransfers kann NIVEA gelten, die für viele Markenartikelunternehmen geradezu Leitbildfunktion besitzt.

Zu Beginn der siebziger Jahre sah sich die Marke mehreren Herausforderungen ausgesetzt:

1. die gegen NIVEA direkt antretende Konkurrenz (z.B. CREME 21) war zunehmend erfolgreich
2. das Aufkommen von imageträchtigen Spezialprodukten (wie z.B. Tages-, Nacht-, Feuchtigkeits-, Schutz- und Vitamincremes) führte dazu, dass die Marke NIVEA an Aktualität verloren hatte
3. der Niedergang des traditionellen Vertriebsweges
4. die Erkenntnis, dass sich das bisherige hohe Wachstumsmomentum in Zukunft zunehmend von Allzweck-Cremes weg auf andere Hautpflege-Produkte verlagern würde.

„Die NIVEA-Creme hat(te) sich nicht verändert – doch das Umfeld, in dem sie sich bewegt(e). Damit bekommt die Frage „Warum Line Extension für NIVEA?" eine neue Dimension. Denn Aufgabe der Produktfamilie ist es nicht mehr allein, den Ruhm der Mutter möglichst gewinnbringend auszunutzen. Auf stagnierenden Märkten müssen sich Mütter und Töchter gegenseitig stützen.

Die dahinter stehende Markenphilosophie lässt sich salopp gesagt auf die Formel bringen: „Die Mutter hilft ihren Töchtern ins Leben. Die Töchter ihrerseits halten die Mutter jung." (Prick 1988 S. 89)

Unter der Marke NIVEA wurden bereits im Jahre 1970 sowie zuvor zahlreiche Produkte angeboten - was häufig vergessen wird.(1)

Ein größerer Transfererfolg stellte sich – von einigen wenigen Ausnahmen (z.B. Sonnenschutz) einmal abgesehen – erst ein, als die Transferstrategie systematisch und mit aller Konsequenz auf Basis der nutzenorientierten Markenkompetenz „MILDE PFLEGE (FÜR DIE HAUT)" verfolgt wurde und die Produkte einzeln beworben wurden.

Die erfolgreiche NIVEA-Transferstrategie lässt sich nicht schlüssig beantworten, ohne wenigstens in einigen Beispielen auf das "Wie?" hinzuweisen. Da die Marke inzwischen in zahlreichen Märkten erfolgreich ist, soll dies nicht an dieser Stelle erfolgen – sondern später ausführlich im letzten Kapitel dieses Buches.

---

(1) Anmerkung: Von dieser falschen Annahme ging z.B. die Werbeagentur Grey in ihrer Präsentation aus: „Überlebensstrategie: Kompetenz-Marketing via Kompetenz-Marken" (Düsseldorf o.J.)

Beispiel ODOL – Wie aus einer überalterten Mono-Marke eine dynamische Dachmarke für Mundfrische wurde.

Die 1892 eingeführte Marke ODOL zählt zu den ältesten Markenartikeln. Sie litt Mitte der 80er Jahre – trotz eines Marktanteils von 68,4% – unter den Schwächen einer Traditionsmarke, die einfach nicht mehr aktuell war.

Das Durchschnittsalter des klassischen ODOL-Verwenders betrug 67 Jahre. Wachstums-Impulse bei jüngeren Zielgruppen blieben aus, da für diese der Umgang mit Mundwasser altmodisch und die Indikation „Mundgeruch oder schlechter Atem" mehr oder weniger tabubeladen war. Hinzu kam ein relativ geringes Kommunikationsbudget und eine antiquiert wirkende Werbung, die – salopp ausgedrückt – einen „verstrahlten Rachenraum" zeigte.

In dieser Zeit wurde ODOL Mundwasser zum ersten Mal durch auf den Markt drängende, gebrauchsfertige Mundspülungen angegriffen.

Marktforschungs-Studien ergaben, dass dem Marken-Kern von ODOL von Seiten der Kunden neben Atemfrische auch Kompetenzen in den therapeutischen Feldern der oralen Hygiene zugeschrieben wurden.

Das große, auch bei jungen Leuten noch vorhandene Vertrauenskapital der Marke wurde 1984 gezielt mit der Einführung eines ODOL-Mundsprays angesprochen. Dieses Produkt entsprach den spezifischen Ansprüchen der jungen „Event und Unterwegs-Generation". – Einen entscheidenden Beitrag zum Erfolg hat die „frische und freche" Einführungswerbung mit „King Kong, Jungen mit Irokesen-Frisur" etc. geleistet. (vgl. GREY 1993, S. 160 ff.) – Das neue Produkt war kurz nach der Einführung „vorübergehend" ausverkauft – auf Grund zu geringer Produktionskapazitäten.

Auch das 1986 eingeführte ODOL EXTRAFRISCH sowie das 1989 gelaunchte ODOL MOTION zielten auf die junge Zielgruppe. Beide kamen in der klassischen Flasche, jedoch in anderen Farben für andere Emotionen. Das ODOL-Image wurde erfolgreich revitalisiert.

In Abgrenzung zu den eher kosmetischen Produkten, wurde mit ODOL MED eine Sub-Brand für den therapeutischen Kompetenz-Bereich aufgebaut. 1988 kam ODOL MED ZAHNFLEISCH AKTIV auf den Markt.

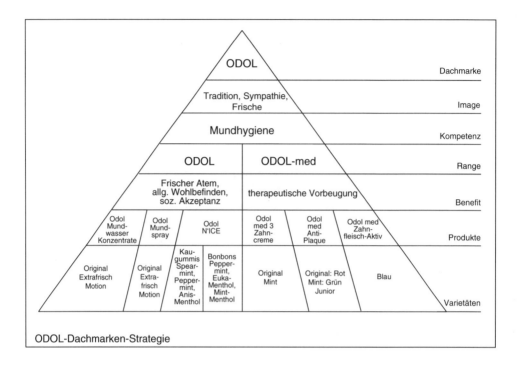

ODOL-Dachmarken-Strategie

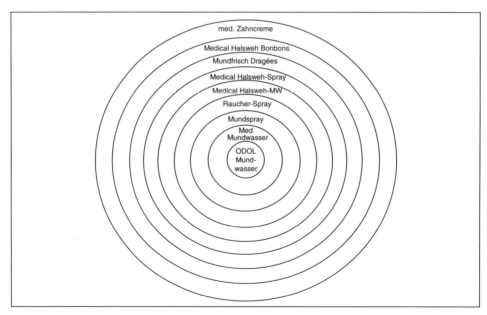

ODOL-Dachmarken-Diversifikation (Quelle: Grey 1993, S. 211 und S. 213)

1989 folgte ODOL MED 3 Zahnpasta. Das Unternehmen nutzte mit der Einführung eines dreifach Prophylaxe-Produktes erfolgreich die viel zu breite
Produktpalette an „Spezial-Zahncremes" vieler Hersteller. Es gab Produkte
gegen Parodontose, gegen Karies, gegen Zahnstein und vieles mehr. Der
Verbraucher wollte aber „alles in einem", wie Konzept & Analyse bereits
vorher für einen anderen Hersteller herausgefunden hatte, der diese Erkenntnis aber nicht nutzte.

1990 ging die gebrauchsfertige Mundspülung ODOL MED ANTIPLAQUE
ins Rennen. 1993 erfolgten Imagetransfer auf ODOL MED 3-Kaugummis
und auf ODOL N´ICE Zahnpflege Bonbons.

Insgesamt wurden mit den ODOL Line Extensions und Imagetransfers ein
zusätzlicher Umsatz von 135,5 Millionen € zwischen 1985 und 1997 erzielt.
(Presseinformation SmithKline Beecham Consumer Healthcare zum Deutschen Marketing-Preis 1998)

Beispiel BACARDI

BACARDI wurde in den 60er Jahren erfolgreich eingeführt und im Zeitablauf zunehmend emotional aufgeladen. Durch konsequentes Marketing hat
die Marke das karibische Paradies, das unbeschwerte Leben unter tropi-
schen Palmen, für sich gepachtet. BACARDI ist der Erfinder eines Lebensgefühls, des „BACARDI-Feelings". Es wird vor allem mit den Begriffen
Leichtigkeit, Geselligkeit, Stimulation und Inspiration assoziiert. Diese Inhalte differenzieren die Marke vom Wettbewerbsumfeld. Im Segment „weißer Rum" ist BACARDI mit einem Marktanteil von 64% Marktführer.

Der in diesem Jahrzehnt voraussichtlich um 20% schrumpfende Spirituo-
sen-Markt und die stagnierenden Ergebnisse der Marke BACARDI stellten
das Management vor die Herausforderung, die unumstrittene Markenstärke
besser zu kapitalisieren.

In der einen Extensions-Richtung der Marke ging es bei BACARDI in den
80er Jahren darum, nicht nur bei dem klassischen, leichten „weißen" BA-
CARDI-Rum zu verharren. Es wurde daher im Laufe der Zeit eine „Markenfamilie" durch mehrere Rum-Varianten aufgebaut.

Die zweite Stoßrichtung der Marken-Diversifikation hat(te) das Ziel, für das Unternehmen und den Handel neue Verwendungskreise in jüngeren Zielgruppen zu erschließen. Darüber hinaus sollen der Dachmarke „neue lebendige" Impulse hinzugefügt und viele neue Bezugspunkte für die Markenpräsenz (insbesondere in der Szene-Gastronomie) ermöglicht werden.

Aus dieser Philosophie stamm(t)en beispielsweise BACARDI-LIP (in Kooperation mit LIPTON ICE TEA von UNILEVER (1986) – nicht in der Abbildung enthalten), und BACARDI BREEZER.

Besonders großen Erfolg hatte BACARDI RIGO. Mit letzterem Premix aus Rum, Lime und Soda sucht man die Nähe zu neuen Verwendungs-Strukturen, wie den Bier-Mix-Getränken. Mit dem neuen BACARDI-Mix wollte das Unternehmen jene jungen Verbraucher gewinnen, die sich vom Biermarkt abwenden. Fast elf Milliarden Liter Bier werden in Deutschland pro Jahr konsumiert. „Wir transferieren die BACARDI-Welt in neue Trink-Situationen und rekrutieren daraus neue Potenziale für Wertschöpfung als Zusatznutzen für alle," argumentierte der Commercial Director Michael Volke in der Lebensmittel Zeitung (07.06.2002, S. 56). Derartige Produkt-Neueinführungen funktionieren nach seinen Worten allerdings nur, wenn die Hauptmarke stark bleibt.

RIGO ist in der Wertewelt von BACARDI fest verwurzelt und dennoch eigenständig. Ein Produkt, das zum karibischen Flair die Markenwerte Urbanität, Spannung und Schnelligkeit addiert. Es ist an der "Schnittstelle" von Bier (Erfrischung, Geselligkeit), Longdrink (Genuss) und Energy Drink (Kick) positioniert und wird wie Bier direkt aus der Flasche getrunken. Dieses Konzept überzeugt vor allem die jungen und „trendigen Nightlife-People" zwischen 18 und 29 Jahren.

Im ersten Geschäftsjahr wurden 9,5 Millionen Flaschen abgesetzt. Nachdem RIGO ab April 2002 auch im Lebensmittel-Handel stand und der Gastronomie-Vertrieb ausgedehnt wurde, stieg der Absatz stark an. Für das Geschäftsjahr 2002/2003, das im März endet, rechnet das Unternehmen mit 75 Millionen verkauften Flaschen. Es wird durch RIGO mit einer BACARDI-Umsatz-Steigerung um 66% gerechnet. Der Gesamtumsatz der BACARDI Deutschland stieg von 315 auf circa 400 Millionen €. Durch RIGO wurden 54% mehr Rum abgesetzt und der Gewinn der Marke BACARDI kletterte um 45% (Seiwert, S. 104 und S. 102).

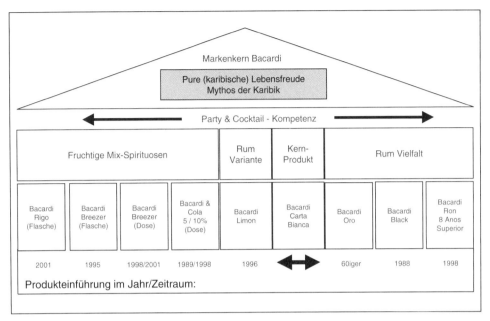

Marken-Diversifikationen von Barcardi
Quelle: Bacardi Deutschland/LebensmittelZeitung

Beispiel   Revitalisierung und Aktualisierung der Marke FABERGÉ

Im Auftrag von UNILEVER vermarktete die Hamburger Lizenz-Agentur V.I.P. zwischen 1990 bis 1996 Lizenzen der Marke FABERGÉ. Mit Erfolg: Nach siebzigjähriger Unterbrechung wurden wieder FABERGÉ-Produkte angeboten, für die der Hofjuwelier des Zaren berühmt war. Der Handelsumsatz der lizenzierten FABERGÉ-Produkte überschritt 90 Millionen €. (V.I.P. AG 2000, S. 5)

Noch wesentlicher für UNILEVER dürfte die Revitalisierung und Stärkung der ehemaligen Nobel-Marke FABERGÉ gewesen sein. Die positive Imagewirkung war so stark, dass ELIDA GIBBS in LEVER FABERGÉ umbenannt wurde. Zudem konnte das bisherige Image der Produkte verbessert und eine Erhöhung des Preisniveaus des bisherigen Angebots an Körperpflege-Produkten erfolgreich durchgesetzt werden. Hierzu nutzte der Hersteller die von ihm initiierte Reihe von Fabergé-Ausstellungen in den renommiertesten Museen u.a. in London, Paris, New York und Hamburg.

Diese Ausstellungen nutzte das Unternehmen zudem als Plattform für die Einführung höchstpreisiger Düfte. Diese erreichen zum Teil ein Preisniveau von 3.000 bis 4.500 Euro pro Flakon bei HARRODS.

Diese Fallstudie verdankt der Autor Herrn Michael A. Lou, Vorstand der V.I.P. Entertainement und Merchandising AG, Hamburg, und Präsident ELMA European License Marketing & Merchandising Association.

2.1.3. Intensivierung und Abstützung der Markenwelt bei stärker emotional positionierten Marken

Insbesondere bei Produkten, die sich hauptsächlich durch emotionale Erlebniswelten unterscheiden, bietet sich der Gedanke an, einzelne Aspekte dieser Markenwelt durch Koppelung mit anderen Produkten für den Konsumenten erlebnismäßig abzustützen und nachvollziehbarer zu machen.

Der Ansatz, die Produktwelt „unmittelbar" erlebbar zu machen, wurde z.B. bei den Zigarettenmarken CAMEL, MARLBORO und PETER STUYVESANT durch das Angebot von selektiertem Tourismus genutzt. Die vorrangige Mission auch dieser Imagetransfers war die Nutzung der Produktwelt-Philosophie respektive Markenstärkung.

Diese waren allerdings nur „bedingt" erfolgreich. – So erzielte beispielsweise PETER STUYVESANT Travel einen Umsatz von nur etwa 150.000 €, bei einem TV-Werbe-Etat von rund 2,5 Millionen €. – Sie scheiterten letztlich, da die Markenwelt jeweils zu sehr direkt übersetzt wurde und zu wenig die Erfordernisse des Transfer-Marktes berücksichtigt wurden:

„Gelöst wurde auch die Zusammenarbeit mit dem Reiseunternehmen AIR-TOURS ..., über das „CAMEL"-Abenteuerreisen angeboten worden waren. Hier habe sich gezeigt, so sagte Heinrichsdorf (damaliger STAR COOPERATION Geschäftsführer), dass zwar viele Leute den Wunsch nach Abenteuer hätten, letztlich aber lieber von solchem träumten, als den Mut für eine solche Reise aufzubringen." (Kohler FAZ 10.10.1984)

BECK´S scheint in seinen vorbereitenden Analysen vor dem Ende 2002 angekündigten Einstieg in den Reisemarkt daraus gelernt zu haben: „Beck´s will seine Marke wirklich mit viel Aufwand (im Reisemarkt) etablieren." „Airtours ist mehr der Produzent der Reisen, die Beck´s unter seinem Label anbietet" (Südhoff, 12/2002). In wie weit es allerdings gelingt, über die Marken-Stärkung von BECK´S hinaus auch den angestrebten Profit im Reisemarkt zu erzielen, bleibt abzuwarten.

Die Idee, die Markenwelt nachvollziehbarer zu machen, stand beispielsweise auch Pate bei anderen CAMEL-Imagetransfers. Die Auswahlkriterien für seine Imagetransfer-Sortimente skizzierte damals Heinrichsdorf wie folgt:

„Wir sind in Märkte vorgestoßen, die noch nicht durch eine starke markenpsychologische Positionierung belegt sind.

Die psychologische Heimat der „CAMEL"-Zigarette wird in diese Produktfelder hineingetragen.

Die „CAMEL-Welt" umfasst Männlichkeit, Abenteuer in unberührten Regionen, Individualität, Eskapismus – mehrheitlich Inhalte, die im Alltag nicht nachvollziehbar sind, für die gleichwohl bei einer breiten Verbrauchergruppe latenter Bedarf besteht."

Entsprechend angelegt war die Marken-Diversifikation. Heinrichsdorff: „Es wäre unsinnig, die „CAMEL COLLECTION" streng auf Mode zu positionieren. Wir verkaufen nicht primär Mode, sondern Inhalte." (o. V. 6/1984, S. 48) – Anmerkung: Inzwischen wird dies anders gesehen.

2.1.4. Heranführung neuer Konsumenten an die Marke und Intensivierung der Markenbindung bei den bisherigen Verwendern

Über positive Erfahrungen mit dem neuen Produkt einer Marke können neue Konsumenten auch zum Kauf der bereits länger vermarkteten Produkte der gleichen Marke motiviert werden. Hierdurch wird eventuell neues Wachstum auch für die älteren Produkte generiert. Dies kann insbesondere bei Produkten gelingen, die sich ergänzen. Als Beispiel seien JIL SANDER-Schuhe, -Kleidung, -Leder-Accessoires, -Brillen, -Parfüm genannt. Resultat: Ein aufeinander abgestimmtes äußeres Erscheinungsbild.

Gleiches gilt für die BUGATTI-Mode-Kollektion unterschiedlicher Hersteller: Gemäß dem Motto „eins passt zum anderen, alles passt zusammen" entsteht die Leitbild-Kollektion mit dem Ziel einer einheitlichen BUGATTI-Produktaussage – über alle Lizenznehmer und Kollektionssegmente hinweg.

Bei den bisherigen Verwendern einer Marke kann die Markenbindung noch intensiviert werden, wenn das neue Transferpartner-Produkt in einem anderen Bereich eine gute Problemlösung darstellt. Der Gefahr eines Abwanderns zu einer anderen Marke kann hierdurch teilweise entgegengewirkt werden.

Insbesondere die Intensiv-Verwender besitzen eine vergleichsweise stärkere affektive Bindung an ihre Marke. Sie stellen daher auch eine besonders viel versprechende Zielgruppe für die Partner-Produkte dar. Dies wird durch Sonder-Auswertungen in der Verbraucheranalyse 2002 auf der Basis von 30.547 Befragten oder von 15.646 Frauen oder von 14.601 Männern bestätigt, wie die Abbildungen auf den beiden folgenden Seiten zeigen.

In allen untersuchten Fällen liegen die Mengenanteile bei den Käufern der einzelnen „Stamm-Produkte" deutlich über den durchschnittlichen Mengen-

II. BEWERTUNGSKRITERIEN VON MARKEN-DIVERSIFIKATIONEN: ZIELE

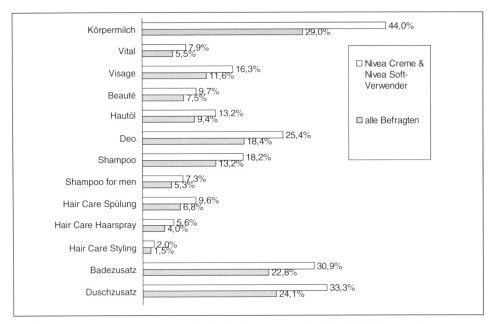

Überproportionale Verwendung von NIVEA-Marken-Erweiterungen durch die NIVEA-Creme und NIVEA-Soft-Verwender (=Stammprodukt-Verwender) (Quelle: Verbraucheranalyse 2002, Basis 30.547 Befragte)

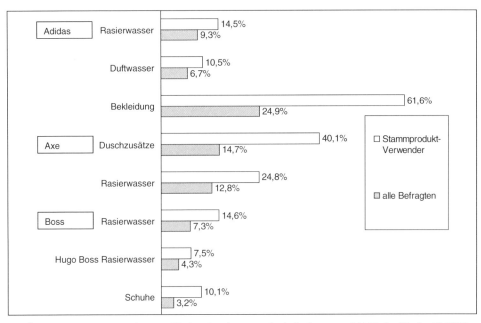

Überproportionale Verwendung von Marken-Erweiterungen durch die Stammprodukt Käufer (Quelle: VA 2002)

II. BEWERTUNGSKRITERIEN VON MARKEN-DIVERSIFIKATIONEN: ZIELE

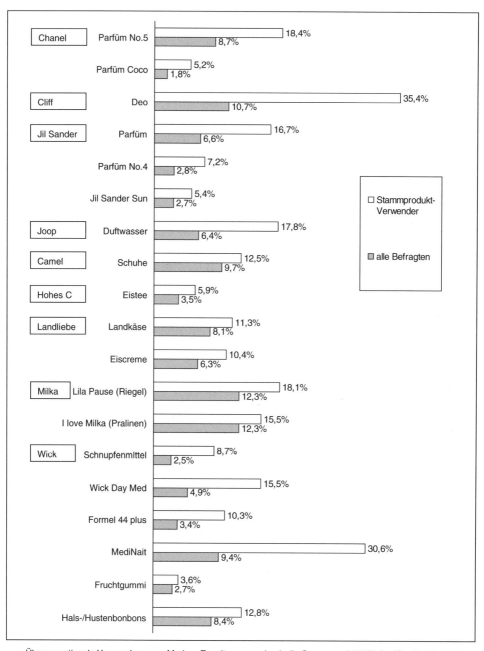

Überpropotionale Verwendung von Marken-Erweiterungen durch die Stammprodukt-Käufer (Quelle: VA 2002)

anteilen aller Käufer in der Warengruppe. Dies kann als Indikator dafür gewertet werden, dass die Line Extensions und Imagetransfers hier zur Nebeneinanderverwendung mehrerer unterschiedlicher Produkte der gleichen Marke geführt haben.

2.2. Erschließung zusätzlicher Profitquellen

Die Erteilung von Warenzeichen-Lizenzen an interessierte andere Unternehmen erschließt eine zusätzliche Einnahmequelle. Die Lizenz-Gebühren bewegen sich normalerweise zwischen 2 und 15 Prozent vom Umsatz des lizenzierten Produktes (des Fabrikabgabepreises exklusive MwSt.).

Die Lizenz-Gebühren (engl. Fachjargon: „royalty") differieren je nach Lizenzgeber, Lizenz-Gegenstand, Aktualität des zu lizenzierenden Namens, Verkaufsgebiet und der Stärke der Lizenz. Bei Lebensmitteln und Massen-Konsumgütern bewegen sich diese meist zwischen 2% und 6%. Bei Verlagsprodukten mit einem festen Endverkaufspreis bei 5 bis 6% hiervon.

Dabei sollte man sich vergegenwärtigen, dass hier Lizenzgebühren weitgehend mit Gewinn gleichgesetzt werden kann. Amerikanisch ausgedrückt: „What's in a name? Millions, if it's licensed". (Carson/Dunkin, S. 49). Dennoch ist dies bei den meisten Firmen nicht die Hauptzielsetzung für Imagetransfers.

„Obwohl die Lizenzierung von Marken profitabel sein kann, sagen (auch US-) Experten, dass die meisten Firmen es nicht hauptsächlich wegen des Geldes tun: „Sie machen es aus anderen Gründen – wie zusätzlicher Bekanntheit, Erschließung neuer Distributions-Kanäle. Der Chance neue demographische (meist jüngere) Zielgruppen zu erreichen. Die Beziehungen zum Handel auszubauen oder eine größere Handels-Penetration zu erzielen." „Geld ist für einige wichtig, aber generell ist es nicht die Kern-Zielsetzung von Marken-Diversifikations-Programmen." (Kessler, S. S-2)

Dies ist nachvollziehbar, da sich bei einer strategischen Vorgehensweise mit Lizenzgebühren meist keine „Reichtümer" erwerben lassen. Hierzu ein Kalkulations-Beispiel:

Geht man einmal von einem Umsatz der Lizenzprodukte von 100 Millionen € zu Endverbraucherpreisen aus, so bedeutet dies – je nach Branche – einen Umsatz zu Fabrik-Abgabepreisen von circa 40 Millionen €. Unterstellt man eine (relativ hohe) Lizenzgebühr von 10%, so ergibt sich eine Einnahme von 4 Millionen €. Diese wird bei Einschaltung einer Lizenzagentur – die sich häufig empfiehlt, um notwendiges Experten-Wissen und Personal zu nutzen, – auf etwa 2,5 bis 3 Millionen € geschmälert. – Ein ähnlicher Gewinn dürfte sich auch bei einer unternehmens-internen Lösung ergeben.

Häufig sind jedoch die Lizenz-Gebühren niedriger. So erzielte beispielsweise RTL im Jahr 1997 bei Handelsumsätzen lizenzierter Produkte von 240 Millionen € Lizenz-Erlöse von 10 Millionen €. (Kressreport 8/1999)

FERRARI erreichte im Jahr 1997 bei Merchandising-Handelsumsätzen von etwa 375 Millionen € Lizenz-Erlöse von 9 Millionen €. (Horizont 29.04.1999, S. 22)

Bleiben wir doch etwas bei den „Ausnahmen“:

„Christian Dior war es (1949), der einem Produkt seinen Namen lieh, das er weder entworfen noch hergestellt hatte und auch nicht selbst zu vertreiben beabsichtigte: Damenstrümpfe für den amerikanischen Markt.

Die Idee Diors, ausgewählte fremde Artikel per Lizenz mit dem eigenen Prestige zu einem begehrten Luxusprodukt zu erheben, machte an der Seine schnell Schule. Nahezu alle der zwei Dutzend renommierten „Haute Couture“-Häuser vermarkten heute, gegen einträgliche Lizenzgebühren – ihren Namen nicht allein über Parfüms, sondern auf Accessoires aller Art.

Am Anfang stand noch der Gedanke im Vordergrund, der prestigebewussten Dame außer dem Kleid unter der eigenen Marke auch passende Schuhe, Gürtel, Taschen, Seidentücher, Parfüms und Puder anzubieten. Doch bald gewann eine andere Erkenntnis Oberhand. Nämlich, dass sich der eigene Name auch in Verbindung mit Erzeugnissen zu Geld machen lässt, die – etwa bei Brillen – nur noch ganz entfernt etwas oder überhaupt nichts mit Kleidung zu tun haben. – Calvin Klein erreichte bereits im Jahr 1984 ein Lizenz-Einkommen von 6,3 Mio. € und Christian Dior erzielte 1986 mit 39 Lizenzen einen Umsatz über 270 Mio. €. (vgl. Böll 1999, S. 72)

Als besonders einfallsreich bei der Vermarktung von „Exklusivität" erwies sich Pierre Cardin, der als der reichste und bekannteste Modeschöpfer der Welt gilt (vgl. van Versendaal, S. 356). 1981 erwarb er das berühmte Pariser Nobelrestaurant Maxim's, um auch aus dem Namen des Etablissements eine Goldgrube zu machen." (o. V. 12/1986, S. 58)

Der „Weltmeister im Lizenzvergeben" hat seinen eigenen Namen über achthundertfünfzigmal vermietet. Zusätzlich hat Pierre Cardin inzwischen über 1000 MAXIM'S Lizenzen weltweit vergeben.

Seine Namen finden oder fanden sich auf Lebensmitteln (Gewürze, Sardinen, Suppen, Zucker, Erdnüsse, Essig etc.), alkoholischen Getränken (Wein, Champagner, Whisky, Gin etc.) und Fruchtsäften, Haushaltswaren aller Art (Porzellan, Kerzen, Besteck, Bratpfannen), Mode (Anzüge, Abendkleider, Accessoires, Uhren, Schuhe), Schreibutensilien und Parfüm wie auch auf Weckern und Tauch-Anzügen.

Wie sehr bei diesen Maßnahmen Gewinnmaximierung vor langfristiger Marken-Pflege geht, zeigen etwa die zum Stückpreis von € 0,50 angebotenen Cardin-Party-Plastikbecher (im 8er-Pack). – Seine Aussage im Stern vom 18.07.1985 könnte man jedenfalls auch so interpretieren: „Maxim's ist unsterblich. Diesen Namen wird man noch kennen, wenn man meinen längst vergessen hat. Außerdem habe ich mit meinem Namen wohl alles gemacht, was zu machen war."

Fazit: Beide Marken werden „gemolken". Denn Exklusivität und Kreativität einerseits und billige Massenangebote andererseits sind zwei Ziele, die sich gegenseitig ausschließen. Der Tod beider Marken – zumindest bei gewissen Schichten - dürfte nur eine Frage der Zeit sein.

So schrieb die Wirtschaftswoche bereits am 12.4.1985 (S. 70): „Langfristig ... läuft der Maestro Gefahr, mit einem Schock aus dem Diversifizierungsrausch aufzuwachen und von den Opinion-Leadern, trotz hoher Preise und hochwertiger Qualität, nicht mehr als exklusiv anerkannt zu werden. Und dies würde sich mit der Zeit auf die eigentliche Zielgruppe, die darunter liegenden imitativen Schichten, auswirken, wobei sicherlich Jahre vergehen dürften, bis auch der letzte Möchte-gern-Playboy ... weiß, dass Cardin nicht mehr en vogue ist."

„Totgesagte Namen leben (allerdings) manchmal länger." Pierre Cardin erzielte Mitte der achtziger Jahre – bei circa 600 Cardin-Lizenzen – jährliche Lizenzeinnahmen von ca. 45 Millionen € – so die Schätzung des amerikanischen Fachblattes „Women's Wear Daily" im Jahre 1985.

Laut Recherchen des Manager Magazins erzielte der 75jährige Cardin 1997 – bei etwa 850 Lizenzen – jährlich weltweit einen Umsatz von rund 1,5 Milliarden € zu Endverbraucherpreisen. Insofern dürften seine Lizenz-Einnahmen heute (ohne Berücksichtigung der Inflationsrate) höher ausfallen. Andere Umsatz-Zahlen – offensichtlich zu Endverbraucher-Preisen – nennt die Textilwirtschaft vom 11.06.1998 mit 6 Milliarden € und rund 8% Lizenz-Gebühren-Einnahmen.

Allerdings bestätigt das Manager Magazin auch, dass die Marke auf dem Rückzug ist. (van Versendaal, S. 356 ff.)

Die zahlreichen Imagetransfers fast aller großen Modehäuser haben allerdings einen guten Grund: mangels Nachfrage steckt die Haute Couture in der Krise. – So erzielt beispielsweise DIOR in der Haute Couture nur 9 Millionen € pro Jahr. – Im ursprünglichen Kerngeschäft der Haute Couture werden seit längerem nur Verluste erwirtschaftet. – Entsprechend ist die Anzahl der Haute Couture-Modehäuser in den letzten Jahren von ursprünglich 24 auf 11 geschrumpft. (vgl. FAZ 23.01.2002, S. 16)

Imagetransfer und Marken-Diversifikation sind ein ausgesprochen lukrativer Weg der „Gegenfinanzierung". „Bei größeren Häusern wie Pierre Cardin und Yves Saint Laurent (brachten) Lizenzen für Parfüms, Brillen, Schuhe, Koffer und andere Accessoires (bereits 1990) fast schon die Hälfte vom Umsatz, bei Armani (waren) es nur knapp über 20 Prozent." (Seger)

Inzwischen werden weltweit Umsätze mit Mode- und Designer-Lizenzen von über 40 Milliarden € erzielt. Besonders gewinnträchtig sind jene auf Parfüm und Brillen.

„Lizenzen dienen als Gradmesser für den Erfolg eines Designers." Das Pariser Modehaus Yves Saint Laurent erzielt inzwischen beispielsweise einen Umsatzanteil von schätzungsweise 80% mit Lizenzen. Auch bei Ralph Lauren steuern seine 26 Lizenzen das meiste zu seinem Umsatz von acht Milliarden Euro bei. – Die frühere Joop! GmbH erzielte mit 17 Lizenz-Produkten im Jahr 1996 Umsätze von 193 Millionen € (circa 30% davon mit Düften). – Die hohe Profitabilität wurde im Jahr 2001 im ersten Angebot von Wolfgang Joop deutlich, „seine Namensrechte" für 80 Millionen € von der sich in finanziellen Schwierigkeiten befindlichen Firma Wünsche zurückzukaufen.

Es macht vordergründig auf Dauer eigentlich wenig Sinn, für eine nur dreistellige Zahl vermögender Haute Couture-Kundinnen auf der Welt immer neue Einzelstücke zu entwerfen, die sich meist nur mit Verlust verkaufen lassen. – Unbestätigten Gerüchten zu Folge soll beispielsweise Yves Saint Laurent im Jahr 2001 mit der Haute Couture einen Verlust von 10 Millionen € erlitten haben (vgl. FAZ 23.01.2002, S. 16). – Es sei denn man interpretiert Haute Couture als Maßnahme, um Marken zu veredeln und anschließend profitabel auf andere Produkte transferieren zu können, wie Bernard Arnault. Dieser kontrolliert LVMH (LOUIS VUITTON, MOET & HENNESSY) und besitzt mit DIOR, GIVENCHY und LACROIX gleich drei große Namen der Haute Couture (vgl. FAZ 23.01.2002, S. 16).

Das ursprüngliche Kerngeschäft, die Haute Couture, übernimmt mehr und mehr die Rolle einer Promotion. So sagte beispielsweise G. Armani in einem Interview: „Irgendwie ist dieses Modegeschäft doch ein Riesenspiel. Ich sehe kein großes Potenzial für die Haute Couture. Das sind minimale Stückzahlen und vergleichsweise geringe Erträge. Der Sinn von dem ganzen Haute-Couture-Rummel liegt nur im Parfümgeschäft." (Priewe, S. 42 f.)

Dies bestätigt indirekt auch H. de Givenchy, einer der drei größten unter den Couturiers – auf sein Haus entfallen 12% des Gesamtumsatzes der Pariser Haute Couture:

„Die Haute Couture dient nicht nur dazu, alle anderen Produkte eines Hauses, wie Parfüm, Accessoires zu promovieren, sondern auch echte Nouveautés zu kreieren, die dann vom Prêt-à-Porter übernommen werden, wie neue Stoff-Ideen, Stickereien, Schmuck." (v. Scheidlin, S. 56)

Insofern war es nicht überraschend, dass auch Armani einen verstärkten Ausbau seiner Imagetransfer-Aktivitäten durchführte: „Armani: „Wir werden den Accessoire-Bereich systematisch ausbauen, entsprechende Verhandlungen laufen bereits. Wenn der Textilmarkt eine Flaute hat, verkaufen sich Accessoires unbeschadet weiter." (Seger)

Allerdings übt er eine stärkere Kontrolle über seine Namensverwendung aus als die meisten anderen Haute Couture Designer. Giorgio Armani kontrolliert, wie er sagt, „persönlich 90 Prozent all dessen, was unser Haus verlässt – vom Abendkleid bis zum Kugelschreiber. Meine Angestellten machen natürlich die Vorarbeit, aber immer gebe ich am Ende mein Ja oder Nein." (van Versendaal, S. 358)

Auf den folgenden Seiten werden einige Gewinn- und Umsatzzahlen ausgewählter Marken-Diversifikationen ausgewiesen. Dabei müssen Unvollständigkeiten in Kauf genommen werden, da diese teilweise nur sporadisch veröffentlicht wurden oder da Einzel-Marken nach deren Aufkauf nicht mehr getrennt ausgewiesen wurden.

Einige Gewinn- und Umsatz-Zahlen: AIGNER (in Mio. €)

Jahr	Eigen-Umsatz	Lizenzen Fashion	Lizenzen Brillen
1987	76,8	-	-
1988	56,1	-	-
1989	58,8	-	-
1990	50,5	11,2	-
1991	44,8	22,6	-
1992	45,2	22,3	-
1993	44,8	21,0	-
1994	45,4	22,4	-
1995	48,9	23,7	-
1996	49,6	21,8	-
1997	49,4	21,6	3,3
1998	29,9	21,0	3,1
1999	29,6	18,6	2,7
2000	37,4	23,5	2,2

Quellen: Bilanzen und Geschäftsberichte

Jahresüberschuss-Entwicklung: AIGNER (in Mio. €)

Jahr	1998	1999	2000
Überschuss	- 1,9	- 0,02	+ 1,9

Quellen: Bilanzen und Geschäftsberichte,
        Financial Times Deutschland 10.04.2000,
        Handelsblatt 13.03.2001

Einige Gewinn- und Umsatz-Zahlen: ARMANI (in Mio. €)

Umsatzverteilung 1990	ca. Mio. €	%
Stammmarke	75	15
Parfüms, Brillen	92	18
Junge Linie (incl. Jeans)	175	32
Kollektionen	190	35

Quelle: ELLE 09/1991, S. 144

Profitquellen	%
Lizenzen aus Textil-, Parfüm- und Accessoire-Produkten sowie Franchise-Gebühren im Handel	66
eigene Filialen	21
Industriebeteiligungen	13
insgesamt: 43,63 Mio. €	100

Quelle: Wirtschaftswoche vom 08.11.1991

Weltweiter Gesamtumsatz im Jahr	in Mio. €
1988*	332
1990**	532
1996***	620

Quellen: * Handelsblatt 25.09.1989; ** Wirtschaftswoche 08.11.1991;
    *** Textilwirtschaft 10.04.2000

1996 erzielte Armani einen Umsatz von 620 Mio. €. Dabei entfiel auf die 20 Lizenzen ein Umsatz von. ca. 400 Mio. € und etwa 70% des Betriebs-Ertrages (Textilwirtschaft, 10.04.1997).

Einige Gewinn- und Umsatz-Zahlen: HUGO BOSS (in Mio. €)

Jahr	Lizenz-Umsatz inkl. zugekaufte Handelsware	Lizenz-Ertrag	Lizenz-Ertrag in % des Gesamt-Ertrages
1986	45,5*	4*	36
1987	54,5*	6,5*	100
1988	51,5*	6,5*	56
1989	98,5*	7,5*	42
1990	102,5	11	63**
1992	129,2	ca. 11	-
1993	127,1	12	-
1994	140,4	15	-
1995	162,6	16,8	-
1996	183,8	15,6	-
1997	257,3	23,4	-
1999	ca. 350	32,3	-
2000	ca. 495***	44***	-

Quellen: Bilanzen und Geschäftsberichte sowie:
*   Hoppenstedt - Handbuch der deutschen Aktiengesellschaften, 18. Jahrgang 1990/1991
**   Handelsblatt, 20.12.1990
*** FAZ, 05.04.2001

Einige Umsatz-Zahlen: CARTIER (in Mio. €)

Jahr	Umsatz
1971	9*
1984	214**
1985	315***
1986	450****
1987	759*****
1990	1.216******

Quellen: * Die Welt, 17.04.1989;
    ** FAZ, 13.04.1985;
    *** Handelsblatt, 18.11.1986;
    **** Handelsblatt, 18.02.1987;
    ***** Internationale Herald Tribune, 27.04.1988 ;
    ****** G. Heidelberg, Süddeutsche Zeitung, 24.12.1990

Umsatz-Verteilung 1990	in %
Uhren (seit 97 Jahren)	ca. 50
Schmuck (seit 145 Jahren)	ca. 25
Accessoires	11
Lederwaren	10
Parfüm	8
Piaget, Baume et Mercier, Yves Saint Laurent Access., Ferrari Accessoires „unbedeutend" (keine Verlängerung der Lizenz in 1991)	18

Die Richmont-Gruppe (CARTIER, CHLOÉ, LANGE & SÖHNE) erlitt im Jahr 2001 einen Rückgang um 21% auf 253 Mio. €.

Einige Umsatz-Zahlen: ZINO DAVIDOFF AG
Lizenzeinnahmen in 1990: 59 Mio. €

Transferprodukte	Lizenznehmer
Davidoff -Cognac	Hennessy
Davidoff -Uhren	SMH
Davidoff -Parfüm	Lancaster
Davidoff-Brillen	Menrad
Davidoff -Zigaretten	Reemtsma
Davidoff -Lederaccessoires	Goldpfeil
Davidoff -Kaffee	Reemtsma

Quelle: P. Hauftvogel und eigene Recherchen

„Die Basler Oettinger/Davidoff-Gruppe setzt heute rund 1,17 Mrd. € pro Jahr um und ist Marktführer für Luxuszigarren. Rund 470 Mio. beansprucht das traditionelle Tabak- und Zigarrengeschäft, rund 470 Mio. die Zigaretten-Lizenz an Reemtsma und 235 Mio. für die Lizenzen Cognac, Parfüms und Lederwaren." (Handelzeitung Nr. 28, 10.7.1977, S.23; vgl. auch Belz 1998, S. 336)

Einige Umsatz-Zahlen: GIVENCHY
Givenchy war einer der 3 größten unter den Couturiers und erzielte 12% vom Gesamtumsatz der Pariser Haute Couture.
Umsatz 1991: 33 Mio. €

Umsatz-Verteilung	in %
Haute Couture	10
Prêt-à-Porter	40
120 Lizenzen	50

Quelle: v. Scheidlin, S. 54 und 56

Einige Umsatz- und Lizenz-Erlös-Zahlen: JIL SANDER (in Mio. €)

Jahr	Umsatz-Entwicklung	Lizenz-Erlöse
1985	28*	1,3*
1986	31*	1,4*
1987	37	1,8
1988	40	2,0
1989	51	2,2**
1990	58	2,4
1991	64	2,8
1992	68	5,8
1993	64	3,3
1994	76	2,9
1995	82	2,3
1996	87	2,1
1997	84	2,4
1998	97	2,2
1999	105	2,7
2000	130	n.v.
2001	140	n.v.

Quellen: Geschäftsberichte und Bilanzen sowie
   * Handelsblatt, 24./25.11.1989; ** FAZ, 08.05.1991;
   Textilwirtschaft, 09.05.1991; Bundesanzeiger, 01.08.1991

Lizenz-Umsätze	1986	1987	1988	1989	1990	1991
Kosmetik	27	32	35	44	50	59
Leder + Brillen	2	4	5	6	11	11

Der Umsatz der Lizenz-Produkte („ganz überwiegend" Kosmetik) betrug 1997 57 Mio. €.

JIL SANDER

1968   Eröffnung einer Boutique in Hamburg

1969   Gründung der Firma JIL SANDER Moden

1973   erste eigene „JIL SANDER„-Kollektion

1979   Einführung der Kosmetikserie (JIL SANDER COSMETICS GmbH)

1984   Einführung von Lederwaren
       (GOLDPFEIL LUDWIG KRUMM AG)
       Einführung von Brillen (MÜLLER-MENRAD GMBH & CO. KG)

1989   Umwandlung in eine AG und Gang an die Börse

1999   Verkauf an PRADA für über 150 Mio. € bei einem Konzern-Ergeb-
       nis vor Steuern im Jahre 1998 von 6,3 Mio. €. (Quelle: Die Welt
       01.09.1999)

Einige Lizenz-Umsatz- und -Erlös-Zahlen: **JOOP** (in Mio. €)

Jahr	Lizenz-Umsatz	Lizenz-Erlöse
1989	38	
1990	72	
1991	98	
1992	130	4,6
1993	168*	9,1
1994	188	12,1
1995	190	14,8
1996	209**	
1997	230	ca. 18
1998	ca. 275	
1999	259	22
2000	258	
2001	253	

Umsatz-Verteilung im Jahre 1993*	Umsatz in Mio. €
Parfüm + Kosmetik	106,0
Jeans	23,8
Damen-Oberbekleidung	9,7
Herren-Mode	7,2
Lederwaren	4,7
Schuhe	4,7
8 weitere Lizenzen	12,5

Quellen: Geschäftsberichte sowie
      * Hamburger Abendblatt, 14.06.1994;
    ** Textilwirtschaft, 08.02.1996

„Der Fall Joop ist ein Drama vom Aufstieg und Niedergang einer Marke und eines Mannes.... Als Designer machte er seit langem von sich reden, blieb aber erfolglos bis Ende der achtziger Jahre, als der Marketing-Mann Herbert Frommen sich seiner annahm. Mit seiner Hilfe wurde Joop ein Shootingstar. Es wurden 20 Lizenzen vergeben. In dem Maße, in dem die Umsätze stiegen, zerrüttete aber das menschliche Verhältnis der beiden. ... Frommen verzweifelte an Joop. 1998 kam der Deal ihres Lebens. Wünsche kaufte den beiden den Laden ab, es flossen 75 Millionen €. Von da an ging's bergab. ... Radikaler Stilwechsel der (DOB-) Kollektion. Der Handel zog nicht mit. ... Das einzige was läuft sind Männermode, Jeans und Duft. Einige Lizenznehmer scheiterten. Das Produktspektrum ist derzeit ein Scherbenhaufen." (Textilwirtschaft, 03.05.2001)

Einige Lizenz-Umsatz-Zahlen: KÄFER

Seit 1986 gibt es Produkte, die den kleinen roten Käfer als Markenzeichen von FEINKOST KÄFER tragen. Angefangen hat es mit einer Pizza. Ideengeber und erster Partner war die Freiberger Lebensmittel GmbH & Co. Anfang 1996 gingen die Berliner jedoch eigene Wege und etablierten aus strategischen Gründen die Eigenmarke ALBERTO, die europaweit zur Dachmarke ausgebaut werden soll. Die Trennung bedeutete für Käfer einen Rückschlag im Lizenz-Umsatz um rund 60 Millionen €.

Aktuellere, bekannt gewordene Umsatzzahlen der inzwischen 11 (1999: 6) Lizenzpartner mit über 100 Artikeln lauten in Mio. €:

1999	2000	2001	2002 (Schätz. März)
ca. 48	ca. 46	ca. 51	ca. 64

Quellen: Lebensmittel Zeitung, 01.10.1999, S. 62, 64;
Lebensmittel Praxis, 05.03.2002, S. 55

Einige Lizenz-Umsatz- und -Erlös-Zahlen: MÖVENPICK (in Mio. €)

Jahr	Konzernumsatz	Lizenzpartner-Umsätze *
1986	315	94
1987	343	100
1988	377	124
1989	405	153
1990	510	176
1991	560	190
1992	617	199
1993	627	210
1994	581	217
1995	558	216
1996	556	213
1997	595	226
1998	573	217
1999	633	197
2000	636	172

* in der Regel werden Gemeinschafts-Unternehmen mit dem „Lizenzneh-mer" gegründet

Quellen: Geschäftsberichte und Bilanzen sowie
      Neue Züricher Zeitung 22.06.1988, 01.02.1988, 20.06.1991;
      FAZ, 21.06.1988, 21.06.1989, 14.03.2001;
      Frankfurter Rundschau, 21.06.1989

Einige Produktentwicklungen und -einführungen von MÖVENPICK

Jahr	Produktentwicklung
1963	Mövenpick Kaffee (Gastronomie)
1967-71	Entwicklung und handwerklich-gewerbliche Herstellung: Mövenpick-Eis
1971	Einrichtung einer Marketing-Lizenz-Abteilung
1972	Kreation von Salat-Dressings (erste fertige Salatsaucen in Europa)
1974	Beginn der Schöller-Zusammenarbeit (nur im Restaurant)
1979	Mövenpick-Eis im Lebensmittel-Handel
1980	Mövenpick-Darboven Kaffee
1985	Mövenpick-"Petit Cafe"-Tiefkühltorten (Schöller)
1986	Mövenpick-Gebäck (Kekse, Schöller)
1987	Mövenpick-Tee (Messmer)
1988	Mövenpick-Gourmet Fruchtaufstrich (Schwartau)
	Mövenpick-Pralinen und Schokolade (Ludwig Schokolade GmbH, Aachen)
	Mövenpick-Jahrgangs- und sortenreine Fruchtsäfte (Sport Fit Getränke Vertriebs GmbH, Tochtergesellschaft von Underberg)

Quellen u.a.:
new business 29.03.1982, S. 11;
LZ 20.05.1983, S. 25 und 02.09.1988, S. F6;
w&v 02.08.1985, S. 20 ff., und 09.03.1988, S. 16;
Horizont 30.09.1985 und 05.12.1986;   ZV + ZV, H. 8, 1987, S. 24;
FAZ 14. und 21.06.1988;   Handelskammer Deutschland-Schweiz (Hrsg.):
Absatzmarkt Deutschland, Zürich, April 1989
– sowie die bereits angeführten Quellen

Einige Umsatz- und Lizenz-Erlös-Zahlen: RTL

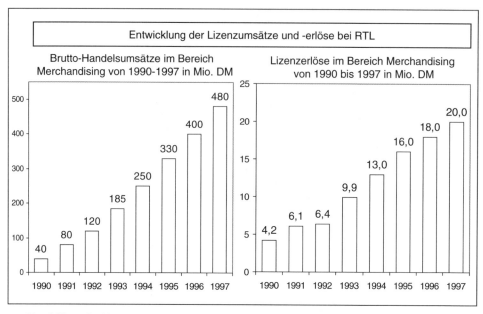

Entwicklung der Lizenzumsätze und -erlöse bei RTL (Quelle: RTL Presseinformation, 1998)

Einige Umsatz- und Lizenz-Erlös-Zahlen: SAT 1 (in Mio. €)

Eigenen Angaben zu Folge erwirtschaften 15 SAT 1-Mitarbeiter im Jahre 1997 ca. 15 Millionen € mit dem SAT 1-Label. Die Umsatz-Entwicklung im Handel verlief so:

Jahr	1995	1996	1997
Umsatz	ca. 150	318	402

Allerdings ist das Berechnungs-Verfahren umstritten: „Wenn RTL seine Merchandising-Umsätze nach dem SAT 1-Verfahren berechnen würde, so RTL-Merchandising-Chefin Alexa Gref, dann freilich kämen wir auf über eine Milliarde DM (500 Mio. €)"...... Die Differenzen ... ergeben sich aus der mehr oder weniger weiten bzw. engen Auslegung des Begriffes Merchandising." (Heimlich, S. 46 (f.); vgl. auch Böll 1999, S. 47 ff.)

Einige Lizenz-Umsatz- und -Erlös-Zahlen: YVES SAINT LAURENT
(in Mio. €)

	1987	**1988**	**1989**	**1990**
Mode	50	56	78	86
Parfüm	331	345	388	371
Diverses	-	0,3	0,6	0,5
Total	**381**	**401,3**	**466,6**	**457,5**
Betriebs-Ergebnis	-	67	84	79

Quellen: The Financial Times 1999 und 12.04.1991; Le Monde 11.04.1990;
FAZ 18.12.1987.

1998 erzielte YSL einen Umsatz von 633 Mio. €.
YSL wurde von der GUCCI-Gruppe übernommen.

Die GUCCI-Umsatz-Entwicklung:

	1999	**2000**
Umsatz (in Mio. €)	785,3	2.210,1
Operating Margin	22,1 %	19,0 %

Die GUCCI-Umsatz-Verteilung (in %):

Lederwaren	43
Schuhe	13
Schmuck	4
Mode	15
Uhren	17
Krawatten und Schals	2
Diverses	3
Lizenz-Gebühren	3

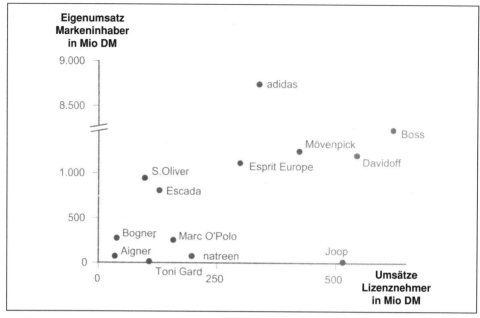

Umsatzstruktur ausgewählter Lizenzmarken im deutschsprachigen Raum
(Quelle: C. Binder 2001, S.388)

Abbildung: Umsatzstruktur ausgewählter Lizenzmarken im deutschsprachigen Raum (Quelle: C. Binder 2001, S. 388) ESCH

2.3. Steigerung des Markenwertes

Der wertvollste Besitz vieler Unternehmen liegt nicht in ihren Grund-stücken, Produktionsanlagen, ihrem Distributionssystem oder Know-how, sondern ist in ihren Marken begründet. So schreibt auch Kotler (3/2000, S. 46), dass der Markenwert von COCA COLA weitaus mehr wert ist als der Gesamtwert aller ihrer Fabriken. Starke Marken, die fest in den Köpfen der Verbraucher verankert sowie positiv und relevant aufgeladen sind, sind die Träger eines langfristigen Unternehmenserfolges.

Die Steigerung des Markenwertes ist eine zentrale Zielsetzung der Marken-Diversifikation. Der Wert einer Marke hängt nicht nur von ihrer Umsatz- und Ertrags-Stärke im Stamm-Markt sondern auch von der Nutzungsfähig-keit der spezifischen Marke in anderen Kategorien ab. Finanzwirtschaftlich ausgedrückt ist der Markenwert der „Barwert aller zukünftigen Ein-zahlungsüberschüsse, die der Eigentümer aus der Marke erwirtschaften kann." (Kaas, S. 48)

Welchen Wert Marken haben können, zeigt eine Berechnung der Unterneh-mensberatung Roland Berger: Danach entfällt auf die Marke MICROSOFT 96% des Unternehmenswertes, bei COCA COLA 95% und bei NIVEA 85% (im letzteren Fall: BEIERSDORF). – Allerdings kommt INTERBRAND für die ersten beiden Marken zu einer anderen Einschätzung der Kapitalisierung des Börsenwertes im Jahre 1999.

Der Vorstandsvorsitzende des BEIERSDORF Konzerns Dr. Rolf Kunisch geht sogar davon aus, dass die Marke NIVEA mehr wert ist als der Börsen-wert des ganzen Unternehmens. (FAZ 17.01.2002, S. 24) – Im Jahr 2001 er-zielte die Marke NIVEA einen Umsatz von 2,5 Milliarden €. Der NIVEA-Umsatzanteil an der Firma BEIERSDORF AG betrug 55%. (1991 lag er „nur" bei 30%.)

Viel zu positiv schätzen Aaker und Joachimsthaler (2001, S. 26) die Leis-tungsfähigkeit bisher entwickelter Marken-Bewertungs-Methoden ein, wenn sie äußern: „Man kann den Wert einer Marke nicht exakt messen, aber man kann ihn grob einschätzen (beispielsweise mit einer Standardabwei-chung von ± 30%)."

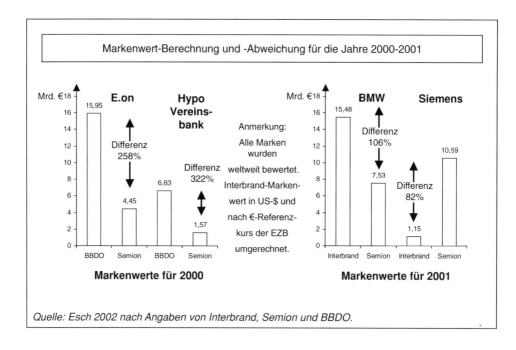

Quelle: Esch 2002 nach Angaben von Interbrand, Semion und BBDO.

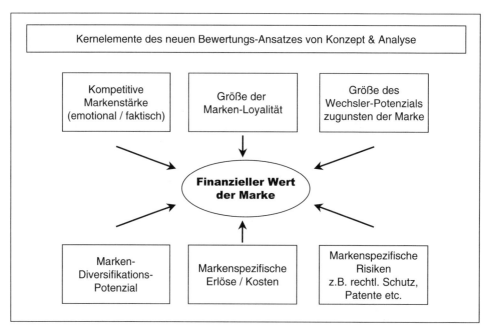

Der Wert einer Marke kann erheblich schwanken, zum Teil sogar um den Faktor 10 oder 20 – das Zwanzigfache! –. „Für COCA COLA ergeben sich beispielsweise Markenwerte von 3, 24, 33 US $" (FAZ 04.03.2002, S. 24) oder sogar 62,7 Milliarden US $ (siehe Tabelle vorherige Seite). Weitere Wert-Abweichungs-Beispiele um das Zehnfache zeigt die Abbildung. Je nachdem, welches Markenbewertungs-Verfahren zugrundegelegt wird.

So stellt auch Esch in der FAZ vom 04.03.2002 fest: „Angesichts solcher Unterschiede stellt sich die Frage nach der Sinnhaftigkeit derartiger Berechnungen."

„Und das Problem ist noch größer. Denn die meisten Markenwert-Analysen sind praktisch wertlos. Sie beschränken sich auf die Messung faktischer Größen und Produkt-Eigenschaften. Obwohl das, was eine starke Marke und deren nachhaltige Ertragskraft wirklich ausmacht, gar nicht anhand von konkreten Eigenschaften gemessen werden kann: die richtigen Emotionen." (Mayer de Groot, 9/2002)

Den Wert verschiedener Weltmarken nach dem Ermittlungsverfahren von INTERBRAND entnehmen Sie der Tabelle auf der folgenden Seite.

Der Wert von Unternehmen liegt häufig nicht in der Aggregation der Umsätze einzelner Produkte, sondern ergibt sich meist aus der Größe der "Flag-Ship" oder "Blockbuster Brands" wie beispielsweise COCA COLA, MARLBORO, NIVEA oder PERSIL.

Je umsatz- und ergebnis-stärker diese großen Marken sind, um so höher ist der Marken- und Unternehmenswert bei Akquisitionen und Take Overs.
Meist ist der Wert eines Unternehmens mit einer großen „Blockbuster Brand" höher als der einer mit vielen kleinen Marken.

Der Markenwert kommt auch in folgenden Zahlen zum Ausdruck:

• In der Bereitschaft von NESTLÉ, den Konzern ROWNTREE (mit den bekannten Marken wie KITKAT, POLO, QUALITY STREET, AFTER EIGHT) im April 1988 für 3,6 Milliarden Euro zu kaufen, obwohl der Börsenwert nur 1,5 Milliarden Euro betrug. Der Kaufpreis war sechsundzwanzig mal höher als die von ROWNTREE erzielten Erträge.

Rang 1999	Rang 2002	Marke	Wert in Mrd. € 2002	Wert in Mrd. € 1999	Börsen wert 1999	Wert der Marke in % der Kapi- talisierung 1999
1	1	Coca-Cola	62,7	75,5	128,1	59
2	2	Microsoft	57,7	51,1	245,0	21
3	3	IBM	46,1	39,5	142,7	28
4	4	General Electric	37,2	30,2	295,5	10
5	11	Ford	18,4	32,2	51,7	58
6	7	Disney	26,4	29,0	47,4	58
7	5	Intel	27,8	27,0	129,8	21
8	8	McDonald´s	23,8	23,6	36,8	64
9	17	AT & T	14,5	21,8	92,3	24
10	9	Marlboro	21,7	18,9	101,3	19
11	6	Nokia	27,0	18,6	42,3	44
12	10	Mercedes	18,9	16,0	43,5	37
13	22	Nescafé	11,5	15,9	69,8	23
14	14	Hewlett-Packard	15,1	15,4	49,5	31
15	19	Gilette	13,5	14,3	38,6	37
22	20	BMW	13,0	10,2	15,0	77
28	35	Nike	6,9	7,4	9,5	77
54	95	Polo Ralph Lauren	1,7	1,4	2,3	66

Tabelle: Der Wert verschiedener Welt-Marken gemessen von Interbrand (2002 und 1999)

- CADBURY SCHWEPPES erwarb in den USA die Marken HIRES und CRUSH für 245 Millionen € von PROCTER & GAMBLE – 220 Millionen € dieser Summe wurden für immaterielle Aktiva (inklusive Markenwert) bezahlt (Huber, S. 129).
- PHILIPP MORRIS zahlte 1988 für KRAFT FOODS mit umgerechnet 11,3 Milliarden € das Vierfache des Nettovermögens von KRAFT.
- VW bot 1998 für die Luxus-Marke ROLLS ROYCE 760 Millionen €. Auf Grund bestehender vertraglicher Verpflichtungen erhielt letztlich BMW die Rechte für 645 Millionen €.
- 1999 verkaufte JIL SANDER ihr Unternehmen an PRADA für über 150 Mio. € bei einem Umsatz von 107,1 Mio. € und einem Konzern-Ergebnis vor Steuern im Jahre 1998 von (nur) 6,29 Mio. € (Die Welt 01.09.1999).
- Im Jahr 2000 erwarb LVMH in Kooperation mit PRADA die Designer-Marke FENDI für circa 860 Millionen € bei einem Umsatz von etwa 135 Mio. € (Financial Times Deutschland 03.08.2001; Die Welt 01.09.1999).
- Im Jahr 2001 verkauften die Eigentümer der renommierten Brauerei BECK & CO Deutschlands führende Export-Brauerei – und im Inland im wirklichen Premium-Segment verankert – an die belgische INTERBREW. Dabei erzielten sie „den sagenhaften Preis von knapp 1,8 Milliarden €, das war das Doppelte des Umsatzes und der höchste jemals für eine Brauerei in Deutschland gezahlte Preis" (FAZ 12.11.2002, S.22).
- Ende 2002 erwarb die belgische INTERBREW die Brauergilde Hannover AG für 475 Mio. €, das sei das 8,6-fache des Ergebnisses vor Zinsen, Steuern und Abschreibungen des Geschäftsjahres 2001. Das Haupt-Erwerbsinteresse galt dabei der Marke HASSERÖDER (FAZ 21.12.2002).

Unabhängig von der noch ungelösten Frage einer allgemein akzeptierten, genauen Markenwert-Bestimmung kann festgehalten werden: Die Steigerung des Wertes einer Marke, wie auch immer gemessen, ist eine der zentralen Zielsetzungen der Marken-Diversifikation.

Wegen der mit immateriellen Werten verbundenen Messprobleme bleibt deren Bedeutung im internen und externen Rechnungswesen weit hinter ihrer Bedeutung für die Unternehmensstrategie zurück. Zu diesem Befund kommt auch eine Studie der Technischen Universität Dresden mit dem Prüfungs- und Beratungs-Unternehmen PRICE WATERHOUSE COOPERS (FAZ 10.02.2003, S. 16).

Meist werden im Rechnungswesen nur finanzielle und materielle Ressourcen wie Maschinen erfasst. Im immateriellen Bereich werden oft lediglich Patente, Lizenzen und selbsterstellte Software monetär bewertet.

2.4. Markenzeichenschutz

Einige Unternehmen wie DAVIDOFF oder FERRARI führen als primäres Ziel ihrer Marken-Diversifikation den Schutz ihres Warenzeichens vor versteckter Anlehnung durch andere an (vgl. Schneider 12/1986, S. 102; vgl. auch 28.12.1987). Ebenso begründet auch FERRARI seine Transfermaßnahmen (vgl. o. V. 12.12.1986, S. 62).

Durch die Übertragung des Markennamens auf neue Produktbereiche – bei gleichzeitiger Ausdehnung des z.B. beim Deutschen Patentamt geführten Warenverzeichnisses – soll verhindert werden, dass andere Unternehmen diesen Markennamen für den Absatz ihrer Produkte verwenden.

Dies ist bei Waren-Ungleichartigkeit zum Stamm-Produktbereich bzw. den im Warenverzeichnis eingetragenen Warenbereichen rechtlich auch grundsätzlich möglich, solange es sich um keine berühmte Marke handelt. – Es besteht sonst nämlich die Gefahr, dass die Marke durch minderwertige Produkte anderer Schaden nimmt oder an Profil-Schärfe verliert.

Darüber hinaus wird der Marken-Inhaber gehindert, selbst neue Ertragsquellen für die von ihm aufgebaute Marke zu erschließen.

Hierzu zwei Zitate:

„Obwohl ANHEUSER-BUSCH in den 40er Jahren begann, Produkten Lizenzen zu erteilen, wurden bis in die 60er Jahre keine Lizenzgebühren dafür verlangt. Ursprünglich sind Firmen wie A-B hauptsächlich ins Licensing eingestiegen, um ihre Warenzeichen-Rechte zu schützen". (Kessler 6.6.1985, S. 26)

„Wir wollen die Nummer eins im Tabaksektor sein und bleiben. Die Diversifikation ist eine flankierende Maßnahme zum Schutze unseres Markennamens DAVIDOFF. Ohne unser Dazutun wurden in Spanien Bonbons und ein

170

schlechter Wein, beide Produkte unter dem Namen DAVIDOFF, mit Verwendung unseres Schriftzuges in den Handel gebracht." „In Italien wurden mit unserem Schriftzug T-Shirts verkauft. In Brasilien fabriziert ein Markenpirat falsche DAVIDOFF Cigarren und Cigarillos. Zur Zeit blüht der Schmuggel mit DAVIDOFF Wodka. Die holländischen Zollbehörden fahnden nach dem Produzenten und dessen Verteiler. Aus all den Gründen sahen wir uns gezwungen, den Markennamen DAVIDOFF in den wichtigsten Klassen für viel Geld schützen zu lassen. Um aber diesen Schutz auf Dauer sicherzustellen, sind wir gehalten, Produkte dieser Warenklassen in den Handel zu bringen." (Schneider, S. 102)

Es mag bei DAVIDOFF dahingestellt bleiben, ob dies eventuell nur eine geschickte Public Relations-Aussage ist, um den exklusiven Charakter der Marke möglichst (lange) zu bewahren.

„DAVIDOFF scheint aber durch das Verlassen seines angestammten Bereiches die Glaubwürdigkeit seiner Marke extrem zu strapazieren. („Over-Exposure" ist der Tod der exklusiven Marke.) DAVIDOFF Uhren ... sind Anzeichen einer bedenkenlosen Melk-Strategie der Marke." (Schürch, S. 411)

Fraglich ist, ob diese DAVIDOFF-Imagetransfers in jedem Fall rechtlich zwingend erforderlich waren. Hier möchte ich nur kurz auf die Rechtslage in Deutschland eingehen:

In einem ersten Urteil zu einem unerwünschten Imagetransfer hat der Bundesgerichtshof einen Anspruch des Whiskyherstellers gegen den Kosmetikhersteller auf Löschung der Marke DIMPLE in der Warenzeichenrolle bejaht – nicht jedoch für die Bereiche Putz- und Reinigungsmittel. Offensichtlich unterstellt der BGH bei letzterem eine wahrgenommene zufällige Namensgleichheit bei den angesprochenen Verkehrskreisen. (vgl. BGH v. 29.11.1984 „Dimple", S. 550 ff.; siehe auch Mergel, S. 646 ff.)

Empfehlung: Aufgrund der noch bestehenden, hohen Rechtsunsicherheit und der benötigten Zeitdauer zur gerichtlichen Durchsetzung eventueller Schutzansprüche (Unterlassungsklage etc.) empfiehlt es sich grundsätzlich, die Eintragung der Marke für möglichst viele („beabsichtigte") Warenbereiche – soweit problemlos möglich – vorzunehmen.

Eine unzureichend geschützte oder schlecht verteidigte Marke kann durch namensgleiche oder namensähnliche Produkte verschlissen und schlimmstenfalls auch ruiniert werden.

2.5. Aufrechterhaltung von Kommunikationsmöglichkeiten bzw. Umgehung von Werbebeschränkungen

Den Imagetransfer-Versuchen einiger Zigarettenmarken dürfte (nicht zuletzt auch) die Absicht zu Grunde liegen, Kommunikations-Möglichkeiten im Falle eines völligen Werbeverbots oder sehr restriktiver Selbstbeschränkungs-Abkommen aufrechterhalten zu können (vgl. auch R. Mayer (de Groot) 1980).

Diese Zielsetzung könnte auch bei den vielfältigen Marken-Diversifikationen von CAMEL und MARLBORO eine Rolle gespielt haben, die noch detaillierter analysiert werden. Gleiches dürfte auch gelten für LORD EXTRA-Freizeitkarten, HB-Bildatlanten, HB-Naturmagazine, HB-Kunstführer usw.

Als extremes Beispiel können die AUSTRIA TABAKWERKE gelten. So dienen z.B. Transferprodukte der Zigarettenmarken MILDE SORTE, HOBBY, MEMPHIS, MEN u.a. der AUSTRIA TABAKWERKE ausschließlich und explizit der Umgehung des Werbeverbotes für Zigaretten im Fernsehen. Dabei ist die Art des Transferproduktes nahezu nicht von Belang, wie die teils abenteuerlich anmutende Transferproduktliste zeigt: Kaffee, Bier, Freizeitkleidung, Jeans, Zahnpasta, Seife, After Shave, Käse (ursprünglich geplant) (MILDE SORTE), Papiertaschentücher (JOHNNY), Eiscreme (HOBBY), Cognac (SPLENDOR), Freizeitmode (MEMPHIS) und Leder-Accessoires (MEN).

Anlässlich der Eintragung der „MILDE SORTE Handelsgesellschaft mbH" in Deutschland gab der AUSTRIA TABAKWERKE Deutschland-Geschäftsführer L. Lucas am Telefon zu Protokoll: „Die "MILDE SORTE" GmbH hat mit uns unmittelbar nichts zu tun. Sie ist organisatorisch ausgegliedert und trägt sich mit dem Gedanken, Produkte mit dem Warenzeichen "MILDE SORTE" – in welchem Bereich auch immer – herauszubringen." (new business 16.04.1984, S. 6)

Die gesamte Marketingkompetenz einschließlich Preisgestaltung, Distribution etc. obliegt dabei dem Lizenznehmer, so dass eine homogene Markenpolitik vor allem bei mehreren Lizenznehmern nicht gewährleistet ist. Einzige Bedingung ist eine zur Zigarette möglichst weitgehend identische Packung.

Dadurch besteht die Möglichkeit identischer Werbespots für die erlaubte Kinowerbung von Zigaretten und für die Fernsehwerbung der Transferprodukte. Die Werbespots werden dabei vom Markennamen und der Ausstattung beherrscht. Der Fernsehzuschauer kann erst zum Schluss und auch hier nur kurz erkennen, dass es sich nicht um eine Zigarettenschachtel, sondern z.B. um eine Bierdose handelt.

Die Transferprodukte dieser Zigarettenmarken geben im Markt – mangels Erfolg – häufig nur kurze „Gastspiele".

Zur Entwicklung einiger dieser Transferprodukte:

MILDE SORTE Kaffee wird von einer Tochtergesellschaft (ARABICA Kaffee), einer der größten Einzelhandelsketten Österreichs, hergestellt und national distribuiert. Obwohl diese zu einem der größten Kaffeeanbieter Österreichs zählt, kam MILDE SORTE Kaffee seit dem Einführungsjahr (1977) nicht über einen Marktanteil von ca. 1% hinaus.

„Während ... (MILDE SORTE Bier) in Österreich nahezu bedeutungslos ist, sind in Italien und Malta ansehnliche Erfolge zu verzeichnen, obgleich die Zigarettenmarke dort bei weitem nicht so stark ist wie im Stammland. Der Grund dürfte u.a. darin liegen, dass Italien und Malta nur wenig „Bierkultur" besitzen, d.h. die Anforderungen an ein Bier bei weitem nicht so ausgeprägt sind wie im „Bierland" Österreich". (Hätty, S. 207 f.)

Das „Transferprodukt" JOHNNY Jeans wurde 4 Jahre nach der Einführung (1976) vom Markt genommen.

„Die „JOHNNY Taschentücher" hatten schon kurz nach dem Start 8,8 Prozent Marktanteil; im Vorjahr (1984) erreichten sie 12 Prozent und damit Platz vier unter allen Taschentuch-Päckchen in Österreich. „JOHNNY"-

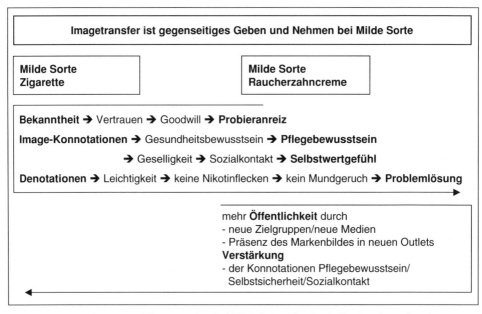

Beabsichtigte Image- und Rücktransfers bei Milde Sorte (Quelle: A. Trachtenberg, S. 46)

174

Zigaretten entwickelten 1984 die größte Dynamik (von allen Zigaretten) mit einem Verkaufs-Plus von über einem Fünftel gegenüber 1983." (o. V.6/1985, S. 14)

Die Frage ist allerdings, inwieweit die Konsumenten einen Imagetransfer und nicht eine zufällige Namensgleichheit erlebten und ob es sich bei der im Zitat nahegelegten Auswirkung auf den Zigarettenabsatz nicht um eine Zufalls-Korrelation handelt.

Grundsätzlich ist die Vorgehensweise der AUSTRIA TABAKWERKE sehr bedenklich, da den am Transfer beteiligten Zigarettenmarken höchstwahrscheinlich – aufgrund von Unverträglichkeiten der Partnerprodukte – meistens mehr geschadet als genutzt wurde.

Bedenklich waren auch die folgenden bekannt gewordenen Pläne von REEMTSMA. „Durch die Gründung zahlreicher Kleinstfirmen sollte der Markenname WEST auch nach Ende aller (EU) Werbemöglichkeiten penetriert werden. Die Pläne sollen von Bier unter dem Namen WEST bis zu Platten und Reisen gereicht haben." (Horizont 25/1999)

Seit 1975 darf in Deutschland für Zigaretten und zigarettenähnliche Tabakerzeugnisse nicht mehr im Fernsehen oder Radio geworben werden (§22 Lebensmittelgesetz). (vgl. R. Mayer (de Groot) 1980, S. 148 f.)
Dennoch gab es Versuche, die Markenwelt von Zigaretten für Transferprodukte zu kommunizieren.

1984 wurde die Produkterlebniswelt der CAMEL-Zigarette in einem TV-Spot für CAMEL-Boots kommuniziert. Warum dieser Spot nicht häufiger geschaltet worden ist, ist nicht bekannt.

1994 wurden PETER STUYVESANT TRAVEL-TV-Spots auf RTL, RTL2, PRO 7 und DFS gezeigt mit dem damals aktuellen Zigaretten-Slogan "come together". (new business 32/1994, S. 3). Insgesamt wurden etwa 2,5 Millionen € in die TV-Werbung investiert. Es wurde jedoch nur ein Travel-Umsatz von circa 150.000 € erreicht.

Diese Transferprodukt-TV-Werbung wurde auf Grund des unzureichenden wirtschaftlichen Erfolges im Zuge des freiwilligen Selbstbeschränkungs-Abkommens der Zigarettenindustrie eingestellt.

2.6. Zusammenfassung der Ziele

Mit der Planung und Durchführung von Imagetransfers und Line Extensions werden meistens primär eines oder mehrere der folgenden Ziele angestrebt:

- **Reduktion von Markteintrittsbarrieren und Senkung des Flop-Risikos durch**
  - erhöhte Aufmerksamkeit (selektive Wahrnehmung) und (Qualitäts-) Vertrauensvorschuss bzw. „besseres" Produkt-Erlebnis
  - erwartete Einsparungsmöglichkeiten bei Werbe- bzw. Marketingkosten während der Einführungsphase (i. d. R. den ersten 2 Jahren). Diese Annahme ist (in der Regel) falsch!
  - gezielte Erschließung neuer Marktsegmente bzw. internationaler Märkte
  - kurzfristige Verfügbarkeit eines geeigneten Markennamens
  - gesteigerte Listungsbereitschaft des Handels

- **Stärkung der Marke und Steigerung von Marketing-Effizienz durch**
  - „Spill over"-Effekte auf das Marken-Stammprodukt
  - Aktualisierung und Modernisierung der Marke
  - Intensivierung und Abstützung der Markenwelt vor allem bei stärker emotional positionierten Marken
  - Heranführung neuer Konsumenten an die Marke und Intensivierung der Markenbindung bei den bisherigen Verwendern

- **Erschließung zusätzlicher Profitquellen**
  Häufig ist dies nicht das Primär-Ziel – es sei denn man verfolgt eine „Melk"-Strategie. – Darüber hinaus würden z.B. einige Haute Couture-Häuser ohne diese Einnahmequelle nicht mehr existieren (können).

- **Steigerung des Markenwertes**
  Die Steigerung des Markenwertes ist eine der zentralen Zielsetzungen der Marken-Diversifikation. Der Wert einer Marke hängt nicht nur von ihrer Umsatz- und Ertrags-Stärke im Stamm-Markt sondern auch von der Nutzungsfähigkeit der spezifischen Marke in anderen Kategorien ab.

- **Markenzeichenschutz**
Durch die Übertragung des Markennamens auf neue Produktbereiche – bei gleichzeitiger Ausdehnung des z.B. beim Deutschen Patentamt geführten Warenverzeichnisses – soll verhindert werden, dass andere Unternehmen diesen Markennamen für den Absatz ihrer Produkte verwenden. (In vielen Ländern besteht zudem ein „Benutzungszwang" eingetragener Zeichen.)

Die Nutzung eines bekannten Markennamens ist bei Waren-Ungleichartigkeit zum Stamm-Produktbereich bzw. den im Warenverzeichnis eingetragenen Warenbereichen rechtlich auch grundsätzlich möglich, solange es sich um keine berühmte Marke handelt. – In diesen Fällen besteht dann die Gefahr, dass die Marke durch minderwertige Produkte anderer Schaden nimmt oder an Profil-Schärfe verliert.

- **Aufrechterhaltung von Kommunikationsmöglichkeiten bzw. Umgehung von Werbebeschränkungen**
Diese Absicht dürfte nicht zuletzt den Imagetransfer-Versuchen einiger Zigaretten-Marken zu Grunde liegen. Als extremes Beispiel wurden die zahlreichen Transfers der Produkte der AUSTRIA TABAKWERKE angeführt, die meistens scheiterten.

MARKEN-DIVERSIFIKATIONS-RISIKEN

„Reputation, reputation, reputation!
O I have lost my reputation, the immortal
part of myself, and what remains is
bestial.“

(W. Shakespeare)

„Alle Unwissenheit ist gefährlich und die
meisten Irrtümer müssen teuer bezahlt
werden. Und der kann von Glück sagen,
der bis zu seinem Tode einen Irrtum im
Kopf herumträgt, ohne dafür bestraft zu
werden.“

(A. Schopenhauer)

RISIKEN VON MARKEN-DIVERSIFIKATIONEN

„Brand-Stretching ist eine ganz neue Vokabel. Nach dem Webster, dem amerikanischen Duden, ist „brand" die „Marke" oder auch „a mark out on criminals with a hot iron." ... Schließlich kommt der Begriff des Stretching aus der Folter. Das Streckbrett stand Pate. „Marken-Folter?" „Was wohl gemeint ist: Was kann man einer Marke zumuten?" (Kunisch, S. 150)

Die Wettbewerbsstärke und -fähigkeit der meisten Markenartikel-Unternehmen basiert nur auf einigen wenigen Marken. Insofern ist besondere Sorgfalt geboten, wenn ein Markenname zukünftig mehrfach genutzt werden soll.

In der Hierarchie steht die Marke "als Brücke zum zunehmend entfremdeten Verbraucher" an oberster Stelle – und nicht das Produkt – das sei hier ausdrücklich betont. Das heißt zugleich auch, dass Maßnahmen unterlassen werden sollten, die vielleicht einem einzelnen Produkt kurzfristig etwas bringen, aber dem Vertrauen in die Marke insgesamt abträglich sind.

Die Skala der Wirkungen von Imagetransfers und Line Extensions reicht von:

- viel nützen
- wenig nützen
- nicht nützen
- wenig schaden bis
- viel schaden.

Zu meinen, dass diese Skala bei "gar nichts nützen" endet, ist grundsätzlich falsch. Denn falsche Erweiterungen können der Marke auch erheblichen Schaden zufügen.

Eine erfolgversprechende Diversifikation kann auf der Basis des Markenimages grundsätzlich nur in solche Produktbereiche erfolgen, in denen der Konsument die besonderen Kompetenzen und Fähigkeiten der Marke wiedererkennt und akzeptiert. Die Identität der bereits erfolgreichen Marke darf durch die Diversifikation nicht in Frage gestellt werden. "Man setzt nicht einen Ruf aufs Spiel, der etwas bedeutet" (Levi Strauss).

Dies gilt umso mehr, da die Marken in Zukunft noch viel größeren Belastungen ausgesetzt sein werden als in der Vergangenheit. Die Verbraucherschaft zerfällt in zusehends kleinere Gruppen. Zusätzlich werden die Konsumenten mit mehr Produkten und mehr Werbung aus zahlreicheren Medien "bombardiert" als jemals zuvor. Um nur ein paar Effekte zu nennen.

So sagte bereits F. Posner, Executive Vice President von AYER, anlässlich der Veröffentlichung der Studie "The Search for the Identity": „Das Opfer der gegengesetzten Kräfte wird das Image des Markenartikels sein. In Zukunft werden Marken mehr als jemals zuvor eine individuelle Persönlichkeit repräsentieren müssen. Ohne differenzierte Persönlichkeit werden Marken nicht überleben können. Ohne Marken werden die Unternehmen eingehen." (vgl. Howe, S.76)

Hinter dem Erfolg aller großen Marken steht – neben dem faktischen Nutzen – vor allem ein individueller, emotionaler Nutzen, der verhaltens- und wahrnehmungsbestimmend ist.

Bei der Auswahl der Partner-Produkte ist die Übereinstimmung der nachvollziehbaren Produktleistungen und Anmutungsqualitäten der Transferpartner und ihres jeweiligen Marketing-Mix genauestens zu kontrollieren, um die für einen langfristigen Markenerfolg notwendige Kongruenz und Kontinuität sicherzustellen.

Kontinuität in der Marken-Persönlichkeit ist Voraussetzung für ihren Bestand.

Imagetransfers und Line Extensions, als Multi-Produkt-Strategien, müssen sorgsamer mit der Marke umgehen als eine Einzel-Produkt-Strategie. Die Erhaltung des Vertrauens in die Qualität und Zuverlässigkeit der Marke und ihrer Erscheinungsformen hat höchste Priorität. Für Hans Domizlaff, den "Vorreiter des Marketing in Deutschland" war "Vertrauen" das Schlüsselwort für den Markenartikel.

Die Produkte einer Marke können bei Marken-Diversifikationen kommen und gehen. Die Marke bleibt. Die Marke, ihre Eigenschaften und ihr Motiv-Schlüssel dürfen daher nicht den Zwecken einer kurzfristigen Produkt-Einführung untergeordnet werden. "Die Erweiterung eines Markennamens um ein etwas inadäquates Produkt kann große Schäden auslösen." (Gamble, S. 173)

Dabei „ist es normalerweise bei weitem nicht so schlimm, wenn eine unpassende Marken-Diversifikation sofort scheitert. Schlimmer ist, wenn sie längere Zeit überlebt oder dahin vegetiert. Während dieses ganzen Zeitraums kann sie den Markennamen verletzen, unverträgliche Marken-Assoziationen auslösen, die Qualitäts-Wahrnehmung der Marke beschädigen oder das bestehende Markenimage beeinträchtigen." (Aaker 1991, S. 221)

Insofern soll der Begriff Marken-Kompetenz – als „Benchmark" – klar definiert werden: "Kompetenz bedeutet die widerspruchsfreie Zuständigkeit für ein nachvollziehbares Leistungsspektrum der Marke" aus Sicht der Konsumenten. (vgl. Körfer-Schün, S. 159)

Es reicht nicht, dass einige wenige Produkte einer Marke der Marken-Kompetenz entsprechen. Es ist vielmehr notwendig, dass dies für alle gilt. Auf diese Weise summieren sich für den Verbraucher die Eigenschaften und Fähigkeiten der Marke zu einem noch stärker ausgeprägten, kompetitiven Marken-Profil (Motiv-Schlüssel).

„Der einfachste Weg, eine Marke zu zerstören, ist es, den Namen für alles zu verwenden." (Ries/ Ries, S. 79)

1. EMOTIONALE UND FAKTISCHE UNVERTRÄGLICH-KEIT DER PARTNERPRODUKTE

1.1. Faktische Unverträglichkeit der Partnerprodukte

Die größte Gefahr geht bei der Umsetzung von Marken-Diversifikations-Strategien von der Auswahl emotionaler und/oder faktisch ungeeigneter Transferpartner-Produkte aus: Durch einen negativen Rücktransfer auf die Marke können sie den Verfall des Markenimages auslösen. Diese Gefahr ist um so stärker gegeben, je größer die emotionalen oder sachhaften Unterschiede zwischen den Produkten sind, die mit Hilfe eines Markennamens verbunden werden sollen.

Im günstigsten Fall wird die Imagetransfer-Absicht vom Verbraucher gar nicht erkannt. Fehlende oder zu geringe denotative oder konnotative Gemeinsamkeiten der Produkte stellen – psychologisch betrachtet – Barrieren dar, die die Imageübertragung abblocken. Aufgrund der fehlenden Gemeinsamkeiten (Transferachsen) erlebt der Verbraucher den gemeinsamen Markennamen in diesem Fall als "zufällig gleich". – Der gemeinsame Markenname nützt dann dem neuen Produkt nicht. Dieser kann aber auch dem Ursprungsprodukt bzw. der Marke insgesamt nicht schaden.

Beispiele für gescheiterte Imagetransfer-Versuche sind:
- BALLY Schuhe auf BALLY Parfüm
- CASTROL Motoröl auf Lederkleidung und Reisegepäck
- HARLEY DAVIDSON Motorräder auf Wine Cooler (Wein-Mix-Getränk)

Die emotionalen und technologischen Differenzen sind bei diesen Produkten zu groß, der Imagetransfer wird blockiert. Zudem bot die Werbung dem Verbraucher zu wenig Hilfestellung, um ihm die Imageübertragung zu erleichtern. Gemeinsamkeiten wurden zu wenig betont. – Bei CASTROL und HARLEY DAVIDSON fällt es schwer, sich irgendwelche relevanten Gemeinsamkeiten vorzustellen.

Diese beschränkten sich beim BALLY Parfüm (in der Werbung) auf den Markenschriftzug (Markenlogo) und auf den gleichzeitigen Auftritt mit weiteren BALLY-Produkten. – BALLY assoziiert man mit eleganten, teuren

Qualitäts-Schuhen. Dieses produktzentrierte Image erlaubt eigentlich kaum erfolgversprechende Diversifikationen in Richtung Lebensstil. – Schuhe sind zudem in der Mode eher ein „Neben- als ein Hauptprodukt". Frauen wählen meist zuerst das Kleid und dann die entsprechenden Accessoires wie Schmuck, Gürtel, Schuhe, Tasche. – Die konkreten BALLY-Imagetransfer-Versuche in den Bereichen Parfüm, Kosmetika und Kleidung hatten entsprechend kaum nennenswerten Erfolg.

Ein weiteres Beispiel, das bereits angesprochen wurde, war die UHU LINE Wäschestärke. Hier löste der bekannte Klebstoff-Name die irreale Konsumentenvorstellung aus, dass die Wäsche am Bügeleisen klebt.

Darüber hinaus wurde die Gefahr eines (unerwünschten) Imagetransfers bei MEDIMA ("Gesundheitswäsche" und "Dessous") sowie bei den "abenteuerlichen" Zigarettenmarken-Transfers der AUSTRIA TABAWERKE angeführt.

Weniger bekannt sind die folgenden Beispiele:

Beispiel AJAX Haushaltsreiniger auf Vollwaschmittel

Ein Mitte der 60er Jahre durchgeführter Transfer der bekannten Marke AJAX von Haushaltsreiniger auf Vollwaschmittel scheiterte trotz erheblicher werblicher Unterstützung.

Die Vorstellung von AJAX als scharfes Reinigungsmittel übertrug sich auf das Waschmittel. Dies war jedoch kein Vorteil, sondern ein Nachteil, denn ein Waschmittel soll die Wäsche sauber machen, aber nicht so scharf sein, dass es sie quasi "frisst". (vgl. Rehorn, S. 98)

Beispiel FLIRT Zigarette auf Damen-Parfüm

Auch der Transfer-Versuch der (nicht besonders erfolgreichen) Zigarettenmarke FLIRT auf Damen-Parfüm scheiterte in Österreich, trotz eventuell geeigneter emotionaler Image-Bestandteile (z.B. „verführerisch"), an unpassenden faktischen Assoziationen. Hinzu kam eine zu geringe Markenstärke. Ergebnis: Eine nur zufällig erlebte Marken-Gleichheit. (Schweiger 6/1983,S.260)

Beispiel BARBIE-Kinderkleidung

BARBIE ist die erfolgreichste Puppe der Welt (1984 betrug der Umsatz von BARBIE und ihrer Familie bereits mehr als 360 Millionen €).
Bei oberflächlicher Betrachtung bietet sich ein Imagetransfer von BARBIE auf Kinderkleidung gerade zu an.

Ein erster Imagetransfer-Versuch Anfang der 60er Jahre scheiterte jedoch kläglich: "Für Barbie und Mattel (damals das zweitgrößte Spielzeug-Unternehmen weltweit), war es Anfang der 60er Jahre ein kurzer Ausflug in den Kinder-Bekleidungsmarkt. Diejenigen, die sich noch daran erinnern können, bezeichnen es als „Absturz". Die Kinderbekleidungs-Linie war kürzer als zwei Jahre auf dem Markt." (Simmons, S. 22)

Wenn man die BARBIE-Kleidung (der Puppe) näher analysiert, stellt man fest, dass diese unmittelbar aus der Erwachsenen-Welt stammt und allen modischen Trends folgt. „BARBIE erfüllt ein fundamentales Bedürfnis aller jungen Mädchen. Sie möchten spielerisch ausprobieren, wie es in der Erwachsenen-Welt sein wird." (Del Vecchio, S. 24) – Den praktischen Anforderungen, Verhaltensweisen und dem Körperbau der Kinder Anfang der 60er Jahre entsprach sie jedoch nicht.

Danach war MATTEL sehr vorsichtig. Selbst das Angebot mehrerer TV-Sender "eigene BARBIE-TV-Shows" zu entwickeln, wurde wiederholt abgelehnt. – „Falls es floppen würde, könnte es Barbie schädigen" und „Mattel gibt niemandem eine Barbie-Lizenz, es sei denn, sie hat unmittelbar und direkt mit Barbie zu tun." (Simmons, S. 22)

1991 – offensichtlich unter dem Eindruck des amerikanischen Imagetransfer-Booms – unternahm man einen neuen Anlauf mit "BARBIE FOR GIRLS"-Bekleidung und -Accessoires. Ziel war es dabei, den BARBIE-Umsatz insgesamt von inzwischen rund 675 Millionen € – innerhalb eines halben Jahres und mit Hilfe von 56 Lizenznehmern – auf über 1 Milliarde Euro weltweit anzuheben. (vgl. Howe 19.07.1991, S. 24)

Diese Erwartungen waren „zu euphorisch": 1998 wurden circa 500 Mio. € weltweit mit BARBIE-Lizenzprodukten erzielt. (o. V. 6/1999, S. 31)

Beispiel FAIRY Dachmarke in England

"PROCTER & GAMBLE startete in UK Mitte der 30er Jahre mit der Ak-quisition von THOMAS HEDLEY. Sie hatten damals einen Marktanteil von unter 1% des Reinigungsmarktes, hauptsächlich mit FAIRY Hard Soap, das vor allem zur Bodenreinigung verwendet wurde. In den 50er und 60er Jahren wurde FAIRY zu einer starken Marke und klarem Marktführer im „Hard-Soap" Markt. Ihre Kernelemente waren schonende Reinigungs-Assoziationen, eine grüne Farbe und das Baby-Symbol.

Der FAIRY Name wurde exzellent bei der Einführung von FAIRY LIQUID in 1959 genutzt. Alle Kern-Assoziationen wurden effektiv verwendet.

Ungefähr zur gleichen Zeit wurde FAIRY SNOW, ein neues Pulver-Wasch-mittel eingeführt. Dies war ein Fehler. Denn schonende Wirkung zu Händen und Kleidung war schon immer ein Waschmittel-Leistungskriterium von nachgelagerter Bedeutung. Um erfolgreich zu sein, muss man die Konsumenten von einer überlegenen Reinigungs-Wirkung bei weißer Wäsche überzeugen.

Beeinflusst durch den FAIRY SNOW Namen war die Produkt Positionie-rung eine unbefriedigende Doppel-Strategie von Weiße-Wäsche-Waschkraft und milder Wirkung. – PROCTER & GAMBLEs mangelndes Verständnis für die Marken-Kern-Assoziationen kam auch in einem negativen Test-markt-Resultat von "Power Blue FAIRY Snow" zum Ausdruck. – Obwohl FAIRY SNOW ein exzellentes Produkt war – das in den 60er Jahren ständig PERSIL in Blindtests mit 60:40 oder 70:30 im Weiße-Wäsche-Ergebnis schlug – konnte es niemals ernsthaft den Marktanteil von PERSIL bedrohen.

Mitte der 60er Jahre war FAIRY LIQUID zum Schlüsselprodukt der Dachmarke FAIRY geworden, das dem Markenkern weitere Elemente hinzu addierte wie Premium-Qualität und -Preisstellung.

Zur gleichen Zeit führte PROCTER & GAMBLE eine grüne FAIRY Toilet Soap mit einem Schonungs-Versprechen ein. In der Produkt-Qualität war es allerdings austauschbar und es wurde im niedrigeren Preis-Segment positioniert. Dies zeigt erneut eine geringe Berücksichtigung der FAIRY-Markenwerte. Der FAIRY-Name wird scheinbar nicht richtig genutzt. Es gibt einen

wachsenden Markt für milde und schonende Haar Shampoos, in den
FAIRY's Schwester-Marke in den USA – IVORY – bereits mit Erfolg transferiert wurde." (Davidson, S. 298)

PROCTER & GAMBLE scheint generell sehr viel besser in der Vermarktung von Einzel- als von Dachmarken zu sein.

Beispiel GREEN GIANT

Vorsorglich verzichtete auch die bekannte Premium-Gemüse-Marke
"GREEN GIANT" darauf, die berühmten kleinen Erbsen "petit pois" in
Frankreich unter diesem bekannten und positiv besetzten Herstellernamen
einzuführen. Es wurde sicherheitshalber ein anderer Markenname gewählt,
zumal unter "GREEN GIANTS" bereits besonders große grüne Erbsen vermarktet wurden. (vgl. Anastasi, S. 384)

In den USA scheiterte "GREEN GIANT" trotz jahrelanger, vergeblicher
Versuche, unter dieser Marke tiefgefrorene Gemüse-„Gourmet Dinners" zu
vermarkten. Offensichtlich fehlte die Zubereitungs-Kompetenz. (vgl. Aaker
1990, S. 51 f.)

1.2. Emotionale Unverträglichkeit der Partnerprodukte

Die Gefahr gilt natürlich auch für Produkte mit emotionaler Unverträglichkeit. Häufig wird das Markenimage in Analogie zur menschlichen Persönlichkeit auch als Markenpersönlichkeit umschrieben.

Eine vergleichbar starke "Produktklassenfixierung" lässt sich auch bei
Schauspielern beobachten, die über einen längeren Zeitraum eine ganz bestimmte Serienfigur bzw. einen bestimmten Menschentyp verkörpert haben.
Schauspieler wie K. J. Wussow (Dr. Brinkmann in der Schwarzwaldklinik),
Larry Hagman (J. R. Ewing in Dallas) oder John Wayne (Typ Westernheld)
sind so stark an den von ihnen verkörperten Typ gebunden, dass – wie häufig festgestellt wird – der Fernsehzuschauer nicht mehr zwischen Schauspieler und Serienfigur-Persönlichkeit zu unterscheiden vermag.

In Folge dessen gelten sie für andere Rollen im allgemeinen als unglaubwürdig. John Wayne war beispielsweise Zeit seines Lebens hauptsächlich nur als Westernheld (oder in ähnlichen " Heldenrollen") erfolgreich und Larry Hagman wird in jeder anderen Rolle gegen das Bösewicht-Image anzukämpfen haben.

In Japan drohte z.B. ein neues Parfüm zu scheitern, für dessen Einführungswerbung Joan Collins (Alexis in Denver) verpflichtet wurde. Entgegen ihrer Filmrolle verkörperte Joan Collins anfänglich nicht "das Biest", sondern einen anderen Frauentyp. Der drohende Flop des Parfüms konnte nur dadurch verhindert und letztlich sogar in einen Erfolg umgewandelt werden, in dem der TV-Spot geändert wurde und das "Denver"-Image von Joan Collins aufgriff.

Beispiele GABRIELA SABATINI, STEFFI GRAF, BJÖRN BORG, LACOSTE

Weitere interessante Beispiele sind z.B. der nahezu gleichzeitige Launch

- von GABRIELA SABATINI Parfüm, das bereits nach zwei Jahren einen Umsatz von 45 Millionen € (davon 25 Millionen in Deutschland) erzielte und als "erfolgreichste Neueinführung einer Einzelserie, die es je auf dem deutschen Markt gab," (new business 02.09.1991, S. 15) bewertet wurde.

- und der „indirekte Imagetransfer-Versuch" von JADE LINDMILD, das mit intensiver STEFFI GRAF-Werbung eingeführt wurde. "JADE Geschäftsführer Dieter P. Schneider: "Steffi-Graf entspricht in idealer Weise dem angestrebten Produkt-Image der neuen Körperkosmetik "JADE LINDMILD". Steffi Graf symbolisiert Jugend, Leistung und Fitness. Sie ist dynamisch und erfolgreich." (o. V. 17.07.1987, S. 3)

Sie symbolisierte jedoch (vor der BARILLA-Kampagne) nicht – oder nur in relativ geringem Ausmaß – Weiblichkeit, Schönheit und Pflege.

Das Ergebnis: Trotz hohem Werbeaufwand wurde JADE LINDMILD ein Flop.

Ähnlich scheiterte 1976 das Parfüm "MATCH" der HENKEL Kosmetik mit werblicher Unterstützung von BJÖRN BORG. Auch hier wurde offensichtlich – wie häufig in der Werbung mit Prominenten – hohe Bekanntheit mit Kompetenz verwechselt. – Es ist unwahrscheinlich, dass eine "Steffi Graf"- oder "Björn Borg"-Kosmetikserie eine höhere Erfolgschance gehabt hätte.

Ergänzend anzumerken ist, dass auch eine gehobene Herren-Konfektionslinie namens "Björn Borg" nicht erfolgreich war. Er war früher in der Öffentlichkeit – für die angesprochenen Geschäftskreise – „zu unordentlich und ungepflegt aufgetreten". Entsprechend mangelte es an der notwendigen Kompetenz.

Auch BORIS BECKER ist mit einer Mode-Kollektion gescheitert, bevor es richtig losging. Großen Erfolg hatte hingegen zuvor ein dritter Wimbledon-Sieger: LACOSTE. Worin lag der erfolgsentscheidende Unterschied?

„Als mein Großvater vor 70 Jahren das Shirt mit dem Krokodil entwarf, hat er etwas Einzigartiges geschaffen. Er hat ein neues Kleidungsstück erfunden. Das ist etwas anderes, als wenn jeder Sportler versucht, seinen Namen zu vermarkten. Das "Ich auch"-Prinzip funktioniert selten.

Mein Großvater hat in den Hemden, in denen man in den 20er Jahren Tennis spielte, fürchterlich geschwitzt. Aber es gab nichts anderes. Also hat er mit einem Freund, der eine Textilfirma besaß, das Piqué-Shirt entworfen. Der bequeme Baumwollstoff war neu, die kurzen Ärmel waren eine kleine Sensation auf dem Court." (P. Lacoste, FAZ 16.02.2003)

Dies war die Keimzelle des LACOSTE-Erfolges, auf den noch später eingegangen wird.

Beispiel LEVI'S

Bleiben wir noch etwas bei gehobener Herrenbekleidung. Interessant ist auch der – gescheiterte – Imagetransferversuch von LEVI'S, in diesen Markt (unter eigenem Namen) einzudringen, weil der angestammte Jeans-Markt zu stagnieren drohte.
Vergegenwärtigen wir uns zunächst (noch) einmal das Image von Jeans:

"Blue Denim ist der Stoff aus dem die Träume sind. Heroisches Material. In einer richtigen Jeans kannst Du Dich als Einheit mit allem fühlen, das jung und funky und frei und gefährlich ist. Und tough. Mit allen Revolutionären – überall. Und mit allen Pionieren der Old Frontier, wo das Leben so hart war, dass Männer ihre Zelte zerschneiden mussten, um Hosen zu machen (oder war es umgekehrt, dass Männer ihre Hosen zerschneiden mussten, um Zelte zu haben?). Das ist es, was Jeans sind. Trage sie bis sie mitgenommen aussehen wie von hartem Reiten und dann trage sie weiter bis sie fast zerfallen. Und wenn Du Geld und Schlüssel in Taschen mit Löchern steckst und sie an Deinen Beinen entlang auf den Boden gleiten ...na ja, so ist es eben mit alten Jeans." (D. Robson (The Sunday Times) zit. nach Macrae)

Ausgangspunkt der Idee, eine gehobene Herren-Anzugsrange zu entwickeln, war einerseits die Erwartung, dass der Jeans-Markt (auch weiterhin) stagnieren würde, sowie andererseits das Ergebnis einer Segmentations-Studie des US-Herren-Bekleidungs-Marktes. Diese Untersuchung zeigte, dass LEVI'S im Segment der "klassischen Individualisten" – mit einer Segmentgröße von 21% – bisher nicht vertreten war und dass dieses Segment hauptsächlich Anzüge kaufte.

Für dieses Segment entwickelte LEVI STRAUSS daher eine gehobene Herren-Anzugsrange (Schnitt und Positionierung „ähnlich" wie BOSS) und bot sie unter dem Namen "LEVI'S TAILORED CLASSICS" an. Man war sich seines Erfolges so sicher, dass man einer amerikanischen Fernsehgesellschaft sogar erlaubte, diese Entwicklung begleitend zu filmen.

„Manchmal bedeutet die Entscheidung ein Desaster für eine Firma zu diversifizieren, die zuvor einen Sektor dominierte: In diesem Video sehen Sie wie LEVI STRAUSS im Mode-Markt ihre "Tailored Classics" etablieren wollte. Board Meetings, Design Konferenzen, Marktforschung, Promotion und Verkaufsverhandlungen; alles wird gezeigt ..." [Video(-Prospekt) von Gower: "Not by Jeans alone" (Kosten ca. 400 Pfund (600 €), Leasing ca. 85 Pfund (128 €), Tel.: 00441.252-331551)]

„In den frühen 80er Jahren experimentierte LEVI'S mit zahlreichen Nicht-Denim Ranges. Diese erzielten gemischte Erfolge. Die Marke konnte einige Outdoor Clothing Stilrichtungen gut verkaufen, aber sie wirkte eindeutig wertmindernd bei Anzügen für jüngere Manager." (vgl. Aaker 1991, S. 206 f.)

190

"Das bedeutendste Fit Problem ... war der LEVI Name. LEVI bedeutet Denim, belastbar ..., hart arbeitende Männer, Minenarbeit und ein gutes Preis-Leistungs-Verhältnis ... die „klassischen Individualisten" meinten, dass LEVI'S die Kredibilität als Hersteller von Anzügen mit Top Qualität und Fashion fehlte. Sie glaubten auch nicht, dass das LEVI`S-Label ihr Selbst-Image reflektierte." (ebd., S. 207)

Nach dem fehlgeschlagenen Imagetransfer-Versuch tat LEVI'S das einzig Richtige und investierte mit der "Back to Basic" Kampagne erst einmal in den Markenkern, respektive Markenstärkung.

„Die Firmen-Profitabilität erhöhte sich wieder mit dem erneuten Focus auf ihre 501 Kampagnen: in denen sich männliche Individuen ausziehen, damit ihre LEVI'S Jeans heroische Taten vollbringt – sie wird über Nacht im Kühlschrank aufbewahrt, er strippt im Waschsalon, um seine Jeans zu waschen, er setzt seine Jeans als letzten verbleibenden Faustpfand ein ... Die Botschaft an jeden in Jeans Reichweite ist, dass Du eine Legende (und einen Lifestyle) verpasst, wenn Du nicht zum Levi's Clan gehörst." (Macrae, S. 54 f.)

Anmerkung: LEVI'S hatte mit der in Psychodramen herausgearbeiteten „Anti-Establishment/Anti-Erwachsenen"-Positionierung riesigen Erfolg. In den Filmen wurden „Loser durch coole Aktionen zu Gewinnern". Dieses emotionale Versprechen war für die Jugendlichen hochrelevant. Mit Aufgabe dieser emotionalen Kernkompetenz wurden die LEVI'S-Jeans austauschbarer. Der ehemalige Kunde von Konzept & Analyse bekam gravierende Umsatz- und Ertrags-Probleme. Der LEVI'S-Marktanteil im Jeans-Markt fiel von 31% auf 19% (Ries/Ries, S. 11). – Im Jahr 2002 sind Jeans wieder „in", aber nicht unbedingt LEVI'S.

Die folgende Auffassung begrenzt jedoch den Marken-Diversifikations-Spielraum zu stark: „... die Quintessenz der gemachten Erfahrungen hieß "LEVI'S ist Jeans". „Jeans sind der Kern der Marke, deshalb kann LEVI'S nur in Jeans investieren." (o. V. 17.06.1988, S. 26)

Es ist der Marke neben "Casual Wear" inzwischen sogar auch gelungen, Herrenanzüge erfolgreich zu vermarkten – allerdings (in deutlich anderer Qualität) an ein anderes Segment: die "Traditionalisten", die zuvor hauptsächlich "Polyester-Anzüge" in Kaufhäusern erworben hatten. Um dieses Segment anzusprechen, wurde die LEVI'S-Subrange "ACTION WEAR" um Anzüge erweitert.

Beispiel BIC

BIC gilt als eines der Parade-Beispiele für erfolgreiche Imagetransfers – weniger bekannt sind seine Misserfolge.

Den Erfolgen (Plastik-Kugelschreiber, Feuerzeug, Einweg-Rasierer) ist die Reduktion von bis dahin teuren, status-evozierenden Produkten zu prestige-losen, in schlichtester Form gestalteten, funktionalen Gebrauchsartikeln gemeinsam, die mehr oder minder zum späteren Wegwerfen bestimmt sind.

Die beiden folgenden Zitate schätzen – meiner Ansicht nach – die Markenidentität falsch ein, indem sie das Prinzip des Wegwerfartikels überbetonen – und die hohe Funktionalität bzw. Instrumentalisierung der BIC-Produkte vergessen:

„BIC ist eine Marke für verschiedene Produkte (Kugelschreiber, Feuerzeug, Rasierer), aber die Bezeichnung legt nahe, wie diese Produkte verwendet werden sollen: BIC Produkte sind Wegwerfartikel." (Krejtman/Tchertoff, S. 239 ff.)

„Stelle nur Produkte her, die billig produziert und verkauft werden können, die nur kurz verwendet und dann weggeworfen werden". (Luck/Ferrell, S. 66 (siehe dort auch ausf. S. 65 -70))

Als BIC-Markenkompetenz sollte man meiner Meinung nach hingegen definieren: "Gut funktionierende, preiswerte Wegwerfartikel".

Entsprechend ist das Transfer-Potenzial bei BIC-Parfüm und -Damenstrumpfhosen überschätzt worden. Es fehlten u.a. die für einen Erfolg in diesen Märkten notwendigen emotionalen Imagedimensionen, wie z.B. Schönheit, attraktives, modisches Aussehen, sinnliche Ausstrahlung, Erotik, Prestige, etc.:

"Für die Strümpfe als Low-Interest-Produkt sind nicht Produkteigenschaften, sondern der Sympathiewert der Marke, kaufentscheidend. Gute Produkteigenschaften werden vom Verbraucher vielmehr vorausgesetzt. Einer Strumpfmarke, der Sympathie zugeordnet wird, werden zudem gleichzeitig überlegene Produkteigenschaften attestiert. Somit wird die Marke zum einfachsten Nenner der spontanen Kaufentscheidung." (o. V. 23.11.1990, S. 25)

Einem BIC-Parfüm traut man eben nicht die Duftnote "Rot – blumig, romantisch, Blau – sinnlich, orientalisch" (BIC Parfüm-Anzeige, LZ 30.09.1988, S. 106) – sondern eher funktionale Vorteile zu (die allerdings in diesem Markt bei der Kaufentscheidung von untergeordneter Bedeutung sind). – Und wer möchte schon "billig" riechen?

Darüber hinaus widerspricht – vom Namen einmal abgesehen – „ein Parfüm der Luxusklasse zu einem extrem niedrigen Preis", ein „echtes französisches Parfüm von exklusiver Qualität ... im attraktiven Einzel-Blisterpack angeboten" jeglicher Konsum-Erfahrung und ist somit wenig glaubhaft und attraktiv. Laut Branchenschätzungen hat BIC das gescheiterte „Duft-Abenteuer" mindestens 25 Millionen € gekostet.

Ein weiterer Misserfolg waren übrigens "BIC-Surfbretter" . Auch hier fehlte der Marke BIC die notwendige Kompetenz – trotz der Segel- und Surf-Leidenschaft des Firmengründers Baron Biche.

Beispiel 4711

Abschließend ein Beispiel konnotativer Unverträglichkeit aus dem Corporate Identity-Bereich: 4711.

Alle Marken des Hauses 4711 – angefangen von TOSCA über das französisch anmutende Produkt "LUBLIN" bis zu den drei Duft-Serien des französischen Designers JEAN-CHARLES DE CASTELBAJAC wurden mit dem "Bleigewicht 4711 im Firmennamen" (new business 02.09.1991, S. 15) versehen. Dies hat wahrscheinlich größere Erfolge dieser Marken verhindert.

"4711 ECHT KÖLNISCH WASSER schenken Nichten und Neffen der ältlichen Tante, wenn ihnen nichts Besseres einfällt – in der Tat machten die Geschenkgebinde sechzig Millionen (30 Mio. €) Umsatzwert aus" (o. V. 34/1991, S. 28) – von insgesamt 35 Millionen € (= 86% !). (new business 02.09.1991, S. 15)

"Die Marke 4711 war ja als "Dienstmädchen-Parfüm" oder gar als "Krankenhaus-Produkt" deklassiert worden." (H. G. Scholz, Geschäftsführer Marketing und Vertrieb der MÜHLENS KG, Köln) (new business 02.09.1991, S. 21)

"Die Absicht, die Marke "4711", die bisher alles dominiert hat, von den Duft- und Kosmetikmarken zu trennen und ihr einen eigenen Platz zu geben" „... war eigentlich der Kernentscheid. Denn in der Doppelbedeutung des Markenbegriffs "4711 ECHT KÖLNISCH WASSER" und als Bestandteil des Firmennamens hatten wir ein Grundübel unserer früheren Politik erkannt. Als Absender für die anderen Duft- und Kosmetik-Marken war "4711" eine Belastung. Das musste entzerrt werden." (o. V. 26/1991, S. 14. (1. Zitat: v. Winterhoff, damaliger Sprecher der Unternehmensleitung; 2. Zitat: von Frambach, damaliger Marketingdirektor von Muelhens))

"Der ganz entscheidende Punkt war ... der Beschluss des neuen Managements, 4711 nicht mehr als Absender zu nehmen". (new business vom 09.09.1991, S. 18 (Scholz-Zitat))

Das Parfüm GABRIELA SABATINI war das erste Produkt, das nicht mehr unter dem Herstellernamen 4711 antreten musste. Es wurde – wie bereits angeführt – ein Riesenerfolg und hat sich in zwei Jahren mit 45 Millionen € zum Hauptumsatzträger der MUEHLENS KG entwickelt. (Es war somit bereits größer als 4711.)

Die Frage wird offen bleiben, um wie viel geringer der Erfolg des SABATINI Parfüms mit dem alten Herstellernamen – aufgrund seiner Doppel-Bedeutung – ausgefallen wäre. Kein Zweifel kann aber daran bestehen, dass sich das Produkt schwächer entwickelt hätte, wie die zahlreichen anderen Beispiele aus dem Haus "4711" belegen.

1.3. Negative Rücktransfers

Imagetransfers und Line Extensions müssen als Multi-Produkt-Strategien sorgsamer mit der Marke umgehen als eine Einzel-Produkt-Strategie. Die Identität der bereits erfolgreichen Marke darf durch die Diversifikation nicht in Frage gestellt werden.

Zu meinen, dass die Skala möglicher Marken-Diversifikations-Wirkungen im negativsten Fall bei "gar nichts nützen" endet, ist leider grundsätzlich falsch. Die Erweiterung einer Marke um ein inadäquates Produkt kann die bereits erfolgreiche Marke deprofilieren. Die größten Schäden können sogenannte „negative Rücktransfers" oder „Badwill-Transfers" auslösen.

Insofern ist ein schneller Flop einer unpassenden Marken-Diversifikation meist bei weitem nicht so gravierend, als wenn die negativ wirkende Marken-Ausdehnung längere Zeit überlebt und unverträgliche Marken-Assoziationen auslöst. Damit verbunden ist oft ein Kompetenzverlust der Marke. Die Verwässerung des Marken-Images kann zur Erosion des Markenwertes führen und negative Umsatzauswirkungen haben.

Beispiel „ASPIRIN-freie" BAYER Select-Produkte

Die größte Marke von STERLING in den USA war BAYER ASPIRIN. ASPIRIN verlor in der Ausgangs-Situation an andere Schmerzmittel mit anderen Wirkstoffen Marktanteile und zwar an TYLENOL (Acetaminophen) und an ADVIL (Ibuprofen).

Aus diesem Grunde entschied sich STERLING, fünf „ASPIRIN-freie" BAYER Select Produkte (mit Acetaminophen oder Ibuprofen als Wirkstoff) einzuführen. Das Einführungs-Budget betrug 105 Millionen €.

Die Einführung hatte gravierende Konsequenzen für BAYER ASPIRIN. Die Marke verlor über 10% Marktanteil im 2,3 Milliarden € großen Schmerzmittelmarkt, während BAYER Select nur auf einen Marktanteil von knapp über 1 Prozent kam.

Es kam zu einem fatalen negativen Rücktransfer in der Konsumenten-Wahrnehmung: Warum sollte jemand BAYER ASPIRIN kaufen, wenn der eigene Hersteller fünf „ASPIRIN-freie" BAYER Select Produkte empfahl? Irgendetwas konnte mit dem „bisherigen" ASPIRIN nicht in Ordnung sein. (vgl. Ries, S. 20)

Beispiel PALMOLIVE: Trotz großem Erfolg bei der Marken-Diversifikation - negativer Rücktransfer

Die Marke PALMOLIVE wurde als Pflege-Seife in Deutschland in den 30er Jahren eingeführt. Eine Seife, die auf Schönheitspflege positioniert war, gab es zuvor noch nicht. Die Kategorie war damals vielmehr funktional besetzt (Reinigungs-Wirkung). Mit dem Benefit „das Schönheits-Geheimnis der amerikanischen Filmstars" und dem Reason why der pflegenden Wirkung von natürlichem Palmöl und Olivenöl, entwickelte sich PALMOLIVE schnell zur führenden Körperpflege-Seife in Deutschland.

In den 60er Jahren wurde PALMOLIVE erfolgreich zu einer Kosmetik-Serie ausgebaut mit Körperlotion, Gesichtscreme, Handcreme, Duschbad sowie Schaumbad in mehreren Varianten. Gleichzeitig wurde international auch eine Männer-Serie mit Rasiercreme, Rasierstick und Rasierschaum mit großem Erfolg eingeführt.

Mitte der 70er Jahre entstand in Deutschland ein Konzept zur Einführung eines Spülmittels unter dem Markennamen PALMOLIVE. Marktforschungs-Studien hatten ergeben, dass Frauen die Einstellung hatten, dass Spülen für die Hände schädlich ist („Spülhände"). Spülmittel galten als agressiv. Daher benutzten viele Gummihandschuhe oder cremten sich nach dem Spülen immer ein.

Die Positionierung des Spülmittels lautete: PALMOLIVE pflegt die Hände schon beim Spülen! Dies wurde durch den Reason why unterstützt: Die natürlichen Pflegestoffe von Palmen und Oliven sowie besonders milde Reinigungs-Stoffe sorgen für „pflegendes Spülen".

Das Produkt wurde in einer glasklaren Flasche mit grünem Spülmittel gelauncht. Auf der Vorderseite wurde eine gepflegte Hand groß abgebildet. Auf der Rückseite der Flasche wurde eine Kurven-Grafik gezeigt, die eine

Abnahme der Haut-Rauhigkeit bei Verwendung von PALMOLIVE über die Zeit dokumentierte (nach sechs Wochen ist die Rautiefe um 30% reduziert).

In der Kommunikation des PALMOLIVE Geschirrspülmittels wurden die bekannten „Tante Tilly" Spots eingesetzt: Eine gut aussehende Dame ist in einem Kosmetiksalon und geht zur Pediküre. Dort werden ihre Hände in einer Schale mit grüner Flüssigkeit behandelt. Sie spürt die cremig-weiche Substanz und fragt die Kosmetikerin (Tante Tilly) nach dem Inhalt. Tilly holt die Flasche PALMOLIVE unter dem Tisch hervor und sagt: in Palmolive! Zunächst erstaunt zieht die Besucherin die Hand zurück und Tilly erklärt, dass PALMOLIVE die Hände pflegt ...

Die Pflege-Kompetenz, die die Kosmetik-Marke sich in vierzig Jahren in der Körperpflege-Kategorie erworben hatte, ermöglichte die glaubwürdige Auslobung des relevanten Zweitnutzens „Pflege" im Geschirrspülmarkt. Da es bei dem Versprechen um die Haut-Pflege von Händen geht, und es unter der Marke bereits pflegende Cremes und insbesondere auch eine Handcreme gab, liegen die Projektionsflächen der Marken-Versprechen in beiden Kategorien sehr nah zusammen bzw. sind identisch. Das Spülmittel könnte geradezu ein „anderer Aggregatzustand" der Körperpflege-Produkte sein.

Die Markt-Entwicklung des PALMOLIVE Geschirrspülmittels war ausgesprochen erfolgreich: PALMOLIVE schloss innerhalb eines Jahres zum Marktführer auf und bleibt über viele Jahre auf gleichem Niveau wie PRIL (positioniert auf Leistung und Effizienz). Gefeiert als „außerordentliche Success-Story" wird PALMOLIVE Geschirrspülmittel zu einer der tragenden Säulen des deutschen Geschäftes. Die Umsätze betragen nach kurzer Zeit ein Vielfaches der Kosmetiklinie – bei vermutlich niedrigerer Profitabilität. – Deutschland bleibt allerdings das einzige Land, das unter PALMOLIVE ein Geschirrspülmittel vermarktet.

Zu den Auswirkungen der Marken-Diversifikation auf den Kosmetik-Bereich

Die Marke PALMOLIVE wird zunehmend mit Geschirrspülmittel assoziiert und verliert ihre Kompetenz und Glaubwürdigkeit in der Körperpflege.

Als negative Rücktransfers gelangen abträgliche Imagefacetten wie „billig", „gewöhnlich", „nicht so mild" in die Körperpflege-Wahrnehmung.

Der in beiden Märkten in grün gehaltene Packungs-Auftritt verstärkt diesen Rücktransfer. Die Umsätze der Kosmetiklinie fallen zurück. – Die Männer-Kosmetik-Linie bleibt allerdings von den Effekten unberührt.

Erst durch einen internationalen Relaunch der Kosmetiklinie, der Abkopplung von den Ingredienzien „Palmen und Oliven" und einer deutlich kosmetischeren Packungsgestaltung mit ganz anderen Farben, lassen sich später weitere negative Rücktransfers auf die Kosmetikserie verhindern.

Einige Schlussfolgerungen

Geschirrspülmittel liegt in der Pflege-Hierarchie und wahrgenommenen Wertigkeit unter Kosmetik. Deshalb funktioniert der Transfer nach unten, zumal Pflege auch im Diversifikations-Markt ein relevanter, differenzierender Nutzen ist.

Eine Marken-Diversifikation in umgekehrter Richtung würde allerdings zwangsläufig scheitern. So könnte z.B. PRIL Balsam sicher keine Körperpflege herausbringen. Wäre PALMOLIVE als pflegendes Geschirrspülmittel gestartet, so wäre der „Aufstieg" in die Körperpflege ebenfalls nicht möglich gewesen.

Die anfänglich großen Erfolge eines gelungenen Imagetransfers können allerdings langfristig gravierende Folgen haben, wenn es zu negativen Rücktransfers auf die Marke und das Stamm-Sortiment kommt. So beträgt der Verwendungsanteil von PALMOLIVE Hand-Geschirrspülmittel 23,6%. Aber bei Hautcreme verfügt PALMOLIVE inzwischen nur über einen Verwendungsanteil von 3,7%, bei Körpermilch von nur 3,4% und bei Hand & Nail-Creme von 2,2%. (Quelle: Verbraucheranalyse 2002)

Interessant ist auch, dass die Line Extension der zweitstärksten Hand-Geschirrspülmittel-Marke PALMOLIVE in den vermeintlich so naheliegenden Maschinen-Geschirrspülmittel-Markt nur einen geringen Verwendungsanteil von 3,0% erzielt. Die Erklärung für das „enttäuschende" Abschneiden im anderen Markt-Segment ist einfach: Die Diversifikations-Achse stimmt nicht: „Kosmetische Pflege" ist für die Maschine irrelevant. (Quelle: Verbraucheranalyse 2002)

Anmerkung: Für diese Fallstudie möchte sich der Autor ausdrücklich bei Herrn **Ernst- Albrecht Klahn, Managing Director Brand Consult GmbH Hamburg,** davor **Geschäftsführer von REEMARK,** einer Tochtergesellschaft für Marken-Diversifikationen von REEMTSMA, bedanken.

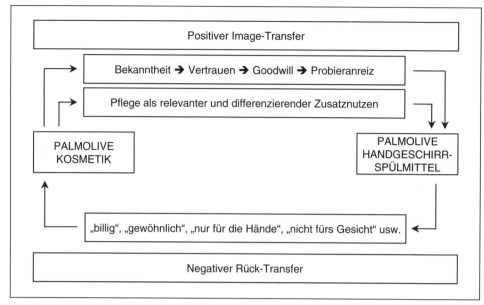

Negativer Rücktransfer bei PALMOLIVE

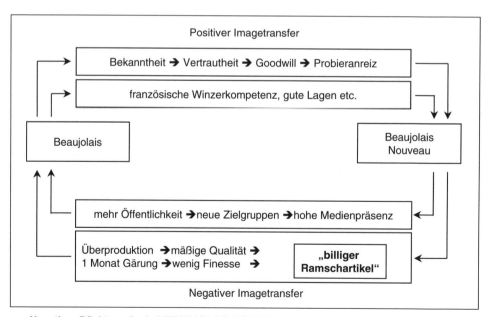

Negativer Rücktransfer bei BEAUJOLAIS NOUVEAU

Negativer Rücktransfer des Beaujolais Nouveau auf Beaujolais

Er war eine der durchschlagenden Marketing-Ideen des 20. Jahrhunderts: Der Beaujolais Nouveau. Ab jedem dritten Donnerstag im November um Mitternacht darf der junge Wein aus den Lagen Beaujolais und Beaujolais Villages verkauft werden. Zu Beginn der Fünfziger entstand die Idee. Doch erst der Weinhändler Duboeuf machte den Beaujolais Nouveau zum Klassenschlager für die ganze Welt, der allein mehr als 20 Millionen Flaschen Beaujolais und Burgunder verkauft.

Doch der Beaujolais Nouveau sieht inzwischen „alt" aus: die Umsätze sinken, die Lager sind voll und das Image schlecht. 13 Millionen Flaschen des Jahrgangs 2001 waren unverkäuflich und endeten als Essig oder Industrie-Alkohol. Damit hat sich der lange Niedergang fortgesetzt.

Der große Fehler war, dass der Beaujolais Nouveau nie als Marke gepflegt worden ist. Seit Jahren ist der Beaujolais Nouveau zu einem „billigen Ramsch-Artikel" heruntergekommen, von dem sich immer mehr Kunden abwenden. Schuld daran sind hemmungslose Überproduktion und eine mäßige Qualität.

Der Beaujolais Nouveau ist die Wein-Variante des „Just in Time": um den 10. September beginnt die Weinlese. Für die meisten endet sie zwei Wochen später. Schon einen Monat darauf muss der Wein vollständig durchgegoren sein. Da bleibt nicht viel Zeit, Finesse zu entwickeln. Im Gegenteil: Er wird einer ziemlich strapaziösen Stabilisierungs- und Filter-Prozedur unterzogen.

Das „Ramsch-Image" des Beaujolais Nouveau wird zurücktransferiert und ist für die guten Beaujolais-Weine besserer Lagen zu einer Belastung geworden. „Der Beaujolais Nouveau hat uns in der ganzen Welt bekannt gemacht", sagt Maurice Bonnetain, Winzer in Saint-Lager. „Aber er hat auch unser Renommee zerstört." (FAZ 27.10.2002, S. 42).

Inzwischen hat das führende Beaujolais-Haus George Duboeuf SA zusammen mit weiteren Partnern reagiert und zwei neue Markenweine der Öffentlichkeit vorgestellt: „ARENA" ist für die romanistischen Länder gedacht und „HILLS" wurde für das angelsächsische Ausland konzipiert. Erklärtes Ziel ist es mit den Markenweinen aktiv dazu beizutragen, dass „ das Nebeneinander und die ständige Verwechslung von Beaujolais nouveau und Beaujolais de Garde sowohl im Handel als auch beim Verbraucher aufhören." (Lebensmittel Zeitung 07.02.2003, S. 26) – Der Autor ist allerdings skeptisch, in wie weit dies mit relativ generischen Bezeichnungen wie HILLS gelingen kann.

Beispiel AUDI 5000

Im November 1986 behaupteten einzelne US-Fahrer des AUDI 5000 in einer einstündigen TV-Sendung, dass ihr Fahrzeug plötzlich von selbst beschleunigt habe. Diesen Berichten von Unfallopfern begegnete man seitens AUDI mit einem Dementi. Die Verantwortlichen sahen eine Verwechslung von Gaspedal und Bremse bei der Automatikversion als Ursache des Problems an.

Die US-Bevölkerung schenkte allerdings ihren Landsleuten höheres Vertrauen. Es kam zu einem Badwill-Transfer nicht nur auf die Schaltversionen des AUDI 5000 sondern auch auf den AUDI 4000. Deutlich weniger betroffen war die AUDI QUATTRO-Baureihe. – (Andere Fahrzeuge der Muttergesellschaft VOLKSWAGEN wurden nicht beeinträchtigt.) Insgesamt fielen die AUDI-USA-Umsätze von 74.000 Fahrzeugen in 1985 auf etwa 30.000 in 1988, während der Absatz vergleichbarer Import-Fahrzeuge stabil blieb. (Aaker 1990 S. 54, etwas andere Zahlen nennen DeGraba u.a. S. 243) – Diesen negativen Rücktransfer hat Sullivan (1990, S. 309 ff.) auch regressionsanalytisch nachgewiesen. – Den vor der TV-Sendung gehaltenen Marktanteil konnte AUDI bisher nicht wieder in den USA erreichen.

2. ÜBERFORDERUNG DER TRAGFÄHIGKEIT DES MARKENIMAGES

Beanspruchungen begleiten geradezu zwangsläufig Marken von ihrer Einführung in den Markt bis zu ihrer Eliminierung beziehungsweise Herausnahme aus dem Markt. Sie sind ein integrativer Bestandteil des marktwirtschaftlichen, auf Wettbewerb aufgebauten Wirtschaftssystems. Die Belastungen können sowohl aus der Mikro- als auch aus der Makroumwelt einer Marke kommen, wie die Abbildung verdeutlicht. Durch Imagetransfer und Marken-Diversifikation werden die Beanspruchungen einer Marke noch weiter erhöht.

Markenbelastungen durch die Mikro- und Makroumwelt

Verbraucher-Stressfaktoren
(z.B. Wertewandel,
steigendes Preis-Qualitäts-
Bewusstsein)

Ressourcenbedingte
Stressfaktoren
(z.B. Rohstoffverknappungen,
starke Preisschwankungen)

Technologische
Stressfaktoren
(z.B. technologische
Schübe, Rationalisierungs-
zwänge)

Handels-Stressfaktoren
(z.B. Konzentration, eigenes
Handelsmarketing)

Wettbewerbs-Stressfaktoren
(z.B. stagnierende Märkte,
Überkapazitäten)

Sozio-ökonomische
Stressfaktoren (z.B. gesell-
schaftliche Entwicklungen,
Konjunkturverlauf)

△ Marketingspezifische Stressfaktoren (- Mikroumwelt)

▼ Marketingspezifische Stressfaktoren (- Makroumwelt)

Jede existierende Marke hat im Bewusstsein der Verbraucher einen festen Platz, eine bestimmte Bedeutung. Der Markenkern ist gekennzeichnet durch die Grundeigenschaften der Marke. Er kann nicht verändert werden, ohne die Marke hochgradig zu gefährden. Dieser Markenkern ist jedoch adjustierbar, modernisierbar (u.a. durch die Werbung und das Angebot weiterer Produkte), neu interpretierbar.

Verantwortungsbewusste Markenarbeit beginnt deshalb mit einer Analyse, die die Marke auf ihren unverrückbaren Kern reduziert. Um erst dann zu prüfen, ob und wie dieser Kern für eine imagemäßige Diversifikation genutzt werden kann. Die Tragfähigkeit eines Markenimages ist somit begrenzt durch die spezifischen Emotionen und faktischen Wahrnehmungen sowie die Produkte, auf die es sinnvoll angewendet werden kann.

2.1. Überforderung der Marken-Tragfähigkeit durch zu viele Partner-Produkte

Auch wenn eine Marke für einen bestimmten Produktbereich Transfer-Potenzial besitzt und sich anfänglich Transferprodukterfolge einstellen, kann langfristig die Tragfähigkeit der Marke überstrapaziert werden. Dies resultiert in einem Prägnanzverlust, einer Deprofilierung. Es geht hier um die schleichende, allmähliche Aushöhlung des Markenimages, die sogenannte Markenerosion.

Um den Markenkern legt jedes Transferprodukt zusätzliche Inhalte. Damit vergrößert das Transferprodukt die Markenpersönlichkeit und damit zugleich die Angriffsfläche. Die Anzahl der unter einer Marke angebotenen Produkte ist daher nicht beliebig ausdehnbar.

Zwei amerikanische Werbefachleute, Ries und Trout (1987), haben dies sehr anschaulich ausgedrückt:

„Eine Dachmarke ist wie ein Gummiband, es lässt sich dehnen, aber immer nur bis zu einem gewissen Grad. Je stärker man eine Marke dehnt, desto schwächer wird sie und erzielt dann häufig genau das Gegenteil von dem, was angestrebt wurde."

Jedes zusätzliche Transferprodukt kann durch neue, zusätzliche Inhalte die Prägnanz des ursprünglichen Markenbildes gefährden. „Aus der Konsumenten-Sicht arbeiten Line Extensions gegen die erzielte Marken-Position. Sie verwaschen das Marken-Profil in der Wahrnehmung." (dies. 1981, S. 129)

Je mehrdimensionaler eine Marke im Kompetenzanspruch wird, desto größer ist die Gefahr der Deprofilierung. Das ursprüngliche Profil der Marke kann verloren gehen.

Bildlich ausgedrückt würden also die Umhüllungen die Marke so weit aufblähen, dass die Inhaltsfülle durch die Marke nicht mehr zusammengehalten wird. Die Marke wird dann vom Verbraucher unklar erlebt. Ihre Fähigkeit sinkt, dem Verbraucher eine Problemlösung zu bieten.

So wurden beispielsweise die Assoziationen und die Marken-Ausstrahlungsfähigkeit von CADBURY im englischen Markt für hochwertige Schokolade und Süßigkeiten geschwächt durch die Erweiterung des Marken-Sortiments u.a. um Kartoffel-Püree, Trocken-Milch, Suppen und Getränke. (vgl. Aaker 1990, S. 53)

Es kann ein sogenannter Marken-„Frankenstein" entstehen. Dann weiß der Verbraucher nicht mehr, woran er mit der Marke ist, was sie leisten kann. Die Wahrscheinlichkeit ist dann groß, dass sich der Verbraucher von den Produkten dieser Marke abwendet. Denn die Verbraucher präferieren kompetente Marken.

Im Interesse einer Risiko-Minimierung ist daher eine Begrenzung der Anzahl der (realisierbaren) Imagetransfers zwingend erforderlich, um die Identität und Kompetenz der Marke nicht in Frage zu stellen. Gute Beispiele für diese Gefahr stellen u.a. die Marken VIRGIN, MELITTA sowie die BUNDESLIGA-VEREINE dar.

Allerdings wäre es falsch zu generalisieren, wie dies u.a. Ries und Trout getan haben, dass jede Diversifikation eine Marke schwächt. Sie kann sie auch stärken, wie unter den Zielen (Abschnitte II 2.1 bis 2.1.4) nachgewiesen wurde. (vgl. auch Schiele 1997, S. 212 ff.)

Beispiel VIRGIN

Keine britische Marke ist in den letzten Jahren derartig intensiv für immer neue Produkte eingesetzt worden wie die Marke VIRGIN des ehrgeizigen Unternehmers Richard Branson. Zur VIRGIN-Gruppe gehören inzwischen 100 Unternehmen in 22 Ländern.

Aus den Anfängen im Schallplattengeschäft und später im Betrieb einer kommerziellen Radiostation entwickelten sich eine große Fluggesellschaft VIRGIN ATLANTIC AIRWAYS, eine Einzelhandelskette, VIRGIN Cola- und VIRGIN Energy-Getränke, VIRGIN Kosmetik, VIRGIN Bekleidung, VIRGIN Kondome, eine Eisenbahngesellschaft VIRGIN Rail sowie VIRGIN Lichtspieltheater, eine Palette von VIRGIN Finanzdienstleistungen und schließlich sogar auch ein Geschäft für Brautmode und das Ausrichten von Hochzeiten VIRGIN Bride.

Die Herausforderungen für eine Marke mit dieser Breite sind enorm. So hatte beispielsweise die Eisenbahngesellschaft VIRGIN Rail während der ersten Geschäftsjahre offensichtliche und signifikante Probleme mit dem Service und der Pünktlichkeit. Bei fast 30 Millionen Bahnreisen steht die Bahn im Blickpunkt der Öffentlichkeit. Es dürfte in nicht unerheblichem Umfang zu negativen Rücktransfers und damit Schädigungen der Marke VIRGIN gekommen sein.

Bis zum Sommer 1998 schien vermeintlich alles gut zu gehen. Inzwischen mehren sich aber die Anzeichen, dass die Marke VIRGIN (erwartungsgemäß) überdehnt worden ist: Der vor einiger Zeit zusätzlich eingeführte VIRGIN-Wodka hatte so schlechte Absatzzahlen, dass er vom Markt genommen wurde.

Darüber hinaus zeigten Marktforschungsergebnisse, dass 55% der befragten Männer auf keinen Fall VIRGIN Kleidung kaufen würden. Bei den Frauen betrug die Ablehnungsquote 49%. Am geringsten war die Ablehnung für die VIRGIN Fluggesellschaft. So stellte auch FAZ vom 05.10.1998, S.31 fest: „Richard Branson überdehnt die Marke Virgin".

Zu einer anderen Bewertung kommen überraschender Weise Aaker und Joachimsthaler noch im Jahr 2001, wenn sie schreiben (S. 47 ff., S. 163):

„VIRGIN ist ein bemerkenswertes Beispiel dafür, wie eine Marke weit über das hinaus ausgedehnt werden kann, was man als vernünftig ansehen würde. ... Ein Grund, warum die Marke sich so gut ausweiten ließ, ist die Tatsache, dass zwei der untergeordneten Marken, VIRGIN ATLANTIC AIRWAYS und die VIRGIN MEGASTORES, als Bezugsrahmen für die ganze Gruppe dienen. ... Der Erfolg der Marke VIRGIN lässt sich teilweise darauf zurückführen, dass sie sehr stark im Blickpunkt der Öffentlichkeit steht, was viel mit der Werbung zu tun hat, die Richard Branson selbst macht. ... Das kritische Problem wird in der Frage bestehen, wie man die Marke pflegt, während deren Kunden (und Branson) selbst älter werden und sich die Marke auf immer entferntere Gebiete vorwagt und ausdehnt."

Beispiel RTL- und SAT 1- Häuser

Unrealistische Kompetenz-Einschätzungen einiger TV-Sender und vor allem ihrer Lizenznehmer zeigten beispielsweise die Marken-Diversifikations-Versuche, RTL- und SAT 1-Häuser anzubieten.

Auch Wolf-Tilman Schneider, damals Chef des SAT 1 New Business Developments, kündigte 1998 SAT 1-Immobilien an: „Die Architekturpläne für 70 SAT 1-Wohnungen auf Mallorca stehen: Die KOLLMANN AG hat das Grundstück erworben. SCHWÄBISCH HALL wird über die RAIFFEISEN-Banken die Wohnungen vertreiben." Einziges Hindernis war damals der Baustopp auf den Balearen.

Bleibt die Frage: Warum sollte ein TV-Sender Kompetenz beim Verbraucher für Häuser oder ähnliche „Investitions-Objekte" (z.B. RTL Autos, RTL Motorroller) haben?

Das vermeintliche Imagetransfer-Wirk-Prinzip erläuterte Gloria Rathsfeld, Merchandising Director der Münchener Agentur BAVARIA SPONSORS 1998 so: „Wir leben mehr und mehr in einer Entertainment- und Fun-Gesellschaft. Die Menschen wollen Emotionen. Markenartikler bauen diese Emotionen über die Werbung auf. Wir gehen den umgekehrten Weg: Wir bauen aus den Emotionen Markenartikel auf." (Heimlich)

Der Fertighaus-Hersteller EXNORM jedenfalls landete mit seinen Lizenz-ideen gleich zwei Flops: Kaum jemand wollte ein RTL-Haus kaufen – und für eine „Sissi"-Minivilla, die dem Wiener Schloss Schönbrunn nachemp-funden ist, fand sich überhaupt kein Interessent. (vgl. Fischer) – Warum auch?

Spezifische TV-Sendungs-Transfers erzielten teilweise mehr Erfolg, zumal hier konkrete Assoziationen und Inhalte genutzt werden können. Die RTL-Sendung GUTE ZEITEN SCHLECHTE ZEITEN wurde über hundertmal lizenziert: u.a. bei WILKINSON LADY SHAVE mit großem Erfolg, wie be-reits angesprochen.

Auch SAT 1 war mit „Kommissar Rex" erfolgreich: Es wurden über 1,8 Millionen REX-Stoffhunde abgesetzt. Nachvollziehbare Transfer-Achsen wurden beispielsweise auch beim Angebot von „Power Dog Kommissar Rex"-Alarmanlagen und „Kommissar Rex"-Hundeversicherungen angebo-ten. (vgl. Heimlich)

Beispiel MELITTA

Die Marke MELITTA entwickelte sich von einer Einzelmarke zu einer Sor-timentsmarke. Aufbauend auf der Ursprungsidee, Kaffee mit Papier zu fil-tern, entstand im Laufe der Jahre eine Vielzahl neuer Produkte aus jeweils ganz unterschiedlichen Ausgangsideen.

Kaffee und Kaffeeautomaten erschienen als "konsequente Sortimentserwei-terung" aus der Zuständigkeit für das Filtern von Kaffee mit Filtertüten. Da-gegen waren beispielsweise neue Produkte aus Papier, die wiederum in kei-nem Zusammenhang mit dem Ausgangsthema der Kaffeezubereitung stan-den, die logische Konsequenz eines vorhandenen Produktions-Know-hows für Papier.

Auf diese Weise entstand ein "Bauchladen" von gut 200 unterschiedlichen Produkten in fast 900 verschiedenen Größen. Über die allen gemeinsame Herstellermarke hinaus war nur selten eine verbindende Identitätsklammer erkennbar.

"Das Dilemma der Breite: Müllbeutel vertragen sich eben nicht mit Premium-Kaffee und klaffen im Verbrauchernutzen so weit auseinander, dass die Hersteller-Marke die einzige Gemeinsamkeit bildet." „Wenig Hilfe im Wettbewerb leistet auch, dass sich die Produktskala, die MELITTA (laut Marktforschung) zugerechnet wird, über das ohnehin abgedeckte Feld hinaus von Taschentüchern bis Bügeleisen erstreckt." Mit jedem zusätzlichen Produkt wird der Kompetenzanspruch verwaschener und unglaubwürdiger, der mit dem Stammsortiment verbundene Goodwill verflacht immer mehr." (Raithel 10/1987, S. 64; vgl. auch LZ Spezial Nonfood 2/2001, S. 66)

Ein souveräner Kompetenzanspruch bestand nur für Teile des Sortiments. Die Analyse des Geschäfts führt somit insgesamt zu der Feststellung, „dass es nicht zum Besten stand mit dem Anspruch ein "profilierter Markenartikel" zu sein."

Die Gefahr einer weiteren Erosion der Marke wurde – trotz einer durchaus erfolgreichen Umsatzentwicklung in einer Reihe von Teilbereichen – als derart bedrohlich angesehen, dass eine Vielzahl von Produkten ausgegliedert und mit eigenem, neuem Markennamen versehen wurde.

Das Risiko dieses Schrittes wurde somit offensichtlich als weniger groß angesehen als die Folgen eines fortgesetzten Erosions-Prozesses: Der Gefahr eines weiteren Verlustes an Marken-Profil und -Kompetenz.

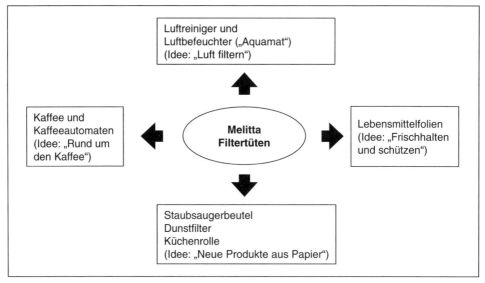

Der MELITTA Diversifikations-Prozess (Quelle: Körfer-Schün, S.162)

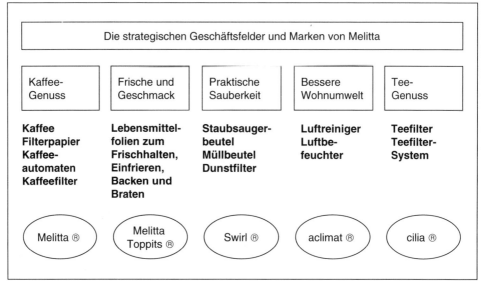

Sortimentsgliederung nach Produktnutzen/Markenansprüchen (Quelle: Körfer-Schün, S.163 f.)

Beispiel Das „Märchendising" der BUNDESLIGA-VEREINE

Der Niedergang des Lizenzprodukt-Geschäfts aus der Bundesliga zeigt beispielhaft die Grenzen der Lizenz-Vermarktung auf. Der DFB, dem die Umsatzzahlen bekannt sind, sprach für das Jahr 1998 von Umsatzeinbußen im Lizenzgeschäft von 20 bis 30 Prozent. Konsequenz: Die Fan-Artikel sind im SB-Handel kaum noch zu finden.

Im nachhinein zeigt sich deutlich, dass die Erwartungen auf unrealistischen Einschätzungen beruhten. Auf ihrer Suche nach zusätzlichen Einnahmen meinten vor allem die Fußball-Bundesliga-Vereine Mitte der 90er Jahre, eine verlockende Geldquelle entdeckt zu haben: die Lizenz-Vermarktung ihrer Vereinslogos und -farben. Dieser Wunschtraum ist nicht in Erfüllung gegangen.

Trotz anfänglicher Erfolge hat sich die Grundüberlegung als falsch erwiesen. Die Annahme war eine Illusion, dass Millionen von Verbrauchern bereit sein würden, sich zusätzlich mit Nahrungsmitteln oder Konsumgütern zu versorgen, nur weil das Logo ihres Lieblingsvereins darauf prangt.

„Die Euphorie war zu groß, die Zahlen wurden nicht erreicht" , erklärte ein Clubvertreter. Abenteuerliche Lizenz-Umsatz- und -Profit-Zahlen machten die Runde und heizten so die Lizenz-Nachfrage von Unternehmen an.

So sollte angeblich der FC Bayern München, als Primus, Lizenz-Produkt-Umsätze von über 50 Mio. € sowie Lizenz-Erlöse im zweistelligen Millionenbereich pro Jahr erzielt haben.

Laut Wolfgang Holzhäuser, kaufmännischer Manager bei Bayer Leverkusen und zuvor beim DFB, hat Bayern München 1998, bei einem Merchandising-Umsatz von circa 40 Mio. €, lediglich einen Gewinn von 2 Mio. € erwirtschaftet. – Die ausufernden Merchandising-Umsatz-Gerüchte nannte er zu recht „Märchendising". (FAZ 04.03.1999)

Rohlmann (S. 429) nennt für die Saison 98/99 sogar noch niedrigere Umsatz-Zahlen: Bayern München circa 25 Mio. € (und Borussia Dortmund rund 15 Mio. €).

Die Vereine begingen zudem den grundlegenden Fehler, die Lizenzen viel zu breit zu streuen.

Die Hersteller unterlagen wiederum dem Irrtum, es genüge, eine Lizenz zu erwerben, um mit großer Sicherheit auf eine „Goldader zu stoßen". Ob Aschenbecher, Badesalz, Bettwäsche, Duschgel, Feuerzeuge, Parfüm, Schreibwaren, Schlüsselanhänger, Schmuck, Socken, Trinkgläser, Teller oder Zahnputzbecher: Gerade bei Non-Food gab es kaum ein Sortiment, das sich nicht in Teilen mit Bundesliga-Logos schmückte.

Nicht ganz so exzessiv wurde das Geschäft bei Food betrieben. Aber auch hier war der Erfolg nur kurzfristig. Die Borussia-Dortmund-Wurst mundete den Verbrauchern nur eine Saison.

Bald mussten die meisten Lizenznehmer erkennen, dass sie in einer Rentabilitätsfalle saßen. Den Bundesliga-Vereinen mussten jährliche Garantiesummen von mitunter weit über € 50 000 pro Lizenz überwiesen werden.

Nach anfänglichen Erfolgen verlief der Abverkauf der Waren aber so schleppend, dass der Handel zu keinen Listungen mehr bereit war und auch im Aktionsgeschäft äußerst zurückhaltend agierte. Die Hersteller blieben auf ihrer Ware sitzen.

Weil in der Regel Lizenz-Verträge mit Laufzeiten von bis zu drei Jahren (oder sogar länger) abgeschlossen worden waren, standen die meist mittelständischen Unternehmen vor großen finanziellen Problemen, als die jährlich fälligen Garantiesummen zu zahlen waren. Denn diese waren nicht (mehr) zu refinanzieren. (vgl. LZ 13/1999, S. 47)

Wie vielen Lizenznehmern es schließlich gelang, die Zahlung dieser Summen entweder abzuwenden oder zu mindern, ist nicht bekannt. Verbürgt ist, dass insbesondere Bayern München und Borussia Dortmund, ein Einsehen hatten.

Trotz dieses Entgegenkommens bei den Garantiesummen blieb vielen Herstellern nichts anderes übrig, als ihren Warenbestand entweder vollständig abzuschreiben oder ihn über Reste-Vermarkter für einen Bruchteil der ursprünglich kalkulierten Preise abzustoßen.

„Bei Bayer Leverkusen sieht man den „ganzen Merchandising-Bereich mittlerweile unter dem Gesichtspunkt der Öffentlichkeitsarbeit." Schals und Mützen werde man sicherlich beibehalten. „Nur ob ich noch Badesalz und Parfüm (und andere Exoten) haben muss, bezweifle ich sehr", so Holzhäuser.

Die Erkenntnis, dass die Lizenz-Angebote deutlich verkleinert und besser ausgerichtet werden mussten, hat sich inzwischen in der ganzen Bundesliga durchgesetzt.

Der Erfolg der strategischen Neu-Ausrichtung: Der Umsatz mit eigenem Merchandising und Lizenz-Einnahmen aller 36 Profi-Vereine ist gegenüber der Saison 2000/2001 um 17 Prozent auf 75 Millionen Euro gestiegen. (Quelle: 5. Fanartikel-Barometer; vgl. auch absatzwirtschaft 2/2003, S. 81)

Das erfolgreiche Gegenbeispiel:
Das Licensing der NFL National Football League

Diese negative Erfahrungen hätte sich die Bundesliga wahrscheinlich ersparen können, wenn man vorher die Erfolgskriterien des Licensing der NFL National Football League analysiert hätte. Sogar in Deutschland, wo American Football praktisch unbekannt war, gelang es der Hamburger Lizenzagentur V.I.P. Promotions (jetzt V.I.P. Entertainement & Merchandising AG), schon ab 1986 für die Amerikaner ein bis heute erfolgreiches Lizenzprogramm im Sportbereich aufzubauen.

Ausschlaggebend hierfür war einerseits die objektive Analyse der Ist-Situation: American Football wurde 1986 kaum gespielt, hatte keine Zuschauer/Fans und war in den Medien quasi nicht-existent. Andererseits wurde eine realistische Zielvorstellung erarbeitet. Diese bestand vor allem darin, erst einmal eine große Fanbasis aufzubauen. Letzteres erschien zu dem damaligen Zeitpunkt in Deutschland nicht möglich zu sein, da nur wenige zu Spielen gehen, die das eigene Team verlieren muss.

Denn immer wenn ein deutsches Team etwas besser wurde, musste es irgendwann gegen Teams aus Orten antreten, in denen viele Football-erfahrene Amerikaner der dort stationierten US-Truppen spielten, gegen die sie naturgemäß keine Chancen hatten.

Also musste zunächst gezielt das Interesse und damit auch die Nachfrage für NFL-Lizenzprodukte mit anderen Mitteln geschaffen werden. Mit Tele 5 fand man einen TV-Sender, der das große Potenzial erkannte und NFL-Spiele mit erklärenden Kommentaren und allerlei Mitmach-Aktionen ausstrahlte. Gleichzeitig unterstützte V.I.P. für die NFL die weitere Entwicklung der American Football-Szene durch Trainings-Camps, Sponsorships bis hin zur Verleihung des NFL-Cups bei der deutschen Footballmeisterschaft im Berliner Olympia-Stadion.

Die Aktionen zeigten schon bald Wirkung, so dass Interesse aufkam, sich mit den Insignien, also Shirts, Caps und Jacken mit den Logos der echten NFL-Teams zu schmücken. Erinnern Sie noch das Ende der 80er Jahre? Kaum einer trug eine US-Baseball Cap. Und heute? Fast jeder Jugendliche trägt sie. Und viele Erwachsene auch. Doch es sind nicht die der Baseball-Teams sondern mehrheitlich die von NFL-Teams. Für die American Football-Spieler wurde hier ein Image aufgebaut, das sich als eine Mischung aus „modernem Gladiator" und trendigem Modesport beschreiben lässt.

Aber das wichtigste war, trotz des großen PR-Erfolges, nie das Ziel aus den Augen zu verlieren: den Verkauf von möglichst vielen Lizenzprodukten.
Alle NFL-Teams zogen (und ziehen) an einem Strang. Es gibt keine 18 Vereine, die, wie in der Bundesliga, alle „ihr eigenes Süppchen kochen" und gegenseitig konkurrieren.
Zu keiner Zeit mussten Lizenznehmer mit 18 verschiedenen Vereinen 18 unterschiedliche Lizenzverträge abschließen, wie es bei der Bundesliga üblich ist. Eine einzige zentrale Vermarktungsgesellschaft, die den Teams zu gleichen Teilen gehörte (NFL Properties), war und ist zentraler Ansprechpartner. Daher war nie ein Produkt des einen Teams Konkurrenz für die anderen, da jeder Lizenznehmer die Rechte an allen erhielt. Niemand versuchte durch möglichst viele Lizenznehmer die meisten Produkte am Markt zu haben.

Dieser Markt hat letztlich nur eine endliche Größe, die sich zudem noch entsprechend der Sympathie für die verschiedenen Vereine aufteilt. Es ist logisch, dass Gewinner-Teams i.d.R. mehr Produkte verkaufen als Verlierer. Es gibt aber auch modische Komponenten. So hoffte man beispielsweise bei der NFL 1987 inbrünstig, dass die „Denver Broncos" nicht gegen die „New York Giants" gewinnen mögen, denn ihre blau-orangen Teamfarben passten überhaupt nicht in die Modelandschaft.

Anfänglich wurden NFL-Lizenzprodukte nur aus den USA von dortigen Lieferanten bezogen, da hier zunächst keiner an einen größeren Erfolg glauben mochte. Die erste NFL-Lizenz, die in Deutschland abgeschlossen werden konnte, war für Socken mit einem Vertragswert von 2.700 Euro.

Doch dann setzte das Erfolgs-Momentum ein und die Nachfrage war kaum noch zu befriedigen. Schon 1990 erzielte die NFL mit Verkäufen im deutschsprachigen Raum Lizenzgebühren im zweistelligen Millionenbereich.

Hiervon jedoch mehr motiviert als „geblendet", verknappte die NFL das Angebot, um die Basis für neue, auch höherpreisige Kollektionen (z.B. Authentic Wear, NFL-Coach Wear usw.) zu schaffen.

Natürlich sind auch dem American Football Grenzen in der Nachfrage durch die Anzahl der Fans gesetzt. Deshalb baute man schon frühzeitig gezielt den modischen Aspekt weiter aus. Mit trendigen „Street Collections" wurden zusätzliche Zielgruppen erreichte. Aus diesen Gründen erfreut sich das Licensing der NFL National Football League bis heute guter Umsätze.

Diese Fallstudie verdankt der Autor Herrn Michael A. Lou, Vorstand der V.I.P. Entertainement und Merchandising AG, Hamburg, und Präsident der ELMA, European License Marketing & Merchandising Association.

Jede Marken-Diversifikation addiert zwangsläufig (in gewissem Ausmaß) neue Dimensionen zu einer Marke. Mit der Anzahl der abgedeckten Dimensionen beschleunigt sich aber die Nivellierung des kompetitiven Marken-Profils (Motiv-Schlüssel). Damit gelten auch für Imagetransfers und Line Extensions die folgenden, von Domizlaff geprägten Sätze – der übrigens solchen Marken-Diversifikationen weitgehend ablehnend gegenüberstand:

"Ganz starke Erfolge sind nur in der Beschränkung denkbar." **„Die Verwendung eines Namens muss** (auf ein einzelnes Erzeugnis oder) **auf eine möglichst konzentrierte Idee beschränkt werden."** (ders.-1982, S.109 bzw.111)

Das Kompetenz-Spektrum einer Marke ist somit zwangsläufig begrenzt. Dieses kann jedoch im Zeitablauf sukzessive – unter gewissen Voraussetzungen und mit der erforderlichen Sorgfalt – erfolgreich ausgebaut werden, wie das Beispiel NIVEA mit inzwischen über 300 erfolgreichen Produkten zeigt.

Beispiel PRIL

Unter der Marke PRIL wurden Mitte der neunziger Jahre 7 Produkte angeboten:

• das Original
• das Kraft-Gel Supra
• die handschonende Variante Balsam
• die Früchte-Edition mit den Geruchsnoten
    • Lemon fresh
    • Apple fresh
    • Orange fresh
• sowie das kombinierte Handwasch- und Geschirr-Spülmittel 2 in 1.

Interpretation der PRIL-Situation und -Entwicklung
(gemäß Horizont vom 07.06.2001)

1997 war das Marken-Profil des Klassikers PRIL nicht mehr deutlich zu erkennen. Unterschiedliche Werbe-Kampagnen für verschiedene Produkt-Innovationen hatten den Auftritt verwässert. Ein sogenannter

Marken-„Frankenstein" war entstanden. Der Konsument hatte kein klares Vorstellungsbild von PRIL.

Die Konsequenz: Der ehemalige Marktführer im Segment „flüssige Geschirrspülmittel" hatte nach stetigen Verlusten nur noch einen Marktanteil von 28%. PRIL lag damit gleichauf zu PALMOLIVE.

Im Unterschied zu PRIL – mit zweistelligen Millionen Werbe-Investitionen - hatte sich der härteste Konkurrent diese Position allerdings ohne ein nennenswertes Werbe-Budget in den letzten Jahren erarbeitet. – PALMOLIVE profitierte immer noch von „Tilly", der legendären Kosmetik-Beraterin, die sich vor 15 Jahren mit ihrem Spruch „Sie baden gerade ihre Hände darin" fest im Gedächtnis des Verbrauchers verankert hatte.

Dritter Konkurrent im Markt war FAIRY ULTRA von PROCTER & GAMBLE mit 11%, der auch stark in die Werbung investierte.

Ziel der neuen Kampagne „Ich spüle freiwillig. Aber nur mit Pril." war es, die einzelnen PRIL-Produkte stärker an die Dachmarke zu binden. Es wurde immer die Kern-Kompetenz der „Fett-Löse-Kraft" kommuniziert plus ein Zusatz-Nutzen wie z.B. Duft.

Das Ergebnis der stärkeren Marken-Profilierung: PRIL hat im Jahr 2000 einen Marktanteil von 31% erzielt. PALMOLIVE ist auf 25% und FAIRY ULTRA (bedingt u.a. durch den vorübergehenden Ersatz durch die erfolglose Marke DAWN) in den einstelligen Anteils-Bereich zurückgefallen.

Alternative Interpretation der PRIL-Situation und -Entwicklung

Zu einer erheblich anderen Interpretation kommt man bei PRIL auf Grund zusätzlicher Informationen. Da Markenführung zudem langfristig ist, empfiehlt es sich, den Betrachtungs-Zeitraum zu erweitern und bei den Marketing-Aktivitäten andere Zielsetzungen zu unterstellen.

PRIL gab Ende der achtziger Jahre aus umwelt-politischen Überlegungen die Anti-Fett-Positionierung auf. Dies hätte die Marke beinahe ins „Verderben" geführt. Denn später versuchte PROCTER & GAMBLE, mit FAIRY diesen relevanten Basisnutzen zu besetzen. – Zunächst durchaus erfolgreich, denn in der Spitze des FAIRY-Angriffs ist PRIL sogar unter 25% Marktanteil gefallen.

In dieser Situation entschied sich HENKEL zu einer ungewöhnlichen und mutigen Marketing-Strategie: einem „Zwei-Fronten-Krieg".

1. **PRIL Supra,** das Kraft Gel, wurde gegen Fett und gegen FAIRY positioniert – mit erheblicher Werbe-Unterstützung (mindestens 50% Share of Voice). Denn aus Konkurrenz-Analysen war bekannt, dass PROCTER & GAMBLE bereit war, in 3 bis 5 Jahren einen Zieljahres-Umsatz von circa 50 Mio. € in die Kommunikation zu investieren.

2. **PRIL Balsam** wurde als eine Präventiv-Maßnahme gegen den bevorstehenden Launch von PALMOLIVE Sensitive eingeführt, das in Frankreich erfolgreich war. Es sollte das jahrelange Dilemma des „Hautschonungskampfes gegen die Tilly" lösen, das im Konflikt stand mit der Fettlösung von PRIL. (**Anmerkung:** Zwei einander widersprechende Benefits in einem Produkt mögen chemisch möglich sein, aber in der Konsumenten-Wahrnehmung klappt dies erfahrungsgemäß nicht.)

Warum hat Balsam (**Anmerkung:** ich verwende bewusst BALSAM und nicht in erster Linie PRIL) funktioniert?

Es war und ist (m.W.) das bessere Produkt, sowohl in der „objektiven" Leistung als auch in der wahrgenommenen Qualität, getrieben durch die milchige Konsistenz, das Parfüm und auch den Namen. Sowohl im Blindtest als auch gestaltet war das Produkt besser als PALMOLIVE Sensitive, das eine klare Konsistenz hatte.

Das Erfolgs-Rezept: Differenzierung und wahrgenommene Überlegenheit haben dem Produkt zum Durchbruch verholfen. Und die Werbung mit der Aussage „so mild, dass man sogar ein Baby darin baden könnte" war dem Werbe-Konzept von PALMOLIVE mit der Tilly überlegen.

Anders ausgedrückt: HENKEL hat das „bessere PALMOLIVE" gemacht mit der Spülkompetenz von PRIL. Eine neue Marke wäre höchstwahrscheinlich mit vertretbarem Aufwand nicht möglich gewesen, wie die FAIRY-Entwicklung zeigt.

Dennoch kann man möglicherweise darüber streiten, ob man PRIL Balsam eher als Produkt- oder als Markenerfolg auffasst.

Interessant ist in diesem Zusammenhang, dass PRIL Balsam (mit gleicher Rezeptur) die richtige Umsetzung von DOR LOTION Spülmittel war. Dieser Versuch, die schonende Haushalts-Reiniger-Marke DOR auf Spülmittel auszudehnen, war zuvor an der Marke DOR gescheitert und gefloppt. – Eine Ursache dürfte sein, dass Haushalts-Reiniger in der Werte-Hierarchie unter Spülmittel stehen, im Sinne eines: „Was für Kacheln, Bäder, Fußböden usw. geeignet ist, ist noch lange nicht gut genug für Gläser und Geschirr, von denen ich esse bzw. aus denen ich trinke." Insofern war PRIL (mit gleicher Rezeptur) die richtige Marke und DOR falsch.

Das Kriterium der Rangwertigkeit der Produkt-Kategorien sollte grundsätzlich bei jeder Marken-Erweiterung beachtet werden. (Hierauf wurde bereits in Abschnitt II. Risiken 1.3 und wird noch in III.1.3 näher eingegangen.)

Im nachhinein sieht die Zweifronten-Strategie mit PRIL Supra und PRIL Balsam einfach und logisch aus. Der Erfolg gibt auch der gewagten Vorgehensweise Recht. Das „Husarenstück" ist HENKEL mit den notwendigen Kommunikations-Budgets im Rücken gelungen. Nach 10 Jahren ist PRIL wieder „in trockenen Tüchern". – PALMOLIVE und FAIRY sind abgeschlagen.

Im Laufe der Zeit wird übrigens PRIL Balsam langsam stärker in Richtung Spülkraft bewegt, wie die aktuellen TV-Spots zeigen. Spülkraft war natürlich – als Dachmarken-Kernbenefit – auch zuvor bei PRIL Balsam immer ein Muss.

Diese Fallstudie abschließend, möchte ich die anderen Line Extensions von PRIL kurz aufgreifen.

Wenig überraschen dürfte, dass das kombinierte PRIL Handwasch- und Geschirr-Spülmittel „2 in 1" ein Flop war. Die Produkt-Anforderungen und Leistungs-Erwartungen in beiden Spülmittel-Teilmärkten unterscheiden sich zu stark.

Auch die PRIL Duft-Editionen sind im Sinne einer sauberen Markenführung eher kritisch zu sehen. Vermutlich wurden sie auf Grund internationaler

Überlegungen eingeführt, um sicherheitshalber Trends und Erfolge in anderen Märkten aufzugreifen.

Diese tiefere Analyse der PRIL-Fallstudie verdankt der Autor zwei ehemaligen HENKEL-(Agentur-) Mitarbeitern, die anonym bleiben möchten.

Beispiel AMERICAN EXPRESS

In 1988 verfügte AMERICAN EXPRESS mit einer begrenzten Kartenanzahl über einen US-Marktanteil von 27%.

Danach wurden in hoher Frequenz zahlreiche weitere Karten-Alternativen eingeführt, u.a. die folgenden, um nur einige Beispiel zu nennen: Senior, Student, Membership Miles, Optima, Optima Rewards Plus, Gold, Delta Sky Miles Optima, Optima True Grace, Optima Golf, Purchasing und Corporate Executive.

Das erklärte Ziel des CEO war es, pro Jahr circa 12 bis 15 neue Karten-Alternativen auf den Markt zu bringen, um den Marktanteil zu steigern.

Die (potentiellen) Kunden hingegen reagierten zunehmend verwirrt. Sie konnten die Kartenvielfalt und die Existenz-Berechtigung der einzelnen Karten nicht mehr nachvollziehen.

Die Konsequenz: Zehn Jahre später hatte AMERICAN EXPRESS einen US-Marktanteil von 18% und somit ihre Marktbedeutung um ein Drittel reduziert.

Beispiel MILKA

Zum Zeitpunkt der Ausweitung der Marke MILKA im Jahre 1985/1986 war der Markt für Tafel-Schokolade äußerst preissensibel, die Wachstums-Potenziale gering und die Rentabilität begrenzt. Die Marke MILKA besaß als Marktführer ein hohes Vertrauens-Potenzial bei Verbrauchern und Handel.

Aus der Mono-Marke MILKA mit Tafel-Schokolade in 100 g und 300 g wurde eine Dachmarke mit einem breitgefächerten und differenzierten Angebot. Zusätzlich eingeführt wurden:
• Riegel wie MILKA LILA PAUSE und NUSSINI
• Schokoladen-Knabbereien wie MILKA LILA STARS
• Pralinen wie I LOVE MILKA
• Hohlkörper wie Osterhasen, Weihnachtsmänner etc. und
• MILKA Kakao-Pulver.

Anfangs hatte die MILKA-Marken-Ausdehnung insbesondere mit MILKA LILA PAUSE großen Erfolg (vgl. Nauck 1989). In der Spitze erreichten die MILKA-Riegel einen Marktanteil von 11%. Es zeigte sich jedoch, dass dieser in hohem Maße Werbedruck-abhängig war. Es bewahrheitete sich wieder einmal der Lehrsatz von Domizlaff aus den dreißiger Jahren, der sich <u>nach erfolgter Einführungswerbung</u> auch auf den Marken-Diversifikationsbereich anwenden lässt: „Ein Markenartikel muss sich im Markt ohne große Werbeschübe behaupten, erst dann ist es ein Markenartikel." Heute füllen in den Pausen wieder u.a. MARS und SNICKERS die Mägen. MILKA LILA PAUSE ist auf einen Marktanteil von circa 1% zurückgefallen.

Diese negative Entwicklung dürfte durch weitere Gründe verursacht worden sein.

Im Riegel-Markt scheint die „Gesetzmäßigkeit" zu gelten, dass eine Riegel-Marke sich langfristig nur mit einem Geschmack durchsetzen kann. – So wurde beispielsweise auch die MARS MANDEL-Variante wegen mangelndem Erfolg wieder eingestellt. – Dies wurde mit den vielen Geschmacks-Sorten von MILKA LILA PAUSE nicht berücksichtigt. Zudem führten „ständige" Varietätenwechsel bei MILKA LILA PAUSE zu Verunsicherungen des Verbrauchers und erhöhtem Suchaufwand.

Problematisch dürfte zudem bei MILKA LILA PAUSE gewesen sein, dass diese weitgehend eine Tafel-Schokolade in Riegel-Form waren, während sich die anderen Riegel meist durch deutlich andere Füllungen auszeichnen. Man denke in diesem Zusammenhang nur an MARS, SNICKERS oder LION.

Darüber hinaus „waren die Kirschen in Nachbars-Garten für MILKA besonders verlockend." Allein in den Jahren 1993 bis 1995 wurden die folgenden Subbrands eingeführt, die sich meist nur geringfügig von eingeführten Wettbewerbs-Produkten (meist Me Toos zu Mono-Marken) unterschieden:

- MILKA Leo (Mai 1993)
- MILKA Milkinis (Juni 1993)
- MILKA Tender (Dezember 1993)
- MILKA Fresh (April 1994)
- MILKA Happy Cows (Juli 1994)
- MILKA Mona Lisa (Dezember 1994)
- MILKA Praline Nuss (September 1995).

Die fehlende Berücksichtigung der Notwendigkeit eines wahrgenommenen verhaltens-relevanten, faktischen oder emotionalen Vorteils dürfte die Hauptursache für das Scheitern zum Beispiel von MILKA Leo sein, als me too zu KITKAT.

Werbung und Verkaufsförderung sollten „so viele (Sub-)Marken wie möglich, so viele Produktspezifika wie nötig" (Nauck, S. 512) kommunizieren und damit die Dachmarke MILKA gleichzeitig in mehrere Richtungen ausbauen.

Der Konsument konnte allerdings die vielen Änderungen und „Neu"-Einführungen in hoher Taktzahl meist nicht nachvollziehen. Hinzu kam die häufige Austauschbarkeit der Angebote zu den bereits etablierten Wettbewerbern. Konsequenz: Das Marken-Profil von MILKA wurde zunehmend aufgeweicht. Heutzutage droht MILKA sogar der Verlust der langjährigen Markt-Führerschaft im Tafel-Schokoladen-Markt.

Weitere Fallbeispiele wurden bereits in Kapitel II Risiken Abschnitt 2 diskutiert.

2.2. Überforderung der Marken-Tragfähigkeit durch zu schnell aufeinanderfolgende Marken-Diversifikationen

Wesentliche Bedeutung kommt neben der Anzahl der realisierbaren Imagetransfers und Line Extensions auch der Zeit zwischen zwei aufeinanderfolgenden Marken-Übertragungen zu. Der Konsument kann zu häufige und zu schnell aufeinanderfolgende Übertragungs-Versuche von emotionalen und/oder faktischen Bewertungs-Gesichtspunkten (durch den gemeinsamen Markennamen) nicht nachvollziehen.

Allerdings kann die Frage, was zu häufig und zu schnell ist, nicht generell beantwortet werden. Hier scheinen branchenspezifisch unterschiedliche Regeln zu gelten. So ist beispielsweise bei Kosmetik die Einführungs- und Relaunch-Rate deutlich höher als in vielen anderen Branchen. – Insofern empfiehlt es sich, den Prozess marktforscherisch zu begleiten und die Auswirkungen auf die Motiv-Schlüssel sowohl der neuen Produkte als auch der "Marken-Mutter" zu überprüfen.

Konsequenz eines zu geringen, zeitlichen Abstandes von Marken-Diversifikations-Versuchen kann sein, dass der gemeinsame Markenname von den Konsumenten als "zufällig gleich" (wie zum Beispiel bei den wirklich zufällig marken-gleichen TRIUMPH-Miederwaren, -Schreibmaschinen und -PKW) aufgefasst wird. Diese Auswirkung ist allerdings noch relativ harmlos, da sie dann auch nicht dem Marken-Stammprodukt schaden kann.

Die mangelnde bzw. unzureichende Berücksichtigung des Zeitfaktors bei Marken-Übertragungen kann jedoch auch erheblich negativere Folgen für das Produkt-Marken-Konzept haben. Die Verbraucher der Zielgruppe können sich der Beeinflussungsabsicht und ihrer eigenen Orientierung an Konnotationen (Pseudo-Wissen bzw. Wissensersatz) bewusst werden. Als Konsequenz dieser Erkenntnis ist mit Widerstand gegen die Beeinflussung der Markenbewertung (Reaktanz-Erscheinungen) zu rechnen. Diese können bis zum "Abbröckeln" der Präferenz für die früher bevorzugte Marke führen (sogenannter "Bumerang-Effekt").

Genau dieser Effekt ist zunehmend zu beobachten:
„Während Marken früher im Zweifel ein Vertrauens-Vorschuss gewährleistet wurde, müssen sie sich Vertrauen heutzutage erarbeiten. Sie gelten als „Schönredner oder Betrüger" bis sie den Gegenbeweis angetreten haben." (Liesse; vgl. auch Klein „No Logo")

Beispiel ADIDAS

"Eine Marken-Extension, die heute ein Fehler ist ... kann morgen ein Erfolg sein." (Gamble, S. 174)

Zu früh erfolgte beispielsweise der Imagetransfer von ADIDAS auf Herren-parfüm. Risikomindernd wäre es damals gewesen, sich zunächst nur mit der Einführung von ADIDAS-Massageöl, -Muskel Fluid, -Body Cooler und eventuell -Duschgel zu begnügen.

In diesem Bereich traute man der Sportmarke noch Kompetenz zu. Zu einem späterem Zeitpunkt hätte man dann, aufgrund der zwischenzeitlich erweiterten Kompetenz der Marke, das ADIDAS-Parfüm etc. risikoloser einführen können.

Der Imagetransfer kam zu früh. Die Marke hatte damals – trotz eines nahezu hundertprozentigen Bekanntheitsgrades – auch große Probleme. Die Marke ADIDAS hatte sich in der Vergangenheit neben ihrem Ursprungs-markt (Schuhe für den Leistungssport) in zwei weiteren Märkten etablieren können: Freizeitsport und Freizeit. Der Preis dafür war, dass die Marke an einem Punkt angelangt war, an dem Profil und Prägnanz ihrer Marken-Persönlichkeit zu verwässern drohten.

Folgende Befunde waren, laut absatzwirtschaft 11/85 festzuhalten: "Die Marke hat in ihrer jetzigen Markenpräsenz die Spreizbarkeit ihrer Kompetenz erreicht. Die enorme Marktbreite führt mit zunehmendem Abstand der Märkte vom Ursprungsmarkt Leistungssport zu abnehmender Kompetenz. Das Risiko eines negativen Image-Rücktransfers aus diesen Märkten erhöht sich."

Trotz des langfristigen Erfolges der ADIDAS-Duftserie wäre es in einigen Märkten besser gewesen, die zusätzliche Belastung der Marke zum damaligen Zeitpunkt zu vermeiden.

So kauften US-amerikanische Frauen ADIDAS-Parfüm in erster Linie nicht wegen positiver Assoziationen, sondern weil „negative" fehlten. „Marktforschungs-Ergebnisse zeigten, dass US-amerikanische Frauen, die sich von der „zu sexuellen Positionierung" von Herren-Kosmetik-Marken (z.B. CALVIN KLEIN) zu stark verprellt fühlten, lieber zu dem „sicheren, familiären" Namen ADIDAS griffen. Frauen kaufen über 60% der Herren-Kosmetik-Artikel als Geschenk." (Kessler (adidas))

Noch schwerwiegender war damals sicherlich der Fehler, die Werbekampagne zu schalten: "ADIDAS ist nicht ..." anstelle dem Konsumenten zu verdeutlichen, wofür ADIDAS steht und in welchen Sortimentsbereichen ADIDAS den Herausforderern NIKE und REEBOK überlegen war. Diese hatten ADIDAS damals überholt und weit hinter sich gelassen.

Beispiel LAURA ASHLEY

Ein weiteres gutes Beispiel für die Überforderung der Tragfähigkeit des Markenimages aufgrund zu schnell aufeinanderfolgender Imagetransfers und Marken-Diversifikationen ist LAURA ASHLEY:

Neben der Kleidung im bekannten Design wurden in den 80er Jahren Tapeten, Seifen, Parfüm, Farben, Eisenrahmen-Bettgestelle, Kristall, Kupferpfannen, Kacheln, Porzellan, Sofas, Spiegel usw. eingeführt. Die Marke verlor ihre Persönlichkeit, ihr ursprüngliches MarkenMonopol®, und geriet in die Verlustzone.

"... es ist klar, dass die Versuchungen der (Abdeckung zusätzlicher) Märkte zunehmend auch zu einigen spektakulären Fehlern bei Firmen (und Marken) führen werden, die über ihren Kompetenzbereich hinaus diversifizieren. Paradoxerweise wird dies auch bereits breit diversifizierte Marken mit geringer direkter Konkurrenz betreffen, wie LAURA ASHLEY.

Es werden nicht Fehler sein, die durch das ursprüngliche Geschäfts-Konzept verursacht wurden, sondern durch Organisationen, deren Management einfach in zu vielen Bereichen versucht, zu viel ... zu schnell zu erreichen. LAURA ASHLEY ist seit dem Tod ihrer Gründerin zu viele der klassischen Risiken der Über-Extension eingegangen." (Macrae, S. 148)

Aufschlussreich ist auch der Artikel, den Fernand and Park in der Sunday Times anlässlich der Bekanntgabe des ersten Jahres mit einem Verlustergebnis von LAURA ASHLEY (1989) schrieben:

„Vor einem Jahr wäre es undenkbar gewesen, dass die Laura Ashley Gruppe ... nach über 30 Jahren so schnell und spektakulär die Erfolgs-Masche verliert.

Während die Firma, die uns viktorianische Milchmädchen-Kleider und Mittel-Unterschenkel-lange "Navy Gabardin" Röcke brachte, ihre Wunden leckt, machen Gerüchte von schlechtem Management, überaltertem Image und nicht zeitgemäßen Produkten die Runde. Kimlan Cook, ein City Analyst, der die Firma seit Jahren studiert, fasste es letzte Woche zusammen: „Laura Ashley scheint die Erfolgs-Masche im Stil verloren zu haben und hat Schwierigkeiten, neue Kunden zu gewinnen."

Diese Ansicht teilt Jocasta Innes, Autorin und Design Consultant. "Sie haben kein Gespür mehr für den Puls der Zeit", sagt sie. „Man eilt nicht mehr zu ihren Geschäften, um zu sehen, was sie Neues haben." Sie glaubt, dass die Einführung von Möbeln und einem prestigeorientierten, teureren "Drawing Room Look" ein Schlüssel-Fehler war. „Das passte nicht zu ihrem Image. Wenn sie bei dem preiswerteren Country Cottage Look geblieben wären, wäre das nicht passiert."

Auf ihrem Höhepunkt Mitte der 70er und Anfang der 80er Jahre war LAURA ASHLEY der Inbegriff für einen bestimmten, nostalgischen Lifestyle – einen Lebensstil, den Sie in einer dunkelgrünen Einkaufstasche in einem der 180 weltweiten Geschäfte kaufen konnten. Sie war Ralph Lauren von Großbritannien, die die traditionellen und englischen Werte verkaufte. Der Look war Country Cottage. Er war preiswert und vor allem – und darin liegt vielleicht der Keim ihres Niedergangs – sofort wieder erkennbar.

Kritiker, wie der frühere Design Director der Firma sagen, dass die Gruppe zu schnell wuchs. Im ersten Augenblick war es eine Familien-Firma. Im nächsten Moment eine Handelskette. Die Firma verlor ihre Personalität als sie zur Aktiengesellschaft wurde."

"Als Aktiengesellschaft schien die Firma als globale Marke gleichzeitig in alle möglichen Richtungen laufen zu wollen: Von der Herstellung von Produkten außerhalb ihrer traditionellen Fähigkeiten bis hin zu großen Investitionen in den Handelsketten-Ausbau... Geschäftsfelder, auf denen man am Rande auch experimentieren hätte können, standen plötzlich im Mittelpunkt und lenkten die Aufmerksamkeit des Managements von den eigentlichen Kompetenzfeldern der Marke ab."

"Laura Ashley war ein World Class Designer. Die meisten ihrer neuen Linien hatten Nachrichtenwert. Zudem gelang es ihr den wechselnden Produkten Leben einzuhauchen – Laura selbst verstand es immer, Geschichte neuartig und zeitaktuell zu interpretieren." (Macrae, S. 149)

Eine Fähigkeit der Neuinterpretation im Kleidungs-Design, die mit dem Tod von Laura Ashley der Firma weitgehend abhanden gekommen ist.

Darüber hinaus ist es ausgesprochen gefährlich, gleichzeitig bei einer bekannten Marke einen Stilwechsel, ein "Up-trading" sowie die Diversifikation in neue Märkte zu versuchen.

2.3. Überforderung der Marken-Tragfähigkeit durch zu unter schiedliche (Ziel-) Gruppen

Bei Marken-Diversifikationen kann es vorkommen, dass die Zielgruppen der unterschiedlichen Produkte einer Marke (teilweise) deutlich voneinander abweichen. In diesen Fällen sollte überprüft werden, in welchem Verhältnis die Gruppen zueinander stehen, ob gegebenenfalls Sympathien oder Antipathien (negative Einstellungen oder Abneigungen) vorherrschen.

Problematisch sind Abneigungen zwischen unterschiedlichen Zielgruppen. Je stärker diese Antipathien verfestigt sind, desto unzweckmäßiger dürfte die gezielte Ansprache beider Gruppen mit Produkten ein und derselben Marke sein. Dabei wird allerdings unterstellt, dass die Angehörigen der bereits erfolgreich angesprochenen Gruppe dies erfahren und mit Kaufverweigerung beziehungsweise Markenwechsel reagieren.

Die gleichen Probleme können auch auftreten, wenn zwar nicht die Zielgruppen, aber die effektiv – durch die unterschiedlichen Produkte – angesprochenen Verbraucher-Segmente in einem Antipathie-Verhältnis zueinander stehen.

Problematisch kann auch eine zu große Ausweitung der Zielgruppe einer Marke sein. Dies gilt insbesondere für Prestigemarken. Exklusivität und "nahezu von jedem kaufbar" sind einander widersprechende Ziele.
Ein Auszug aus einer Studie (Polenz, S. 156; vgl. auch Belz, S. 338) verdeutlicht dies: Was bewegt die Menschen dazu, Produkte exklusiver Marken zu kaufen?

- Der Besitz vermittelt das Gefühl, Mitglied eines Elite-Clubs zu sein.

- Man bereitet sich selbst dadurch Freude und Wohlgefühl. [Zugehörigkeits-Gefühl]

- Es ist schön, Seltenheit zu besitzen. Nicht " irgendwer" sonst wird das gleiche Produkt haben. [soziale Unterscheidung]

- Die eigene Identifikation mit einem exklusiven Markennamen. [Selbstausdruck]

- Der unwandelbare Stil solcher Produktlinien; sie werden niemals unmodern. Man kauft sie wegen ihrer Echtheit und meistens wohlüberlegt; nicht aus einer flüchtigen Laune heraus. [Stabilisierungs- und Expressions-Funktion]

Seine Entwicklungsschübe und seine Brisanz erhält das Spiel mit den Symbolen allerdings erst durch jenes urmenschliche Bedürfnis nach Ungleichheit. Dies findet in vielfältigen "Strategien des Überholens und Überbietens" (Bourdieu, S. 441) seinen sichtbaren Ausdruck. Und lässt die dominanten Fraktionen zugleich so empfindlich auf das Einholen und Gleichziehen reagieren.

Höchst einfach stellen sich die Vermarktungsstrategien der symbolträchtigen Nobelmarken in aller Welt dar: Im Gegensatz zum Massen-Konsumgut folgen sie dem Prinzip der Verknappung und der Nicht-überall-Erhältlichkeit.

Beispiele FRED PERRY und LACOSTE

„Anders als der Mitbewerber FRED PERRY, der durch Massenfertigung ohne strenge Qualitätskontrolle seine führende Stellung einbüßte, lieferte LACOSTE weniger als der Markt aufnehmen konnte. Das sichert dem Handel einen schnellen Lagerumschlag und schöne Spannen, weil der Nachfragedruck Überhänge und Abschriften verhindert." (Manager Magazin 12/1985, S. 113)

Das Krokodil tauchte auch deshalb niemals auf den "Grabbeltischen" der Schlussverkäufe auf.

Später versuchte allerdings GENERAL Mills die Marke LACOSTE zu stark auszudehnen und auszubeuten. Hierauf wird in Kürze noch eingegangen.

Beispiel MERCEDES BENZ

Ähnlich waren auch früher die langen Lieferzeiten von MERCEDES BENZ ein wichtiger Beitrag zum Exklusivitäts-Erlebnis. Folgende Faktoren haben allerdings im Zeitablauf die Exklusivität von MERCEDES erlebnismäßig deutlich geschmälert:

• die zunehmende Ausweitung der Produktionskapazität

• Qualitätsprobleme bei der Einführung von neuen Serien

• die zumindest zeitweise bestehende Überlegenheit der BMW-7er Serie sowie

• die Einführung der Modellreihe 190 und der A-Klasse.

Vermutlich wäre eine frühere Unterteilung der Marke, vor dem SMART, besser gewesen – z.B. in „CAROLA BENZ" und MERCEDES BENZ. – Auch die Wiederbelebung der Marke MAYBACH, am oberen Ende des Preisspektrums, kommt meines Erachtens zu spät.

„Die schiere Anzahl der Mercedes Fahrzeuge, die inzwischen auf den Straßen fahren, haben in Kombination mit der Einführung der preiswerten 190er

229

Serie (und der A-Klasse) dazu geführt, dass inzwischen JAGUAR auf Basis der größeren Exklusivität als die höherwertige Premium-Marke wahrgenommen wird.

Eine der JAGUAR Anzeigen warb mit folgender Aussage: „Zurückblickend auf unsere Herkunft als Wagenhersteller für Könige und die sportliche Aristokratie in Europa kommt der exklusivste Jaguar, den Sie besitzen können." (Quelch S. 44)

"Der Vorgang der Vermassung ist als eine Enteignung von sublimer Art zu begreifen. Weil der persönliche Besitz und der objektive Gebrauchsnutzen des Marken-Produktes zwar gewahrt bleiben, aber dennoch ein rapider Wertverlust eintritt. Eine Mondphasen-Uhr von Blancpain am Arm eines Fabrikbesitzers zeigt immer noch pünktlich die Zeit an, auch wenn dasselbe Modell unvermutet am Handgelenk eines Bordellbesitzers auftaucht. Als Gesellschaftsaktie allerdings erlebt sie einen Schwarzen Freitag."

"Eliten sind eine zuverlässige, wenn auch eigensinnige Quelle des Geschäfts. Sie sind bereit, über jede noch so hohe Preisschwelle hinweg zu steigen, wenn ihnen mit dem Produkt auch ein exklusiver Sozial-Nutzen garantiert wird. Und wenn der Wertverlust in diesem Bereich wegen nachdrängender, in den elitären Sozialraum eindringender Gesellschaftsgruppen schon nicht aufzuhalten ist, dann fordern sie eben neue, wiederum und zunächst ihnen allein vorbehaltene Angebote, mit deren Hilfe sie sich der Umarmung der Massen unversehens wieder entziehen dürfen." (Brandmeyer, S. 68 ff.)

Die größte Gefahr besteht für eine Exklusiv-Marke somit in einer Attacke von oben: Einer Marke, die ein höheres Exklusivitäts-Erlebnis bei der relevanten Zielgruppe auslöst.

"Exklusive" Markenprodukte, die sich "vermassen", unterschiedslos distribuiert und verkauft werden, helfen dem Menschen, dem Konsumenten eben nicht, sich zu individualisieren. Sie eignen sich weniger, eine bestimmte Position innerhalb des Gesellschaftsspiels einzunehmen, und werden dadurch zunehmend uninteressant. Sie befriedigen den Distinktionsbedarf der Leute nicht und stellen damit (langfristig) ihre Existenzberechtigung selbst in Frage.

"Der Umsatz-Wachstums-Druck auf die Premium-Vermarkter ... führt nahezu zwangsläufig zur Entwicklung und zum Angebot von Produkten und Dienstleistungen auf niedrigeren Preisebenen, um die Marke neuen Zielgruppen zu öffnen." (Kennedy, S. 44 f.)

Denken Sie z.B. an YSL-Co Wear bei C&A oder an die Einführung der ARMANI-Billig-Linie in den USA.

„Solche Versuche werden meist damit gerechtfertigt, dass die Marke für neue Zielgruppen attraktiv wird, die sich nur (etwas) preiswertere Produkte leisten können. Die Idee ist, dass diese später zu den teureren Produkten umsteigen werden. - In der Realität aber bedeutet eine solche Expansion einer Marke einen Verlust an Exklusivität, die wiederum neuen Super-Premium-Marken der Konkurrenz die Tür öffnet. Selbst wenn das Umsatzwachstum mit weiteren Qualitäts-Verbesserungen einhergehen sollte, zieht einfach der Zugang von mehr Leuten die „Exklusivität" dieser Marke nach unten." (Quelch, S. 44)

Beispiel LACOSTE

So versuchte z.B. GENERAL Mills die Marke LACOSTE – ein authentisches Statussymbol der 70er Jahre – zu stark auszubeuten, indem das bekannte Krokodil-Markenzeichen auf ein breites Sortiment an Kleidungsstücken übertragen wurde und neue Zielmärkte angegangen wurden.

Beobachter sehen hierin den Hauptgrund für den starken Absatzeinbruch (der 1982 begann). Plötzlich war der Alligator kein Status-Symbol mehr.

Beispiel GUCCI

Auch die undisziplinierte Verwendung des GUCCI-Namens – zu einem Zeitpunkt gab es über 14.000 GUCCI-Produkte – war einer der Schlüsselfaktoren für den Fall von GUCCI.

Später gelang es mit der Verpflichtung von Dawn Mello und des Star Designers Tom Ford die Marke GUCCI wieder nach oben zu bringen:

"Die Marke Gucci galt als nicht mehr zu retten, bis ihr an zentraler Stelle mit Dawn Mello und Tom Ford ein Kreativitäts-Cocktail injiziert wurde. Dank dieser mit beispiellosem Talent gesegneten Designer gehört das Unternehmen, das am Tiefpunkt gerade einmal 400 Millionen Dollar (450 Mio. €) wert war, inzwischen zu den schillerndsten Marken der Welt – mit einem konservativ geschätztem Wert von 9 Milliarden Dollar (10 Mrd. €)." (van der Post)

Darüber hinaus wurde bereits als Beispiel für zu schnelle und zu weite Marken-Ausdehnung CARDIN genannt. Das gleiche gilt auch für CARTIER und einige andere Unternehmen.

Beispiel CARTIER

Der mit aller Macht vorangetriebene Verkauf einer bunten Mischung von Prestigeprodukten (Uhren, Schmuck, Feuerzeuge, Schreibgeräte, Lederwaren, Parfüm, Zigaretten, Kinder-Porzellan, sowie weiterer Gebrauchsartikel des persönlichen Bedarfs) gefährdet die Tragfähigkeit der Marke CARTIER. Hierauf haben wir bereits 1987 hingewiesen. Die zu häufigen und zu schnellen Imagetransfers wurden zumindest teilweise von der Zielgruppe nicht mitvollzogen.

Angepeilte Zielgruppe und tatsächliche Kundschaft klaffen bisweilen imageabträglich auseinander. So gelten beispielsweise "Animierdamen als Stammkunden".

Dies hat unvermeidlich zur Folge, dass das CARTIER-Selbstverständnis: "Wir sind ein Sinnbild für Geschmack, Eleganz, technisches und ästhetisches Raffinement" an Glaubwürdigkeit verliert. Der gewünschte Hauch von Exklusivität droht im Zeitablauf einer Atmosphäre von Glamour und Chichi zu weichen.

Über das langfristige Schicksal der Marke, der bereits im Manager Magazin (12/81; Bodo Rieger) prophezeit wurde: "In fünf Jahren ist der Namen tot", wird letzten Endes entscheiden, inwieweit es gelingt, Zielgruppe und Konsumenten sowie Soll- und Ist-Image zur Übereinstimmung zu bringen.

Finanziell hat sich das "Down-trading" von CARTIER – zumindest in der mittelfristigen Betrachtung – sicherlich gelohnt: Der Umsatz wuchs von 9 Mio. € im Jahre 1971 auf 1,22 Mrd. € im Jahre 1990, wobei allerdings u.a. auch der Kauf der Uhrenhersteller PIAGET und BAUME ET MERCIER mit einem 18% Umsatzanteil zu Buche schlägt.

Die Erkenntnis, dass "Preissenkungen" (und damit "Down-trading") von Luxusgütern erhebliche Umsatz-Steigerungen bringen können, ist nicht neu. Schwierig und ungemein kritisch ist die Antwort auf die Frage, ob, wann und wie ein einmal in Bewegung geratenes "Down-trading"-Momentum wieder gestoppt werden kann.

So stellte auch D. Ogilvy fest: „Es lohnt sich, einer Marke ein 1. Klasse-Ticket zu geben. Menschen mögen es nicht, bei der Verwendung von Produkten beobachtet zu werden, die ihre Freunde als drittklassig ansehen."

Ein wichtiger Opinion-Leader hat "bereits" 1989 reagiert: die Queen.

„Wir sind erschüttert. Noch nie ist einem Juwelier von diesem Niveau der Hoflieferant aberkannt worden", kommentiert der Sprecher der Firma Garrard's, seit über 150 Jahren Hoflieferant der englischen Krone, die Aberkennung des Titels für CARTIER, Ltd.

Eine offizielle Begründung hat die Queen nicht nötig:

"Dennoch sickerte durch: Es passt der Königin nicht mehr, dass sich das weltbekannte Unternehmen dem Massenmarkt zugewandt hat. Während früher die CARTIER-Uhr wirklich etwas Besonderes war, kann man inzwischen Massenprodukte dieses Herstellers für ein paar hundert Mark erwerben. – Was Hinz und Kunz kaufen können, will die Queen nicht haben. Es gibt etwa 800 Hoflieferanten in London. Und selbstverständlich kann die Firma auch an ganz normale Kunden liefern – das aber zu gepfefferten Preisen. ... Nur CARTIER, seit 1955 dabei, gehört nicht mehr zu der feinen Runde. Ein Sprecher: "Uns ist wirklich ein bisschen Glanz verlorengegangen." (Hamburger Abendblatt 27.01.1989)

Über die langfristige Zukunft von CARTIER kann man eventuell unterschiedlicher Meinung sein. – Denn eine Marke, die von ganz oben kommt, kann man vermutlich längere Zeit erfolgreich „down-traden". – Am wahrscheinlichsten ist, dass sich Markenschwächen zunächst im Imagetransfer-Bereich und nicht bei den Stamm-Markenprodukten (bei CARTIER Schmuck und Uhren) andeuten. In Rezessionszeiten zeigten sich bereits Anzeichen einer tendenziellen Marken-"Instabilität". Zum erstenmal 1990. – Festzustellen ist, dass damals dieser Rückgang bei Imagetransfer-Produkten anderer Marken (z.B. JIL SANDER) nicht der Fall war.

"Doch längst nicht alle Geschäfte glänzen bei CARTIER. Gut und in Krisenzeiten immer besser laufen Uhren und Schmuck. ... Doch (die) Umsatzziffern von Lederwaren (10 Prozent Umsatzanteil), Parfüms (8 Prozent), Feuerzeuge, Kugelschreiber und andere Accessoires (11 Prozent) stagnieren oder sind sogar rückläufig." (Heidelberg)

CARTIER Chef Alain Perrin, der unter dem Begriff "LE MUST" eine Produktlinie für den gehobenen Mittelstand auf den Markt brachte, sagte diesbezüglich:

"In einer Zeit, in der es kaum noch Superreiche gibt, haben wir LE MUST entwickelt. Andere hielten das für einen schweren Fehler. Aber LE MUST hat uns (finanziell) weit nach vorne gebracht." (Alain Perrin in einem ARD-Fernsehinterview mit Karin von Faber am 05. August 1985)

1987 haben wir bereits darauf hingewiesen, dass die mit aller Macht vorangetriebene Marken-Diversifikation die Tragfähigkeit der Marke CARTIER gefährdet. Unsere Auffassung wurde damals nur von wenigen geteilt. Inzwischen gibt uns die Marktentwicklung jedoch recht. So schreibt auch die FAZ vom 23.03.2003 auf Seite 36: „In einer Branche, in der Markennamen entscheidend sind, gilt ein ehernes Prinzip: In wirtschaftlich schwierigen Zeiten (wie 2002 und 2003) schlagen sich die Anbieter der absoluten Spitzenklasse besser als jene, die im mittleren oder unteren Segment des Luxus sind. ... CARTIER hat nach Auffassung vieler Fachleute sein ehemaliges elitäres Image ruiniert. Der Fehler war die Angebotspalette allzu sehr zu verbreitern, um breitere Kundenschichten anzuziehen. Diese Strategie gilt heute als gescheitert."

Beispiel HERMÈS

Ähnlich gelassen wollen die Urenkel von Thierry Hermès ihr ausuferndes Geschäft mit den Bestsellern des Hauses betrachtet wissen:

"Die Seidentücher sind unser demokratisches Produkt." In der Tat: Die 90 mal 90 Zentimeter großen Seidenfoulards mit den Reiter- und Pferdemotiven, Jagdszenen und Blumendesigns zieren alte wie junge Hälse, bürgerliche wie gekrönte Häupter. Das elegante Stammhaus in der Faubourg St. Honoré hat für diese Demokratisierung allerdings mit atmosphärischen Mutationen zu bezahlen:

"Hier geht es zu wie bei Karstadt am Grabbeltisch im Ausverkauf. In Dreierreihen drängeln sich Frauen aller Altersgruppen um einen Tresen in der Mitte des verwinkelten Raumes. Mit schmuckglitzernden Fingern wühlen sie in kostbaren Seidentüchern, zerren sich gegenseitig die feinsten Foulards aus den Händen". (Manager Magazin 6/1987, S. 113)

Beispiel TIFFANY

Wie leicht popularisierendes Marketing ins Auge gehen kann, ist in der Spiegel-Story (38/1984, S. 162 ff) des weltberühmten Juwelierhauses TIFFANY beispielhaft nachzulesen.

Das Juwelengeschäft TIFFANY & CO. auf New Yorks eleganter Fifth Avenue war nicht nur Symbol für die naiv-verschwenderische Opulenz der neuen Welt. Es hatte inzwischen auch die feine Art von CARTIER erworben.

Doch der Ruf des Klasse-Juweliers ist TIFFANY in den letzten Jahren zusehends abhanden gekommen. Wo einst eine elegante Käuferschicht im Vierspänner vorfuhr und zwischen juwelenbesetzten Schnurrbartkämmen, silbernen Trillerpfeifen und eingelegten Peitschengriffen wählte, da drängt sich heute eher sparsames Publikum.

Der Grund für TIFFANYS Abstieg: Seit 1979 war die Firma nicht mehr das gemütliche Familienunternehmen von einst, sondern eine Tochter des Kosmetik-Giganten AVON PROCUCTS INC.

Es war ein Kontrast, der sich größer kaum denken lässt: Das elitäre New Yorker Schmuckhaus und Amerikas größter Vertrieb preiswerter Kosmetika, dem mit seinem An-der-Tür-Verkauf von Hausfrau zu Hausfrau der Geruch provinzieller Kleinbürgerlichkeit anhängt. Der sollte wohl auch bei TIFFANY einziehen. Kaum hatte AVON den Juwelenzwerg erworben, wurde er auch schon auf AVON-Linie gebracht. TIFFANY druckte Kreditkarten und gab sie an viele zahlungskräftige Käufer aus. Früher dagegen durften nur betuchte Stammkunden über ein eigenes TIFFANY-Hauskonto abrechnen – und sich damit einem handverlesenen Zirkel zurechnen.

Die TIFFANY-Manager, einst arrogant und exklusiv, warben nun um die Masse, wollten es allen recht machen. Warnende Stimmen über diese neue Strategie ertönten schon im vorigen Jahr. „Ich frage mich, ob die nicht zu sehr aufs Popularisieren aus sind", meinte ein Sprecher der Wall-Street-Broker, Merill Lynch. Eine Angestellte der Investmentbank MORGAN STANLEY wurde noch deutlicher: „Man kann aus TIFFANY nicht einfach ein Geschäft für die obere Mittelklasse machen und ungestraft davonkommen."

Der innerhalb von nur fünf Jahren eingetretene Wert-Verlust dieses "Edelladens" belief sich auf 19 Mio. €. AVON hatte 141 Mio. investiert und konnte beim Wiederverkauf 122 Mio. € erlösen.

Selbstverständlich ist die Versuchung groß, den exklusiven Markenraum auszudehnen. Sirenengleich wirkt die Verlockung, aus der öffentlichen Begierde Kapital zu schlagen und unter der Flagge eines großen Namens auch in den Gefilden der „weniger Privilegierten" Umsätze einzufahren. Man sollte jedoch nicht vergessen, dass dies eine „Einbahnstrasse" ("One Way Ticket") ist.

Es gibt (meist) keinen Weg zurück. Wenn eine Marke eine starke Positionierung aufgibt, verschenkt sie geradezu einen großen Teil der bisherigen Marken-Investitionen an die Konkurrenz.

Wenn man eine MarkenMonopol®-Stellung verlässt, übernimmt sie meist ein Konkurrent. Die Wahrscheinlichkeit ist gering, sie wieder zurück zu erhalten.

Beispiel   NINA RICCI

Marken-Überdehnungen sind in der Luxusbranche gang und gäbe. – Die Marke NINA RICCI gründet ihre Identität eigentlich auf den Übergang vom Mädchen zur Frau.

Insofern richtet sich das Angebot von Geschirr und Tafelservice dieser Marke an die falsche Zielgruppe: Hausfrauen. Diese Produkte liegen nicht in der Markenidentität von NINA RICCI. – Andere Marken wie DIOR oder HERMÈS, deren Inhalt ausdrücklich soziale Repräsentation ist, können diese Zielgruppe besser ansprechen (Kapferer, S. 145).

3. PRODUKTKANNIBALISMUS

Das Risiko des sogenannten Produktkannibalismus ist insbesondere bei der Product Line Extension, aber auch beim Imagetransfer gegeben. Dies trifft beim Imagetransfer zu, wenn die Partner-Produkte trotz einer unterschiedlichen Kategoriezugehörigkeit große Ähnlichkeiten und hohe Substitutionsmöglichkeiten in der Verwendung aufweisen. So substituieren sich beispielsweise ORYZA Reis und ORYZA Nudeln.

Als Produktkannibalismus wird der Anteil der Abverkäufe eines neuen Produktes bezeichnet, der zu Lasten eines bereits länger vermarkteten Produktes von dem gleichen Unternehmen geht. So stellte beispielsweise die Firma ANHEUSER-BUSCH (USA) fest, dass 20 bis 25 Prozent des Umsatzes der neuen Biermarke MICHELOB LIGHT von der bereits länger existierenden Marke MICHELOB kam. (Anmerkung: Erfahrungsgemäß muss man mit einer Kannibalisierungs-Rate von 20% oder mehr bei Line Extensions rechnen.) – Ähnlich wuchs MILLER LITE von 9,5% in 1978 auf 19% in 1986, hauptsächlich zu Lasten des bereits als „light" wahrgenommenen MILLER HIGH LIFE, dessen Marktanteil von 21% auf 12% zurückging. (Aaker 1990, S. 53; vgl. auch Ries/Trout 1994, S. 66 f.)

Ein weiteres Beispiel aus den USA für diese Wirkung stellt bei weitgehender Markenübereinstimmung ALKA-SELTZER PLUS dar. Anstatt in den Markt der eigentlichen Konkurrenzprodukte DRISTAN und CONTAC einzudringen, kannibalisierte ALKA-SELTZER PLUS die Marke ALKA-SELTZER. ALKA-SELTZER wurde kleiner und kleiner und das bessere Wirkung versprechende ALKA-SELTZER PLUS größer und größer. Ein besserer Name wäre – nach der Auffassung von Ries und Trout (1981/1987) – zum Beispiel der Name „BROMO-SELTZER PLUS" gewesen. Hierdurch wäre dem Verbraucher die Unterscheidung und Nachvollziehbarkeit eines anderen Wirkungs-Versprechens erleichtert worden. Das Produkt hätte sich dann höchstwahrscheinlich stärker zu Lasten der Konkurrenz entwickelt.

Eine höhere Produkt-Kannibalisierungs-Rate muss allerdings nicht in jedem Fall unerwünscht sein. Sie kann auch im Sinne einer Markt- oder Marken-Verteidigungs-Strategie positiv gewertet werden, wenn sonst die Gefahr des Verlustes von Marktanteilen an neue bzw. zukünftige Wettbewerbsprodukte besteht.

So sieht zum Beispiel PHILIPP MORRIS in der breiten MARLBORO-Produktpalette (z.B. MARLBORO-Menthol, MARLBORO-Lights) eine wichtige Garantie für weiteren Markterfolg. Das Flaggschiff MARLBORO wurde nach allen Seiten in den wichtigen Segmenten ergänzt. Dies ermöglicht dem Verbraucher heute einen Trendwechsel innerhalb der Marke. Ein Abwandern zu anderen Marken soll dadurch weitgehend eingeschränkt werden.

Eine höhere Kannibalisierungs-Rate kann zudem auch erstrebenswert sein, wenn der Deckungs-Beitrag der neuen Produkte höher ist.

4. Marken-Terrorismus und Erpressung

Markenartikel werden leider immer häufiger Ziel verbrecherischer Angriffe durch Vergiftung des Inhalts oder erpresserischer Drohungen. Der amerikanische TYLENOL-Fall – Vergiftung eines weit verbreiteten Schmerzmittels im Jahr 1982 – hat eine unselige Entwicklung eingeleitet. Ähnliche Erpressungsversuche waren international die Folge. – Durch die Einführung von Packungen, die so verschlossen sind, dass eine Veränderung des Inhalts verhindert oder zumindest erkannt werden kann, kann dieser Gefahr teilweise vorgebeugt werden.

Durch Marken-Diversifikation wird die Wahrscheinlichkeit von Angriffen dieser Art leider erhöht. Darüber hinaus dürfte die mit der Erpressung verbundene Höhe der Geldforderung steigen.

Im Falle einer Vergiftung des Inhalts ergibt sich in der Regel eine Beeinträchtigung des Absatzes aller Produkte der betroffenen Marke. Der Verbraucher dürfte, bei bekannt werden eines solchen Falles, sicherheitshalber vom Kauf aller Produkte dieser Marke Abstand nehmen.

Mit zunehmender Anzahl der Produkte einer Marke werden entgegenwirkende Maßnahmen erschwert. Im Falle der Drohung durch militante Tierschützer, MARS-Riegel zu vergiften, ist es dem europaweit eingeflogenen Außendienst im Jahre 1984 an einem Wochenende noch gelungen, alle zu dieser Zeit im britischen Handel befindlichen MARS-Riegel zu kontrollieren. Hätte es sich damals nicht um ein einzelnes Produkt gehandelt, so wäre diese Überprüfung in so kurzer Zeit sicherlich unmöglich gewesen.

Die Gefahr von Marken-Terrorismus und Erpressung wächst, wie einige der spektakulärsten und der Öffentlichkeit bekannt gewordenen Fälle beweisen:

1982 vergiftete ein Erpresser in den USA das Schmerzmittel TYLENOL mit Zyanid. Sieben Menschen starben. Der Hersteller JOHNSON & JOHNSON musste das Präparat vorübergehend vom Markt nehmen. Es wurde später wieder eingeführt und Dank einer guten Public Relations-Strategie ein großer Erfolg. – Der Täter wurde nie gefasst.

1982 kündigte ein anonymer Anrufer der Marke PFANNI die Vergiftung ihrer Produkte an. Er wollte sich für die Entlassung von Mitarbeitern rächen.

1984 drohte eine „Animal Liberation Front" in Großbritannien, den Schokoriegel MARS mit Rattengift zu impfen. Der Aufwand für die vorbeugenden Kontroll-Maßnahmen war beträchtlich. Die „seltsamen" Tierschützer wurden nie gefasst.

1989 versetzte ein Erpresser Babynahrung der Firma HEINZ in Großbritannien mit Glassplittern und Teilen von Rasierklingen. Der Mann, ein ehemaliger Polizei-Beamter, wurde verhaftet.

1990 vergiftete ein Unbekannter Sauerkirsch-Marmelade des Discounters ALDI mit dem Pflanzenschutzmittel E 605.

1992 begann „Dagobert" den KARSTADT-Konzern mit Bombendrohungen zu erpressen. Er wurde nach etlichen gescheiterten Geldübergaben 1994 verhaftet.

1993 wurde NESTLÉ mit der Vergiftung von Produkten bedroht. Der Täter forderte 1 Million Euro. Er wurde gefasst.

1994 drohte ein Schreiner damit, 100 COCA COLA Dosen in Deutschland zu vergiften. Er wurde überführt.

1995 kündigten zwei Männer den Magenbitter-Produzenten KÜMMERLING und UNDERBERG an, deren Produkte mit LSD oder E 605 zu vermischen. Sie wurden verhaftet.

1996 begann ein Unbekannter, die NESTLÉ-Tochter THOMY zu erpressen. Er versetzte Senf und Mayonnaise mit Zyanid. Vorsichtshalber wurden zeitweise weitere NESTLÉ-Produkte (u.a. ALETE) aus dem Handel genommen.

1996 wollte ein Brieftaubenzüchter 500 000 Euro von einer Supermarkt-Kette im Raum Hannover erpressen. Mittels eines Polizei-Hubschraubers, der den eventuell Geld transportierenden Tauben folgte, konnte der Züchter verhaftet werden.

1997 verlangte ein Ehepaar von der NESTLÉ-Tochter MAGGI 500 000 Euro. Es drohte damit, MAGGI-Suppen mit BSE-Erregern zu verseuchen. Die Täter wurden gefasst.

1997 forderte ein Gastwirt 1,75 Millionen € von der GILDE Brauerei. Er kündigte an, Bier mit Kolibakterien zu versetzen. Er wurde verhaftet.

1997 vermischte ein Erpresser SCHWARTAU-Marmelade mit der giftigen Substanz Walfarin. Der Täter wurde verhaftet.

1998 rührte ein Mann E 605 unter ALETE-Birnenbrei. Er verlangte 400 000 € und wurde überführt.

1998 versetzten zwei Männer NIVEA-Produkte mit Terpentin. Sie forderten 417.000 € und wurden gefasst.

1998 verlangte ein Erpresser 5 Millionen € von DAIMLER BENZ. Er drohte damit, Gully-Deckel von Brücken auf MERCEDES BENZ-Fahrzeuge zu werfen, wenn der Konzern nicht zahlen würde. Bislang wurde der Täter nicht entdeckt.

Auf eine weitere Auflistung möchte ich verzichten. In den letzten zwei Jahren wurden durchschnittlich pro Jahr circa 26 „Markenerpressungs-Versuche" registriert - laut Auskunft von Leiner & Denzer, Kanzlei für Sicherheitsfragen, Wiesbaden.

5. Abhängigkeit vom Lizenzmarken-Geber

Mit einer Lizenznahme begibt sich ein Unternehmen in ein gewisses Abhängigkeits-Verhältnis vom Lizenzgeber. So gehörte beispielsweise die DIMI 92 SpA aus Vinci bei Florenz jahrelang zu den vielen Partnern von GIORGIO ARMANI. Mit einem Umsatzvolumen von rund 50 Mio. € pro Jahr gilt das Unternehmen als weltweit größter Regenjacken-Hersteller. Über ein Jahrzehnt hat es für die GIORGIO ARMANI SpA Kleider und Stoffe produziert – bis Augusto Allegri auf die Fortsetzung einer Zusammenarbeit verzichtete.

Der Fabrikant beklagt die Abhängigkeit, in die sich viele Unternehmen mit der Lizenznahme begeben. Während GIORGIO ARMANI Jahr für Jahr weltweit an Ansehen gewonnen habe, sei sein eigenes Unternehmen "eine völlig unbekannte Größe geblieben."

Nahezu zwangsläufig werde ein Hersteller dadurch gewissermaßen erpressbar und dem Lizenzgeber ausgeliefert. Der Grund: „Ein GIORGIO ARMANI findet überall Fabrikanten, die für ihn arbeiten wollen. Wir Unternehmer (im Hintergrund) werden dagegen zu einer austauschbaren Ware. Unser Name ist den Käufern völlig unbekannt."

Um dies zu ändern, entstehen seit dem Herbst 1997 unter dem Markennamen ALLEGRI eigene Mode-Kollektionen. Entworfen werden sie von dem belgischen Mode-Avantgardisten Martin Margiiela und zweimal jährlich – mit überraschend großem Erfolg – bei den Pariser Prêt-à-Porter-Schauen präsentiert.

Bislang ist der Schritt des Italieners ein Ausnahmefall.

Eine erhöhte Abhängigkeit kommt auch in der Drohung von POLO RALPH LAUREN Anfang 2003 zum Ausdruck, seinem größten Lizenznehmer JONES APPAREL relativ kurzfristig die Lizenz zu kündigen. Ursache der Auseinandersetzungen war ein deutlich niedrigeres Abschneiden der höherpreisigen RALPH-Damenkollektion als erwartet. RALPH erreichte in 2002 nur 41 Millionen € anstatt der ursprünglich erhofften 110 Millionen €. Das Unternehmen drohte parallel auch die LAUREN-Lizenz zu entziehen, mit der 609 Millionen € im Jahre 2002 erzielt worden waren. JONES APPAREL sah sich veranlasst, wegen des Streits eine Mitteilung herauszugeben. Die Aktie der Gesellschaft, die mit 4,8 Milliarden € zu den größten Bekleidungsherstellern in den USA gehört, verlor danach rund 10 Prozent an Wert. (FAZ 08.02.2003, S. 20)

6. Zusammenfassung der Risiken

Besondere Sorgfalt ist geboten, wenn ein Markenname, statt wie bisher für ein Mono-Produkt, künftig für mehrere Produkte genutzt werden soll. Den erheblichen Vorteilen der Marken-Diversifikation stehen nämlich nicht zu unterschätzende Risiken gegenüber. Zu nennen sind insbesondere

- die (faktische oder emotionale) Unverträglichkeit der Partner-Produkte,
- die Überforderung der Tragfähigkeit der Marke durch
    - zu viele oder
    - zu schnell aufeinanderfolgende Marken-Übertragungen sowie
    - die Ansprache zu unterschiedlicher Zielgruppen
- und Produktkannibalismus.

Es wäre daher grundsätzlich falsch, zu meinen, dass die Skala der Wirkungen von Imagetransfer und Line Extensions bei "gar nichts nützen" endet. Denn Marken-Diversifikation kann der Marke auch schaden – durch Marken-Deprofilierung und negative Rücktransfers – und das Vertrauen in die betreffende Marke reduzieren.

Viele große Unternehmen stehen vor schwierigen Schlüssel-Entscheidungen. Sie besitzen Marken-Identitäten mit weltweiter Reputation, die den Absatz vielfältiger Produkte steigern können. Aber ein falscher Ton kann eine ganze „Marken-Symphonie" zerstören. Den Unternehmen wird die "Weltbühne" gehören, die die richtigen Marken-Namen auf die richtigen Partner-Produkte transferieren. Andererseits werden mittel- bis langfristig einige der gegenwärtig größten Business Empires zerstört werden, wenn sie über-opportunistisch ihre Marken auch für Produkte einsetzen, die den Markenkern angreifen.

Man denke nur an CAMEL. Neben mehreren guten Imagetransfers haben viele billige Merchandising-Artikel das Marken-Image beeinträchtigt. Hinzu kamen eklatante Fehler in der Kommunikations-Strategie.
„Starke Marken brauchen Lizenzen" – aber die richtigen.

Als weitere Risiken kommen eine größere Angriffsfläche für Markenterrorismus und Erpressung hinzu, sowie die Abhängigkeit vom Lizenzmarken-Geber.

III.

ZUM UNTERSCHIEDLICHEN DIVERSIFIKATIONS-POTENZIAL PRODUKT- UND NUTZEN-GEPRÄGTER MARKEN

„Jede Marke gehört den Leuten, die sie kaufen, und nicht den Leuten, die sie herstellen. Das ist eine wichtige Unterscheidung, die bei der Entwicklung von Marketingstrategien nur zu oft übersehen wird."

(G. Black)

"Die meisten Unternehmen sind Konzept-Riesen und Umsetzungs-Zwerge."

(F.-R. Esch)

Imagetransfers und Line Extensions müssen als Multi-Produkt-Strategien prinzipiell erheblich sorgsamer mit dem Namen umgehen als eine Mono-Marke. Die Erhaltung des Vertrauens in die Qualität und Zuverlässigkeit der Marke hat höchste Priorität. Die Identität und das kompetitive Profil (der Motiv-Schlüssel) der bereits erfolgreichen Marke darf nicht in Frage gestellt werden.

Neue Produkte als Markenträger müssen somit von der Markenidee ausgehen, wenn sie die Identität der Marke nicht in Frage stellen wollen. Jede existierende Marke hat im Bewusstsein der Verbraucher einen festen Platz, eine bestimmte Bedeutung.

Verantwortungsbewusste Marken-Arbeit beginnt deshalb mit einer Analyse, die die Marke auf ihren unverrückbaren Kern reduziert. Um erst dann zu prüfen, ob und wie dieser Kern und der Motiv-Schlüssel für eine imagemäßige Diversifikation genutzt werden kann.

Die Tragfähigkeit einer Marke ist somit begrenzt durch das spezifische Image. Gut geeignete Marken-Diversifikationen lassen die Grund-Dimensionen der Marke klarer und prägnanter hervortreten. Durch Transferpartner-Produkte mit hohen Affinitäten wird der Marken-Kern und Motiv-Schlüssel gehärtet.

Insofern gilt grundsätzlich:

"Es gibt keine generellen Regeln für Marken Extensionen. Jede Situation muss individuell analysiert werden." (Gamble, S. 178)

"Jeder Fall einer Marken-Ausdehnung ist einzigartig und bedarf einer Kunden-individuellen Analyse." (Tauber, S. 38)

Dennoch lassen sich aus der folgenden Diskussion zahlreicher Fallstudien wichtige Erkenntnisse bezüglich des Marken-Diversifikations-Potenzials gewinnen.

Idealtypisch kann man Marken entsprechend ihrem Image in zwei Gruppen ordnen – wobei in der Realität diese Zuordnung keine Frage des "Entweder-Oder", sondern des "Mehr-oder-Weniger" ist;

1. Produktgeprägte Markenimages

2. Nutzengeprägte Markenimages

1. PRODUKTGEPRÄGTE MARKENIMAGES

Sofern eine Marke ein stark produktgeprägtes Image in den Augen der Konsumenten hat, gilt sie meistens als „Spezialist" für einen bestimmten Marktbereich. Ein Spezialisten-Image ist in aller Regel prägnanter als ein Generalisten-Image. In diesem Zusammenhang ist von Bedeutung, dass einmal stark ausgebildete Images als äußerst stabil und inflexibel gelten:

"Prägnante Markenbilder sind meist relativ inflexibel, d.h. die einmal bestehende Vorstellung hat sich aufgrund physischer Fixierungs- und Erstarrungsvorgänge soweit verfestigt, dass die Modellierbarkeit des Gesamtgefüges und eine damit noch erreichbare Verlagerung des Markenbildes erschwert oder überhaupt in Frage gestellt wird." (Wiswede, S. 168)

Entsprechend gilt für das Diversifikations-Potenzial: "Je spezifischer, d.h. je enger der von der Marke abgedeckte Produktbereich wahrgenommen wird, desto kleiner ist der Kreis möglicher, erfolgsversprechender Transferprodukte". (Hätty, S. 212)

"Es soll nicht bestritten werden, dass Images z.B. auch alt, teuer, ja lästig werden können. So z.B. wenn eine Firma (Marke) auf nationaler Ebene ein sehr ausgeprägtes positives Image besitzt, was sich bei der Erweiterung ihres Produktions-Programms oder beim Eindringen in größere Wirtschaftsräume eher als hinderlich erweisen kann." (Johannsen, S. 107)

Insofern muss einem prägnanten, produktgeprägten Image und einem geplanten Imagetransfer ein inhärenter Widerspruch bescheinigt werden. Darüber hinaus sind oft selbst Line Extensions nur in begrenztem Umfang möglich.

Umgekehrt lässt sich hieraus ableiten, dass Marken mit Generalisten-Image in aller Regel nur über geringes Transfer-Potenzial in neuen Märkten verfügen, die von Spezialisten beherrscht werden.

(Einige Beispiele, bei denen die Ziele von Generalisten gegen Spezialisten nicht erreicht wurden, werden noch näher erläutert: z.B. GARDENA sowie zahlreiche Versuche gegen CLAUSTHALER und NUTELLA)

Deckt eine Marke in der Verbraucher-Vorstellung einen sehr eng definierten Markt ab, so gilt es, diesen behutsam und vor allem sukzessive auszuweiten. Dies gilt nicht nur bezüglich neuer Produktmärkte, sondern der Konsument kann bereits bei neuen Produkten einer Marke innerhalb einer Produktgattung äußerst sensibel reagieren.

Dies trifft insbesondere dann zu, wenn er ganz bestimmte Eigenschaften und Charakteristiken von der spezifischen Marke – bereits innerhalb des Stamm-Marktes – erwartet.

Beispiel ROLEX

So wird z.B. ROLEX mit der bekannten, soliden, sportlichen und zum Statussymbol gewordenen Uhr "OYSTER" identifiziert. Schon mit ihrer eleganten, feinen Dresswatch-Kollektion "CELLINI" hat diese Marke Mühe, Käufer zu finden.

Beispiel SAMSONITE

SAMSONITE, bekannt für „supersolide" Hart-Koffer, konnte nur Weich-Koffer erfolgreich vermarkten, die besonders strapazierfähig sind.

Mit seiner Identität kann SAMSONITE nur besonders solides Reisegepäck anbieten – auch bei elegantem Design, weil der Konsument diese Produkt-leistung von dieser Marke erwartet.

Beispiele POLAROID und KODAK

POLAROID steht für „Sofort-Bild"-Kamera und -Filme. Entsprechend scheiterte der Versuch von POLAROID, „normale" Filme anzubieten, die noch entwickelt werden mussten.

Umgekehrt war auch die Diversifikation von KODAK in den „Sofort-Bild"-Kamera und -Film-Bereich wenig erfolgreich. Die Umsätze von POLAROID waren mehr als doppelt so hoch als die von KODAK in diesem Markt, bevor KODAK den Patent-Prozess verlor.

Beispiel CAMPBELL

Die berühmte Marke CAMPBELL (Suppen) brachte eine Spaghettisauce auf den britischen Markt. Das schien für eine Marke, deren Spitzenprodukt Tomatensuppe ist, vermeintlich leicht möglich zu sein.

Es wurde jedoch – trotz einem „objektiv" überlegenen Produkt – (zunächst) ein Misserfolg, da die Spaghettisauce – bedingt durch die Markenassoziationen – vom Konsumenten als zu "wässrig" erlebt wurde. Es wurde von den Verbrauchern wahrgenommen, dass die Sauce gleich von den Nudeln runter fließt. Und nicht, wie gewünscht, oben auf den Spaghetti bleibt.

Mit nahezu identischem Konzept und Verpackungs-Design, aber mit dem Namen PREGO wurde das Produkt im zweiten Anlauf in Großbritannien ein großer Erfolg.

Diese Beispiele zeigen erneut, dass Markennamen bei den Konsumenten die Wahrnehmung wie „Denkschablonen" beeinflussen.

Beispiel PANZANI und BARILLA

Die französische Marke PANZANI, die auf Nudeln spezialisiert ist, ist mit dem Versuch gescheitert, Tomatensaucen zu vermarkten.

Was die Marke PANZANI nicht schaffte, gelang BARILLA. Der besondere italienische Touch der Marke BARILLA legitimierte diese Ausdehnung.

Dies zeigt: nicht die Produkte, sondern die zentralen Marken-Assoziationen definieren die Ausdehnungsmöglichkeiten einer Marke.

Beispiel   PRINZENROLLE

Das bekannteste und erfolgreichste Produkt von DE BEUKELAER LU, die PRINZENROLLE, wurde 1988 in Deutschland um einen Doppelkeks mit Erdbeer-Quarkfüllung erweitert.

Die Produktion des "aus der Art geschlagenen Prinzen-Bruders" wurde allerdings im Frühjahr 1991 bereits wieder eingestellt.

Als Flop-Grund nannte Freigang, damals Marketingdirektor von dem PRINZENROLLEN-Hersteller GENERAL BISCUITS: „Das Erdbeersandwich hat nicht den Kern des Prinzenproduktes getroffen. Denn ein Vollkornkeks mit Erdbeer passe nicht zu dem Genuss, den die Konsumenten mit der Prinzenrolle verbinden: „Gutes, goldgelbes Gebäck mit Schokoladengenuss."

Es ergab sich zunehmend auch die Gefahr eines negativen Rücktransfers: "Statt unbekümmerter Zungenfreuden erinnerte die Vollkornschnitte mit dem traubenzucker-süßen Fruchtbrei eher an ungesunde Ernährung."

„Der Verbraucher", sagte Freigang, „hat bestimmte Vorstellungen von Prinzenprodukten". Variationen sollen daher in Zukunft den "Grundcharakter erhalten und bestehende Erwartungen erfüllen."

Später wurden neben dem Stammprodukt vier weitere Produkte unter der "PRINZEN"-Dachmarke angeboten: PRINZEN-Butterkeks, PRINZEN-Riegel, CHOCO-PRINZ und PRINZEN-Minikuchen.

Elementar für das PRINZEN-Dach sind die "Doppeleigenschaften" aller Produkte: "PRINZENPRODUKTE" sind eine klare Kombination aus (goldgelbem) Gebäck und Schoko". (Dietz, S. J 8)

Inzwischen wurde das „PRINZEN"-Sortiment mit diesem Prinzip deutlich und erfolgreich ausgebaut.

Beispiele aus dem Automarkt: AUDI, FIAT, PORSCHE, VW

FIAT ist kompetent für die Herstellung von Kleinwagen. Insbesondere der FIAT PANDA – "Die tolle Kiste" prägt nach wie vor das Marken-Image. Entsprechend schwer tut sich das Unternehmen, größere Limousinen abzusetzen.

Das gleiche gilt für AUDI, denen vor allem Kompetenz in der Mittelklasse zugesprochen wurde. In der Luxus-Klasse hatte das Unternehmen jedoch eine Generation (circa 20 Jahre) lang Mühe, Käufer zu finden – trotz guter Marketing-Strategie und zahlreicher technischer Neuerungen (Man denke z.B. an den RO 80 mit Wankel-Motor oder die AUDI QUATTRO-Serien). Die meisten Käufer, die 60.000 € oder mehr ausgeben, wollten eben auch das Prestige eines MERCEDES, JAGUAR oder BMW.

Ein weiteres Beispiel ist die VOLKSWAGEN AG, die mit ihrem "KÄFER" eines der populärsten Einzelprodukte der Welt herstellte. Entsprechend schwer tat sich zunächst das Unternehmen mit dem Absatz weiterer Modelle (z.B. VW 1600, K 70, 411 etc.) und es bedurfte zahlreicher Anläufe, um einen "KÄFER"-Nachfolger zu finden. „Sicher ist der GOLF heute ein erfolgreiches Auto, aber der GOLF ist nur ein VOLKSWAGEN, während der KÄFER der VOLKSWAGEN war." (Kitir, S. 100)

Es ist damit zu rechnen, dass das beabsichtigte weitere „Up-trading" der Marke VW (z.B. VW PHAETON) ein langwieriger und schwieriger Prozess wird.

PORSCHE gilt als sportliches Auto, wenn nicht als die Inkarnation eines Sportwagens. Synonym für PORSCHE ist nach wie vor der 911. – Andere Modelle wie der VW-Porsche und die Baureihen 924 und 928 hatten bei weitem nicht den ursprünglich erwarteten Erfolg.

Zweifelsohne verfügt PORSCHE auch über Allrad-Erfahrung bei Sportwagen und die technische Kompetenz zum Bau eines Geländewagens. Doch was technisch machbar ist, muss marken-technisch noch lange nicht sinnvoll sein.

Im Klartext: Der CAYENNE birgt erhebliche Risiken für das PORSCHE-Image. Es besteht die Gefahr, dass die Fähigkeit von PORSCHE mittel- bis langfristig beeinträchtigt wird, mit „echten Sportwagen" wie FERRARI zu konkurrieren. (vgl. auch Esch 2002, S. 25; Viehöfer, S. 33)

So wie die CORVETTE gegenwärtig durch das CHEVROLET-Image im Wettbewerb mit PORSCHE behindert wird. „Was ist ein Chevrolet? Ein großer, kleiner, billiger, teurer, importierter oder in den USA gefertigter PKW" oder LKW. In den letzten zehn Jahren sind die Chevrolet-Absätze in den USA um 36% zurückgegangen, weil die Marke für alles und letztlich für nichts steht. (Ries, S. 204)

Beispiel   "NEW COKE"

DIET COKE, CAFFEINE FREE DIET COKE und CHERRY COKE sind Innovationen, die ins Wettbewerbsumfeld passen, ohne den Charakter der Stamm-Marke COKE zu stark zu verändern.

Die ganze Macht des Konsumenten-Vorstellungsbildes einer Marke wurde nie deutlicher als bei dem gescheiterten Versuch, die COKE-Anhänger für eine "neue COKE" zu begeistern: „Das größte Marketing-Fiasko aller Zeiten." (Hall, Taylor)

Sie war süßer als der Konkurrent PEPSI COLA und lag mehr im Trend. In Blindtests mit insgesamt über 190.000 Testpersonen(!)– ohne Markennennung – wurde sie deutlich bevorzugt. Der Launch wurde 4,5 Jahre lang vorbereitet. Trotzdem scheiterte „NEW COKE", da sie nicht der COKE-Erwartung der Konsumenten entsprach. Es kam zu massiven Verbraucher-Protesten und Umsatz-Rückgängen, die die Firma letztlich zum Einlenken zwangen.

Auch nach „Wieder-Einführung" der "COKE CLASSIC" wurde „NEW COKE" kein Erfolg. 1986, ein Jahr nach dem Launch, hatte sie einen Marktanteil von unter 3%. 1989 lag NEW COKE bei etwa 1,5% Marktanteil und zählte nicht zu den Top Ten im Soft Drink-Abverkauf.

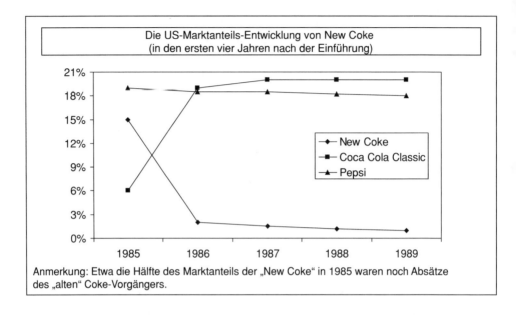

Die US-Marktanteils-Entwicklung von New Coke
(in den ersten vier Jahren nach der Einführung)

Anmerkung: Etwa die Hälfte des Marktanteils der „New Coke" in 1985 waren noch Absätze des „alten" Coke-Vorgängers.

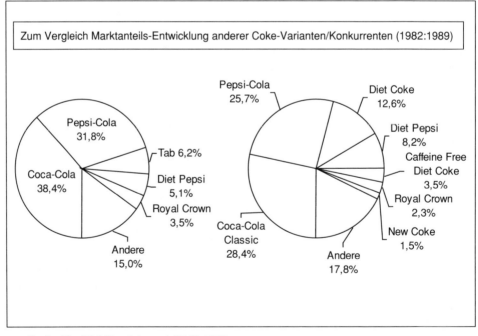

Zum Vergleich Marktanteils-Entwicklung anderer Coke-Varianten/Konkurrenten (1982:1989)

Quelle: The Wall Street Journal, 07.03.1990

Zum Vergleich: DIET-COKE eroberte in kurzer Zeit die dritte Markt-Position bei Soft Drinks und hatte 1989 einen Marktanteil von 12,6%. COKE CLASSIC erzielte im gleichen Jahr 28,4% und selbst CAFFEINE FREE DIET COKE 3,5%. (vgl. McCarthy 1990).

"The real thing" konnte nicht zwei Persönlichkeiten haben.

Dieses Beispiel macht auf dramatische Weise deutlich, dass "jede Marke den Leuten gehört, die sie kaufen, und nicht den Leuten, die sie herstellen. Das ist eine wichtige Unterscheidung, die bei der Entwicklung von Marketingstrategien nur zu oft übersehen wird." (G. Black, S. 87)

Beispiel   PEPSI COLA Crystal

An den Konsumenten-Erwartungen scheiterte in den USA auch der Versuch, eine „kristall-klare" PEPSI COLA Crystal einzuführen. Eine Cola ohne braune Farbe widersprach den Verbraucher-Vorstellungen. PEPSI COLA Crystal wurde ein Flop

Beispiel PFANNI

Die Marke PFANNI wurde seit ihrem Start – insbesondere aber in den fünfziger Jahren und noch über mehrere Jahrzehnte hinweg – Inbegriff für Knödel-Fertigprodukte. Sie übernahm nahezu Gattungsfunktion. PFANNI benötigte viel Kraft und viel Ideenreichtum, um aus dem Knödel-Image hinauszuwachsen. Ziel war es, zum Begriff für ein umfassendes Sortiment von Kartoffel-Fertigprodukten zu werden.

Die Entwicklung der Marke PFANNI ist damit auch die Geschichte einer Dachmarke, der es erfolgreich gelang, ihre integrative Kraft zu erhöhen und die Kompetenz auszuweiten. In der Sortimentspolitik wurden die grundlegenden Veränderungen der Verbraucher und des Handels aufgegriffen und umgesetzt.

Zwischenzeitlich sind unter PFANNI mehrere Produkt-Generationen vertreten. "Knödel und Klöße, die Erfolgsprodukte aus der Gründungsphase von PFANNI. PFANNI-Püree als ein wesentliches Produkt zur Erweiterung der Kompetenz in der nächsten Phase. Später (folgten) dann, als Produktlinie entsprechend differenziert, Kroketten und andere Kartoffel-Spezialitäten. Die Convenience-Leistung wurde besonders in den Vordergrund gestellt durch die Knödel in Kochbeuteln, die Frischepacks für die Pfanne mit neuer Technologie (in Alu-Beuteln schonend sterilisierte Kartoffelgerichte) und durch den nationalen Start von Tiefkühlprodukten.

Der Erfolg der Tiefkühlprodukte hielt sich allerdings in Grenzen.

Sortimentsausweitung, Qualitätsverbesserung, Sicherheit in der Zubereitung, mehr Schnelligkeit und damit mehr Convenience-Leistung sind wichtige Kriterien für die Line Extension von Pfanni." (Kiter, S. 101)

"Auch künftig stehen die Natur und der Haupt-Rohstoff die Kartoffel im Vordergrund." (Hillebrand, S. 114)

1.1. Gattungs-Marken

Marken werden oft zu Gattungsnamen, wenn ihre ursprüngliche Einführung als "absolute Marktneuheit" stattfindet, gefolgt von jahrzehntelanger Marktpräsenz. Bei Marken, die zu Gattungsnamen geworden sind, ist die Produktklasse aufgrund der besonderen Umstände (Gleichheit zwischen Produktklassen- und Markennamen) meistens ein zentraler Bestandteil des Markenimages. Dieses behindert eher Marken-Diversifikations-Versuche als dass es sie fördert.

Entsprechend ist es Diversifikationen vieler starker Gattungsnamen-Marken nicht gelungen, eine dominierende Stellung in einem neuen Markt zu erlangen. Als Beispiele seien hier nur angeführt:

• UHU (Tinte, Wäschesteife, Klebeband und -stifte, etc.)
• TEMPO (Servietten 1967, Kosmetiktücher 1967, Küchentücher 1969)

Das Marken-Diversifikations-Dilemma von Gattungsmarken sei anhand der Marke TEMPO veranschaulicht:

Das produktgeprägte Image erfordert eine starke Ähnlichkeit der zugrundeliegenden Produktklassen bezüglich der charakterisierenden Produkteigenschaften (Papier).
Demgegenüber nimmt der Verbraucher die Marke allerdings eingebunden in bestimmte Funktions-Zusammenhänge wahr (z.B. Nase putzen). Dies beschränkt den Kreis und Erfolg möglicher Transferprodukte bei vielen Konsumenten auf Produkte mit ähnlicher Funktion, wie die Marktanteile in der Abbildung auf der nächsten Seite zeigen.

Beispiele XEROX und IBM

Der Markenname XEROX wird in den USA als Gattungsbezeichnung für Fotokopierer verwandt. „To xerox something" heißt, eine Fotokopie zu machen. Entsprechend scheiterte der Versuch von XEROX – trotz einer Investition von 1,8 Milliarden € – kläglich, Computer anzubieten.
Umgekehrt war der teure Versuch der „Computer-Firma" IBM, in den Fotokopierer-Markt vorzudringen, von vornherein zum Scheitern verurteilt.

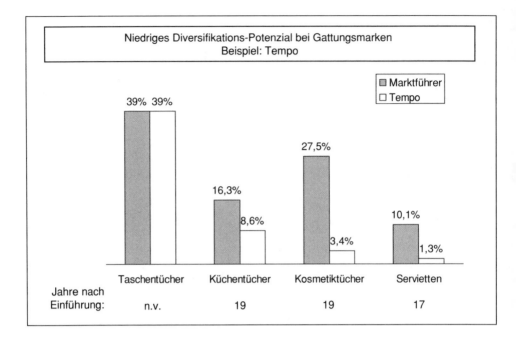

Niedriges Diversifikations-Potenzial bei Gattungsmarken
Beispiel: Tempo

■ Marktführer
□ Tempo

39% 39%

27,5%

16,3%

8,6%

3,4%

10,1%

1,3%

| Taschentücher | Küchentücher | Kosmetiktücher | Servietten |

Jahre nach Einführung: n.v. 19 19 17

260

1.2. Marken mit semantisch bedingter Aussagekraft ihres Namens

Eine dem Gattungsnamen vergleichbare starke Produktklassen-Fixierung besitzen Marken mit semantisch bedingter Aussagekraft ihres Namens.

Das Transfer-Potenzial von Marken wie SPÜLI, ABFLUSSFREI, WC-ENTE, 5 MINUTEN TERRINE, FUSSFRISCH, BADEDAS, etc. ist zwangsläufig beschränkt durch die ausgelösten Assoziationen des Markennamens.

So hatten z.B. die Transferprodukte (Duschbad, Creme u.a.) der erfolgreichen Marke BADEDAS mit Durchsetzungsproblemen zu kämpfen.

Es mussten mit DUSCHDAS (inzwischen Marktführer) und CREMEDAS, das weitgehend erfolglos blieb, daher letztlich "neue" Marken aufgebaut werden.

1.3. Objektiver Verwendungsverbund als "Garant" für ausreichendes Diversifikations-Potenzial

Über ein relativ gesichertes Erweiterungs-Potenzial dürfte eine produktorientierte Marke verfügen, wenn Stamm- und Partner-Produkt in einem objektiven Verwendungs-Verbund zueinander stehen. Dieser ergibt sich in erster Linie daraus, dass bestimmte Produkte von ihrer Funktion her nicht selbstständig sind, sondern ihre Verwendung vielmehr an die Nutzung anderer Produkte gebunden ist. Dabei geht es in erster Linie nicht um einen subjektiv empfundenen Verwendungs-Verbund wie etwa zwischen Tennisschläger und Tennisbekleidung, sondern um einen objektiven Verwendungs-Verbund. (vgl. Müller-Hillebrand, S. 94 ff., S. 102; Schewe, S. 91 f.)

Kennzeichen derart miteinander verbundener Produkte sind ihre Unselbstständigkeit und Ergänzungsbedürftigkeit. So braucht man etwa zu einem Kugelschreiber eine Mine, zu einer Kamera einen Film oder zu einem Kopiergerät Kopierpapier.

Typisch für solche zwangsläufig verbundenen Güter ist also, dass jedes einzelne dieser Produkte für sich betrachtet völlig unselbstständig ist. Sie bilden erst durch gegenseitige Ergänzung eine selbstständige Einheit. Solche derart miteinander verbundenen Produkte werden sehr häufig unter einer einzigen Marke angeboten. Sie verfügen auch über eine entsprechende Zielgruppen-Akzeptanz. Nicht zuletzt durch den Hinweis der Anbieterseite, dass „allein" die Kombination der unter der gleichen Marke geführten Produkte eine wohlabgestimmte und optimale Verwendung gewährleistet (Man denke z.B. an die Original-Ersatzteil-Strategien der Automobilhersteller).

Zu berücksichtigen ist hier allerdings die Diversifikations-Richtung. Dabei spielt vor allem das relative „Rangwertigkeits-Verhältnis" der Produkte zueinander eine Rolle. Mit dem relativen Rang wird darauf abgestellt, welches Bedeutungs-Gewicht den verbundenen Produkten nach Umfang und Intensität ihrer Leistungen für die Bedürfnis-Befriedigung zukommt. Bei gleicher Bedeutung wird von gleichrangigen, bei unterschiedlicher Bedeutung von ungleichrangigen Produkten gesprochen. Offenkundigster Wertmaßstab für die Einschätzung der relativen Rangwertigkeit ist in aller Regel der Preis der jeweiligen Produkte.

Bei Produkten des verbundenen Bedarfs beruhen die bestehenden Rang-Ungleichheiten auf einem Hauptprodukt-Zubehör-Verhältnis. Es scheint plausibel, dass der Verbraucher seine Kaufentscheidung zunächst an dem ranghöheren Produkt ausrichtet und erst anschließend die dazu passenden, rangniedrigeren Produkte auswählt.

Aus diesem Grund ist eine Marken-Diversifikation, die von einem höherrangigen oder zumindest gleichrangigen Stamm-Produkt ausgeht (von Kamera auf Film, von Fotokopierer auf Fotokopier-Papier), meist unproblematisch.

Demgegenüber verfügt eine Marke für ein höherrangiges Partner-Produkt (von Film auf Kamera) meistens über kein ausreichendes Transfer-Potenzial, da das Hauptprodukt als technisch komplizierter gilt und ihm deshalb für diesen Bereich keine technische Kompetenz zugesprochen wird.

Bei sensorischen Produkten gilt eine entsprechende Rangfolge vom höherauf das niedrigwertigere sensorische Produkt. So wäre es höchstwahrscheinlich besser gewesen, anstelle des Imagetransfers von MELITTA-Filtertüten auf MELITTA-Kaffee eine neue Marke aufzubauen. Der Marktanteil von MELITTA-Kaffee betrug 1991 nur 6,2 Prozent, wobei zu berücksichtigen ist, dass sich der Absatz in den letzten Jahren dynamisch entwickelt hat.

In den sogenannten "neuen Bundesländern" hat MELITTA ebenso wie JACOBS aufgrund seiner Distributionskanäle einen deutlichen Vorteil gegenüber TCHIBO und EDUSCHO.

In diesem Zusammenhang möchte ich darauf hinweisen, dass das Kriterium der Rangwertigkeit nicht nur speziell bei Produkten mit verbundenem Bedarf von Relevanz ist, sondern grundsätzlich bei jeder Marken-Erweiterung beachtet werden sollte.

Man denke hier beispielsweise auch an den bereits geschilderten, erfolgreichen Transfer der Pflege-Kompetenz der Kosmetik-Marke PALMOLIVE auf Spülmittel (der allerdings einen negativen Rücktransfer auslöste).

1.4. Schlussbetrachtung zu den produktgeprägten Markenimages

Marken mit einem stark produktgeprägten Image verfügen häufig in ihrem Markt(bereich) über eine starke Stellung, die sie gegenüber "Generalisten" wenig angreifbar macht.

- So haben z.B. viele "full flavor"-Zigaretten Leicht-Varianten herausgebracht. Die größten Erfolge im Leicht-Segment haben aber die Marken, die von Anfang an leicht waren: SELECT und BARCLAY in der Schweiz. (Ausnahme: In Deutschland sind die Light-Varianten der MARLBORO und der WEST größer als die R1).

- Fast alle Marken auf dem US-Zigarettenmarkt haben Menthol-Varianten. Aber die weitaus erfolgreichsten Menthol-Zigaretten sind die, die als solche lanciert wurden: KOOL und SALEM.

- Viele Biermarken in Deutschland haben alkoholfreie Biere unter der gleichen Marke eingeführt. Deutlicher Marktführer ist aber CLAUS-THALER, gefolgt von KELTS.

Die Kehrseite der Medaille ist jedoch, dass sich produktgeprägte Images bei einer intendierten Ausweitung der Marke auf andere Produkte eher als hinderlich erweisen.

Die Route ins Dachmarkenland sollte man nur mit großer Vorsicht beschreiten. Es könnte eine Sackgasse sein. Anhand von Beispielen wurde gezeigt, dass der Konsument bereits bei einer Marken-Diversifikation innerhalb einer Produktgattung äußerst sensibel reagiert. Er erwartet von seiner Marke auch ganz bestimmte Eigenschaften und Charakteristiken innerhalb dieser Kategorie.

„Manche Probleme, die bei der Markenausdehnung auftauchen, kann man darauf zurückführen, dass die Verbrauchermeinung nicht berücksichtigt wird und eine technologische Konzeption der Marke das Denken beherrscht." (Kapferer, S. 148)

Am erfolgsversprechendsten sind Diversifikationen bei produktgeprägten Markenimages, die sich den **objektiven** Bedarfsverbund von Produkten zunutze machen. Dabei sollte allerdings auf die Rangwertigkeit der Produkte geachtet werden.

III. DIVERSIFIKATIONS-POTENZIAL PRODUKT- UND NUTZEN-GEPRÄGTER MARKEN

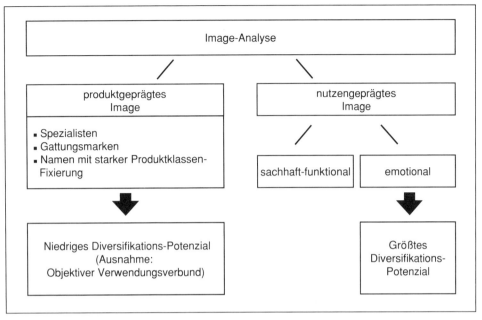

Produktgeprägte Images eignen sich generell weniger für einen Transfer lls nutzengeprägte.

2. NUTZENGEPRÄGTE MARKENIMAGES

Produkte werden nicht um ihrer selbst willen gekauft, sondern stellen Bedürfnis-Befriedigungs-Möglichkeiten dar.

Eine Marke mit einem produktgeprägten Image weist selbstverständlich auch einen Produktnutzen auf, dient also der Befriedigung eines bestimmten Bedürfnisses (bzw. einer spezifischen Bedürfnisstruktur).

Eine nutzenorientierte Produktpositionierung zielt nun darauf ab, anstelle einer Produkt-Markenbindung eine starke Nutzen-Markenbindung aufzubauen. Die Marke stellt sich somit nicht als Produkt dar, sondern verspricht in erster Linie eine Problemlösung.

Der Unterschied sei an Beispielen aus dem Margarine-Markt verdeutlicht: RAMA ist produktgeprägt (RAMA ist Margarine), während die Marken BECEL (Gesundheit) und DU DARFST (kalorienarm) nutzengeprägt sind.

Ihren gedanklichen Ursprung findet die nutzenorientierte Positionierungs-Strategie unter anderem in der klassischen Abhandlung von Levitt: "Marketing Myopia". Im Mittelpunkt seiner Untersuchung über den Niedergang ehemaliger Wachstums-Branchen stand die Kritik einer zu starken Produkt-Fixierung der Unternehmen, anstelle eines konsumentenorientierten Nutzen. Er illustrierte seine Vorstellungen durch eine Reihe einschlägiger Beispiele:

„Die Eisenbahn-Gesellschaften sind heutzutage in Schwierigkeiten ... weil sie annahmen, dass sie im Eisenbahn-Geschäft waren an Stelle im Transport-Geschäft." (Levitt J/A. 1960, S.45)

„Hollywood entkam knapp der Vernichtung durch das Fernsehen ... (weil) Hollywood das Betätigungsfeld nicht richtig definierte. Sie dachten, sie wären im Film-Geschäft, obwohl sie eigentlich in der Unterhaltungs-Industrie waren." „Filme" umschreiben ein spezifisches, limitiertes Produkt bleibt.

„Eigentlich kaufen Autofahrer kein Benzin. Sie können es nicht sehen, schmecken, fühlen, einschätzen oder wirklich beurteilen. Was sie kaufen ist die Möglichkeit weiter zu fahren." (ebd., S. 53)

Zur Gewährleistung von Marken-Diversifikations-Potenzial muss nicht – wie im Fall eines produktgeprägten Marken-Images – eine direkte Verbindung zwischen Stamm- und Partner-Produkt (z.B. in Form von objektiven Bedarfs-Verbunds-Beziehungen) bestehen.

Vielmehr wird diese durch gemeinsame Nutzen-Erwartungen bzw. -Wahrnehmung des Verbrauchers bezüglich der an der Diversifikation beteiligten Produkte geschaffen. Über einen gemeinsamen Nutzen hinaus, können Stamm- und Partner-Produkt natürlich über identische Produkt-Eigenschaften etc. verbunden sein. Hierdurch wird die erlebte Gemeinsamkeit der an der Diversifikation beteiligten Produkte weiter gestärkt.

Bezüglich der Nutzen-Ausprägung lassen sich zwei Arten unterscheiden:

1. sachlich-funktionale (denotative) und

2. emotionale (konnotative) Nutzen.

2.1. Sachlich-funktionale Nutzen-Transfers

Häufig ist es schwieriger, einen spezifischen Qualitätsvorteil in der Wahrnehmung des Konsumenten zu etablieren, als diesen objektiv zu schaffen. Dies gilt insbesondere dann, wenn man gegen bereits gut etablierte "Spezialisten" antritt. In dieser Situation kann ein Imagetransfer eine gute, erfolgversprechende und häufig auch (langfristig) kostengünstigere Problemlösung darstellen (z.B. durch die Lizenznahme eines geeigneten Markennamens, mit dem die Konsumenten unmittelbar die gewünschte Eigenschaften assoziieren).

Anschaulich hat dies auch Aaker beschrieben: „Glaubwürdige und nachvollziehbare Differenzierungs-Merkmale durchzusetzen, ist ausgesprochen schwierig. Insbesondere dann, wenn man gegen gut etablierte Wettbewerber antritt. Wenn eine Firma beispielsweise in den Schlankheitsmittel-Markt eintreten will, dürfte sie sich voraussichtlich einen langwierigen und lautstarken Wettstreit mit den Konkurrenten liefern, wer die wenigsten Kalorien anbietet. Dies könnte eine teure und nahezu unlösbare Positionierungs-Aufgabe sein.

Wenn man allerdings den WEIGHT WATCHERS Namen verwenden würde, gewinnt die entsprechende Produkt-Linie starke Assoziationen mit dem WEIGHT WATCHERS Programm und eine glaubwürdige Position als ein effektiver Teil eines Gewichts-Kontroll- oder Reduzierungs-Programms."

Beispiel DU DARFST

Ein besonders interessantes Beispiel stellt die Marke DU DARFST dar. Im Gegensatz zu den meisten anderen Imagetransfers wurde hier nicht das Image einer bekannten Marke auf ein neues Produkt übertragen, sondern es wurden mehrere Produkte gleichzeitig eingeführt.

Zielsetzung war die Schaffung einer Range von kalorienreduzierten Produkten in unterschiedlichen Lebensmittelmärkten (beziehungsweise die Kreierung eines neuen Marktes: gut schmeckende, "kaloriensparende" Nahrung). Beim Aufbau eines gemeinsamen Markenimages sollten jeweils die Werbe- und Verkaufsförderungs-Aktivitäten für einzelne Produkte der Range so angelegt werden, dass (wechselseitig) positive Ausstrahlungs-Effekte bei den anderen am Transfer beteiligten Produkten erzielt wurden.

Zum Hintergrund der Einführung von DU DARFST:

1970 hatte jeder zweite Deutsche Übergewicht. Jeder dritte Einwohner starb damals an einer ernährungsbedingten Krankheit. Dies war eine Spätfolge der sogenannten "Fresswelle" in der Nachkriegszeit. Als es galt, die Hungerjahre zu vergessen und wieder ein Normalgewicht zu erreichen.

Eine Markt- und Verbraucher-Analyse ergab:

- Die Mehrzahl der "Dicken" war mit ihrem Gewicht unzufrieden.
- Bisher angebotene "Schlankmacher" wurden als unbefriedigend empfunden.
- Die Verbraucher klagten über die geschmacklichen Nachteile und fehlende längerfristige Wirkung.
- Sie wünschten sich kalorienarme Produkte, aber ohne auf die Freude beim Essen verzichten zu müssen.

Die UNION DEUTSCHE LEBENSMITTELWERKE GMBH entschloss sich, auf diese Bedürfnisse abgestimmte Produkte zu entwickeln und zu testen. In den beiden Test-Märkten, Braunschweig und Kassel, wurde gleich ein ganzes Produkt-Sortiment von DU DARFST eingeführt. Das Angebot reichte von Halbfett-Margarine über Käse und Wurst bis hin zu Suppen und Fertiggerichten. Gemeinsam war allen Produkten die Positionierung: DU DARFST-Produkte sparen Kalorien und schmecken.

Die Testmarkt-Ergebnisse waren durchaus positiv, dämpften aber auch zu großen Optimismus – vor allem in bezug auf die Angebotsvielfalt. Bei Handel und Verbraucher bestand grundsätzliches Interesse an DU DARFST. Dieses Interesse beschränkte sich aber eher auf einzelne Produkte, als auf die gesamte Range.

Der Verbraucher war nämlich nicht bereit, seine Einkaufgewohnheiten kurzfristig auf kalorienreduzierte Produkte umzustellen. Es erschien daher zweckmäßig, sich zunächst auf wenige Produkte zu beschränken.

Die ersten national eingeführten Produkte waren Margarine, Konfitüre, Schnitt- und Schmelzkäse. „Diese Produkte wollen wir durch massive Werbeunterstützung forcieren, um einerseits die Basis für ein breites Sortiment zu schaffen und auf der anderen Seite beim Handel einen befriedigenden Absatz zu erzielen. Später wollen wir dann das Basis-Sortiment schrittweise durch neue Produkte ergänzen." (K. Rabbel, damals Product Group Manager DU DARFST).

Die bundesweite Einführung erfolgte 1974 mit stark einzelprodukt-bezogenen Werbeaussagen. Schwerpunktmäßig beworben wurde zunächst die Halbfett-Margarine als umsatzstärkster Artikel. Später (ab 1976) wurden auch andere Produkte der neuen Range intensiver kommuniziert.

1980 wurden der Werbe-Auftritt und die Kommunikations-Inhalte verändert. Die Produkt-Dominanz wurde reduziert. Der persönliche Produkt-Nutzen wird intensiver demonstriert: DU DARFST hilft, die Figur zu behalten.

Die "Spiegel-Kampagne" greift die, in den Jahren zuvor immer mehr kultivierte, leicht narzisstische Lebenseinstellung der Frauen auf, die Wert auf ein ästhetisches Erscheinungsbild und damit auf eine gute Figur legen. Die

Kampagne soll die Überzeugung unterstützen, dass durch kalorienbewusstes Essen gesünder gelebt, sich attraktiver gefühlt und das Leben schwungvoller angepackt werden kann.

Umsatzmäßig benötigte die "DU DARFST"-Range über ein Jahrzehnt, um wertmäßig über 50 Mio. € zu gelangen. Sie war offensichtlich ihrer Zeit voraus.

Insbesondere in den achtziger Jahren profitierte die Marke DU DARFST jedoch von der zunehmenden Gesundheitsorientierung und dem Trend zu bewusster Ernährung. 1991 lag der DU DARFST-Gesamtumsatz bei ca. 200 Mio. €. Inzwischen liegt er bei etwa 160 Mio. €.

DU DARFST Umsatzentwicklung (in Mio. €)

1983	1986	1987	1991	2002
ca. 50	ca. 100	ca. 140	ca. 200	ca.160

Das DU DARFST-Sortiment umfasste 1987 bereits über 70 Artikel in 7 Produktbereichen. Ein besonders erfolgreiches Einzel-Produkt war die "Halbfett-Butter", die 1987 bereits einen Umsatz von circa 25 Millionen € erzielte.

Beispiel NATREEN

Einen ähnlichen Nutzen wie DU DARFST strebt auch NATREEN durch die Auslobung von "gutem Geschmack und wenig Kalorien" an. Wichtigstes einstellungs-relevantes Kriterium für die angesprochene Zielgruppe ist ein geringer Zuckergehalt. Dieser bildet auch die inhaltliche Produkt-Klammer – verbunden mit einem (möglichst) guten Geschmack.

Die Eignung für Diabetiker wird bewusst zurückgenommen kommuniziert, um einen zu medizinischen Eindruck zu vermeiden, der zu Lasten der Produkt-Erwartungen gehen könnte.

Dieses Kriterium ließ sich relativ problemlos vom Ursprungsprodukt Diätsüße auf alle "süßen" Nahrungsmittelbereiche übertragen: angefangen von Konfitüren, Obst-Konserven bis zu Jogurt, Quark und Puddingpulver. Diese Transfers der Marken-Kompetenz für "kalorienarme Süße" konnte der Konsument leicht nachvollziehen.

Der Versuch eine NATREEN-Wurst anzubieten, führte jedoch in ein Markt-Segment, das der Verbraucher nicht mit "Süße" verbinden konnte. Der Flop war unausweichlich.

Er resultierte aus dem klassischen Missverständnis, dass die Marke NATREEN nicht mehr nur als Süßstoff, sondern angeblich als "Synonym für kalorienreduzierte Lebensmittel" empfunden werde. (o. V.: Natreen kommt mit Wurst, in: Horizont vom 24.02.1989)

BEISPIEL: GORE TEX

Die Technologie-Kompetenz ist in gewisser Weise verwandt mit der Produkt-Kompetenz. Sie unterscheidet sich aber durch die spezielle Kenntnis und Beherrschung einer Technologie, die in verschiedenen Angebots-Bereichen verwendet wird.

Beispielsweise wurde GORE TEX über Laminate von Mikrofasern bekannt. Diese machen die Textilien nicht nur wasser- und winddicht, sondern trotzdem auch atmungsaktiv. Der Kompetenz-Transfer (z.B. von Sport-Jacken auf Wander-Schuhe) funktioniert meist relativ problemlos in Produkt-Bereiche, in denen die Technologie ein relevantes (Teil-) Problem löst. Die Marken-Diversifikations-Hürde ist um so geringer, je gleichartiger die zu lösenden Aufgaben wahrgenommen werden.

Beispiel HONDA

HONDA nutzte seine Fähigkeit kleinere Motoren herzustellen, um vom Motorrad-Markt in den Rasenmäher- und in den Außenmotor-Markt bei Booten zu expandieren, um nur zwei Beispiele anzuführen.

Beispiele CANON und MINOLTA

CANON und MINOLTA nutzten ihre Kompetenz auf dem fotografischen Sektor, um erfolgreich Fotokopierer anzubieten.

Beispiel AUDI

Die Funktion, die Leistung und die technische Qualität des Produktes sind Elemente der Produktidentität, deren hoher Stellenwert (inzwischen) häufig unterschätzt wird. Die Nichtbeachtung dieser Faktoren kann selbst profilierte, positive Produkt- und Marken-Images schnell zerstören.

Beim Transfer des Images von einem funktional ausgerichteten Hauptprodukt auf ein neues Produkt muss daher auf den entsprechenden Gebrauchswert geachtet werden. Sonst besteht die Gefahr, dass die Marken-Loyalität durch Imagetransfer nicht ausgebaut, sondern im Gegenteil abgebaut wird.

So hat beispielsweise die zu AUDI gehörende quattro GmbH einen spitzen Anforderungs-Katalog für Marken-Diversifikationen erstellt: „Die Partnerprodukte müssen den High-Tech-Anspruch widerspiegeln. Die Auswahlkriterien lauten: hochwertig, dynamisch, sportlich, innovativ, markant, sicher und zwecktauglich. Die Allrad-Technik beinhaltet diese Punkte." Letzteres konnte der AUDI QUATTRO publikumswirksam durch Rallye-Siege (u.a. dreimal Monte Carlo) belegen.

Zielgruppe der Accessoires, mit denen die Markenloyalität durch Imagetransfer ausgebaut werden soll, sind zunächst die quattro-Fahrer. Als weitere Zielgruppe sah Dr. Neumann (damals Geschäftsführer der quattro GmbH) „erfolgreiche, leistungsbereite und innovative Menschen, die ein Gespür für hochwertige, unikate Dinge und einen Sinn für Understatement haben."

272

Beiden Segmenten wurde zunächst eine Brillenkollektion angeboten. Unten rechts am Brillenglas findet sich der AUDI QUATTRO-Schriftzug, der sich an den Bügeln wiederholt. Der Steg zeigt die Form eines „q" (für quattro).

Auch bei der Einführung einer Uhrenkollektion hatte der Unikatgedanke Priorität. Funktionale Vorteile führten zu einer Patentanmeldung. Darüber hinaus existierte eine Lederkollektion inklusive Bekleidung, die anfänglich insgesamt ca. 25 Artikel-Positionen umfasste.

Der Absatz wird durch Direktwerbung unterstützt. Der Vertrieb erfolgt exklusiv über ausgewählte AUDI-Händler.

Als Richtschnur für die Preisstellung aller QUATTRO-Accessoires gilt: „Der Preis muss vom Image und Gebrauchsnutzen her zu rechtfertigen sein. Weil auf den Produkten der Zusatz quattro steht, kann vom Kunden nicht viel mehr Geld verlangt werden als für diese Warenqualitäten üblich ist."

Weitere Beispiele

Als Paradebeispiel für die Übertragung eher faktisch geprägter Nutzen-Vorstellungen kann die überaus erfolgreiche NIVEA-Diversifikations-Strategie gelten ("milde Pflege"), die noch detaillierter diskutiert wird.

Abschließend seien zehn weitere Imagetransfers angeführt:

- von GRANINI Frucht-Säften und -Nektaren auf GRANINI-Multivitamin-Bonbons "Vitamingenuss" (reich an Vitaminen, gut schmeckend, fruchtig)
- von DITTMEYER´s VALENSINA Frucht-Säften auf VALENSINA – Multivitamin-Bonbons
- von DR. KOCH´S Trink 10-Multivitaminsaft auf DR. KOCH´S Multivitamin-Fruchtjoghurt (Multivitamine, gleiche Frucht- und Vitaminkomposition)
- von HOHES C-Fruchtsäften auf HOHES C-Frucht-Riegel.
- von PULL MOLL-Hustenbonbons auf PULL MOLL-Erkältungstee (lindernde Wirkung für Hals und Rachen)

- von VITTEL-Wasser auf VITTEL-Feuchtigkeitscreme in Frankreich ("natürliche Frische" – klare Feuchtigkeit, leicht, ohne Fett)

- von ASBACH URALT-Weinbrand auf ASBACH URALT-Weinbrand-Pralinen.

- KRAFT erweiterte die Streichkäse-Marke PHILADELPHIA in den USA erfolgreich um PHILADELPHIA Salatdressings auf Käsebasis.

- Die Marke ODOR EATERS wurde von desodorierenden Schuheinlagen auf Sportsocken, Fußpuder usw. ausgedehnt.

- IVORY Seife ist mild und hat in den USA auch als mildes Shampoo Erfolg.

Ein weiteres interessantes Beispiel, das bereits diskutiert wurde, ist die Marke MÖVENPICK. Das „gastronomische Geschmackserlebnis" wurde bei Eis, Kaffee, Espresso, Salatsauce und Tiefkühltorten „nach Hause übertragen".

Gescheitert ist der Versuch von UNILEVER, LIPTON ICE Tee in anderer Form als LIPTON ICE TEA-Eis anzubieten. Hier entsprach vermutlich der Geschmack nicht den Erwartungen im Transfer-Markt. – Erfolgreich war hingegen GENERAL FOODS in den USA mit dem Angebot von JELL-O-PUDDING in tiefgekühlter Form auf einem Stil. („PUDDING POPS")

In Österreich betonten unterschiedliche Hersteller – wie bereits geschildert – die gleiche relative Nutzen-Ausprägung bei „abenteuerlichen" Imagetransfer-Versuchen von Zigaretten u.a. auf Bohnenkaffee und Zahncreme unter der Marke MILDE SORTE.

2.2. Emotionale Nutzen-Transfers

Die Vermittlung von spezifischen emotionalen Produkt- und Marken-Erlebnissen ist ein wichtiges Ziel des Marketing geworden. Je mehr sich die Produkte eines Marktes in der wahrgenommenen faktischen Leistungsfähigkeit annähern, um so notwendiger wird eine emotional ansprechende Kommunikation und Gestaltung. Um so dringlicher werden differenzierende und relevante emotionale Informations-Gehalte.

Ziel der angestrebten Produkt- und Marken-Differenzierung ist es, das eigene Produkt von den anderen abzuheben. Die Marketing-Mix-Exekutionen haben die Aufgabe, dass der Verbraucher mit einem Marken-Produkt abgehobene und unterscheidbare emotionale Erlebnisse verbindet und dieses deswegen präferiert.

Anders ausgedrückt: Durch seine Fähigkeit, vorhandene emotionale Bedürfnisse zu befriedigen, erhält das Produkt einen "Belohnungswert" für den Verbraucher. Man erhöht den "Belohnungswert" beziehungsweise die Bedürfnisbefriedigung des Verbrauchers, indem man ganz spezifische emotionale Produkt-Erlebnisse wie Prestige, Erotik, Sicherheit usw. erzeugt.

Hinter dem Erfolg aller großen Marken steht – neben dem faktischen Nutzen – vor allem ein individueller emotionaler Nutzen, der verhaltens- und wahrnehmungsbestimmend ist. Dabei ist das Produkt sozusagen nachgelagert. Deshalb gibt es zum Beispiel zwischen BACARDI und POTT-Rum durch unterschiedliche Konzepte deutlich trennende Nutzen, Anlässe und Zielgruppen: trotz vergleichbarer Produktbasis.

Für die Diversifikation sind Marken interessant, die relevante emotionale Verbrauchernutzen im Sinne einer eindeutigen eigenständigen Problemlösung verkaufen und besetzen – im Ursprungs-Markt und Transfer-Markt. Sie stellen die emotionalen Verbraucherwünsche in den Mittelpunkt, indem sie Ihr Angebot gezielt darauf ausrichten. Diese Besetzung erfolgt in der Wahrnehmung des Verbrauchers. Das heißt, es geht um Kommunikation, nicht um die faktische Produktqualität. Die faktischen Produkteigenschaften müssen allerdings stimmig den emotionalen Verbraucher-Nutzen unterstützen.

2.2.1. Erotik

Es bietet sich an, emotionale Erlebnisse beim Imagetransfer auf andere Produkte zu übertragen. Vorausgesetzt der Verbraucher verbindet diese mit der Marke und die konnotativen Eigenschaften sind im Markt des Partner-Produktes kaufrelevant.

Letzteres wird häufig zu wenig überprüft. So schreibt auch D. Ogilvy: "Die allererste von mir entwickelte Anzeige zeigte eine nackte Frau. Dies war ein

Fehler, und zwar nicht, weil sie zu sexy war, sondern weil Sex für das Produkt irrelevant war. Es ging um einen Küchenherd. Das entscheidende Kriterium ist die Relevanz. Ein Busen in einer Anzeige für Reinigungsmittel würde dessen Umsatz sicherlich nicht steigern ... Demgegenüber hat es durchaus einen funktionellen Grund, nackte Mädchen in Anzeigen für Kosmetik-Produkte zu zeigen." (Ogilvy, S. 26)

Beispiel CALVIN KLEIN

CALVIN KLEIN nutzte seinen im Modebereich durch die Werbung erotisch aufgeladenen Namen zum Transfer auf Parfüm für Männer und Frauen.

In den USA war das Parfüm OBSESSION bei der Einführung außerordentlich erfolgreich und machte bereits im ersten Jahr dem internationalen Wettbewerber OPIUM (von YVES SAINT LAURENT) die Marktführerschaft streitig. Die erotische Werbebotschaft wurde durch das Produkt, eine schwüle, leicht verrucht anmutende Duftrichtung, gestützt.

Beispiel DAVIDOFF

Rechtzeitig auf die kommende "Erotik-Welle" sprang auch DAVIDOFF in Deutschland. Der Name DAVIDOFF positionierte den Duft unmittelbar als männlich. Mit der "Erotik-Kampagne" wurde das Produkt marktgerecht emotional aufgeladen. – Ohne diesen Kampagnenansatz dürfte der Erfolg vermutlich deutlich niedriger ausgefallen sein. – Andere Werbeauftritte, wie zunächst bei der Einführung von ZINO DAVIDOFF, wurden entsprechend schnell aufgegeben.

Beispiel AXE

In der Ausgangslage gab es seit mehreren Jahren REXONA FOR MEN. Diese Range war ebenso wie die klassischen Marken 8x4 und BAC darauf fokussiert, die Abwesenheit von Körpergeruch zu kommunizieren. Mathematisch ausgedrückt, suggerierten die damaligen Produkt-

Versprechen, etwas Negatives auf Null zu bringen. Das Umsatzniveau von „Rexona for men" stagnierte bei etwa 1,3 Millionen €.

Marktpsychologische Untersuchungen von Konzept & Analyse ergaben 1984, dass der Markenname – trotz des „for men"-Zusatzes – viel zu weiblich erlebt wurde. Viel wichtiger war eine andere Schlüssel-Erkenntnis, dass junge Männer über die Geruchsvermeidung hinaus ganz andere relevante Interessen hatten: Durch einen gepflegten Duft bei Frauen besser ankommen. Dies war ein hoch attraktives Versprechen für junge Männer.

Dieses Ergebnis wurde gezielt umgesetzt. 1985 launchte die Unilever Tochter Elida Gibbs GmbH die AXE Parfüm-Deodorants für Männer mit dem Slogan: ‚Der Duft der Frauen provoziert'. Diese Positionierung legte den Grundstein für die bis heute erfolgreichste Herrenserie im Körperpflegemarkt.

Die besondere Leistung lag in dem neuen emotionalen Versprechen, das mit den bisherigen Vermarktungsregeln im Deodorantmarkt brach: AXE versprach seinen Käufern erstmalig einen emotionalen Benefit: erhöhte Attraktivität bei Frauen durch den gepflegten AXE Duft.

Ein interessantes, heute oft vergessenes Detail: Die auf der Produktseite beinahe identischen AXE Varianten ‚Moschus' und ‚Amber' waren – im Gegensatz zu den weiterhin erhältlichen REXONA Varianten – „wahre Senkrechtstarter" trotz deutlich höherer Preise. Auch dies sprach für die Überlegenheit des emotionalen Benefits.

In wenigen Jahren wurde die 50 Millionen Euro-Grenze überschritten. Einen wesentlichen Beitrag leisteten hierzu auch erfolgreiche Marken-Extensionen. – Zudem war AXE auch international ein großer Erfolg – zum Teil unter anderem Namen, z.B. LYNX. Die direkte Namensbedeutung (AXE = „Axt") wäre sicherlich dem emotionalen Wirkungs-Versprechen nicht gut bekommen.

Über die Jahre wurde das AXE-Sortiment deutlich ausgeweitet. Auf weitere Deo-Applikatoren wie Roll-on, Pump-Sprays und Stifte, folgten Duschbäder und After Shave. Diese Kategorien wurden erfolgreich, weil auch hier die Duftleistung der Produkte glaubwürdig die erhöhte Attraktivität der Verwender für Frauen unterstützte.

Gescheitert sind dagegen Diversifikationen in Kategorien, in denen der Duft keinen glaubwürdigen Reason Why des Benefits darstellten. Dies traf zum Beispiel auf die AXE Shampoos zu (Produktseitig sind Shampoos und Duschgels übrigens sehr ähnlich!).

Dieses Beispiel verdeutlicht auch, wie eng Erfolg und Misserfolg bei der Marken-Diversifikation zusammenliegen. Ausschlaggebend ist das richtige Marken-Verständnis: AXE ist nicht primär eine produktorientierte Duftkompetenz-Marke, sondern eine nutzenorientierte Marke (Steigerung der Attraktivität für das andere Geschlecht), die allerdings als Reason Why über die Duft-Charakteristik funktioniert.

Ob der männliche Verbraucher eines Tages AXE auch eine Attraktivitäts-Erhaltung im Körperpflegemarkt zugesteht, wird sicherlich vom gegenwärtigen Marketing-Team genau verfolgt. AXE könnte damit eventuell in den zukunftsträchtigen Markt der Gesichtskosmetik für Männer eintreten.

Dieses Beispiel verdankt der Autor seinem Partner Ralph Ohnemus, der früher auf Kundenseite für AXE zuständig war. Auch in seinen weiteren Karriere-Stationen bei LEVI'S, BERTELSMANN und VIAG INTERKOM war er über 15 Jahre Kunde bei Konzept & Analyse, bevor er zu uns kam.

2.2.2. Exklusivität

Eines der wichtigsten Antriebsmotive, wenn nicht gar das wichtigste für menschliches (Konsum-) Verhalten ist das Bedürfnis nach Status und Prestige.

In einer anonymen Leistungs-Gesellschaft leitet sich der Status aus der erbrachten Leistung ab, die sich im Einkommen niederschlägt. Da die Einkommens-Verhältnisse schwerlich ständig nach außen, d.h. fremden Menschen, sichtbar gemacht werden können, übernimmt der Konsum eine Symbolfunktion. Insofern ist es nicht verwunderlich, wenn die Anreicherung von Gütern mit Exklusivität der vorherrschende Erlebniswert ist. Zumal er durch einen hohen Preis und entsprechende Ausstattung der Marken relativ einfach dokumentiert werden kann.

Im hohen Preis, den der Konsument für ein Prestigeprodukt zu zahlen bereit ist, drückt sich neben dem materiellen Produktwert vor allem auch der immaterielle Nutzen in der Form der Konnotationen des Markenimages aus. Der konsequente Einsatz des Preises beziehungsweise der Beibehaltung der Preis-Relation zu anderen Produkten der jeweiligen Kategorie positioniert somit Prestige-Produkte im Markt auf dem direktesten Wege.

Die gleiche (relative) Preisstellung in unterschiedlichen Märkten ermöglicht es allen Konsumenten der Zielgruppe, exklusive Konnotationen und Wertvorstellungen auf Partner-Produkte mit gleichem Namen zu übertragen. Die Beibehaltung weiterer Elemente des Marketing-Instrumentariums und besonderer Produkt-Merkmale können dabei die Marken-Diversifikation erleichtern.

Der Kreis der denkbaren Partner-Produkte ist bei Exklusiv-Marken – im Vergleich zu allen anderen Marken-Typen (Ausnahme: Marken mit sozialem Engagement wie GREENPEACE, UNICEF etc.) – am größten, wobei vor allem Produkte mit Außen-Wirkung besonders geeignet sind.

"Wenn ein Designer-Kleid zu teuer ist, dann ist die gleiche Magie in einer (Parfüm) Flasche mit dem gleichen Namen." (LAGERFELD)

"Wir können alles verkaufen, solange es gutklassig ist." (PORSCHE)

"Der Kunde, der ein Feuerzeug für 300 $ (335 €) kauft, gibt auch 2000 $ (2.200 €) für einen Anzug aus." (DUNHILL)

So schreibt auch H. Hätty (S. 245): „Nicht die Bestimmung des Transfer-Potenzials von Marken wie CARDIN, CARTIER, DIOR oder DAVIDOFF stellt das eigentliche Problem der Markentransfer-Forschung dar. Dies dürfte nämlich für nahezu jeden Produktbereich bezüglich einer kleinen Zielgruppe gegeben sein, die angesichts der hohen Gewinnmargen jederzeit für eine befriedigende Rentabilität sorgt.

Das Problem stellt sich vielmehr bei Massenmarktmarken wie TEMPO, NIVEA, ODOL etc., die zur Erzielung der Auslastung und einer befriedigenden Rentabilität große Abnahmemengen benötigen und daher auf eine breite Verbraucher-Akzeptanz angewiesen sind."

Grenzen setzt – bei langfristigem Interesse am Erhalt der Exklusiv-Marke – der Todfeind jedes Exklusiv-Charakters: die Vermassung.

Exklusivität und von jedem kaufbar (= Mengenabsatz) sind einander gegenläufige Ziele.

(Sehen Sie hierzu bitte die ausführliche Darstellung – auch von Fall-Beispielen – bei den Risiken).

2.2.3. Lebensstil

Der Erfolg von Marken-Diversifikations-Strategien hängt in starkem Maße davon ab, inwieweit es gelingt, Konsumenten-Gruppen zu bilden, die eine relativ hohe Kaufwahrscheinlichkeit für die unter dem gemeinsamen Markendach angebotenen Produkte aufweisen.

Das Lebensstil-(lifestyle-) Konzept stellt eine Grundlage für die Bildung von Verbraucher-Segmenten dar. Nach Douglas und LeMaire (S. 61 ff.) gehören zu den Aktivitäten, die bei der Messung des Lebensstils erfasst werden, das Verhalten beim Sport, im Urlaub, bei der beruflichen Arbeit, bei der Mediennutzung und beim Konsum. Außerdem werden zahlreiche Einstellungen und Meinungen des Verbrauchers zur Umwelt und über seine eigene Stellung in der Umwelt ermittelt.

Durch geeignete Messung des Lebensstils werden gruppen- und schichten-spezifische Verhaltensmuster im Arbeits-, Freizeit- und Konsum-Bereich erfasst. Interdependenzen im Entscheidungs-Verhalten in den verschiedenen Lebens-Bereichen werden deutlich. Im Lebensstil kommt somit die zusammenhängende, in verschiedenen Lebens-Bereichen wirksame Wertorientierung (Zielorientierung) der Verbraucher zum Ausdruck.

Lebensstil-Unterschiede finden (tendenziell) ihren Ausdruck in den gekauften Produkten und den bevorzugten Einkaufsstätten etc. Insbesondere Produkte dienen bewusst oder unbewusst als Symbole für einen bestimmten Lebensstil, den man führt beziehungsweise den man gerne führen möchte. Es bietet sich daher an, diese Lebensstil-Verbundbeziehung zwischen unterschiedlichen Produkten bei Imagetransfer und Line Extensions zu nutzen: "Nicht nur ein gemeinsamer Name, sondern eine Art zu leben" ist die herausgestellte Gemeinsamkeit bei diesem Imagetransfer-Ansatz.

Eine starke Lifestyle-Marke ist beispielsweise HARLEY-DAVIDSON. Das Harley-Motto „live to ride, ride to live" entspricht den Bedürfnissen vieler in „langweiligen" Alltags-Jobs.

Die Marke spricht mit ihrem maskulinen Image Machos in allen Gesellschafts-Schichten und freiheitsuchende Personen an, die aus den sozialen Kleidungs- und Verhaltensnormen (hin und wieder) ausbrechen wollen. Mit dem kraftvollen, maskulinen Motorrad oder mit HARLEY-DAVIDSON-Kleidung und -Duft (erfolgreiche Imagetransfers) kann man seine Persönlichkeit kommunizieren. Man ist unabhängig, frei, lebt ein relaxtes Leben, von dem andere nur träumen können und gehört zu einer großen Gruppe von Persönlichkeiten, die alle die gleichen Werte haben.

Grenzen hat die Marken-Tragfähigkeit dort, wo die Produkte nicht mit dem kommunizierten Lebensstil übereinstimmen. So scheiterten z.B. HARLEY-DAVIDSON Wine Cooler. Das Wein-Mix-Getränk war einfach nicht „maskulin" genug.

Beispiel SWATCH

Heute fast kaum zu glauben, aber wahr: „Als die SWATCH 1981/82 auf die Welt kam, war sie ein kleines hässliches Entlein. Traurige Farben. Überwiegend Schwarz. Zifferblätter ganz normal mit römischen oder arabischen Ziffern. Nichts Besonderes. Auf dem Testmarkt in den USA fiel die „verrückte Schweizer Uhr" sang- und klanglos durch. ... Die (befragten) Mädchen machten dem Unternehmer klar, dass es funktionierende Uhren schon im Überfluss gab. Der (niedrige) Preis interessierte sie überhaupt nicht. „Wo ist der Spaß," fragten sie, „wo ist der Schmuck, woran können wir uns erfreuen?" (w&v 47/1998, S. 98)

Der Erfolg der SWATCH-Uhren kam zeitversetzt, zunächst waren sie dem Trend voraus, mit der Definition als Lifestyle-Produkte. Nach dem Konzept der SWISS WATCH AG (zusammengezogen ergibt sich der Name SWATCH) wird keine Uhr verkauft. Angeboten wird vielmehr ein modischer Artikel, ein Accessoire, das nebenbei auch noch die Zeit angibt, stoßsicher und wasserdicht bis 30 Meter Tiefe ist. Sie ist konzipiert als Freizeit-Accessoire, als sportliche Uhr und vor allem als verrückte Uhr, mit der man alles machen kann und die jede Mode mitmacht.

Vier Kollektionen werden daher pro Jahr aufgelegt, jeweils den Modefarben und modischen Tendenzen entsprechend. Die modische Ideenfülle für neue Kollektionen ist schier unbegrenzt. Da gab es die SWATCH für Surfer, die Street Smart, die Cresta Run, eine vollkommen durchsichtige Uhr, eine Dreierkollektion in rosa, gelb oder grün mit der Bezeichnung Granita di Frutta, deren Plastik-Armbänder wahlweise den Geruch von Himbeeren, Bananen oder Pfefferminze verströmen.

Die Swiss Watch SWATCH eroberte innerhalb nur weniger Jahre Marktanteile zurück, die längst für die Schweizer Uhrenindustrie verloren zu sein schienen. In den ersten fünf Jahren wurden 50 Millionen Uhren produziert. Drei Jahre später waren es 100 Millionen. 1998 waren über 250 Millionen verkauft worden.

Die SWATCH machte Furore in 18 Ländern. In Frankreich, Italien, den USA prägte sie Mode und Lebensstil einer ganzen Generation: Die sogenannten „Swatchers" trugen gleich mehrere Exemplare der tickenden Modeartikel am Handgelenk und kaufen im Vier-Monats-Rhythmus jeweils das neueste Modell. Auch die internationale High Society schmückte sich mit der „verrückten Schweizer Uhr", obwohl diese „aus Prinzip billig ist".

Der Erfolg der SWATCH lässt sich sicherlich nur schwer bis ins letzte Detail klären. Vier Ursachen können jedoch herausgearbeitet werden:

1. Die Schweizer Uhren-Industrie hatte zunächst den Trend zur Digitalisierung „verschlafen" und startete einen Frontal-Angriff: Die Japaner sollten mit einer billigeren und technisch besseren Uhr aus dem Felde geschlagen werden.

2. Die Herkunft „Swiss made" war international der Inbegriff für Uhren schlechthin. Dieses Vertrauenskapital war kaum zu übertreffen.

3. Der Kürzel SWATCH – ursprünglich die Idee einer amerikanischen Werbe-Beraterin für „Second Watch" – kapitalisierte dieses Vertrauenskapital – in anderer Interpretation „Swiss WATCH" – auf merkfähige und mode-adäquate Weise.

4. Es wurde frühzeitig erkannt, dass diese preiswerte Uhr mit Emotionen aufgeladen werden musste, um als „Massenartikel" Erfolg haben zu können. Der Schweizer Ursprung, die hohe Gebrauchs-Qualität und der niedrige Preis sollten kommunikativ gezielt mit Provokation und Freude emotionalisiert werden.

Es wurde mehrfach versucht, den erfolgreichen Lebensstil-Aufhänger zum Imagetransfer von SWATCH zu nutzten. Zuerst wurden in den USA den SWATCH-Fans "Guards" angeboten, bunte flexible Bänder über dem Zifferblatt, die das Glas beim Sport vor allzu harten Belastungen schützen sollten. Als nächstes wurde die SWATCH Parafernalia Collection auf den Markt gebracht: Kugelschreiber, Rasierapparate, Notizbücher und Schlüsseletuis, grellbunt gestreift in ausgefallenen Verpackungen.

Es folgten SWATCH-Shields, überdimensionierte Sonnenbrillen (Hersteller: UVEX). Der Versuch scheiterte, nach dem gleichen Prinzip aus Sonnenbrillen, wie bei den SWATCH-Uhren, ein modisch-flippiges Produkt machen zu können. Die knallbunten Rahmen aus relativ dickem Kunststoff kamen nicht an. Offensichtlich war die „lustige Farb-Pracht" im Gesicht nicht das, was die Kunden unter Lifestyle verstanden. So verschwanden die Sonnenbrillen u.a. in den USA und in Deutschland bald wieder aus den Handels-Regalen.

Es folgten weitere Versuche wie SWATCH-Messer (Schweizer Armeemesser) in rosarot und anderen Bonbonfarben. Außerdem gab es in den USA SWATCH-Funwear, eine Modekollektion mit übergroßen Hemden, Shorts, T-Shirts und Sweatshirts mit knallig-bunten Uhrenmotiven. – In Deutschland wurden darüber hinaus u.a. SWATCH „Twinphone" (Telefone) mit sehr begrenztem Erfolg vermarktet.

Die Übernahme des Uhren-Erfolgsprinzips in andere Bereiche wurde in der SWATCH-Group immer wieder versucht. Sie ist bisher nicht gelungen. Als Hauptursache wird mangelnde Qualität(skontrolle) der Transferprodukte genannt. Zudem dürften sich die – auf der einen Seite positiv wirkenden – Assoziationen einer „Swiss made Watch" als außerordentlich hinderlich bei der Marken-Ausdehnung erweisen, in denen diese Herkunft keine oder sogar eine negativ besetzte Kompetenz ausstrahlt.

Beispiel ESPRIT

Ein weiteres Beispiel für Imagetransfer durch Herausstellung eines gemeinsamen Lebensstils ist ESPRIT. ESPRIT zählt zu den erfolgreichsten Mode-Imperien der Welt.
Das Unternehmen fertigt in den USA, Japan, Taiwan, Hongkong, Indien, Italien und Rumänien. Die Produktpalette umfasst Sweatshirts, Pullover, T-Shirts, Accessoires, Schuhe, Kinderbekleidung, Hosen, Jogging-Anzüge etc.

Diesen Erfolg hatte D. Tompkins nicht erwartet, als er aus dem Namen seines Unternehmens *Esprit* eine Philosophie machte. Der den Produkten gemeinsame Lebensstil wird in der Werbung deutlich: „Unsere Absicht ist es, eine jugendliche Frau darzustellen, die fitnessorientiert ist, sportlich, unternehmungslustig und zufrieden. Eine Frau, die ein natürliches Verhältnis zu sich selbst und zu ihrer Sexualität hat und die Beziehung zwischen Mann und Frau genießt. Sie ist aufgeschlossen, niemals ein Sexobjekt, und Jugendlichkeit ist für sie eine Lebenseinstellung, keine Altersfrage." (D. Tompkins)

Um das Vertrauen und die Glaubwürdigkeit der Werbekampagne zu stärken, wurde auf Mannequins und Dressmen verzichtet. Erst standen eigene Mitarbeiterinnen vor der Kamera. Später folgten ESPRIT-Kundinnen und -Verkäuferinnen.

BEISPIEL: FIT FOR FUN

Der MILCHSTRASSEN-VERLAG hatte 1994 die Idee, einen neuen Typus von Zeitschrift neben klassischen Sport-Illustrierten, Gesundheits-Journalen und Wellness-Postillen zu platzieren. Mit Fitness, Freizeit, Ernährung und Reisen waren die vier redaktionellen Säulen des Magazins gefunden.

Die konzeptionellen Vorstellungen lauteten für FIT FOR FUN: Es sollte „ein Magazin zum Mitmachen, ein Ratgeber für ganzheitliches Wohlbefinden (sein, das) zudem in punkto Visualisierung die Anforderungen an Zeitschriften der „Neuen Generation" erfüllt." (Schuh, S. 238) Die Zeitschrift entwickelte sich erfolgreich. Bereits zwei Jahre nach der Einführung verkaufte FIT FOR FUN mit jedem Heft deutlich über 300.000 Exemplare und übertraf somit die ursprünglich geplante Auflage von 100.000. Auch im Anzeigenmarkt war das Konzept mit 24 Millionen € Schaltvolumen erfolgreich.

Grundsätzlich hat Schuh (S. 241) mit seiner Aussage recht: „Statt ... der mutlosen me-too-Positionierungen neuer Zeitschriftenkonzepte werden in Zukunft nur solche Objekte eine Chance haben, die sich klar vom Wettbewerb abgrenzen und für den Leser einen echten Nutzwert verursachen." Allerdings bezeichnet er in diesem Zusammenhang die Repositionierung stagnierender Zeitschriften als gefährlich. Dass diese gezielt und ohne größeres Risiko erfolgen können, beweist die tv Hören und Sehen-Fallstudie (Tobuschat, Mayer de Groot 2003).

In einer bisher vermutlich einzigartigen Kooperation zwischen einem Getränke-Hersteller und einer Zeitschrift, APOLLINARIS BRUNNEN AG und FIT FOR FUN, wurde im Frühjahr 1995 ein nicht-alkoholischer Szene- und Fitness-Drink eingeführt. Analog zum Heft wurde der Geschmack und das „Titelbild" auf der Dose ständig verändert. Der Drink wurde in Fitness-Centern, Tankstellen, Kiosken und ausgewählten Einzelhandels-Filialen angeboten.

Der FIT FOR FUN-Drink scheiterte. Vermutlich deshalb, weil gegen eines der „Markenartikel-Grundgesetze" verstoßen wurde. Es wurde keine gleichbleibende Qualität angeboten, bedingt durch die häufigen Geschmacks-Wechsel. Zudem dürfte die Drehgeschwindigkeit des Drinks zu niedrig gewesen sein, so dass das „Titelbild" auf der Dose meist (stark) veraltet gewesen sein dürfte.

Eine andere Begründung nennt allerdings Jens Richter, der Marketing-Manager der APOLLINARIS BRUNNEN AG, in der Wirtschaftswoche 8/1996 (auf Seite 73): „Vor allem die Transferleistungen des Zeitschriftenimages wurden überschätzt."

Begrenzten Erfolg scheint auch das FIT FOR FUN-Vollkornbrot der Firma PEMA zu haben, das im Sommer 2001 eingeführt wurde. Dies dürfte u.a. auf die fehlende Werbe-Unterstützung zurückzuführen sein.

Größere Erfolge haben hingegen die FIT FOR FUN-Marken-Diversifikationen im Medien-Bereich in Form von Büchern (z.B. „Das große Buch der Vitamine", „Das große Buch für Diäten") und einer TV-Sendung bei VOX seit 1996. Hierbei wird „auf die redaktionelle Qualität der Sendung geachtet, um negative Ausstrahlungseffekte auf das Heft (von vornherein) zu verhindern." (Schuh, S. 241)

Weitere Beispiele

- PLAYBOY nutzte den im Herrenmagazin vorgestellten Lebensstil zum Imagetransfer auf PLAYBOY-Brillen, -Bücher, -Videos, -Herrenkosmetik, -Textilien, -Bettwäsche, -Gepäckstücke und in Australien für PLAY-BOY-Cola. Meist mit wenig Erfolg. – Der erste PLAYBOY-Club wurde 1960 in Chicago eröffnet. Der letzte PLAYBOY-Club wurde 1986 geschlossen. – Der größte Erfolg scheint bisher PLAYBOY-Herren-Unterwäsche zu sein.

- Weitere Beispiele für Imagetransfer durch Herausstellung eines jungen, modisch-aktiven Lebensstils sind COCA COLA-Mode-Kollektionen in den USA beziehungsweise in Kanada. COCA COLA begann die Einführung der Modekollektion mit der Werbeaussage : „...introducing Coca-

Cola clothes..., what your body's been thirsting for" („Wir führen Coca-Cola-Mode ein..., wonach Ihr Körper schon immer gedürstet hat"). Damit erhielt auch der Slogan „thirst quencher" (Durstlöscher) eine vollkommen neue Bedeutung in der amerikanischen Werbung für COCA COLA.
Wie bereits angesprochen war COCA COLA-Mode am Anfang ein großer Erfolg in den USA. (Etwa 450 Millionen € zu Endverbraucher-Preisen (225 Millionen € zu Großhandels-Abgabe-Preisen) bereits nach 2 Jahren – danach blieb der Lizenznehmer allerdings auf großen Lagerbeständen sitzen). In Deutschland sind mehrere Einführungs-Versuche von COCA COLA-Mode gescheitert.

• PEPSI COLA hat auch eine eigene Modekollektion herausgebracht – mit sehr begrenztem Erfolg.

• Genannt wurden bereits auch die CAMEL COLLECTION sowie die CAMEL Shops.

• Beliebt ist Imagetransfer durch Herausstellung eines bestimmten Lebensstils auch bei exklusiven Produkten. Als Beispiele seien hier nur DIOR, BULGARI (Juwelen, Uhren, Parfüm), MCM und DUNHILL angeführt.

2.2.4. Welt- und Lebensgefühl, soziales Engagement

Rosser Reeves (S. 47) hat geschrieben: "Jede Werbung sollte dem Empfänger kommunizieren: **"Kaufen Sie dieses Produkt und Sie bekommen diesen spezifischen Benefit."**

Chris Macrae hat 1991 (S. 36) folgende Änderung vorgeschlagen: **"Kaufen Sie dieses Produkt und Sie nehmen an diesem besonderen Ereignis (bzw. an dieser besonderen Erfahrung) teil."**

Nach

• dem Erscheinen der vieldiskutierten – und zunächst erfolgreichen – BENNETON-Kampagne,

• dem großen Erfolg von BODY SHOP ("Gegen Tierversuche zu sein war der absolute Kern (der BODY SHOP-Philosophie) gleich vom ersten Tag an." Das Unternehmen arbeitet viel mit Roh-Materialien aus der dritten Welt im Sinne von "Hilfe durch Handel" -Projekten und plante "in den USA eine TV-Serie, die von Menschen-Rechten handeln soll und die wir finanzieren wollen.") (Garrett, S. 42 f.),

- der ESPRIT-Kampagne, die die Werbung als "Sprachrohr" seiner Kunden auffasste. (Das erste 18/1 Plakat – und Print-Motiv – zeigt eine Frau mit deren Zitat: "Ich würde den Papst heiraten, um ihm zu zeigen, wovon er spricht."),

könnte man inzwischen in etwa folgendes – für die vielleicht entstehende; neue Generation – von "SUPER BRANDS" schreiben:

"Kaufen Sie dieses Produkt und Sie unterstützen (aktiv) diese positive Aktion oder Einstellungswandel."

Ich glaube, dass es in Zukunft immer weniger als Marke ausreichen wird, Lippen-Bekenntnisse abzugeben, sondern die Marken müssen auch entsprechend handeln. So schrieb beispielsweise J. Koch bezüglich der PETER STUYVESANT-"come together"-Werbephilosophie:

"Die (come together-)Idee ist klar. Aber sie funktioniert nicht recht. ... Der Verbraucher hat gespürt, dass "come together" nur eine Werbung ist." (Koch, S. 29)

Fraglos war die "come together"-Philosophie eine geschickte, "zeitgemäße Interpretation des angestammten Marken-Kerns (der PETER STUYVE-SANT), einer Kombination aus Weltoffenheit, Optimismus und Internationalität. Auf diesen Elementen aufbauend, sollte das PETER STUYVE-SANT-Feeling der Zukunft ein Zusammenkommen der Menschen aus aller Welt, der unterschiedlichsten Hautfarben und Nationalitäten symbolisieren." (new business vom Mai 1989)

Allerdings wurde die "come together"-Philosophie nicht in stärkerem Ausmaße verhaltensrelevant, weil dieser hohe Anspruch der Zigaretten-Marke nicht wirklich abgenommen wurde. Die "come together"-"Erlebnis"-Promotions waren sicherlich ein Schritt in die richtige Richtung.

Es ist aber zu vermuten, dass viele Konsumenten ein deutlich höheres Engagement erwarteten, um dem hohen Anspruch der "come together"-Philosophie gerecht werden zu können. – Die "Messlatte" ist durch BODY SHOP und eventuell auch ESPRIT deutlich höher aufgehängt worden. Während BENETTON seine große Chance verspielt hat.

Einerseits ist nicht zu verkennen, dass eine solche Entscheidung – für ein deutlich höheres öffentliches Engagement, eventuell in Form von spektakulären und PR-intensiven Aktivitäten – vielleicht mit einem außerordentlich hohen Risiko für eine Marke behaftet sein kann.

Andererseits dürfte einer Marke, die das Welt- und Lebensgefühl vieler Menschen aktiv und glaubhaft aufgreift und umsetzt, ein großer Erfolg beschieden sein. Wie der Erfolg von BODY SHOP zeigt:

"Eine der größten Möglichkeiten für die Hersteller von schnell-drehenden Konsumgütern ist es, einen universell tragfähigen (sozialen) Anspruch zu identifizieren ... (wie (weltweite) Freundschaft, (Völkerverständigung) oder … im königlichen Sinne … Güte (Macrae, S. 42)). Um diesen Anspruch zu besetzen, kann man mit anderen nicht konkurrierenden Wettbewerbern Allianzen bilden und das stärkste Sortiment an Produkten zusammen stellen, die zu dieser Marken-Mega-Positionierung passen.

Diese überlegenen sozialen Werte als erstes zu besetzen, ist in einer wählerischen Welt nun die Spitzen-Herausforderung für das Marketing.

Von unterschiedlichen Startpositionen aus ist es das Ziel, diesen universell ansprechenden Sortiment-Vorteil für sich zu reklamieren.

Das Rennen ist offen für Hersteller und Handelsorganisationen. ... Überraschenderweise definieren die Newcomer, wie THE BODY SHOP das Momentum bei dieser effizienten Route zum Global Branding." (ders., S. 78 f.)

Sollte es einer Marke gelingen, sich als überzeugender "Anwalt" des Welt- und Lebensgefühls (moderner) Menschen (z.B. Freundschaft, Frieden, Freiheit) zu etablieren, so sind die Marken-Diversifikations-Möglichkeiten nur durch die Produkte begrenzt, die nicht zu dem vertretenen Standpunkt passen.

Man denke in diesem Zusammenhang nur an Organisationen wie UNICEF, GREENPEACE etc., die zur Finanzierung ihrer Aktivitäten "alle möglichen" Produkte unter eigenem Namen verkaufen.

2.2.5. Design in seiner ästhetischen und sozialen Funktion

Die Funktionen des Designs für den Verwender sind:

- praktische Funktion (Gebrauchsdimension)
- ästhetische Funktion (individuelle Anmutung)
- soziale Funktion (soziale Anmutung). (Schultz/Koppelmann, S. 228)

Das Design erfüllt damit auch einen sachlich-funktionalen Nutzen. Hier wird jedoch stärker auf den erlebnis-orientierten Nutzen abgehoben.

Als Transfer-Achse eignet sich Design überall dort, wo dieser Nutzen-Aspekt eine einstellungsrelevante Dimension ist.

Der konsequente Einsatz des Produkt-Designs als Marketinginstrument profiliert und positioniert Produkte unmittelbar. Die Bedeutung eines konsequent verfolgten, eigenwilligen Produkt-Designs für die Imageprofilierung stellt auch K.-J. Maack heraus:

„Ein Unternehmen, das sich nicht den Ordnungskriterien eines durchgängigen Erscheinungsbildes unterwirft, bleibt in der visuellen und verbalen Aussage unterentwickelt und verspielt damit einen Großteil einer möglichen Marktresonanz ... Dagegen schaffen durchgängige gleichbleibende Merkmale ... eine Addierung in der Wirkung und werden vom Partner als Element der Zuverlässigkeit, der Sicherheit und der Kompetenz erkannt und anerkannt."

Das Produkt-Design als Element der Marken-Identität kann entsprechend als ein Imagefaktor erster Kategorie aufgefasst werden. Voraussetzung hierfür ist eine konsequent durchgeführte Produktdesign-Politik, die sich in den anderen Marketing-Mix-Variablen und im Verhalten am Markt adäquat fortsetzt.

Wichtig ist, dass bei allen Produkten eine einheitliche, durchgängige Designlinie wahrnehmbar ist, die sich von den anderen am Markt befindlichen Formen deutlich abhebt:

Die auf eigenwilligem Styling beruhenden Markterfolge bei Gebrauchsgütern von BRAUN (Haushaltsgeräte und früher Unterhaltungselektronik), LAMY oder auch von ROSENTHAL sind hierfür bekannte Beispiele.

Ein weiteres Beispiel für Imagetransfer durch übereinstimmendes Produkt-Design ist PORSCHE DESIGN. Bei PORSCHE denkt man normalerweise spontan an Sportwagen. Seit den siebziger Jahren taucht dieser Name jedoch auch immer häufiger in Verbindung mit hochwertigen (Männer-)Accessoires auf, die von Uhren über Brieftasche und Gepäckstücke bis zu Möbeln reichen.

„Porsche Design will nicht als Zubehörlinie einer Automarke verstanden werden. Vielmehr ist es unser Bestreben, an einem eigenständigen Marken-Aufbau zu arbeiten, mit definierten Image-Inhalten und mit einem Konzept, bei dem der Image-Transfer zwischen den Produktlinien über durchgängige Design-Richtlinien stattfindet." (Wiesberger, S. 85)

Hinter PORSCHE DESIGN steht Ferdinand A. Porsche, ein Enkel des Gründers, der von 1962-1972 als Chef-Designer bei Porsche tätig war. 1972 machte er sich selbstständig. 1978 wurde die Firma Porsche Design (PD) Produkte Vertriebsgesellschaft mbH gegründet.

„Form folgt der Funktion" ist die Philosophie von PORSCHE DESIGN (die sich aus der Bauhaus-Tradition ableitet). Für F. A. Porsche „ist es wichtig, dass die Funktion nicht versteckt ist, sondern sich in den Gegenständen ausdrückt."

Der Name PORSCHE hat den PORSCHE DESIGN-Produkten im Verkauf zweifelsohne erheblich geholfen. Während die Umsätze 1980 bei ca. 540.000 € lagen, erreichten sie 1985 bereits nahezu 9 Millionen.

Interessant ist das PORSCHE DESIGN-Marketingkonzept. Einen Kernpunkt bildet die Auswahl von Distributionskanälen. Die Distributionspartner müssen marktspezifische Mengen an PORSCHE DESIGN-Produkten akzeptieren und diese mit einem der Menge entsprechenden Verkaufsförderungsetat unterstützen. Displays und Werbung sind weltweit einheitlich. Als PORSCHE DESIGN shop-in-shop Display bietet PORSCHE DESIGN ein System an, das hochvariabel ist, aber das gleiche Image vermittelt. Die Einhaltung dieses Marketingkonzepts wird streng überprüft. Abweichungen haben in der Regel die Beendigung der Geschäftsbeziehung mit dem entsprechenden Distributionskanal zur Folge.

Gescheitert sind hingegen zwei Versuche, eine Duftserie des bekannten Industriedesigners Luigi Colani einzuführen. Es dürfte vor allem an der Duft-Kompetenz gemangelt haben.

Imagetransfer durch übereinstimmende einzelne Gestaltungselemente

Imagetransfer kann auch durch übereinstimmende, einzelne Gestaltungselemente unterstützt werden, wie Farbe, Form und Stoff beziehungsweise Material. Voraussetzung ist, dass der Verbraucher mit der spezifischen Ausprägung eines Gestaltungselements Marken-Erlebnisse verbindet. Die Beibehaltung dieser spezifischen Gestaltungselemente erleichtert es ihm dann, die Markenerlebniswelt auf die Partnerprodukte des Imagetransfers zu übertragen.

Ein anschauliches Beispiel für die gezielte Verwendung der Farbe als gemeinsames Gestaltungselement bei Marken-Diversifikationen ist FERRARI. Bei FERRARI-Uhren, -Brillen, -Schreibgeräten und -Aktenkoffern wird bewusst das berühmte FERRARI-Rot aufgegriffen. Hierdurch soll dem Verbraucher der Imagetransfer erleichtert werden.

Auch die Beibehaltung eines bestimmten Materials oder Stoffes, mit denen die Verwender einer Marke vertraut sind, kann den Imagetransfer erleichtern. So war für den Verbraucher beispielsweise die Zuordnung der Marke S. T. DUPONT, die ursprünglich nur für Exklusiv-Feuerzeuge stand, zu Lederwaren 1977 schwieriger nachzuvollziehen als zu Füllfederhaltern und anderen Schreibgeräten 1972.

1972 erfolgte der Imagetransfer deswegen reibungsloser, weil die gleichen Materialien (Gold und „Laque de Chine") bei S. T. DUPONT-Feuerzeugen und den Schreibgeräten verwendet wurden.

Anders als die Konkurrenten im Luxusmarkt, wie DUNHILL oder auch CARTIER, die Umsatzwachstum über eine expansive Diversifikationsstrategie erreichen wollen, steigert DUPONT den Absatz mit einer Imagetransfer-Strategie, die das Know-how des Unternehmens bei der Verarbeitung edler Materialien ausschöpft – wenn man einmal von der Kollektion von Kleinlederwaren und Aktenkoffern absieht.

Eine Stärke des Unternehmens liegt im Umgang mit Chinalack, dessen Grundstoff aus der Rinde des in Asien weitverbreiteten Rhus-verniciflua-Baumes gewonnen wird. Mit äußerster Sorgfalt werden bis zu zehn hauchdünne Lackschichten auf die vorgeschnittenen Metallflächen aufgetragen. Erst durch diesen arbeitsintensiven Vorgang entstehen der tiefe Farbton und die hohe Haltbarkeit der Lackauflagen. Die bewährten Techniken und das Know-how wurden neben dem bereits erwähnten Imagetransfer auf Schreibgeräte auch zum Imagetransfer auf Uhren genutzt. Bei letzterem konzentriert sich S. T. DUPONT auf die Bearbeitung der Gehäuse und Zifernblätter, Uhrwerke und Armbänder kommen aus der Schweiz.

Interessant war auch der Imagetransfer von JIL SANDER auf Brillenfassungen des Herstellers Menrad. Für die Kundin war dieser Transfer leicht nachzuvollziehen, da die Brillenfassungen die Charakteristika der Mode-Kollektionen von JIL SANDER tragen.

In der Welt der Damenmode steht JIL SANDER für Exklusivität, höchste Material- und Verarbeitungsqualität, für Zuverlässigkeit und Understatement. Jede Kollektion ist gekennzeichnet durch wenige aufeinander abgestimmte Farbnuancierungen sowie eine stetige, und nicht wie sonst übliche, sprunghafte Kollektionsentwicklung von Saison zu Saison.

Die designbestimmten Erfolgsfaktoren aus dem Modemarkt findet die Kundin auf der Brille wieder: die schlichte, auf das Wesentliche reduzierte Form. Understatement wird durch die matt gebürsteten, dezenten Farben suggeriert. Darüber hinaus sind die Farben auf die Mode abgestimmt.

Dies dürfte die Erklärung für den größeren Erfolg der JIL SANDER-Brillen im Vergleich zu den meisten anderen Transfermarken-Brillen sein. Bei den anderen Transfermarken-Brillen ist außer dem Namen kaum eine Designverbindung zur entsprechenden Modemarke zu erkennen.

2.2.6. Werbe- und Marken-Welt

Über die bereits angesprochenen emotionalen "Einzel-Nutzen" kann z.B. die Werbung zahlreiche andere emotionale oder sachlich-funktionale Bedürfnisse ansprechen. Diese können bei Imagetransfers oder Line Extensions übertragen werden. Aufgrund der Spezifität der einzelnen Werbe- bzw. Marken-Welten und der individuellen Wahrnehmung und Interpretation der Konsumenten verbieten sich generelle Aussagen zu Übertragungs-Möglichkeiten. Eine Analyse dieser Welt kann aber interessante Ansatzpunkte für weitere Transfermöglichkeiten ergeben.

„Wenn man sich auf ein emotionales Thema foccussiert, können diese Gefühls-Assoziationen ebenso stark werden wie die Produkteigenschaften. Wird Coca-Cola als Getränk geschätzt oder als gemeinsames Freundschafts-Erlebnis? Ist McDonald's ein Fastfood-Restaurant oder ein Erlebnis, wie nach Hause zu kommen? Ist Disney ein Kinder-Amüsement oder eine Verdeutlichung gemeinsamer Familien-Werte?" (Macrae, S. 91)

So sicherte sich z.B. NESTLÉ 1990 die ausschließlichen Vermarktungsrechte an allen DISNEY-Figuren für Lebensmittel in Europa (einschließlich der GUS-Staaten), dem mittleren Osten sowie Nord-Afrika bis zum Jahre 2002. Als Ausgleich erhielt DISNEY einen bestimmten Umsatzanteil von den Produkten, die unter dem Namen von DISNEY-Charakteren bzw. während DISNEY-Promotions verkauft werden.

NESTLÉ schätzte, dass sie an DISNEY während dieses Zeitraums ca. 195 Millionen Euro zahlen würden. „NESTLÉ MICKEY MOUSE Schokoladen-Geschmack-Desserts waren ein großer Erfolg für die Firma. Das Produkt zeigt DISNEY's MICKEY MOUSE auf der Packung, aber es wird nicht durch Werbung unterstützt. Die Abverkäufe sind phänomenal – US\$ 6 Millionen (6,5 Mio. €) pro Jahr." (o.V. 16.01.1990) Darüber hinaus gab es z.B. "DONALD JOGH" in Deutschland, "DISNEY FAMILY"-Schokolade in Italien sowie DISNEY-SMARTIES in einigen europäischen Ländern." (w&v vom 18.10.1991, S. 20)

Anmerkung: Die herausgestellten Umsätze von 6,5 Millionen € erscheinen bei kritischer Betrachtung nicht besonders hoch zu sein. – NESTLÉ hat übrigens den DISNEY-Vertrag im Jahre 2002 nicht verlängert.

1978 wurde die CAMEL-Werbeerinnerung des Konsumenten für die Einführung von CAMEL-Boots genutzt. Das „Meilenweit-Thema" und der „Mann mit dem Loch im Schuh" wurden vom Konsumenten mit Strapazierfähigkeit des Schuhwerks („im Dschungel") assoziiert. Später wurde CAMEL auch auf Schuhe ausgedehnt. Kooperationspartner für Stiefel und Schuhe war Salamander.

Auf weitere Realisierungs-Möglichkeiten wird noch später in Kapitel V eingegangen.

2.3. Zusammenfassung: Marken-Diversifikation auf Basis nutzengeprägter Marken-Images

Bezüglich der Nutzen-Ausprägung lassen sich zwei Arten unterscheiden:

1. sachlich-funktionale (denotative) und

2. emotionale (konnotative) Nutzen.

Imagetransfers und Line Extensions auf Basis sachlich-funktionaler Nutzen sind vor allem häufig im Zusammenhang mit Gesundheits-Versprechen und Angeboten in anderer Darreichungsform festzustellen (z.B. kalorienreduziert, Multi-Vitamine, lindernde Wirkung etc.).

Die Bandbreite möglicher Marken-Erweiterungen ist bei emotionalen Nutzen-Versprechen meist erheblich größer als bei faktischen. Als Realisierungs-Möglichkeiten wurden die folgenden stärker herausgearbeitet:

• Erotik

• Exklusivität

• Lebensstil

• Welt- und Lebensgefühl, soziales Engagement

• Design in seiner ästhetischen und sozialen Funktion sowie

• die Werbe- und Marken-Welt

IV.

ANALYSE UND BEWERTUNG DES MARKEN- DIVERSIFIKATIONS- POTENZIALS

Das POTENZIAL 3., 2. und 1. GRADES

„Man setzt nicht einen Ruf aufs Spiel, der etwas bedeutet."
(Levi Strauss)

„Die Marke kann sich nicht in jede Richtung ausdehnen. Der Kurs, die Leitidee werden von der Marke definiert, sie ist genetisches Programm. Sie trägt bereits den Code für Produkte in sich, die später ihren Namen tragen" können.
(J. N. Kapferer)

Übersicht über die drei zuverlässigen Analyse-Schritte zur Bestimmung des Marken-Diversifikations-Potenzials

---

ANALYSE DES DIVERSIFIKATIONS-POTENZIALS
3. GRADES – prinzipielle Voraussetzungen

1. aktive Markenbekanntheit	6. aktive Werbe-Erinnerung
2. relativer Marktanteil	7. keine „größeren" Marken-Probleme
3. Marken-Loyalität	8. Historie vorangegangener Diversifikationen
4. Käufer-Reichweite	9. Zeitabstand
5. gewichtete Distribution	10. ausreichende Zielgruppen-Übereinstimmung

---

ANALYSE DES DIVERSIFIKATIONS-POTENZIALS
2. GRADES – Vorauswahl der Partner-Produkte

1. Ermittlung aller rationalen und emotionalen Motive (Psychodrama)
2. zukunftsorientierte Marken-Image-, -Kern & Motiv-Schlüssel-Analyse (GAP-Analyse)
3. Marken-„Fit"-Analyse
4. Konkurrenz-Analyse im neuen Markt

ANALYSE DES DIVERSIFIKATIONS-POTENZIALS
1. GRADES – Endauswahl der Partner-Produkte

1. Vorteils-Überprüfung und Markt-Potenzial-Bestimmung (Zielgruppen-Größe)
2. Rücktransfer-Analyse
3. Ermittlung der Kannibalisierungs-Rate

Die Entscheidung zur Durchführung einer Marken-Diversifikation besitzt strategischen Charakter und ist von nicht geringer finanzieller Bedeutung. Zumal die Wettbewerbsstärke und -fähigkeit der meisten Markenartikelunternehmen auf wenigen Marken basiert. Den aufgezeigten erheblichen Vorteilen einer erfolgreichen Marken-Erweiterung stehen allerdings nicht zu unterschätzende Risiken gegenüber.

Imagetransfer ist leider eben **nicht** "a quick, low-cost, low-risk way to take a ... brand into specific new product areas." (W. Anson, President of Marketing/Trademark Consultants, La Jolla, Calif. und New York, zit. nach Kessler, S. 2; vgl. auch Anson, S. 28).

Schätzungsweise 80% aller Imagetransfers erreichen nicht die geplanten Ziele. Diese Zahl nennt übrigens auch "Craig Kalter, President of Marathon Projects, eine in Forest Hills, N. Y. ansässige Licensing Agentur. (Er) sagt, dass 80% aller Unternehmens Licensing Programme ihre Ziele nicht erreichen, weil die lizenzierte Marke und die Produkte nicht zueinander passen. Schlechtes Timing, fehlerhaftes Design oder die Auswahl der falschen Distributions-Kanäle kann auch zum Scheitern eines Lizenz-Projektes führen." (Kessler, S. 2)

Bei den vermeintlich einfachen Line Extensions beträgt die Flop-Rate 28%, wie eine US-Studie von Ernst & Young, Prime Consulting zeigt (o.V. 1997).

Angesichts dieser Situation steht für die Entscheidungsträger vor der Durchführung eines Imagetransfers die Frage im Mittelpunkt des Interesses: Welches Image und welche Marken-Tragfähigkeit besitzt eine spezifische Marke?

Daraus ergeben sich – stärker konkretisiert – die folgenden abgeleiteten Kern-Fragestellungen:

• Kann die spezifische Marke überhaupt – größeren Erfolg versprechend – übertragen werden (Dachmarken-Fähigkeit /Marken-Tragfähigkeit)?

• Wenn ja, in welche Produktfelder sowie in welcher Reihenfolge – und mit vertretbarem Risiko?

• Und mit welchem Nutzenversprechen (Transferachse)?

- Welche Anforderungen müsste ein Produkt dieser Marke aus Konsumen-ten-Sicht auf jeden Fall erfüllen?

- Welche Auswirkungen hat die Marken-Erweiterung auf das Marken-Pro-fil der „Mutter-Marke" und das bisherige Marken-Sortiment (positiver oder negativer Rück-Transfer/Marken-Verwässerung)?

Zur Operationalisierung der Fragestellung empfiehlt sich eine graduelle Ab-stufung des Diversifikations-Potenzials in drei Intensitätsstufen.

1. DIE DREI UNTERSCHIEDLICHEN MARKEN-DIVERSI-FIKATIONS-EIGNUNGSGRADE IM ÜBERBLICK

1.1. Marken-Diversifikations-Potenzial 3. Grades

Das Potenzial 3. Grades stellt die geringsten Anforderungen. Es befasst sich – als "check for negatives" – mit der Frage, ob überhaupt die Voraussetzungen für einen Imagetransfer erfüllt sind. Grundsätzlich gilt, dass schwache Marken kein Marken-Diversifikations-Potenzial besitzen.

Die Begründung für diese Aussage fällt nicht schwer: Wenn sich eine Marke schon nicht in ihrem Hauptmarkt durchsetzen konnte, warum sollte ihr dies im Transfer-Produktbereich gelingen?

1.2. Marken-Diversifikations-Potenzial 2. Grades

Eine für eine Diversifikation ausreichende Markenstärke (und damit Erfüllung des Potenzial 3. Grades) besagt noch nicht, dass eine Ausdehnung auf einen anderen Produktbereich erfolgreich ist bzw. sein kann.

Das Marken-Diversifikations-Potenzial 2. Grades befasst sich mit der Frage der Marken-Kompetenz. Grundsätzlich ist das Erweiterungs-Potenzial begrenzt durch die spezifischen Konnotationen und/oder Denotationen sowie die Produkte, auf die es adäquat transferiert beziehungsweise angewendet werden kann.

Kompetenz bedeutet dabei die widerspruchsfreie Zuständigkeit für ein (für den Konsumenten) nachvollziehbares Leistungsspektrum der Marke. Es stellt sich somit die Frage, ob die "Transferachsen" ausreichend stark sind.

Sollte die Übertragung eines Markennamens auf einen neuartigen Produktbereich auf die vollständige Ablehnung der Verbraucher stoßen bzw. denotative und/oder konnotative Unverträglichkeiten auslösen, so ist ein Marken-Diversifikations-Potenzial 2. Grades nicht gegeben.

1.3. Marken-Diversifikations-Potenzial 1. Grades

Das Potenzial 1. Grades stellt die härtesten Anforderungen an das neue Produkt, das unter einer bekannten Marke angeboten werden soll. Grundsätzlich muss das Produkt den Anforderungen des (neuen) Marktes entsprechen. Es muss im Produktleistungsvermögen besser als die Konkurrenz im Transfer-Markt erlebt werden, um eine Erfolgschance zu haben. – Ein gleich gutes Produktleistungsvermögen wie der Wettbewerb reicht meistens nicht. – Es "bestätigt sich immer wieder, dass das Transfer-Potenzial selbst starker Marken nur gering ist, wenn die Transferprodukte (und/oder deren Vermarktungsstrategie) wenig innovativ sind." (Hätty, S. 280)

Anmerkung: Dabei sollte nicht vergessen werden, dass der bekannte Markenname zu einem anderen Produkt-Erlebnis seitens des Verbrauchers und gegebenenfalls zu einem differenzierenden erlebten Produktvorteil führen kann. Blindtest-Resultate sind daher in diesem Zusammenhang (weitgehend) irrelevant.

Darüber hinaus stellt sich vor allem aus der Sicht des Lizenznehmers, der für die Lizenz normalerweise zwischen 2% und 15% an "Royalties" (= Lizenzgebühren) abführen muss, zusätzlich die Frage:

- Erzielt mein (innovatives) Produkt durch das Angebot unter diesem bekannten Markennamen – für den ich Lizenzgebühren zahlen muss – einen ausreichend deutlichen Vorteil im Vergleich zur Vermarktung unter einem neuen, eigenen Namen?

- Ist es eventuell mittel- bis langfristig zielführender, eine eigene Marke aufzubauen und ein gewisses Abhängigkeits-Verhältnis vom Lizenzgeber von vornherein zu vermeiden?

ANALYSE UND BEWERTUNG DES MARKEN-DIVERSIFIKATIONS-POTENZIALS 3. GRADES

Erfüllung prinzipieller Diversifikations-Voraussetzungen

Grundsätzlich gilt, dass schwache Marken wenig Diversifikations-Potenzial besitzen:
Wenn sich eine Marke schon nicht in ihrem eigenen Markt durchsetzen konnte, warum sollte ihr dies in einem neuen Markt gelingen?

2. ANALYSE DES MARKEN-DIVERSIFIKATIONS-PO-TENZIALS 3. GRADES

Das primäre Ziel von Imagetransfers und Line Extensions – aus Sicht des Marken-Inhabers oder Lizenznehmers – ist die Senkung des Flop-Risikos für sein neues Produkt. Eine gute "Starthilfe" kann aber nur eine Marke geben, die selbst stark (genug) ist.

In der Fach-Literatur wird häufig an Stelle der Marken-Stärke der Marken-Wert als Indikator für existierende Markendiversifikations-Fähigkeit genannt (vgl. z.B. Tauber 1988, Aaker/Keller; Esch/Andresen).

Dies halte ich ausdrücklich für falsch, da

1. der Marken-Wert auch vom Marken-Diversifikations-Potenzial, also der Nutzungsfähigkeit der spezifischen Marke in anderen Kategorien abhängt. (= Zirkularitäts-Problem)

2. ein hoher Marken-Wert auch durch eine dominante Position in einem (Teil-) Markt (z.B. NUTELLA, TEMPO) verursacht werden kann. Dies ist jedoch nicht unbedingt ein Hinweis auf die Diversifikations-Fähigkeit. (z.B. bei stärker produktgeprägten Images und Gattungs-Marken – Hierauf wurde bereits ausführlicher auf Seite 250 bis 261 eingegangen.) So schreibt auch Huber (S. 132): „Dominante Marken, wie zum Beispiel TEMPO oder NUTELLA, deren Markenkapital untrennbar mit einer Kategorie verbunden ist, besitzen daher einen hohen Gesamtmarkenkapitalwert bei minimalem Extensions-Potenzial."

3. die unterschiedlichen Marken-Wert-Ermittlungsverfahren oft zu sehr unterschiedlichen Werten kommen. „Fehlende und zweifelhafte Marken-Bewertungs-Maßstäbe (sind ein zentrales) Problem der Bewertung von Marken." „Viele Bewertungsverfahren taugen nichts. Das zeigen Streubreiten bei der Berechnung von Marken-Werten, die je nach eingesetztem Verfahren zum Teil um den Faktor 10 (= das Zehnfache!) schwanken." (Esch 3/2002, S. 84). Einige aktuelle Beispiele für die Streubreite von ermittelten Markenwerten wurden bereits im Abschnitt II 2.3 unter Ziele aufgezeigt.

Zudem kann sich der Marken-Wert durch den Eintritt besonderer Ereignisse relativ schnell verändern.

Folgende Indikatoren kommen für die Stärke einer bestimmten Marke in Betracht:

2.1. Spontane Marken-Bekanntheit

Unbestrittener Marken-Diversifikations-Vorteil gegenüber einer neuen Marke ist die bestehende Marken-Bekanntheit. Bei Konsumenten, die keine Marken-Kenntnis besitzen, entfällt dieser Vorteil. – Interessant ist auch, ob es gut durchgesetzte Zeichen, Symbole, Design-Elemente etc. zur Marken-Identifikation gibt.

Die Höhe der gestützten Marken-Bekanntheit ist nicht uninteressant. Von größerem Aussagewert für die Markenstärke ist aber der „top of mind"-Wert und die aktive (ungestützte) Marken-Kenntnis.

In den meisten Märkten verfügen nur einige, wenige Marken über eine nennenswerte spontane Markenbekanntheit und sind damit eher für einen Imagetransfer oder eine Line Extension geeignet. „Eine Marke mit Mauerblümchen-Dasein kann nicht diversifizieren." (Schürch)

Als „Faustregel" kann man von einer starken Marke ausgehen, wenn die Marken-Bekanntheit spontan mindestens 20% und gestützt mindestens 75% beträgt.

2.2. Relativer Marktanteil (unter Berücksichtigung des Preisverhaltens)

Absolute Marktanteile geben sicherlich Hinweise auf die Markenstärke. Aufgrund der Verschiedenheit der Märkte bzw. Markt-Strukturen empfiehlt es sich jedoch eher, den relativen Marktanteil zum größten (oder zu den drei größten) Wettbewerbern zu nehmen, wie ihn auch PIMS (Buzzell, Gale) verwendet.

Darüber hinaus ist die Marktanteils-Entwicklung im Zeitablauf interessant, wobei Preis-Veränderungen beachtet werden sollten.

Exklusive Marken bzw. Marken, die eine solche Positionierung anstreben, müssen dabei – analog den vorangegangenen Ausführungen – anders behandelt werden, als Produkte in "Massenmärkten".

2.3. Markenloyalität

Markenstärke zeigt sich auch im Ausmaß des Treueverhaltens der Konsumenten zu einer Marke. Darüber hinaus kann die Intensität der Markenloyalität häufig als Qualitäts-Indikator für Kundenzufriedenheit und eine affektive Bindung aufgefasst werden. – Von einer starken Marke kann als Faustregel ausgegangen werden, wenn die Wiederkaufsrate bei schnelldrehenden Konsumgütern 30% übersteigt.

Die Kunden-Bindung ist ein zuverlässiger Qualitäts-Indikator mit deutlich höherer Verhaltens-Relevanz als z.B. Experten-Urteile, „objektive" Blindtests oder Ergebnisse der Stiftung Warentest.

2.4. Käufer-Reichweite

Ein weiteres wichtiges Kriterium der Markenstärke ist die Käufer-Reichweite. Sie gibt Auskunft darüber, wie groß der Anteil der Zielgruppe ist, die bereits über Verwendungs-Erfahrungen verfügen.

Dieses Kriterium ist insbesondere bei der Marken-Diversifikation wichtig, da die bereits vorgestellten Ergebnisse der Sonder-Auswertungen in der Verbraucheranalyse 2002 gezeigt haben, dass die bisherigen Intensiv-Verwender der „Stamm-Produkte" einer Marke eine erhöhte Konsum-Neigung für die weitere Diversifikations-Produkte der gleichen Marke besitzen.

Exklusive Marken müssen bei der Anwendung dieses Kriteriums natürlich anders behandelt werden als Produkte in "Massenmärkten". Wünschenswert ist bei letzteren oft – in Abhängigkeit von der jeweiligen Markt- und Konkurrenz-Situation – eine Käufer-Reichweite von 30% oder mehr.

306

2.5. Gewichtete Distribution und Regalstrecke

In einer hohen gewichteten Distribution und einer langen Regalstrecke drückt sich eine starke Marken-Präsenz am Point of Sale aus.

Sofern die gleichen Distributionskanäle genutzt werden sollen, kann sie als guter Indikator für die Listungsbereitschaft des Handels aufgefasst werden – Vorausgesetzt, die Produkte werden von diesem als "imagemäßig zueinander passend" erlebt.

Bei starken Marken liegt die gewichtete Distribution meist über 70%. Die Regalstrecke variiert marktspezifisch zu stark, als dass eine generelle Faustregel möglich wäre.

2.6. Aktive Werbe-Bekanntheit und -Erinnerung

Für ein Marketing-Unternehmen sind die absoluten Werbeausgaben und der Share of Voice des Lizenzgebers weniger interessant als die erzielte, aktive Werbe-Bekanntheit und -Erinnerung sowie deren richtige Marken-Zuordnung. (Werden die Kommunikations-Inhalte und die Slogans richtig zugeordnet?)

Starke Marken weisen häufig eine spontane Werbe-Erinnerung von 15% und gestützt von 30% oder mehr auf. Diese Werte werden durch die Kampagnen-Anzahl in einem Markt beeinflusst. Insofern kann auch hier ein Vergleich zu den jeweiligen Konkurrenz-Marken aufschlussreich sein.

2.7. Fehlende gravierende "Marken-Probleme"

Marken-Diversifikationen eignen sich schlecht, gegebenenfalls existierende, gravierende Image-Probleme der Stamm-Marke (mögliche Ausnahmen "alte" Marke, "nicht aktuell" etc.) zu lösen, die sich u.a. in einer rückläufigen Verkaufs-Entwicklung ausdrücken können.

Imagetransfers oder „Line Extensions sollten (grundsätzlich) nur vorgesehen werden für starke Marken, die keine Image-Probleme haben". (Schürch, S. 412)

Bei Marken, die sich in einer Schwäche-Phase befinden, führt eine zusätzliche Marken-Ausdehnung in "neue" Märkte zu einer erhöhten Marken-Belastung – anstatt der in dieser Situation erforderlichen Marken-Stärkung.

Zudem reduziert die Übertragung eines bereits "angegriffenen" Images deutlich die Erfolgschancen für das neue Produkt. In dieser Situation empfiehlt es sich, das "Marken-Haus" erst einmal in Ordnung zu bringen, bevor die Marke erneut belastet wird.

Ein Erfolgsbeispiel hierfür ist NIVEA, das noch ausführlich an anderer Stelle (in Kapitel VI) diskutiert wird. In diesem Fall stellte sich in einer breitangelegten Studie im Jahre 1967 heraus, dass die Marke NIVEA an Aktualität verloren hatte.

Gleichzeitig ergaben jedoch Konsumenten-Befragungen, dass in der Marke noch große Chancen steckten. Der Verbraucher würde neue Produktbereiche von NIVEA akzeptieren, solange sie dem Markenimage entsprechen.

„Doch bevor dieser Schritt getan werden konnte – und damit unterscheidet sich die heutige Markenpolitik grundsätzlich von der reinen (und weitgehend "konzeptlosen") Übertragung des Markennamens auf andere Produkte mit der ... (früher nur begrenzte Erfolge erzielt wurden) – ging es darum, die Marke NIVEA selbst zu aktivieren" (Prick 1988, S. 91) und zu revitalisieren.

Ein weiteres Erfolgsbeispiel hierfür ist ODOL, das bereits ausführlich an anderer Stelle analysiert wurde.

2.8. Historie vorangegangener Marken-Diversifikationen: Anzahl der unterschiedlichen Produkte unter einer Marke, deren Erfolg, Positionierung und wahrgenommene Qualitäts-Unterschiede

Zur Bewertung eines neuen Transfer-Produktes werden Konsumenten im Falle von bereits durchgeführten Marken-Diversifikationen meistens nicht nur das Marken-Stammprodukt heranziehen, sondern alle ihnen bekannten Produkte dieser Marke.

Gefährlich sind allerdings generelle Aussagen wie:

- „Das Vertrauen, welches die Konsumenten einem Neu-Produkt unter einer etablierten Marke entgegenbringen, steigt mit zunehmender Anzahl der bereits realisierten Markentransfers an."
  (vgl. Dancin/Smith, S. 232, die diese Vermutung durch Befragungs-Ergebnisse mit hypothetischen Marken und Transfers „bestätigen", während Publikationen mit realen Marken und Transfers diese verwerfen. vgl. Reddy/Holak/Bhat; Smith/Park; Zatloukal 2002, S. 31ff.)

- „Je größer die Breite der Produktpalette ist, desto geringer ist der negative Einfluss, der von einem niedrigen „Fit" zwischen Mutter-Marke und Transfer-Produkt auf die Erfolgswahrscheinlichkeit eines geplanten Markentransfers ausgeht." (Auch hier finden sich „Wissenschaftler" neben Dancin/Smith, wie Boush/Loken und Sheinin/Schmitt, die solche Hypothesen „bestätigen".)

Bei jedem erfahrenen Marketing-Praktiker dürfte sich Widerstand regen, ein Produkt unter einer Marke einzuführen, die dazu nicht besonders gut passt. – Denn es kommt im Marketing nicht auf generelle Regeln, sondern immer auf den markenspezifischen Einzelfall an. (vgl. auch Gamble, S. 178; Tauber, S. 38)

Zudem dürfte eine Analyse interessant sein, wie viele Imagetransfers erfolgreich waren und ob eventuell auch Marken-Diversifikations-Versuche gescheitert sind. Im letzteren Falle sollte man überprüfen, wie aktuell diese sind und wie lange diese auf dem Markt waren. Besonders schädlich sind meist nicht schnell eintretende Flops, sondern vor allem unverträgliche Partner-Produkte, die längere Zeit „dahin vegetierten" und während dieser

Zeit das Marken-Image beeinträchtigt haben. In diesen Fällen kann eine Marken-Deprofilierung und Marken-Erosion eingetreten sein.

Wichtig ist, dass die Tragfähigkeit der Marke durch die Anzahl und die Unterschiedlichkeit der Marken-Partner-Produkte insgesamt nicht überfordert wird. Hinweise auf Probleme können z.B. eine größere Varianz in der (Qualitäts-) Wahrnehmung der Partner-Produkte oder ein schwach ausgeprägter Motiv-Schlüssel der Gesamt-Marke sein.

Durch die zusätzlich zum Marken-Stammprodukt eingeführten Angebote werden oftmals bestimmte Marken-Assoziationen verstärkt. Oder die Marke um neue Assoziationen erweitert. Insofern begünstigen bereits erfolgreich vorgenommene Marken-Diversifikationen zukünftige Imagetransfers oder Line Extensions, die in die gleiche Richtung gehen. (vgl. auch Keller/Aaker; Dawar/Anderson)

Beispiele:

Von NIVEA Creme über NIVEA After Shave Balsam auf NIVEA Deo.

Von ODOL Mundwasser über ODOL med 3 Zahncreme auf ODOL med 3 Kaugummis und auf ODOL N´ice Zahnpflege Bonbons.

2.9. Zeitabstand seit der letzten Marken-Erweiterung

Konsumenten lernen in der Regel nur langsam und kumulativ. Entsprechend kommt neben der Anzahl der realisierten Imagetransfers auch der Zeit zwischen zwei aufeinanderfolgenden Marken-Übertragungen wesentliche Bedeutung zu.

Der Konsument kann zu häufige und zu schnell aufeinanderfolgende Übertragungsversuche von konnotativen und denotativen Bewertungs-Gesichtspunkten (durch gemeinsame Marken) meistens nicht nachvollziehen.

Als Resultat kann er – wenn er sich gleichzeitig mit mehreren "neuen" Produkten unter einer Marke konfrontiert sieht – diese im günstigsten Fall „zufällig" als markengleich erleben.

Fatal wäre es hingegen, wenn bei ihm der Eindruck entsteht, dass das Markenlogo wahllos preissteigernd auf zahlreiche Produkte geklebt wird, um ihn gezielt auszubeuten und für "dumm zu verkaufen". In diesem Fall kommt es (häufig) zu einem negativen Rücktransfer.

Allerdings ist eine generelle und konkrete Antwort auf die Frage nicht möglich, was „zu häufige" und „zu schnell aufeinanderfolgende" Marken-Erweiterungs-Versuche sind. Dies liegt einerseits daran, dass sich die Einführungsraten in den unterschiedlichen Märkten erheblich unterscheiden (Diese ist z.B. im Kosmetikmarkt relativ hoch). Zum anderen hat die jeweilige Kommunikations-Unterstützung einen erheblichen Einfluss auf die „Lerngeschwindigkeit" der Konsumenten sowie die Art der letzten Marken-Ausweitungen (eng verwandte oder weit „entfernte" Märkte).

2.10. Zielgruppen-Übereinstimmung

Die Zielgruppen der einzelnen Produkte einer Marke werden häufig (teilweise) voneinander abweichen. In den Fällen, in denen in höherem Ausmaß unterschiedliche Zielgruppen angesprochen werden (sollen), empfiehlt es sich zu überprüfen, in welchem Verhältnis diese zueinander stehen.

Sofern Abneigungen zwischen diesen (bzw. einseitig) vorherrschen, ist es besser, den Imagetransfer oder die Line Extension zu unterlassen.

2.11. Zusammenfassung zum Marken-Diversifikations-Potenzial 3. Grades

Das Potenzial 3. Grades befasst sich mit der Frage, ob die prinzipiellen Voraussetzungen für einen Imagetransfer oder eine Line Extension erfüllt sind. Grundsätzlich können nur "starke" Marken transferiert werden.

Als Bewertungs-Kriterien für die Markenstärke wurden genannt:

1. die aktive (spontane) Markenbekanntheit

2. der relative Marktanteil zum größten (bzw. den drei größten) Wettbe-
    werber(n) und die Marktanteils-Entwicklung
3. das Ausmaß der Markenloyalität (im Stamm-Markt)

4. die Käufer-Reichweite

5. die gewichtete Distribution

6. die aktive Werbe-Bekanntheit und -Erinnerung

7. das Fehlen größerer aktueller "Marken-Probleme"

8. Historie der bereits erfolgten Marken-Diversifikationen

    *   die Anzahl der bereits realisierten unterschiedlichen Produktklas-
        sen unter einer Marke,

    *   deren Erfolg bzw. Misserfolg

    *   die Positionierungs-Richtung bereits erfolgter Marken-Diversifi-
        kationen

    *   und wahrgenommene Qualitäts-Unterschiede

9. der Zeitabstand seit der letzten Marken-Erweiterung

10. eine ausreichende Zielgruppen-Übereinstimmung.

Hinzu kommen insbesondere bei der Lizenzierung die Überprüfung, ob und
in wie weit die Schutzrechte für die betreffenden Warengruppen und Länder
abgesichert sind.

ANALYSE UND BEWERTUNG DES MARKEN-DIVERSIFIKATIONS-POTENZIALS 2. GRADES

Vorauswahl der Partner-Produkte

*„Die Route ins Dachmarken-Land sollte
man nur mit großer Vorsicht beschreiten.
Es könnte eine Sackgasse sein."*

*„Wenn ein Kapitän nicht weiß, (wo er sich
befindet und) welchen Hafen er ansteu-
ern soll, ist kein Wind der richtige."*
(Seneca, Philosoph)

3. ANALYSE DES MARKEN-DIVERSIFIKATIONS-PO-TENZIALS 2. GRADES

Das Marken-Diversifikations-Potenzial 2. Grades befasst sich mit der Frage der Marken-Kompetenz. Grundsätzlich ist das Dehnungs-Potenzial einer Marke begrenzt durch deren Identität (Motiv-Schlüssel). Die wahrgenommenen marken-spezifischen emotionalen und/oder faktischen Nutzen-Dimensionen limitieren die Erweiterungs-Fähigkeit dieser Marke sowie die Angebote, auf die diese adäquat transferiert beziehungsweise angewendet werden können.

Marken-Diversifikation muss als Mehr-Produkt-Strategie noch sorgsamer mit der Marke umgehen als eine Einzel-Produkt-Strategie. Die Erhaltung des Vertrauens in die Qualität und Zuverlässigkeit der Marke und ihrer Erscheinungs-Formen hat höchste Priorität. Die Identität (der Motiv-Schlüssel) der bereits erfolgreichen Marke darf nicht in Frage gestellt werden.

Marken-Kompetenz wird entsprechend definiert als die widerspruchsfreie Zuständigkeit für ein (für den Konsumenten) nachvollziehbares Leistungs-Spektrum der Marke.

Dieses ist zwangsläufig begrenzt, wenn man das klare kompetitive Profil einer Marke nicht gefährden will. Denn eine überlegene Zuständigkeit kann nur für ein klar abgegrenztes Angebot glaubwürdig aufgebaut werden. Nur so lässt sich die Individualität und Attraktivität des Angebots nachvollziehbar darstellen. – So forderte bereits Domizlaff: „Die Verwendung eines Namens muss auf ein einziges Erzeugnis oder auf eine möglichst konzentrierte Idee beschränkt werden". (Domizlaff, S. 110; vgl. auch Ries)

Neue Produkte als Markenträger müssen somit von der Markenidee ausgehen, wenn sie die Identität der Marke nicht in Frage stellen wollen. So kommt auch E. M. Tauber in seiner Analyse von 276 Marken-Diversifikationen zu der Schlussfolgerung, dass die wahrgenommene Übereinstimmung zwischen dem neuen Produkt und der "Muttermarke" eine Schlüsselgröße für die Vorhersage von Imagetransfer- und Line Extension-Erfolgen ist.

3.1. Zur Notwendigkeit der Analyse des Marken-Kerns

Jede existierende Marke hat im Bewusstsein der Verbraucher einen festen Platz, eine bestimmte Bedeutung. Der Marken-Kern ist gekennzeichnet durch die Grundeigenschaften der Marke. Er kann nicht verändert werden, ohne die Marke hochgradig zu gefährden. Dieser Marken-Kern ist jedoch adjustierbar, modernisierbar (u.a. durch die Werbung und neue Produkte), neu interpretierbar.

So schreibt auch H. Davidson (S. 296 f.):

„Marken haben einen inneren und äußeren Kern an Qualitäten. Der Marken-Kern ist gekennzeichnet durch die wesentlichen Eigenschaften, die, wenn man mit ihnen "herumspielt", die Integrität der Marke verändern oder (zer-) stören. Der äußere Kern besteht aus den optionalen Eigenschaften, die elastisch sind und ausgenutzt werden können, um den Assoziationsraum der Marke zu dehnen (extension areas)."

Darüber hinaus gibt es „no-go areas, in denen die Verwendung des Marken-namens nicht nur unproduktiv, sondern sogar schädlich für den Marken-Kern wäre." Diese Gedanken hat er anhand der Marke RIBENA – das Stammprodukt ist ein "berühmtes" Johannisbeersaft-Konzentrat in Großbritannien – bildlich verdeutlicht (siehe Abbildung S. 317).

Verantwortungsbewusste Marken-Arbeit beginnt deshalb mit einer Analyse, die die Marke auf ihren unverrückbaren Kern reduziert. Um erst dann zu prüfen, ob und wie dieser Kern und der Motiv-Schlüssel für eine imagemäßige Diversifikation genutzt werden kann.

Die Tragfähigkeit eines Markenimages ist somit begrenzt durch die markenspezifischen emotionalen und/oder faktischen Nutzen-Dimensionen sowie die Produkte und Dienstleistungen, auf die sie sinnvoll angewendet werden können.

Gut geeignete Marken-Diversifikationen lassen die Grundeigenschaften der Marke klarer und prägnanter hervortreten. Durch Transfer-Partner-Produkte mit hohen Affinitäten wird der Marken-Kern und Motiv-Schlüssel gehärtet.

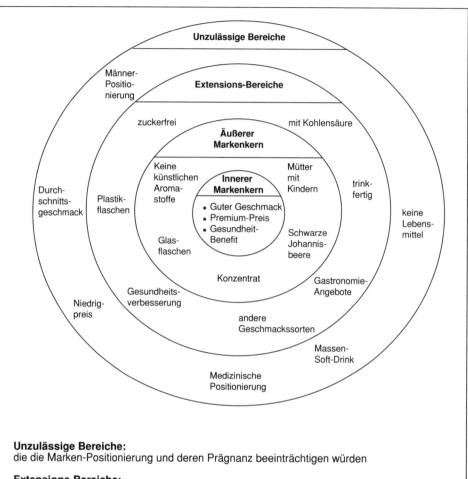

Unzulässige Bereiche:
die die Marken-Positionierung und deren Prägnanz beeinträchtigen würden

Extensions-Bereiche:
in die die Marke ohne Schwierigkeiten ausgedehnt werden kann

Äußerer Markenkern:
Mögliche zusätzliche Eigenschaften

Innerer Markenkern:
Essentielle Elemente der Marken-Identität

Ribena Entwicklung in Großbritannien von 1980-1995 (Umsatz-Steigerung von 1980-1995: 1000% - Quelle: Davidson 1997, S. 406)

Insofern gilt:

"Es gibt keine generellen Regeln für Marken Extensionen. Jede Situation muss individuell analysiert werden." (Gamble, S. 178)

"Jeder Fall einer Marken-Ausdehnung ist einzigartig und bedarf einer kunden-individuellen Analyse." (Tauber, S. 38)

3.2. Bewährte vierstufige Vorgehensweise zur Analyse und Beurteilung des Marken-Diversifikations-Potenzial 2. Grades

Bei der Analyse des Marken-Diversifikations-Potenzial 2. Grades empfiehlt sich meist eine vierstufige Vorgehensweise.

Zunächst sollte eine Image- und Marken-Status-Analyse durchgeführt werden. In vielen Unternehmen liegen diese bereits vor. Erfahrungsgemäß meistens jedoch nicht in adäquater Form.

Die meisten Firmen wissen zwar viel über die faktischen Verbraucher-Bedürfnisse. Aber meist erstaunlich wenig über die wahren tieferliegenden emotionalen Bedürfnisse und Gründe für die Verwendung Ihrer Warengruppen und ihrer Marke(n). Und gerade die Übertragung emotionaler Benefits ermöglicht meist eine erheblich größere Bandbreite an Imagetransfers und Line Extensions. Während die Marken-Diversifikation auf Basis faktischer Benefits meist eher nur begrenzt in andere Bereiche möglich ist.

Der Sicherstellung des Vorliegens aller relevanten Informationen und Voraussetzungen für strategische Marken-Diversifikations-Überlegungen in adäquater qualitativ-quantitativer Form dienen die beiden ersten Untersuchungs-Schritte. Die Analyse-Stepps 3 und 4 ermöglichen darauf aufbauend die eigentliche Bewertung des Marken-Diversifikations-Potenzial 2. Grades.

1. Ermittlung aller rationalen und emotionalen Motive und Hemmschwellen für das Kaufverhalten im Stamm-Markt wie auch in intendierten Diversifikations-Märkten (Psychodrama)

2. zukunftsorientierte Marken-Image-, Marken-Kern- & Motiv-Schlüssel-Analyse (GAP-Analyse)

3. Marken-„Fit"-Analyse
(Anmerkung: Die Schritte 2 und 3 können meist in einer Studie erhoben werden).

4. Analyse der bereits etablierten Konkurrenz in den intendierten Marken-Diversifikations-Märkten, um die Erfolgschancen besser abschätzen zu können. (Trifft man auf starke „Spezialisten" oder eher auf unprofilierte Marken bzw. Generalisten?)

3.2.1. Das Psychodrama ermittelt alle verhaltens-relevanten, rationalen und emotionalen Motive und Hemmschwellen.

Will Marketing einen gezielten Einfluss auf das Verhalten und die Markenwahl des Konsumenten in mehreren Märkten haben, dann gilt die Voraussetzung: Es muss die ursächlichen rationalen und emotionalen Gründe, Motive und Hemmschwellen für das Kaufverhalten im Stamm-Markt wie auch in intendierten Diversifikations-Märkten kennen und verstehen. Hierbei spielen Wahrnehmungen und Erwartungen eine Rolle – gemäß der Value-Expectancy-Theory (Wert-Erwartungs-Theorie).

Diese scheinbar so einfache und selbstverständliche Aufgabe stellt aber Marketing und Marktforschung vor Probleme. – So verblüffend es auf den ersten Blick scheinen mag: In über 80% aller Fälle wissen erfolgreiche Unternehmen meist viel über die rationalen, aber erstaunlich wenig über die wahren tieferliegenden emotionalen Bedürfnisse und Gründe für die Verwendung Ihrer Warengruppen.

Das Verständnis des emotionalen, psychologischen Nutzens für den Verbraucher ist aber eine der wichtigsten Grundvoraussetzungen für den Einfluss auf die Markenwahl im Stamm-Markt und den Diversifikations-Märkten. Denn diese Dimension steuert die Produktverwendung/Nichtverwendung, die Heavy/Light Usage und die Hauptmarkenwahl! Und gerade die Übertragung emotionaler Benefits ermöglicht vielversprechende Marken-Diversifikations-Chancen.

Ob Sie über eine ausreichende Informations-Grundlage für strategische Marketing-Entscheidungen verfügen, können Sie unmittelbar anhand der folgenden drei Schlüsselfragen testen: **Können Sie ursächlich** in Ihrem bisherigen Markt und den Transfer-Märkten **erklären (und nicht nur beschreiben):**

* **Warum Ihre Produkt-/Dienstleistungs-Kategorie von Verbrauchern verwendet wird?** Welche persönlichen, faktischen und vor allem emotionalen Nutzen bei einzelnen Konsumenten zur Verwendung bzw. Nicht-Verwendung der Waren-/Service-Gruppe führen? (Was trennt z.B. ursächlich einen Raucher vom Nichtraucher? Einen Kaffee- von einem Teetrinker?)
* **Was einen (erheblich umsatzrelevanteren) Intensiv- von einem Selten-Verwender unterscheidet?** *(Nach dem sogenannten „Pareto-Gesetz" haben die 20% der intensivsten Konsumenten einer Warengruppe eine Umsatzbedeutung von 50% oder mehr (oft bis 70%). Die verbleibenden 80% stehen für die restlichen Umsätze. – Dies hat sich bisher in allen Märkten bestätigt. – Insofern ist es erheblich wichtiger die Marketing-Budgets auf die Überzeugung von Heavy Usern zu konzentrieren, als die Light User zu erreichen. Dies wird leider viel zu wenig beachtet.)*
* **Warum kaufen bestimmte Konsumenten hauptsächlich Ihre Marke und nicht eines der Konkurrenz-Angebote?** – Und umgekehrt? – Aus welchen Gründen präferiert z.B. der eine Raucher MARLBORO, der zweite CAMEL und der dritte WEST? (Bitte nennen Sie jetzt keinen „Allgemein-Platz" wie z.B. besserer Geschmack. Dies ist keine zulässige Antwort, da Raucher in Blindtests erwiesenermaßen ihre eigene Marke innerhalb der gleichen Zigaretten-Kategorie nicht „rausschmecken" können. – Gleiches gilt in den meisten Konsumgüter-Bereichen.) Was unterscheidet motivational einen regelmäßigen TV-Hören & Sehen- von einem Hörzu-Leser oder einen TV Movie- von einem TV Spielfilm-Stammkäufer? usw.

Wie bereits ausgeführt, können die meisten Firmen diese drei zentralen Fragen des Marketing nicht ausreichend zuverlässig beantworten. – Insofern ist es kein Wunder, dass die Floprate im Marketing so hoch ist (93% aller neuen Produkte und 80% aller Imagetransfers scheitern im Branchen-Durchschnitt). – Ohne dieses Kern-Wissen, ist es aber eigentlich nicht möglich eine Marke systematisch zu größeren Erfolgen zu führen und zu diversifizieren.

Die Ursache für diese weitverbreitete Informationslücke ist leicht zu identifizieren. Es gibt mehrere erhebliche Kommunikations-Schwierigkeiten mit dem Verbraucher:

1. **Der Konsument will nicht sagen,** was ihn bewegt. Häufig hemmen ihn z.B. soziale Normen und persönliche Ängste.

2. **Er weiß nicht,** was ihn bewegt. Die Gründe für ihr Konsumverhalten sind den meisten Menschen überhaupt nicht bewusst.

3. **Er kann nicht artikulieren,** was ihn bewegt. Der Verbraucher ist im wahrsten Sinne des Wortes „sprachlos".

4. **Er nennt nur unvollständig** die Gründe für sein individuelles Konsumverhalten.

5. **Er macht sich selbst etwas vor.** (Kausal-Attributierung vermeintlicher Ursachen)

6. **Die Wechselbeziehungen zwischen den Verhaltensmotivationen sind für ihn zu komplex.** (Interaktion der Verhaltensgründe)

Bei herkömmlichen Gruppendiskussionen und Explorationen sowie rein quantitativen Befragungen steht man somit immer vor der Schwierigkeit, dass der Befragte über seine verbalen Äußerungen nur sehr oberflächlich seine Kaufmotivation ausdrücken kann. – Schließlich ist **80% der zwischenmenschlichen Kommunikation non-verbal** (Mimik, Gestik).

Als Ergebnis erhält man Aussagen wie: „besonders gute Qualität", „schmeckt mir gut", oder einfach nur, „ist ein gutes Produkt". Resultate dieser Art reichen allein allerdings häufig nicht zur ursächlichen Erklärung und marktnahen Prognose des Markenwahl-Verhaltens aus – nicht im Stamm-Markt und erst recht nicht in neuen Diversifikations-Märkten.

Noch schwieriger ist es für den Konsumenten, seine emotionalen Bedürfnisse zu verbalisieren. Und diese werden für die Kaufentscheidung zunehmend wichtiger, da die Unterschiede im faktischen Leistungsvermögen der Angebote für den Konsumenten in den meisten Märkten immer weniger nachvollziehbar sind.

Die Kraft der Marke ist somit heutzutage primär eine emotionale Stärke. Die Kunst der Markenführung ist es, diese Gefühle im Kopf des Verbrauchers gezielt anzusprechen. Sie auf die Marke zu übertragen sowie diese erfolgreich auf neue Produkte in anderen Märkten zu transferieren.

Um die emotionalen Gefühle des Verbrauchers freizulegen, ist das Psychodrama besonders geeignet. Da diese Methode nicht allgemein geläufig ist, sei sie kurz skizziert.

Das Psychodrama ist eine Technik, die das emotionale Erleben und Fühlen tiefgreifend erforscht und vor allem durch Rollenspiele nach außen deutlich sichtbar macht. Ohne durch Assoziationsketten vom Grundthema abzuschweifen und in irrelevante Bereiche abzudriften.

Das Psychodrama ist ein Forschungsansatz, in dem die wichtigsten Daten-Erhebungsmethoden der Befragung, der Beobachtung und des Experiments integriert werden. Damit werden die spezifischen Defizite der einzelnen Methoden ausgeglichen.

Es entsteht ein ganzheitlicherer Ansatz zum Verständnis des Konsumenten:

• der **raumzeitliche und soziale Kontext,** in dem das untersuchte Verhalten, die Wahrnehmung und das Erleben stattfindet, wird wie bei der (teilnehmenden) Beobachtung erhalten und erfasst,

• durch die Möglichkeit der Befragung in der Situation kann der Sinn des beobachteten Verhaltens hinterfragt werden,

• diese Befragung findet aber anders als bei üblichen Befragungen in einer Situation statt, in der das subjektive Erleben des raum-zeitlichen Kontext (für Laien überraschend stark!) gegeben ist,

• zudem werden die sprachlichen Möglichkeiten der Versuchsteilnehmer durch **nonverbale Ausdrucks-Möglichkeiten** (Mimik,Gestik etc.)ergänzt.

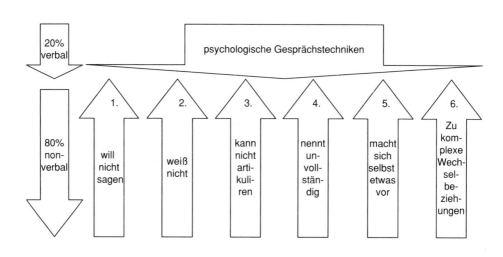

Kommunikations-Schwierigkeiten mit Verbrauchern

20% verbal

psychologische Gesprächstechniken

80% non-verbal

1. will nicht sagen

2. weiß nicht

3. kann nicht artikulieren

4. nennt unvollständig

5. macht sich selbst etwas vor

6. Zu komplexe Wechselbeziehungen

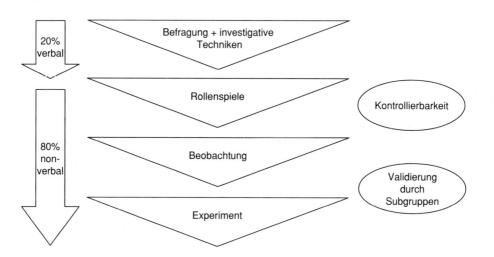

Die Erkenntnistiefe der ganzheitlichen Psychodrama-Methode

20% verbal

Befragung + investigative Techniken

Rollenspiele

Kontrollierbarkeit

80% non-verbal

Beobachtung

Validierung durch Subgruppen

Experiment

- schließlich lassen sich während eines Rollenspiels Veränderungen in der Situation vornehmen und die darauf folgenden Reaktionen wie im Experiment beobachten und verfolgen (indem z.B. eine Marke durch eine andere ausgetauscht wird).

Durchgeführt werden die Psychodramen von einem Psychologen, der über mindestens vier Jahre zusätzlich in der Psychodrama-Technik ausgebildet wurde.

Die Gruppenstärke ist mit acht bis zwölf Personen anzusetzen. Die Zeitdauer beträgt acht bis neun Stunden und erlaubt eine ausreichend lange "Erwärmungsphase".

Gearbeitet wird über die nonverbale Schiene. Versucht wird, die emotionalen, psychologischen Bedürfnisse und Markenbilder im Kopf des Probanden zu erforschen. Hierzu dienen vor allem Rollenspiele, aber auch Abstraktionen sowie Symbolik.

Das Psychodrama nutzt zudem eine Fülle von weiteren Techniken, um den Zugang zum Verbraucher noch effektiver zu gestalten.

So werden häufig zum ersten Mal die Motivationen des Verbrauchers sichtbar und die damit zusammenhängenden Emotionen benennbar. Und zwar in einer Art und Weise, die auch Marktforschern und Marketing-Management nachvollziehbar vermittelbar ist.

Das Psychodrama wurde zu Marketing-Zwecken inzwischen in über 600 Anwendungen im In- und Ausland erfolgreich eingesetzt. – Eine ausführliche Darstellung der Methode haben Haimerl und Roleff an anderen Stellen (3/1996; 2000) vorgenommen.

3.2.2. Entscheidungsorientierte Marken-Image-, Marken-Kern- & Motiv-Schlüssel-Analyse (GAP-Analyse)

GAP ist ein quantitativer Testansatz, der über eine reine Attitude & Usage Studie hinausgeht. Denn aus einer reinen Beschreibung des wahrgenommenen Marken-Status in der Gegenwart kann man nur in begrenztem Umfang zukunftsorientierte Entscheidungen ableiten, um eine Marke systematisch – in mehreren Märkten – zu höherem Umsatz und Ertrag zu führen.

Zu diesem Zwecke werden zusätzlich die idealen Wünsche, Bedürfnisse und Erwartungen der Verwender erfasst. Die rationalen Produkt-Ideal-Anforderungen werden direkt erhoben, die emotionalen indirekt ermittelt. Die GAP-Methode ermöglicht es somit, quantitativ die Wünsche, Motive, Bedürfnisse und Einstellungen im Sinne eines Anforderungs-Profils des einzelnen Verbrauchers nachzuvollziehen. Ganz im Sinne der Wert-Erwartungs-Theorie oder der „theory of reasoned actions".

Das GAP-Verfahren setzt allerdings voraus, dass zumindest als Hypothesen alle verhaltenssteuernden emotionalen und faktischen Motivdimensionen bekannt sind. Diese Grundinformationen werden zuvor qualitativ in Psychodramen herausgearbeitet.

Die Idealanforderungen definieren das angestrebte Ziel, in welche Richtung optimiert werden soll. – Die Handlungsaufgabe des Marketing ergibt sich aus der ermittelten Lücke („GAP" = Defizit zum Ideal) zwischen den idealen Verbraucherwünschen und dem bisher in der Konsumenten-Wahrnehmung erreichten Marken-Status sowie den anderen Alternativen im Markt.

Gruppiert man Verbraucher mit ähnlichen Need-Strukturen und relevanten GAPs (im Sinne von Defiziten zum Ideal) zusammen, so ergeben sich **zukunftsorientierte Zielgruppen-Teilmärkte** mit unterschiedlichen Anforderungs-profilen. Diese definieren die Erfolgs-Positionierung im (Teil-) Markt und den Diversifikations-Märkten.

Darüber hinaus stellen die speziellen Analysen sicher, dass die „driving factors" im jeweiligen Markt und in den einzelnen Segmenten sowie die Uniqueness der Marke, ihre wichtigsten Image-Dimensionen und Wettbewerber beurteilt werden können. Die GAP-Analyse beantwortet u.a. folgende relevante Kernfragen:

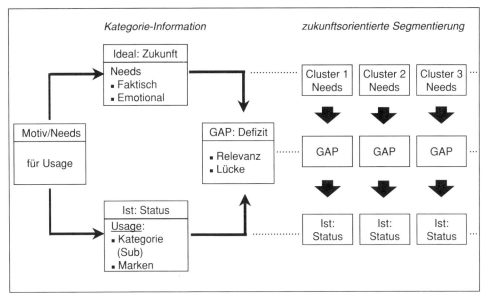

Abbildung der GAP-Vorgehensweise

325

Bedürfnisstruktur

- Welche Benefit-/Leistungserwartungen spielen in den untersuchten Märkten (Stamm- und Diversifikations-Märkte) überhaupt eine Rolle?

- Welche Verwendergruppen mit **unterschiedlichen** Bedürfnisstrukturen gibt es? (⇨ Segmentation in den unterschiedlichen Märkten) Und wie groß sind die einzelnen Zielgruppen-Segmente?

- Welche Bedürfnisse/Benefiterwartungen sind in diesen Märkten Bestandteile des Grundnutzens? Was **muss** in jedem Falle für die Zielgruppe(n) erfüllt sein?

- Welche Bedürfnisse sind konzeptfähige, mit der spezifischen Marke besetzbare und relevante Benefits/Zusatznutzen?

- Wie wichtig sind emotionale Benefits im Verhältnis zu produkt-spezifischen Vorteilen in den unterschiedlichen Märkten?

Angebotsstrukturen

- Wie stark oder schwach ist der Motiv-Schlüssel Ihrer Marke im Stamm-Markt ausgeprägt? Und wie ist das bei den Konkurrenten im Stamm-Markt und in den Diversifikations-Märkten?

- Wie werden die bestehenden Marken von ihren Verwendern gesehen? Welche Produkteigenschaften und welche Produktleistungen werden ihnen zugeschrieben (Markt-Strukturen)?

- Welche USPs unterscheiden die jeweiligen Marken vom Konkurrenzumfeld?

- Welche emotionalen Benefits befriedigen die Marken bei der Zielgruppe? Wie wird das Persönlichkeitsbild durch die Marken-Verwendung geprägt?

Defizite und Marktlücken

- Welche Leistungsdefizite, Benefitdefizite weisen einzelne Marken auf? Wie gut wird der Grundnutzen der Produktkategorie(n) befriedigt? Welche Zusatznutzen werden wie eindeutig besetzt? (⇨ Steigerung der Markenbindung)

- Gibt es Marken, die die Bedürfnisse von (prospektiven) Verwendern der eigenen Marke besser befriedigen? Wie gefährlich sind deshalb diese Marken für Ihr Unternehmen bzw. Ihre Marken-Erweiterung?

- Welche Defizite hat Ihre Marke in den Augen von Personen, die Ihre Marke im Transfermarkt nur als Nebenmarke wählen oder nicht verwenden würden?

- Liegen diese Defizite vor allem in den Leistungsdimensionen/Produktversprechen?

- Oder aber liegen die Defizite vor allem in dem Persönlichkeitsbild, das die Marke erzeugt? Was müsste man tun, um die Identifikation mit der Marke zu verbessern?

- Wie viele Konsumenten gibt es mit ähnlichen Defizitempfindungen?

Insgesamt ist GAP ein Testansatz, der die Vorteile einer Marken-Status- sowie Image-Analyse, einer zukunftsorientierten Marktsegmentation und einer klassischen Marktlückenanalyse subsumiert. Dabei geht GAP weit über die Statusbeschreibung hinaus, weil die Analyse sichtbar macht, wie die Marktposition und das Image einer Marke gezielt weiter optimiert werden kann.

Für Marken-Diversifikationen sind die Motiv-Schlüssel von besonderem Interesse. Große positive Image-Abweichungen vom Durchschnitt aller Hauptmarken-Beurteilungen weisen auf eine ausgeprägte Stärke – und somit potentielle Marken-Diversifikations-Transfer-Achsen – hin.
Sollte der Schlüssel hingegen relativ schwach ausgeprägt sein, so ist die Transferierbarkeit der Marke eher niedrig ausgeprägt. In diesem Falle sollte man zunächst eher das eigene Marken-Image stärken, bevor man die Marke durch Diversifikations-Versuche zusätzlich belastet. – Exemplarische Beispiele für starke und schwache Motiv-Schlüssel werden auf der nächsten Seite gezeigt.

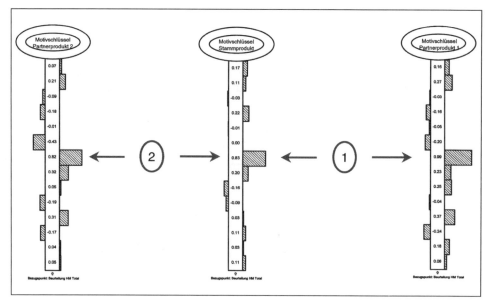

Gute Marken-Diversifikationen, die den Motivschlüssel der Gesamtmarke härten.

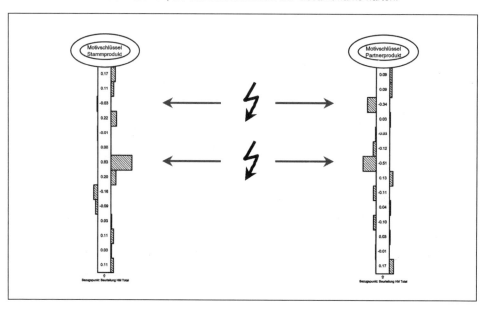

Schlecht passende Marken-Diversifikationen, die den Motivschlüssel der Gesamtmarke schwächt.

Beispiel LANDLIEBE

LANDLIEBE hatte vor Beginn der Betreuung durch Konzept & Analyse mehrere Jahre lang eine rückläufige Umsatz-Entwicklung. Die Marke bot keine nachvollziehbaren faktischen (oder emotionalen) Vorteile, um ihren höheren Preis rechtfertigen zu können. Der Motiv-Schlüssel war schwach ausgeprägt.

Auch hier konnten die Erkenntnisse aus Psychodramen und GAP-Segmentationen helfen. – Allerdings taten sich die Agenturen mit der Umsetzung zunächst schwer. Es dauerte 1,5 Jahre (u.a. wegen mehrerer Versuche, die bisherige Agenturbeziehung aufrecht zu erhalten) und benötigte viele Werbe-Tests bis mit „Liebe ist wenn es Landliebe ist" der Durchbruch gelang.

Heute steht die Marke Landliebe besser da als jemals zuvor. Nach der ersten Phase der Marken-Stärkung konnte Landliebe inzwischen sogar erfolgreiche Imagetransfers in andere Märkte durchführen. So z.B.

- Landliebe-Pudding und -Milchreis
- Landkäse von Landliebe
- Landliebe-Eiscreme.

3.2.3. Marken-„Fit"-Analyse

Mit „Fit" wird hier die wahrgenommene Übereinstimmung zwischen der Marke (und ihren bisherigen Produkten) und vorgestellten Diversifikations-Möglichkeiten aus Konsumenten-Sicht bezeichnet.

In uns bekannt gewordenen Studien wird häufig „Fit" fehlerhaft als „(globale) Ähnlichkeit zwischen Mutter-Marke und Transfer-Produkt" oder noch allgemeiner als „Ähnlichkeit von zwei unterschiedlichen Produktkategorien" definiert. (vgl. Boush u.a., S. 227; Chakravarti u.a., S. 912; Meffert/Heinemann, S. 5; Boush/Lokien, S. 21; Sunde/Brodie, S. 49; Mayerhofer, S. 133; Hupp, S. 12; Zatloukal 2002, S. 60 ff.)

Wir halten dies für ausdrücklich falsch, denn es geht nicht um Ähnlichkeiten, sondern um die Abfrage, inwieweit der jeweils genannte Transfer-Produkt-Vorschlag zu der Marke passt.

Insofern überrascht es nicht, dass eine GfK-Studie mit 2500 Befragten zu dem Ergebnis kommt, „dass der Zusammenhang zwischen Image-Fit (als „Ähnlichkeit" gemessen) und Neuprodukt eher gering ist". (Hupp, S. 16)

Wer falsch fragt, bekommt meist auch die falsche Antwort. So kommen auch Martin und Stewart (2001, S. 483) zum Resultat, dass „Ähnlichkeits-Wahrnehmungen keinen direkten Effekt auf Einstellungen oder Kaufabsichten haben. Sie dienen den Konsumenten nur zur Kategorisierung von Extensionen."

So gelangt z.B. auch Zatloukal (2002, S. 143) in seiner Befragung von 917 Studenten zu dem – der GfK-Studie widersprechenden – Resultat, dass die Marken-Passung die größte relative Bedeutung der Erfolgsfaktoren auf den Image-Transfer-Erfolg hat. Die Fragestellung von Zatloukal (2002, S. 240) entspricht in etwa unserer Fragestellung: „Inwiefern passen die folgenden neuen Produkte (z.B. Nivea Lippenstift) und das ursprüngliche Produkt der jeweiligen Marke (z.B. Nivea Creme) zusammen?"

Auch E. M. Tauber (1988) bestätigt dies in seiner Analyse von 276 Marken-Diversifikationen mit der Schlussfolgerung, dass die wahrgenommene Übereinstimmung zwischen dem neuen Produkt und der "Muttermarke" eine Schlüsselgröße für die Vorhersage von Imagetransfer- und Line Extension-Erfolgen ist.

Die Marken-Fit-Ermittlung sollte relativ direkt erfolgen. Den Befragungspersonen werden die einzelnen Diversifikations-Konzepte vorgestellt, z.B.

- JIL SANDER-Parfüm,
- JIL SANDER-Schuhe,
- JIL SANDER-Schreibgeräte,
- JIL SANDER-Porzellan,
- JIL SANDER-Lederwaren, etc.

330

Diese sollen auf ihre Akzeptanz hin überprüft werden. (Die Zuverlässigkeit des Befragungs-Ergebnisses hängt dabei von der Qualität/Art der Konzept-Vorlage ab.)

Analyse-Inhalte können z.B. sein:

- skalierte Abfrage, inwieweit das jeweils genannte Produkt zu der Marke passt.
- Rangreihe, inwieweit die jeweils vorgestellten Produkte zu der Marke passen.
- skalierte Qualitätsbewertung der individuell attraktivsten einzelnen Marken-Diversifikations-Produkte. (Darüber hinaus kann ein Qualitäts-Vergleich zu dem bisher hauptsächlich verwendeten Produkt im betreffenden Extensions-Markt hilfreich sein. Dies gilt insbesondere dann, wenn dieser nicht generell, sondern auf Basis von kaufrelevanten Einzelkriterien, erfolgt: Denn generelle Qualitäts-Urteile reflektieren nur unzureichend die zugrundeliegende Marktstruktur.)
- skalierte Abfrage der assoziierten Fähigkeiten des Herstellers bzw. seines Kooperations-Partners im Diversifikations-Markt.
- gegebenenfalls Einschätzung der Austauschbarkeit des Stamm- und Partner-Produktes, um erste grobe Hinweise auf eine mögliche Kannibalisierungsrate zu erhalten.
- jeweils anschließende Fragen zur Begründung der jeweiligen Rating-Werte dürften bestehende erste denotative oder konnotative Unverträglichkeiten offen legen.

Darüber hinaus kann die Probier- und Kaufbereitschaft erhoben werden. Dabei ist allerdings anzumerken, dass Angaben dieser Art in nicht ausreichendem Umfang mit dem späteren Marktverhalten korrelieren.

Zahlreiche Studien haben bewiesen, dass Kaufintentions-Fragen das Kaufverhalten nur sehr unzuverlässig vorhersagen können. „Umfangreiche Studien haben gezeigt, dass die direkte Abfrage (der Kaufbereitschaft) zu falschen Kaufverhaltens-Prognosen führt. ... Kaufbereitschafts-Fragen sind unzuverlässige Maßstäbe, weil sie sowohl zufällige als auch systematische Messfehler beinhalten". (Morwitz 2001).

Dies ist seit langem bekannt und in seriösen Marktforschungskreisen unstrittig (vgl. z.B. Bird/Ehrenberg 1966; Juster 1966; Theil/Kosobud 1968; McNeil 1974; Morrison 1979).

Institute, die noch mit Kaufbereitschafts-Fragen zu Prognosezwecken arbeiten, verwenden daher meist unterschiedliche Gewichtungs-Schemata. Morwitz (2001) nennt allein 6 alternative, teilweise komplexe Gewichtungsmodelle unterschiedlicher Institute, von denen sich keines als zuverlässiger erwies. – Grundsätzlich gilt, gravierende und systematische Messfehler können durch eine Gewichtung zwar reduziert, aber nicht beseitigt werden. Insofern empfiehlt sich zumindest eine multivariate Konsistenz-Überprüfung von Kaufbereitschafts-Antworten.

In uns bekannt gewordenen Studien sind häufig mehrere methodische Fehler zu beobachten. Aus Wettbewerbs-Gründen seien nur drei der häufigsten genannt, z.B.:

- nicht die Marke (und deren spezifisches Image), sondern die Ursprungs-Produkt-Kategorie wird als Ankerpunkt zur Affinitäts-Messung verwendet.

- der konkreten Art der Marken-Kenntnis wird nicht oder zu wenig Rechnung getragen. (Ein Nicht-Marken-Kenner oder Marken-Ablehner unterscheidet sich meist erheblich im Antwort-Verhalten von einem Marken-Intensiv-Verwender)

- das Verwendungs-Verhalten im Ziel-Markt wird nicht berücksichtigt. (Das Urteil eines Nicht-Verwenders im angestrebten Diversifikations-Markt ist (nahezu) irrelevant.)

Die Angaben können in eine Profildarstellung überführt werden, die die Akzeptanz der einzelnen, neu gebildeten Produkt-Konzepte unter einer Marke verdeutlichen.

Dabei ist darauf zu achten, dass die Aggregation der Einzelurteile nur bei Urteils-Homogenität nicht zu Verzerrungen führt. Sie liegt dann vor, wenn die Auskunftspersonen sich in ihrem Urteilsverhalten nur durch Zufallsschwankungen unterscheiden.

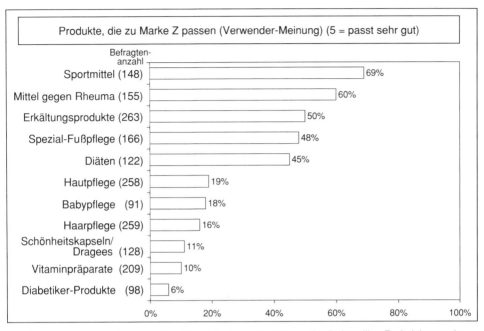

Produkte, die zu Marke Z passen (Verwender-Meinung) (5 = passt sehr gut)

Befragten-anzahl	
Sportmittel (148)	69%
Mittel gegen Rheuma (155)	60%
Erkältungsprodukte (263)	50%
Spezial-Fußpflege (166)	48%
Diäten (122)	45%
Hautpflege (258)	19%
Babypflege (91)	18%
Haarpflege (259)	16%
Schönheitskapseln/ Dragees (128)	11%
Vitaminpräparate (209)	10%
Diabetiker-Produkte (98)	6%

Anmerkung: Befragtenanzahl heißt hier: Auskunftspersonen, die die jeweilige Prokuktkategorie regelmäßig verwenden

Bei heterogenen Urteilen, die im Normalfall zu erwarten sind, empfiehlt sich eine multivariate Ermittlung unterschiedlicher Beurteilungs-Segmente.

3.2.4. Analyse der etablierten Konkurrenz im Ziel-Markt

Tritt ein Produkt mit einem Imagetransfer (oder einer Line Extension) in marken-fremde Märkte ein, so sind die Erfolgsaussichten dann am größten, wenn es in diesem Markt nicht auf etablierte "Spezialisten" stößt. Letztere haben auf diesem Gebiet meist mehr Autorität und Glaubwürdigkeit.

Bildhaft gesprochen, kann festgestellt werden, dass "Marken-Platzhirsche den Transfer-Produkten das Weiden in fremden Revieren" schwer machen können.

Beispiele   WOLF und GARDENA

Diese Erfahrung mussten z.B. die Firma WOLF Gartengeräte und die Firma GARDENA mit ihren Versuchen machen, in den Markt der Gartenmöbel bzw. Grillgeräte einzusteigen. Ihr Scheitern führten beide Unternehmen auf die starken, etablierten Wettbewerber mit ebenfalls sehr positivem Image zurück.

GARDENA hatte später großen Erfolg in den nahezu anonymen Märkten der Haushaltsgeräte und des Waschzubehörs für die Autopflege.

Beispiel   NIVEA Babypflege

Auch die bei Diversifikationen äußerst erfolgreiche Marke NIVEA scheiterte mit dem Versuch (1996–2002), den Spezialisten im Babypflege-Markt PENATEN und BÜBCHEN einen der ersten beiden Plätze streitig zu machen. Ursache hierfür dürften in diesem Falle weniger die angebotenen Produkte und die Marken-Assoziationen sein, sondern es gelang NIVEA Babypflege nicht oder zu wenig, Krankenschwester-Empfehlungen an Erst-Mütter zu erzielen.

Beispiele   KEINE CHANCEN GEGEN MARKENMONOPOLE®

Noch schwerer wird es, wenn man versucht ein MarkenMonopol®, anzugreifen: Man denke nur an die vielen gescheiterten Versuche, NUTELLA zu attackieren. Die Versuche selbst mit starken Marken wie z.B. MÖVEN-PICK, MILKY WAY zu dieser dominanten Marke aufzuschließen, sind immer wieder hinter den Erwartungen zurückgeblieben.

Auch im alkoholfreien Bier-Markt ist es keiner Line Extension der etablierten Bier-Marken auch nur annähernd gelungen, die Marktanteile von CLAUSTHALER zu erreichen. Über ähnliche Erfahrungen in den USA berichten Ries und Trout (1994, S. 65 ff.) sowie Ries und Ries (S. 80 ff.)

Beispiel   WRIGLEY´S EXTRA gegen BLENDAX (Blend-a-gum)

Anfang der 90er Jahre hat Konzept & Analyse für WRIGLEY in Psychodramen die Idee eines Anti-Karies-Kaugummi herausgearbeitet. Ziel war es, der Kern-Zielgruppe der über 30-Jährigen ein relevantes Schlüssel-Motiv zum weiteren Kaugummi-Konsum anzubieten. Zuvor hatten diese mit Ende des Studiums bzw. Beginn der beruflichen Tätigkeit spätestens aufgehört, Kaugummi zu kauen.

Zufällig gleichzeitig wurden neue Anti-Karies-Kaugummis von WRIGLEY (WRIGLEY´S EXTRA), dem „Kaugummi-Experten" und BLENDA-MED (Blend-a-gum), dem „Zahncreme-Experten" in Deutschland eingeführt.

WRIGLEY´S EXTRA eroberte fast 90% des neuen Marktes, während Blend-a-gum nur etwa 3% für sich gewinnen konnte.

Vermutlich hatte Blend-a-gum überhaupt keine Chance gegen den „Kaugummi-Experten". Die Größe des WRIGLEY´S Erfolgs wurde allerdings durch einen Positionierungs-Fehler von BLENDAX noch erleichtert:

„Blend-a-gum hätte seinen Kommunikations-Schwerpunkt nicht auf seine Anti-Karies-Wirkung legen (das glaubt der Verbraucher ohnehin schon), sondern statt dessen seine Kaugummi-Kompetenz dramatisieren sollen (dort liegt die wirkliche Vertrauens-Lücke des Verbrauchers)." (Buchholz/ Wördemann, S. 102)

WRIGLEY gelang es übrigens erfolgreich, das Kern-Ziel der Einführung zu erfüllen: Mit WRIGLEY´S EXTRA wurde der Kaugummi-Konsum in höheren Altersgruppen deutlich gesteigert.

Ausnahmen:
STARKE, DISKRIMINIERUNGS-FÄHIGE ANGREIFER MIT INNOVATIONEN

Tritt ein mögliches Transfer-Produkt gegen gut etablierte Konkurrenz an, so ergibt sich zusätzlich die Forderung einer guten Diskriminierungs-Fähigkeit der Marke.

Diskriminierungs-Fähigkeit allein ist aber auch nicht ausreichend für einen Transfer-Erfolg, obwohl die besondere Bedeutung der Diskriminierungs-fähigkeit für den Markterfolg (generell) in vielen Publikationen betont wird. (Hierauf wird noch näher beim Transfer-Potenzial 1. Grades eingegangen.) „Die stärksten Marken sind häufig auch die am besten unterscheidbaren. Aber in ihrer Prägnanz sind sie normalerweise gut ausbalanciert mit moti-vierenden Nutzen – diese (oft faktischen) Benefits veranlassen die Kon-sumenten die Produktkategorie zu verwenden – und differenzierenden Vor-teilen – solche, die den Verbraucher veranlassen, die eine Marke zu kaufen und nicht die andere. ...

Unterscheidbarkeit ist so erstrebenswert, dennoch gilt, dass es ein Rezept für eine schwache Marke ist, wenn die diskriminierenden Eigenschaften ein-seitig zu Lasten der relevanten (rationalen und vor allem emotionalen) Basis-Nutzen überbetont werden." (Jones, S. 29)

Dies klingt eventuell zu theoretisch. Vergegenwärtigt man sich jedoch die folgenden erfolgreichen Imagetransfers – trotz stark etablierter Konkurrenz –, so wird klar was gemeint wird: Als überlegen wahrgenommene Produkte

sowie eine starke Marke als „Absender" mit hoher Diskriminierungsfähig-
keit und Kompetenz auch im neuen Diversifikations-Markt. Unter diesen
Voraussetzungen gelang es z.B.

- SCHÖLLER mit MÖVENPICK 20 Jahre lang die dominierende Position im Premiumeis-Segment einzunehmen, Dank überlegener Produkt-
  Qualität beim Launch. LANGNESE gelang es – trotz vieler Versuche –
  erst mit CREMISSIMO, dies 20 Jahre später zu ändern.

- später MARS, (zunächst) erfolgreich – mit MARS-, SNICKERS-,
  BOUNTY- und MILKY WAY-Eiscreme – in den Eiscreme-Snack-Markt
  einzusteigen, der wiederum von LYONS MAID in Großbritannien und
  von LANGNESE-IGLO, SCHÖLLER und DR. OETKER in Deutschland beherrscht wurde.

Grundsätzlich empfiehlt es sich, auch die potentiellen Gegenspieler zu
analysieren, um die Erfolgschancen besser abzuschätzen – bevor zuviel
Geld und Zeit in eine wenig erfolgversprechende Transfer-Produkt-Ent-
wicklung investiert wird.

Tritt man gegen bereits gut etablierte Gegenspieler an, so sind ohne Zweifel
die Bewertungs-Maßstäbe für das Potenzial 2. und 3. Grades höher anzusetzen.

"Sie sollten niemals versuchen, eine Firma (oder Marke) in einer starken,
etablierten Position frontal anzugreifen. Sie sollten diese umgehen, von
oben oder unten angreifen, aber niemals frontal." (Trout und Ries 1972,
S. 115; auch 1981)

Letzteres kann man dahingehend interpretieren, dass man anders, besser in
der wahrgenommenen emotionalen und/oder faktischen Leistung oder im
Preis sein muss, um sich erfolgreich durchsetzen zu können.

Der bewährte MarkenMonopol®-Gedanke in anderer Verbalisierung: Wenn
der wichtigste Nutzen in einem Markt bereits besetzt ist, sollte man versuchen den zweit-wichtigsten Benefit zu dominieren – im Sinne einer eindeutigen, eigenständigen Problemlösung. Vorausgesetzt die Marken- und
Produkt-Wahrnehmung lässt dies zu.

3.3. Zusammenfassung: Analyse des Marken-Diversifikations-Potenzials 2. Grades

Das Marken-Diversifikations-Potenzial 2. Grades befasst sich mit der Frage der Marken-Kompetenz. Grundsätzlich ist das Dehnungs-Potenzial einer Marke begrenzt durch deren Identität (Motiv-Schlüssel). Die wahrgenommenen marken-spezifischen emotionalen und/oder faktischen Nutzen-Dimensionen limitieren die Erweiterungs-Fähigkeit einer Marke sowie die Angebote, auf die diese adäquat transferiert beziehungsweise angewendet werden können.

Die Identität (der Motiv-Schlüssel) der bereits erfolgreichen Marke darf nicht in Frage gestellt werden.

Marken-Kompetenz wird entsprechend definiert als die widerspruchsfreie Zuständigkeit für ein (für den Konsumenten) nachvollziehbares Leistungs-Spektrum der Marke.

Diese ist zwangsläufig begrenzt, wenn man das klare kompetitive Profil einer Marke nicht gefährden will.

Bei der Analyse und Beurteilung des Marken-Diversifikations-Potenzials 2. Grades hat sich unsere vierstufige Vorgehensweise bewährt.

Der Sicherstellung des Vorliegens aller relevanten Informationen und Voraussetzungen für strategische Marken-Diversifikations-Überlegungen in adäquater qualitativ-quantitativer Form dienen die beiden ersten Untersuchungs-Schritte. Die Analyse-Stepps 3 und 4 ermöglichen die eigentliche Bewertung des Marken-Diversifikations-Potenzials 2. Grades.

Unserer eigener Ansatz zum Marken-Diversifikations-Potenzial 2. Grades hat sich in der Praxis seit 1987 bewährt und ähnelt weitgehend der inzwischen von Aaker und Keller veröffentlichten Vorgehensweise. Darüber hinaus gibt es eine Anzahl weiterer Vorschläge (z.B. von Schweiger et al., Hätty/Meffert et al., GRUBER, TITZE & BLANK, Andresen und Nickel, ICON), auf die noch später detaillierter eingegangen wird. Diese eignen sich jedoch nicht aufgrund unterschiedlicher methodischer Schwächen.

1. Ermittlung aller rationalen und emotionalen Motive und Hemm-schwellen für das Kaufverhalten im Stamm-Markt wie auch in inten-dierten Diversifikations-Märkten (Psychodrama)

2. zukunftsorientierte Marken-Image-, Marken-Kern- & Motiv-Schlüssel-Analyse (GAP-Analyse)

3. Marken-„Fit"-Analyse
(Anmerkung: Die Schritte 2 und 3 können meist in einer Studie er-hoben werden).

4. Analyse der bereits etablierten Konkurrenz in den intendierten Marken-Diversifikations-Märkten, um die Erfolgschancen besser ab-schätzen zu können. (Trifft man auf starke „Spezialisten" oder eher auf unprofilierte Marken bzw. Generalisten?)

Wesentlich ist bei der Überprüfung der Marken-Kompetenz insbesondere die genaue Erfassung der Marken-Kenntnis bzw. Verwendungs-Erfahrung der Konsumenten. Zudem sollte die Verwendungs-Intensität im Ziel-Markt berücksichtigt werden. Diesen Kriterien wird jedoch in den bisher publizier-ten 48 Studien viel zu wenig Beachtung geschenkt. Fehl-Interpretationen sind dann kaum zu vermeiden.

Wichtige Anmerkung:

Nicht vergessen werden sollte, dass es sich bei der Analyse des Marken-Diversifikations-Potenzial 2. Grades um einen Vorauswahl-Schritt handelt.

Aber KEINESFALLS um eine Endauswahl, wie dies häufig vorge-schlagen wird.

Für eine Endauswahl sind generelle Präferenz- oder Qualitäts-Urteile der Testpersonen an sich und ohne Vorlage relativ konkreter Produkte bzw. Angebote viel zu unzuverlässig.

ANALYSE UND BEWERTUNG DES MARKEN-DIVERSIFIKATIONS-POTENZIALS 1. GRADES

Endauswahl der Partner-Produkte

„Wenn Erfolg Namen macht, dann muss im Umkehr-Schluss gelten, dass Namen nicht (zwangsläufig) Erfolge machen."
(Heller)

„Dachmarken gibt es im Kopf des Verbrauchers nicht. Er gibt sein Geld für einen bestimmten Nutzen und nicht für eine Dachmarke aus."
(Kunisch)

4. ANALYSE DES MARKEN-DIVERSIFIKATION-POTEN-ZIALS 1. GRADES

4.1. Bewährte dreistufige Vorgehensweise zur Analyse und Beurteilung des Marken-Diversifikations-Potenzials 1. Grades

Bei der Endauswahl von Marken-Diversifikations-Produkt-Kandidaten haben sich drei Schlüssel-Kriterien bewährt:

1. es sollte einen relevanten, wahrgenommenen Vorteil im Transfer-Markt einer ausreichend großen Zielgruppe bieten,

2. das Extensions-Produkt sollte zur Marke passen, um einen negativen Rücktransfer und eine Verwässerung des Marken-Profils (Motiv-Schlüssel) zu verhindern,

3. die Produkt-Kannibalisierungs-Rate sollte nicht zu hoch ausfallen. Denn diese kann erhebliche Profitabilitäts-Auswirkungen haben.

Bei der Analyse des Marken-Diversifikations-Potenzials 1. Grades empfiehlt sich als grundsätzliche Untersuchungs-Anlage ein experimentelles Design mit einer Vorher- und Nachher-Messung der „Marken-Wahrnehmung" (vor und nach der intensiven Auseinandersetzung mit den neuen Marken-Diversifikations-Produkten [z.B. in einem Home Use Test]).

4.2. Überprüfung, ob das Diversifikations-Produkt einen wahrgenommenen relevanten und ausreichend großen Vorteil in einer hinreichend großen Zielgruppe bietet

"Fünf Faktoren haben den wichtigsten Einfluss auf eine Marke während der Konzeptions- und Geburts-Phase: die **faktische Produkt Leistungsfähigkeit, die (emotionale) Positionierung, der Name,** die Preisstellung und die Distribution." (Jones, S. 66)

Produkte werden nicht um ihrer selbst willen gekauft, sondern stellen ein Bündel an Produktleistungen bzw. Nutzen dar. "Die Bekanntheit und das Prestige einer Stamm-Marke werden auch nicht helfen, eine "Line Exten-

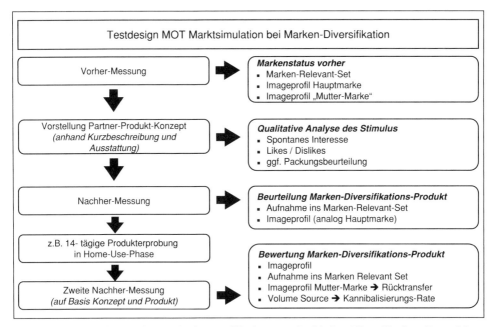

Bewährte Vorgehensweise zur Analyse und Besimmung des Marken-Diversifikations-Potenzials
1. Grades

sion" zu verkaufen, wenn diese nicht den spezifischen Erwartungen des Konsumenten in ihrem besonderen Marktsegment entspricht." (Schürch, S. 412)

Insofern muss ein Marken-Diversifikations-Produkt den funktionalen und/oder emotionalen Ansprüchen der Konsumenten im Transfer-Markt zumindest gleich gut wie, wenn nicht besser entsprechen als die Konkurrenz-Produkte, um regelmäßig gekauft zu werden.

Ein Konsument sieht keinen Grund, seine hauptsächlich verwendete Marke langfristig zu verlassen, die ihn in der Vergangenheit gut bedient hat. Es sei denn, es gelingt der anderen Marke, ihn von ihrer Vorteilhaftigkeit zu überzeugen. Erfahrungsgemäß schafft dies ein Produkt nur dann, wenn es als besser erlebt wird.

Der Verbraucher ist nur daran interessiert, seinen eigenen Nutzen zu maximieren bzw. zu optimieren. Entscheidend für einen Marken-Wechsel ist für den Konsumenten, dass er einen Vorteil für sich in diesem sieht. Dies wurde und wird viel zu wenig im Marketing berücksichtigt.

Die Hauptursache für das Scheitern vieler Marken-Diversifikationen war die Vermutung, dass man aufgrund der erwarteten "emotionalen" Überlegenheit des transferierten Markenimages, die zu erbringenden funktionalen Leistungen zumindest niveaumäßig vernachlässigen könnte. Dies war und ist ein Trugschluss. Der Konsument merkt insbesondere bei Produkten, die er täglich verwendet, sehr wohl, ob ein Produkt die erwartete Leistung bringt – oder nicht.

„Angeblich marginale Unterschiede im Produkt-Leistungs-Vermögen ... können für den Konsumenten signifikant sein, insbesondere in Produkt-Kategorien mit hoher Verwendungs-Frequenz. Die Fähigkeiten der Konsumenten werden oft unterschätzt ... Die Hausfrau kann eine Expertise erreichen wie ein industrieller Einkäufer, wenn sie häufig gekaufte Produkte beurteilt." (Davidson, S. 161)

Der Versuch, dem Konsumenten minderwertige Produkte unter dem "Deckmantel" berühmter Namen unterzuschieben (wie z.B. FERRARI-Uhren mit "billigen" Laufwerken), ist daher beim Imagetransfer und bei Line Exten-

344

sions geradezu töricht und in der Regel für das Transferprodukt (mittelfristig) tödlich. (Entsprechend hatte CARTIER die FERRARI-Lizenz in 1991 nicht verlängert) – Versuche dieser Art waren vor allem in den USA zu beobachten. Insofern sind sich die Verbraucher dort der Beeinflussungsabsicht besonders stark bewusst:

„Während früher im Zweifel zugunsten von Marken entschieden wurde, müssen Marken sich heutzutage erst das Vertrauen verdienen. .... Sie gelten als Täuscher, bis zum Nachweis ihrer Unschuld." (Liesse, S. 16; vgl. auch Klein)

Die Notwendigkeit eines wahrgenommenen relativen Qualitäts-Vorteils gegenüber der Konkurrenz als grundsätzliche Voraussetzung für einen Markterfolg ist in allen gut fundierten und publizierten Untersuchungen zu diesem Thema immer wieder übereinstimmend bestätigt worden. Zu nennen sind insbesondere:

- **PIMS** (Profit Impact on Marketing Strategy), die größte Unternehmens-Strategie-Datenbank der Welt: „Langfristig ist die Qualität der Produkte ... in Relation zu den Konkurrenz-Angeboten der wichtigste einzelne Erfolgsfaktor, der die Geschäftsentwicklung einer Unternehmenseinheit beeinflusst." (Buzzell/Gale, S. 7 und S. 103 ff.)

- **NIELSEN:** Peckham schreibt in seiner Zusammenfassung von über 50 Jahren Marketing-Erfahrung (43 Jahre davon bei NIELSEN): „Sie müssen sicher sein, dass Ihre Marke ein "Konsumenten-Plus" hat. Aber lassen sie mich dabei hier eine Warnung aussprechen. ... Ihre Verbesserung muss eine wirkliche Verbesserung darstellen – ein ... "Konsumenten-Plus", das die Konsumentin bei der Verwendung leicht als besser erlebt als das, was sie bisher verwendet hat, und nicht nur ein weitgehend vergleichbares Produkt mit den Worten "Neu!", "Verbessert", "Das Beste ..., das es je gab!" auf der Verpackung. – Zusätzliche (oder bessere) Leistungen (sind) der Schlüssel zum Marketing-Erfolg ... (und) das Versäumnis, eine Marke auf dem neuesten Stand (im Leistungsvermögen) zu halten, ist die Hauptursache für verlorene Marktführerschaft und verlorene Marktanteile." (Peckham, S. 71 ff.)

- Das Ergebnis der Analyse von J. H. Davidson (S. 260 und S. 70) von insgesamt 100 erfolgreichen und gescheiterten Einführungen von Konsumentengüter-Marken in England lässt sich auf die Formel bringen: „Das Gesetz lautet, dass das neue Produkt einen relevanten Vorteil gegenüber den Wettbewerbern haben muss, um erfolgreich zu sein." „Wenn das neu entwickelte Produkt sich in keinem Punkt von den bisherigen Angeboten unterscheidet oder überlegen ist, dann sollten sie entweder zum Ausgangspunkt zurückgehen und neu anfangen, oder das Produkt einstellen."

• Die Analyse der Lebensmittelzeitung von 1.310 Produktneueinführungen (und 331 Einzelanalysen), der größten Studie zu diesem Thema in Deutschland, kommt zu folgenden Ergebnissen: ".. Me too-Produkte sind die Täter. Beweis: 85% aller neuen Produkte sind Flops. ... Auch Me too-Produkte sind von zumindest durchschnittlicher Qualität. Aber erst der **"innovative Wertkern"** schafft in aller Regel die Voraussetzung für Erfolg." (Lebensmittel-Zeitung (Hrsg:) 1985, S. 20)

• Domizlaff: „Die Markenidee als Basis der Gestaltung musste eine "Sonderleistung" enthalten, eine auf der Voraussetzung hoher Qualität der Objekte ... aufbauende Besonderheit, die ihr im Wettbewerb eine Einzelstellung durch echte, spezielle Leistung – unique selling proposition – garantiere." „Auch Marken kommen und gehen in direkter Abhängigkeit von der Höhe der eingesetzten Werbeetats und der Aufwendungen für Absatz- und Verkaufsförderung." (Meyer, S. 27)

• Harness (ehemaliger P & G-Geschäftsführer): "Der Schlüssel zu erfolgreichem Marketing ist eine überlegene Produkt-Leistungsfähigkeit. ... Wenn der Konsument keinen relevanten Benefit wahrnimmt, dann kann auch eine Menge an kreativem Werben und Verkaufen es nicht retten."

• David Ogilvy: „Die beste von allen Möglichkeiten P & G zu schlagen, ist natürlich ein besseres Produkt anzubieten. BELL BRAND Kartoffel-Chips überholten P & G's PRINGLES, weil sie besser schmeckten. Und RAVE erzielte innerhalb eines Jahres mehr Marktanteil als LILT, denn ein Produkt, das kein Ammoniak enthält, ist überlegen." (Ogilvy, S. 156 f.)

• Bill Bernbach: „Ich bin davon überzeugt, das wichtigste Schlüssel-Element im Werbe-Texten ist das Produkt an sich. Das kann ich gar nicht häufig genug betonen oder hervorheben. Denn ich glaube, dass eine große Werbe-Kampagne für ein schlechtes Produkt nur dazu führt, dass es schneller scheitert. Sie wird nur erreichen, dass mehr Menschen schneller realisieren, dass es schlecht ist.

Deshalb ist das Produkt an sich so wichtig. Darum arbeiten wir, als Agentur, so eng mit dem Kunden produkt-orientiert zusammen – um Verbesserungs-Möglichkeiten, vorteilhafte Produkt-Ergänzungen (Zusatz-Nutzen) und Produkt-Veränderungs-Chancen zu entdecken oder Wege zu finden, die Produkt-Wahrnehmung so zu verändern, dass die Verbraucher es kaufen wollen. Denn, wenn man so etwas schafft, dann bietet man den Konsumenten etwas an, was sie nirgendwo anders bekommen können. (Marken-Produkte, die nicht austauschbar sind), sind prinzipiell das, was sich gut verkauft." (ders., S. 23)

- Eine interessante Beschreibung der unterschiedlichen Funktionen von funktionalen und emotionalen Vorteilen bei Neu-Einführungen stammt von J. P. Jones (S. 51 f.): „Eine neue Marke kommt nackt zur Welt. Ohne ein dem Wettbewerb überlegenes, funktionales Leistungsvermögen in zumindest einem Kriterium hat das Produkt keine Erfolgsaussichten. Es wird eine Person, die einen Probierkauf tätigt oder eine kostenlose Probe erhält, nicht davon überzeugen, es noch einmal zu kaufen. ... Die neue Marke benötigt den Vorteil zusätzlicher (emotionaler) Werte, um seine Position zu halten, wenn es – wie es so oft passiert – innerhalb von Monaten den anfänglichen funktionalen Vorteil verliert." – Gerade in der Tatsache, dass die zusätzlichen Werte der bekannten Marke in der Regel bereits voll penetriert sind, ist einer der Schlüsselvorteile der Marken-Diversifikation zu sehen.

Aus diesen Ausführungen prominenter Strategen aus den 80er Jahren sollte man jedoch nicht den Fehlschluss ziehen, dass den – emotionalen – Werten ("added values") nicht eine zentrale, erfolgsentscheidende Bedeutung zukäme.

Heutzutage gilt: Unterschiede im faktischen Leistungsvermögen werden im Markt für die Verbraucher immer weniger nachvollziehbar. Deshalb steht hinter dem Erfolg aller großen Marken vor allem ein individueller emotionaler Nutzen, der verhaltens- und wahrnehmungsbestimmend ist.

Dabei sind das Produkt und die faktischen Eigenschaften sozusagen nachgelagert. Sie müssen allerdings stimmig den emotionalen Verbrauchernutzen unterstützen. – Deshalb gibt es zum Beispiel zwischen BACARDI und POTT-Rum durch unterschiedliche Konzepte deutlich trennende

Nutzen, Anlässe, Zielgruppen und Markenwerte: trotz vergleichbarer Produktbasis und -eigenschaften.

Unsere forschungsleitende Denkrichtung ist, dass es einem neuen Angebot – sei es unter einer bereits etablierten oder neuen Marke – gelingen muss, die bisherige Hauptmarke zu schlagen.

Ein Konsument hat keinen Anlass, seine hauptsächlich verwendete Marke langfristig zu verlassen, die ihn in der Vergangenheit – als beste Problemlösung unter allen bisher bekannten Alternativen – gut bedient hat. Es sei denn, es gelingt dem neuen Marken-Angebot, ihn von seiner Vorteilhaftigkeit zu überzeugen. Erfahrungsgemäß schafft dies ein Produkt nur dann, wenn es als besser wahrgenommen wird.

Erfolgsentscheidend ist ein emotional und/oder faktisch überlegenes Marken-Produkt-Erlebnis. Dies verdeutlicht auch das Zitat von Dr. Rolf Kunisch, Vorstandsvorsitzender des Beiersdorf Konzerns, im Handelsblatt vom 24.03.1998: „Dachmarken gibt es im Kopf des Verbrauchers nicht. Er gibt sein Geld für einen bestimmten Nutzen und nicht für eine Dachmarke aus."

Die konsequente Anwendung unseres Markenwahl-Kriteriums für jede Befragungsperson einzeln hat sich als prognosezuverlässig erwiesen. Inzwischen liegen zahlreiche Anwendungen dieses Verfahrens vor. In den Fällen, in denen die Produkte mit (nahezu) unverändertem Marketing-Mix eingeführt wurden, lag die Prognose i. d. R. innerhalb von **± 0,5 Marktanteilspunkten** bei richtiger Annahme der Markenbekanntheit und Distribution. – Die Erfahrungen reichen von Zigaretten über Kosmetik und OTC-Produkte bis zu Tiernahrung und Babywindeln.

Auch wenn man vielleicht zunächst dieser Prognose-Zuverlässigkeit gegenüber skeptisch sein mag, „die Schlussfolgerung kann ... nur lauten, dass auch das Transfer-Produkt einen innovativen (funktionalen und/oder emotionalen) Qualitätsvorsprung als Voraussetzung für einen Transfer-Erfolg besitzen sollte." (Hätty, S. 279)

Die fehlende Berücksichtigung der Notwendigkeit eines wahrgenommenen verhaltens-relevanten faktischen und/oder – vor allem – emotionalen Vorteils dürfte die Hauptursache für das Scheitern von circa 80% aller Imagetransfers und etwa 28% aller Line Extensions sein. Weitere Flop-Ursachen bei Marken-Diversifikationen liegen häufig in der unzureichenden Übereinstimmung zwischen Produkt und der Identität der bekannten Marke sowie der weitverbreiteten, falschen Annahme, dass bei Neu-Einführungen unter bekannten Markennamen in erheblichem Umfang Werbe- bzw. Marketing-Investitionen eingespart werden könnten.

Es gilt die Voraussetzung, wenn ein neues Produkt wiedergekauft werden soll, dass dieses über einen wahrgenommenen relevanten Vorteil bei einem ausreichend großen Segment verfügen muss, um Aussichten auf Erfolg zu haben.

Insofern dürfte bei Imagetransfers und Line Extensions eine wahrgenommene funktionale Parität für einen Markterfolg unter der Voraussetzung ausreichend sein, dass die Konsumenten einen für sie in dem Transfermarkt kaufrelevanten emotionalen Vorteil mit dem bekannten Markennamen verbinden. „Eine Anzahl von (Line) Extensions waren erfolgreich ohne irgendeinen technologischen Vorteil. Aber: eine (faktische) Parität zur Konkurrenz ist zwingend erforderlich." (Tauber, S. 38)

Dennoch ist es natürlich erstrebenswert, ein Partner-Produkt auch möglichst mit faktischen Vorteilen auszustatten. Denn ein Marken-Diversifikations-Misserfolg kann auch die Stamm-Marke beeinträchtigen.

Offensichtlich in diesem Bewusstsein schlägt auch der Harvard-Professor J. A. Quelch (S. 193) vor: „Es könnte sich für Sie lohnen, einen Handel mit dem Lizenznehmer einzugehen: Eine um einen Prozent-Punkt niedrigere Lizenz-Gebühr für einen (nachweisbaren) höheren Einsatz für höhere Qualitäts-Standards oder größere Marketing-Investitionen."

4.3. Überprüfung bei der Endauswahl, ob ein negativer Rücktransfer stattfindet

Bei der Auswahl der Partner-Produkte ist die Übereinstimmung der nachvollziehbaren Produktleistungen und Anmutungsqualitäten der Transfer-Partner und ihres jeweiligen Marketing-Mix genauestens zu kontrollieren, um die für einen langfristigen Marken-Erfolg notwendige Kongruenz und Kontinuität sicherzustellen.

Kontinuität in der Marken-Persönlichkeit ist Voraussetzung für ihren Bestand. Imagetransfers und Line Extensions, als Multi-Produkt-Strategien, müssen – und das sei hier noch einmal ausdrücklich betont – sorgsamer mit der Marke umgehen als eine Einzel-Produkt-Strategie. Die Erhaltung des Vertrauens in die Qualität und Zuverlässigkeit der Marke und ihrer Erscheinungsformen hat höchste Priorität.

Die Produkte einer Marke können bei Marken-Diversifikationen kommen und gehen. Die Marke bleibt. Die Marke, ihre Eigenschaften und ihr Motiv-Schlüssel darf daher nicht den Zwecken einer kurzfristigen Produkt-Einführung untergeordnet werden. „Die Erweiterung eines Markennamens um ein etwas inadäquates Produkt kann großen Schaden auslösen." (Gamble, S. 173)

Dabei ist es normalerweise bei weitem nicht so negativ zu bewerten, wenn eine unpassende Marken-Diversifikation sofort scheitert. Gravierender sind die Konsequenzen, wenn sie längere Zeit überlebt oder „dahin vegetiert". Während dieses ganzen Zeitraums kann sie den Markennamen verletzen, unverträgliche Marken-Assoziationen auslösen, die Qualitäts-Wahrnehmung der Marke beschädigen und das bestehende Markenimage beeinträchtigen. (Dies wurde bereits z.B. anhand von ASPIRIN in den USA, PALMOLIVE und BEAUJOLAIS NOUVEAU nachgewiesen.)

Insofern reicht selbst die erlebte Vorteilhaftigkeit im Ziel-Markt bei Imagetransfers und Line Extensions nicht aus. Denn die größte Gefahr geht bei der Umsetzung von Marken-Diversifikations-Strategien von der Auswahl emotional und/oder faktisch unverträglicher Transfer-Partner-Produkte aus: Durch einen negativen Rücktransfer auf die Marke können sie den Verfall des Markenimages auslösen. Diese Gefahr ist um so stärker gegeben, je größer die emotionalen oder sachhaften Unterschiede zwischen den Produkten sind, die mit Hilfe eines Markennamens verbunden werden sollen.

Insofern sind eine vordergründige Marken-Passungs-Überprüfung („Fit") oder Assoziations-Tests nicht ausreichend. (vgl. auch Zatloukal 2002, S. 231). Es sollte vielmehr unbedingt eine Rücktransfer-Überprüfung vorgenommen werden. Hierbei hat sich ein experimentelles Design mit einer Vorher- und Nachher-Messung der „Mutter-Marken-Wahrnehmung" (vor und nach der intensiven Auseinandersetzung mit den neuen Marken-Diversifikations-Produkten [z.B. in einem Home Use Test]) bewährt.

Ähnlich sieht dies auch Aaker (1991, S. 230): „Bei der Endauswahl von (Marken-Diversifikations-) Produkt-Kandidaten ... sollten zwei Schlüssel-Kriterien verwendet werden: 1. Das Extensions-Produkt sollte zur Marke passen. Und 2. Es sollte einen wahrgenommenen Vorteil (im Transfer-Markt) bieten."

Er berücksichtigt allerdings zu wenig ein weiteres Schlüssel-Kriterium, die Produkt-Kannibalisierungs-Rate. Diese kann erhebliche Profitabilitäts-Auswirkungen haben.

4.4. Ermittlung der Produkt-Kannibalisierungs-Rate

Das Risiko des sogenannten Produkt-Kannibalismus ist insbesondere bei der Product Line Extension, aber auch beim Imagetransfer gegeben. – Damit wird häufig beim Imagetransfer nicht gerechnet.

Die Gefahr einer zu hohen Produkt-Kannibalisierung trifft beim Imagetransfer zu, wenn die Partner-Produkte trotz einer unterschiedlichen Kategoriezugehörigkeit in der Wahrnehmung der Zielgruppe große Ähnlichkeiten und hohe Substitutionsmöglichkeiten in der Verwendung aufweisen. Ursache für diese meistens nicht beabsichtigte Wirkung ist oft der gemeinsame Markennamen, der häufig wie eine „Denkschablone" wirkt.

Als Produkt-Kannibalismus wird der Anteil der Abverkäufe eines neuen Produktes bezeichnet, der zu Lasten eines bereits länger vermarkteten Produktes von dem gleichen Unternehmen geht. Als Beispiele wurden u.a.

MICHELOB LIGHT und kategorie-übergreifend ALKA-SELTZER PLUS angesprochen.

Überwiegend ist eine höhere Produkt-Kannibalisierungsrate nicht beabsichtigt. Sie ist meistens nicht erstrebenswert, denn sie erhöht die Komplexitäts-Kosten in einem Unternehmen und kann im Ausnahmefall ein oder mehrere Produkte einer Marke bei der Anwendung von sogenannten „Item Ex-Programmen" im Handel gefährden.

Insofern sollte bei einem erfolgversprechenden Markt-Potenzial des zukünftigen Marken-Diversifikations-Produktes unbedingt festgestellt werden, welche der bisherigen Angebote durch die neue Offerte ersetzt werden. Wenn die Volume Source hauptsächlich Produkte der eigenen Marke sind, empfiehlt sich meistens keine Einführung.

Eine höhere Produkt-Kannibalisierungsrate muss allerdings nicht in jedem Fall unerwünscht sein. Sie kann auch im Sinne einer Markt- oder Marken-Verteidigungs-Strategie positiv gewertet werden, wenn sonst die Gefahr des Verlustes von Marktanteilen an neue bzw. zukünftige Wettbewerbsprodukte besteht.

4.5. Zusammenfassung zur Analyse des Marken-Diversifikations-Potenzial 1. Grades

Das Marken-Diversifikations-Potenzial 1. Grades befasst sich mit der Endauswahl zusätzlich möglicher Diversifikations-Produkte. Dieser abschließende Überprüfungsschritt stellt die härtesten Anforderungen an das neue Produkt, das unter einer bekannten Marke angeboten werden soll.

Grundsätzlich muss das neue Marken-Produkt als besser als die bisherige individuelle Hauptmarke wahrgenommen werden, um regelmäßig gekauft zu werden. Dabei muss auf eine hinreichende Zielgruppen-Größe der Personen geachtet werden, die einen relevanten emotionalen (oder faktischen) Vorteil erleben.

Allerdings reicht oft selbst die erlebte Vorteilhaftigkeit im Ziel-Markt nicht aus. Denn die größte Gefahr geht bei der Umsetzung von Marken-Diversifikations-Strategien von der Auswahl emotional und/oder faktisch unverträglicher Partner-Produkte aus. Insofern sollte unbedingt eine Rücktransfer-Analyse vorgenommen werden. Dies wurde in den meisten bisher bekannt gewordenen Marken-Diversifikations-Untersuchungen zu wenig beachtet.

Abschließend sollte bei einem erfolgversprechenden Markt-Potenzial der zukünftigen Marken-Erweiterung ermittelt werden, wie groß die Produkt-Kannibalisierungsrate ist. Wenn die Volume Source hauptsächlich Produkte der eigenen Marke sind, empfiehlt sich meistens keine Einführung auf Grund steigender Komplexitäts-Kosten.

4.6. Übersicht über die drei zuverlässigen Analyse-Schritte zur Bestimmung des Marken-Diversifikations-Potenzials

---

ANALYSE DES DIVERSIFIKATIONS-POTENZIALS
3. GRADES – prinzipielle Voraussetzungen

1. aktive Markenbekanntheit	6. aktive Werbe-Erinnerung
2. relativer Marktanteil	7. keine „größeren" Marken-Probleme
3. Marken-Loyalität	8. Historie vorangegangener Diversifikationen
4. Käufer-Reichweite	9. Zeitabstand
5. gewichtete Distribution	10. ausreichende Zielgruppen-Übereinstimmung

---

ANALYSE DES DIVERSIFIKATIONS-POTENZIALS
2. GRADES – Vorauswahl der Partner-Produkte

1. Ermittlung aller rationalen und emotionalen Motive (Psychodrama)
2. zukunftsorientierte Marken-Image-, -Kern & Motiv-Schlüssel-Analyse (GAP-Analyse)
3. Marken-„Fit"-Analyse
4. Konkurrenz-Analyse im neuen Markt

ANALYSE DES DIVERSIFIKATIONS-POTENZIALS
1. GRADES – Endauswahl der Partner-Produkte

1. Vorteils-Überprüfung und Markt-Potenzial-Bestimmung (Zielgruppen-Größe)
2. Rücktransfer-Analyse
3. Ermittlung der Kannibalisierungs-Rate

VALIDIERUNG DER METHODEN-ZUVERLÄSSIG-KEIT ZUR BESTIMMUNG DES MARKEN-DIVERSIFIKATIONS-POTENZIALS

ANHAND EINES FALLSTUDIEN-BEISPIELS:

NIVEA CREME UND NIVEA SOFT

Es ist unsere Überzeugung, dass ein (Marken-Diversifikations-) Test nur so gut ist, wie seine Fähigkeit, die spätere Markt-Realität vorherzusagen. – Entscheidend ist nicht die Behauptung, sondern die harte Validierung bzw. der Wirkungs-Nachweis im Markt. – Dieser Zielsetzung dient die Wiedergabe der folgenden – **zusammen mit dem Kunden** – bereits veröffentlichten Fallstudie von NIVEA-Creme und NIVEA Soft. – Gleiches gilt für die Wiedergabe der JULES MUMM-Case Study in Kapitel VI. Abschnitt 3.

5. VALIDIERUNG DER METHODEN-ZUVERLÄSSIG-KEIT ZUR BESTIMMUNG DES MARKEN-DIVERSI-FIKATIONS-POTENZIALS ANHAND EINES FALL-STUDIEN-BEISPIELS:

NIVEA CREME UND NIVEA SOFT

Die Integration neuer Produkte in neuen Märkten unter das Dach einer Markenfamilie ist ohne Zweifel eine Gratwanderung. Nicht jede denkbare Erweiterung trägt das Konzept. Und nicht immer wächst zusammen, was theoretisch zusammengehört.

Noch viel mehr als „Fingerspitzengefühl" ist allerdings gefragt, wenn man ein neues Produkt in den Kernmarkt der „Markenmutter" NIVEA Creme einführen will. Diese Frage stellte sich Anfang der 90er Jahre. Zu dieser Zeit wurde deutlicher noch als in den Jahren zuvor, dass NIVEA Creme keines-falls mehr alle Hautpflege-Bedürfnisse optimal befriedigen konnte.

Umfragen-Studien zeigten, dass sich ein nicht unerheblicher Teil der Ver-braucher Cremes wünschte, die leichter auf der Haut zu verteilen waren, schneller einzogen und ein weniger fettiges Gefühl auf der Haut hinterließen als NIVEA Creme.

Daher entwickelte die Beiersdorf-Forschung eine neue besonders weiche Creme, die unter dem Namen NIVEA Soft eingeführt werden sollte.

Es stellte sich die Frage, ob eine Einführung von NIVEA Soft zu aus-reichenden Absatz-Erfolgen in Europa führen würde.

Gegen eine Einführung von NIVEA Soft sprach vor allem die Vermutung einer hohen Kannibalisierungsrate. „Bevor die Softversion (in Europa) unter die Haut gehen konnte, musste sie erst den traditionsbewussten Managern verkauft werden. Bei einem Marktanteil des Stammproduktes von 45 Prozent (in Deutschland) war die berechtigte Furcht vor Kannibalisierung mancherorts größer als die Hoffnung auf einen vereinten Ausbau der führenden Stellung bei Allzweck-Cremes."(Manager Magazin 2/1996, S. 68).

Andererseits sollten eventuell unbegründete Kannibalisierungsängste die Einführung einer Innovation nicht verhindern. Aus diesen Gründen entschloss sich BEIERSDORF, weitere NIVEA Grundlagenstudien in Italien und Deutschland durchzuführen.

5.1. Kernzielsetzungen der neuen NIVEA Grundlagenstudien

Die Untersuchung sollte folgende Ziele erfüllen:

- zuverlässige Ermittlung, ob und in wie weit NIVEA Creme in der blauen Dose noch nicht ausgeschöpfte Markt-Potenziale hat.
- Analyse, ob und auf welchem Wege bzw. mit welchen Argumenten zusätzliche Konsumentinnen für NIVEA Creme gewonnen werden können.
- zuverlässige Bestimmung des Markt-Potenzials von NIVEA Soft.
- Überprüfung, ob es diesem Produkt gelingt, erfolgreich eine neue Zielgruppe anzusprechen.
- zuverlässige Ermittlung der Kannibalisierungsraten und Volume Sources.
- konkrete Optimierungshinweise.
- Steigerung der Effektivität des Mediabudget-Einsatzes um 30% oder mehr durch Ermittlung des detaillierten Mediaverhaltens der jeweils relevanten Zielgruppen für NIVEA Creme und NIVEA Soft.

5.2. Zur Auswahl der Untersuchungsmethode

Bei der Auswahl der Untersuchungsmethode kam der zuverlässigen Bestimmung des Marken-Potenzials und der Kannibalisierungsrate eine ausschlaggebende Bedeutung zu. Es war klar, dass diese Kriterien eine Schlüsselrolle bei der strategischen Entscheidung über eine Einführung von NIVEA Soft in Zentral-Europa spielen würden.

BEIERSDORF entschied sich, erstmalig im Unternehmen ein Verfahren einzusetzen, das heute von Konzept & Analyse als „MOT Markt-Simulation" bezeichnet wird.

Ausschlaggebend für die Wahl war die Nachvollziehbarkeit des Berechnungsweges sowie zahlreiche Fallstudien in unterschiedlichen Produktmärkten und Ländern. Die Bandbreite reichte von Kosmetika über Hygieneprodukte, Nahrungs- und Genussmittel bis hin zu Tiernahrung. Die Validierungs-Nachweise sprachen für eine ungewöhnlich hohe Prognosezuverlässigkeit. In den meisten Fallstudien wichen die Prognosewerte um weniger als einen Prozentpunkt von den real erzielten Werten ab.

5.3. Zur Methode

Entscheidend für den Erfolg einer Marke ist vor allem, inwieweit es ihr gelingt „Heavy User" an sich zu binden. (Nach dem „Pareto-Gesetz" stehen die 20%, die ein Produkt am intensivsten verwenden, für mindestens 50% des Umsatzes – und die verbleibenden 80% der Verwender für den Rest.)

Um dies zu erreichen, muss die betreffende Marke jeweils beweisen, dass sie besser ist als die individuell hauptsächlich gekaufte Marke. Letztere stellt für den jeweiligen Konsumenten gegenwärtig die „beste Problemlösung" dar.

Die individuelle Hauptmarke kann somit als konkrete Messlatte aufgefasst werden, die das Testprodukt überspringen muss, um häufig gekauft zu werden. Erfahrungsgemäß wechselt ein Konsument seine Hauptmarke nur dann, wenn er die (Test-)Alternative als überlegen erlebt.

So schreibt auch Peckham mit seiner 43-jährigen Nielsen-Erfahrung: „Stellen Sie sicher, dass Ihre Marke ein „Konsumenten Plus" hat. ... Einen Vorteil gegenüber dem Produkt, das er vorher verwendet hat. ... Zusätzliche Werte einer Marke sind der Schlüssel zum Erfolg ... und der Fehler, eine Marke nicht up to date zu halten, ist die größte Ursache für verlorene Marktführerschaften und den Verlust von Marktanteilen".

5.3.1. Zur Untersuchungsanlage

Die repräsentative Untersuchung wurde zunächst mit 500 Befragten in Deutschland durchgeführt. Als zweites Befragungsland wurde Italien gewählt.

Die grundsätzliche Untersuchungsanlage ist ein Home Use Test im experimentellen Design. Im ersten Interview wird unter anderem die Hauptmarke und später das Testprodukt vor Verwendung beurteilt. In einem zweiten Interview wird das Testprodukt noch einmal beurteilt – nach einer ausreichend langen Home Use Phase.

Deutliche Media-Effektivitätssteigerungen durch direkte Erfassung des Mediaverhaltens

Zusätzlich wird das Mediaverhalten detailliert erhoben. Hierdurch können die effektivsten TV-Sendungen und Zeitschriften zur Erreichung der Markenwechsler zugunsten des Testproduktes sowie der bisherigen Verwender ermittelt werden.

Die Praxis hat – in allen Studien! – gezeigt, dass sich hierdurch Media-Effektivitätssteigerungen von 30% und mehr erzielen lassen.

Dies mag zunächst wie ein Zitat aus einem schlechten Salesfolder klingen. Wenn man sich jedoch folgende Media-Daten vergegenwärtigt, so wird deutlich, dass es sich nur um einen größeren Schritt in die richtige Richtung handelt: Im Jahr 2000 wurden in Deutschland allein in den größten 13 TV-Sendern täglich 2184 Werbeminuten ausgestrahlt, von denen durchschnittlich nur 17 Werbeminuten gesehen wurden. (1992 betrug die Relation von ausgestrahlten zu gesehenen TV-Werbeminuten noch circa 1150 zu 9.)

Die hohen Media-Effektivitätssteigerungen ergeben sich aus der Tatsache, dass das Medianutzungsverhalten des jeweiligen Käufer-Potenzials der untersuchten Marken unmittelbar und direkt ermittelt wird.

Entsprechend sind Mediapläne, die mit indirekten Kriterien arbeiten (wie z.B. soziodemographischen oder psychographischen), die nicht in unmittelbaren Zusammenhang zur Frage der Markenwahl stehen, zwangsläufig ungenauer in der Ansprache der abverkaufsrelevanten Zielgruppe: des markenspezifischen Käufer-Potenzials. – Hiervon kann man sich leicht mit Hilfe der Verbraucheranalyse überzeugen.

In soziodemographisch definierten Zielgruppen (z.B. "Frauen im Alter von 20-49 Jahren mit höherem Nettoeinkommen") liegt bereits die Verwendung

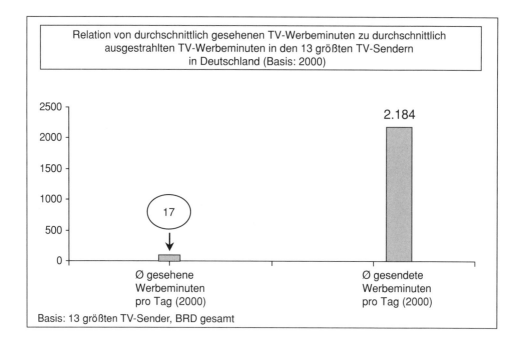

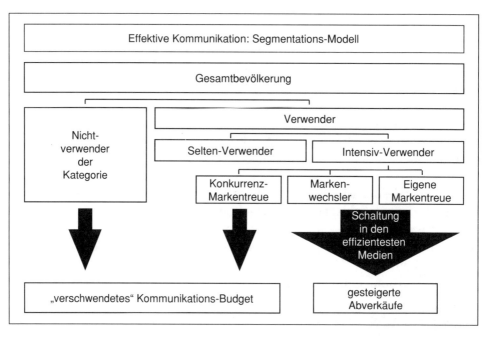

Beispiele	Verwendungs-Reichweite (mind. 1 x im Monat) [VA 2001]
Prosecco	3,7 %
Fertige Hauptmahlzeiten (TK)	13,9 %
Kalorienreduzierte Nahrungsmittel	18,5 %
Vitamin C Präparate	27,9 %
Fertige Hauptmahlzeiten (nicht TK)	29,4 %
Bügelhilfen/ Stärkcn	30,8 %
Fertigdesserts	34,3 %
Haarspülung	34,7 %
Pommes frites (TK)	40,7 %
Eiscreme (Haushaltspackungen)	41,2 %
Körpermilch/Lotion	42,0 %
Pizza (TK)	45,8 %

der meisten Produktkategorien deutlich unter 50%, wie die Tabelle anhand von Beispielen zeigt.

Auf Markenebene werden die Prozentzahlen naturgemäß noch kleiner. Entsprechend wächst die Gefahr der Fehlstreuung. (Bei NIVEA Soft waren über Dreiviertel einer rein soziodemographisch definierten Zielgruppe irrelevant für den Produkterfolg – siehe unten.)

Auf die Frage der w&v (30/2000, S. 56): *„Im Mediageschäft werden Kampagnen fast ausschließlich nach demographischen Kriterien geplant, 14- bis 49-Jährige gelten als die werberelevante Zielgruppe. Was hält der Kommunikationswissenschaftler davon?* antwortete Professor Groebel: „Nichts. Ich bin der Überzeugung, dass die Planung auf Basis soziodemographischer Zielgruppen ... irrelevant ist. Wir müssen aufhören, in demographischen Kategorien zu denken. Statistische Eigenschaften wie Alter, Geschlecht oder Einkommen können das Verhalten von Konsumenten nicht konstituieren."

Hinzufügen möchten wir, dass nahezu alle Marktsegmentationsversuche seit den sechziger und siebziger Jahren gescheitert sind, die versucht hatten, das

Kaufverhalten innerhalb eines Marktes allein auf Basis soziodemographischer Daten zu erklären.

Dies beginnen auch die Mediaagenturen zu realisieren. So sagte im gleichen Streitgespräch der Mediaagenturinhaber Thomas Koch: „Die Forderung, dass die Demographie nicht der letzte Schluss sein kann, ist nicht neu. Statt neue Perspektiven zu entwickeln, sind wir Mediaexperten aber einen Schritt zurückgegangen."

5.3.2. Zu den Schlüsselergebnissen der Untersuchung

- NIVEA Creme hatte – bei einem Marktanteil von 45% – ein relativ geringes Rest-Potenzial von 6% unter idealen Marktbedingungen (= 100% Markenbekanntheit und 100% Distribution). Dessen Erschließung wäre ausgesprochen teuer gewesen.

- NIVEA Soft wies ein vielversprechendes Markt-Potenzial von 22% in Italien und von 23,2% in Deutschland auf. (Anmerkung: Erfahrungsgemäß ist es eher eine Ausnahme, dass das Marken-Potenzial in zwei Ländern nahezu gleich groß ist.)

- Das NIVEA Soft-Potenzial fiel nach Produktverwendung deutlich höher aus als vorher. Aus diesem Grunde wurden intensive Sampling/Produktbemusterungs-Aktivitäten empfohlen.

- NIVEA Soft sprach, wie beabsichtigt, eine neue Zielgruppe mit einer anderen Bedürfnisstruktur als NIVEA Creme an.

- Die Kannibalisierungsrate war (unter idealen Marktbedingungen) mit 34% – für eine Brand Extension – ungewöhnlich gering, bedingt durch die Eigenständigkeit des Produktes und die deutlich andere Packungsgestaltung.

- Eine Einführung von NIVEA Soft würde vor allem zu Lasten des Wettbewerbs gehen und es gab keinen negativen Rücktransfer.

- Die Analyse des Mediaverhaltens ergab deutlich andere und hohe Media-Affinitäten der relevanten Zielgruppen, wie das Ergebnisbeispiel in der Abbildung (S. 363) verdeutlicht. Diese ermöglichten eine Effektivitätssteigerung von über 30%. – Deren finanzieller Wert fiel in Millionenhöhe aus.

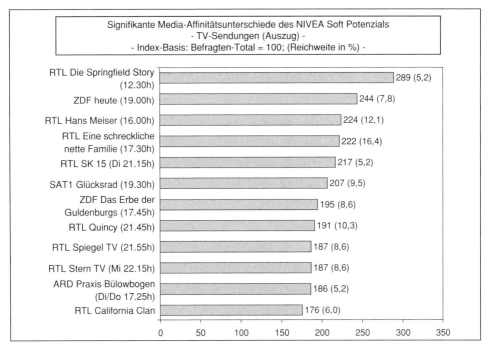

Signifikante Media-Affinitätsunterschiede des NIVEA Soft Potenzials
- TV-Sendungen (Auszug) -
- Index-Basis: Befragten-Total = 100; (Reichweite in %) -

Sendung	Index (Reichweite)
RTL Die Springfield Story (12.30h)	289 (5,2)
ZDF heute (19.00h)	244 (7,8)
RTL Hans Meiser (16.00h)	224 (12,1)
RTL Eine schreckliche nette Familie (17.30h)	222 (16,4)
RTL SK 15 (Di 21.15h)	217 (5,2)
SAT1 Glücksrad (19.30h)	207 (9,5)
ZDF Das Erbe der Guldenburgs (17.45h)	195 (8,6)
RTL Quincy (21.45h)	191 (10,3)
RTL Spiegel TV (21.55h)	187 (8,6)
RTL Stern TV (Mi 22.15h)	187 (8,6)
ARD Praxis Bülowbogen (Di/Do 17.25h)	186 (5,2)
RTL California Clan	176 (6,0)

5.4. Erfolgreiche Einführung von NIVEA Soft

Im April 1994 wurde NIVEA Soft eingeführt. Die Packungs-Gestaltung und die Werbung signalisierten: NIVEA Soft ist jung, frisch, anders. Trotz des eigenständigen Auftritts, der sich deutlich von der klassischen NIVEA Creme unterschied, ist die Markenfamilien-Zugehörigkeit, die „NIVEA-ness" klar erkennbar.

Die TV-Werbung zeigte eine selbstbewusste junge Frau mit flottem kurzen Haarschnitt in einer sonnendurchfluteten Wohnung. Sie liegt entspannt ausgestreckt auf einem Sofa. Spielerisch zweifelnd fragt sie sich, ob eine neue Creme ihre Haut noch sanfter machen könnte. Dann erscheint NIVEA Soft. Nachdem die junge Frau die neue NIVEA Soft ausprobiert hat, jubelt sie: „Fantastisch! Es ist so soft und sanft – wie warmer Sommerregen auf meiner Haut! Selbst mein Freund ist ein richtiger Softie geworden!" Sie lacht und albert ausgelassen mit ihrem Freund herum.

Vor der Einführung von NIVEA Soft hatte NIVEA Creme einen Marktanteil von 45%. Eineinhalb Jahre nach der Einführung belegte der Newcomer

363

Platz zwei hinter NIVEA Creme mit einem Marktanteil von 16%. Der kombinierte NIVEA-Anteil stieg auf 56 Prozent zu Lasten der Konkurrenz. Die Kannibalisierungsrate des Stammproduktes war mit 5% gering. Die Ziele der NIVEA Brand Extension wurden somit auch im Kernmarkt erfüllt.

5.5. Die Validierungen im Markt sprechen für eine hohe Prognosezuverlässigkeit

Im Test wurden durch die Bemusterung für die Home Use Phase ideale Marketing-Bedingungen geschaffen mit 100% Markenbekanntheit und 100% NIVEA Soft- Erhältlichkeit. Diese Werte waren in der Markt-Realität nicht zu erzielen.

Bei der Planung des Absatzvolumens und Umsatzes müssen daher die vorhergesagten Werte mit der real erreichbaren Marken-Bekanntheit und Distribution gewichtet werden.

Die auf diese Weise errechneten Planzahlen stimmten ungewöhnlich genau mit den späteren realen Absatzzahlen überein. Die Abweichung betrug nur 0,2 Prozent! – Die Umsatz-Abweichung von NIVEA Soft betrug im Einführungsjahr nur 9.000 € bei einem Umsatz in zweistelliger Millionenhöhe.

Es stellt sich die Frage, ob es sich um eine zufällige Übereinstimmung handelt. Wie sehen die Validierungs-Ergebnisse dieser Marktsimulations-Methode aus?

Um die Prognosezuverlässigkeit des Verfahrens zu ermitteln, werden die Prognosewerte mit der in der Markt-Realität erzielten gestützten Marken-Bekanntheit und der gewichteten Distribution multipliziert. – Das Ergebnis wurde mit den in führenden Panels erzielten Werten verglichen. Die Abweichungen lagen in beiden Ländern unter einem halben Marktanteils-Prozentpunkt, wie die folgende Abbildung zeigt.

---

1. Italien (Prognose)

| 22 % | x | 0,50 | x | 0,87 | = 9,7 % |
| Potenzial | | Bekanntheit | | gew. Distribution | |

Handelspanel-Marktanteil in Italien: = 9,9 %

---

2. Deutschland (Prognose)

| 23,2 % | x | 0,53 | x | 0,93 | = 11,4 % |
| Potenzial | | Bekanntheit | | gew. Distribution | |

Handelspanel-Marktanteil in Deutschland: = 11,8 %

Abb.: Validierung der Prognose-Zuverlässigkeit

Auch die vorhergesagte Kannibalisierungsrate zeigte in Deutschland – mit einer Abweichung von nur 0,8% – eine ungewöhnlich gute Übereinstimmung mit der Marktrealität, wie die nächste Abbildung zeigt. (Für Italien wurde keine Analyse der Käufer-Wanderungen durchgeführt.)

Kannibalisierungsrate in Deutschland (Prognose)

| 34 % | x | 0,53 | x | 0,93 | = 16,8 % |
| Kannibali-sierungsrate | | Bekanntheit | | gew. Distribution | |

Kannibalisierungsrate im Haushalts-Panel: = 16,0 %

Abb.: Validierung der Kannibalisierungsrate

Eine aktuellere NIVEA-Publikation (Food Economy 48/2001, S. 21) bestätigt im letzten Absatz, dass unsere Prognose (u.a. der Kannibalisierungsrate) sogar noch nach 7 Jahren zuverlässig ist.

5.6. Zusammenfassung der Fallstudie

BEIERSDORF hat im Laufe der erfolgreichen NIVEA-Marken-Diversifikation viele unterschiedliche Marktsimulations-Verfahren eingesetzt.

Die Prognose-Übereinstimmungen mit den realen Markt-Ergebnissen von NIVEA Soft gehören definitiv mit zu den besten Resultaten, die jemals von BEIERSDORF erzielt werden konnten.

Die vorhergesagten Marktanteile wichen zu den erzielten Markt-Werten in Italien nur um 0,2% und in Deutschland nur um 0,4% ab.

Insofern kann der Methode, die Konzept & Analyse heute als „MOT Markt-Simulation" bezeichnet, in beiden Fällen eine außerordentlich hohe Prognosezuverlässigkeit bescheinigt werden.

Auch in anderen Entscheidungen gab die internationale Grundlagenstudie wichtige Hilfestellungen. So konnte die Potenzialgruppe durch Probier-Aktivitäten überzeugt werden und gezielt in den effektivsten TV-Umfeldern und Zeitschriften angesprochen werden. Durch produktspezifische Mediaplatzierungs-Erkenntnisse konnte die Effektivität des Werbebudget-Einsatzes um über 30% gesteigert werden. Deren finanzieller Wert fiel in Millionenhöhe aus.

Und was passiert, wenn man die Kommunikation auf die Markenwechsler-Zielgruppe zugunsten von NIVEA Soft konzentriert? Richtig, die Abverkäufe steigen schnell an. Hinter NIVEA Creme eroberte NIVEA Soft so in kurzer Zeit die zweite Marktposition. Der kombinierte Marktanteil konnte um über zehn Prozent auf 56 Prozent gesteigert werden.

Zuverlässige strategische Marken-Diversifikations-Forschung war hierfür eine wichtige Voraussetzung.

(vgl. von Dassel/Wecker/Mayer de Groot: Durch strategische Marktforschung zum Erfolg: NIVEA und NIVEA Soft, in: planung & analyse 2/2001; dies. in: absatzwirtschaft 10/2001 und in: Horizont 19/2001 sowie o.V.: Food Economy 48/2001, S. 21)

6. ZUSAMMENFASSUNG ZUM MARKEN-DIVERSIFI-KATIONS-POTENZIAL 1., 2. UND 3 GRADES

Das Transfer-Potenzial 3. Grades befasst sich mit der Frage, ob die prinzipiellen Voraussetzungen für eine Marken-Diversifikation erfüllt sind. **Grundsätzlich können nur "starke" Marken transferiert werden.** Insgesamt wurden 10 Bewertungskriterien für die Markenstärke entwickelt.

Gegenstand der Analyse des Diversifikations-Potenzials **2. Grades** ist die **Markenkompetenz**. Grundsätzlich ist das Diversifikations-Potenzial begrenzt durch die Marken-Identität und somit die spezifischen Konnotationen und (oder) Denotationen, sowie die Produkte, auf die sie adäquat transferiert bzw. angewendet werden können.

Verantwortungsbewusste Markenarbeit beginnt deshalb mit einer Analyse, die die Marke auf ihren unverrückbaren Kern reduziert. Um erst dann zu prüfen, ob und wie dieser Kern für eine imagemäßige Diversifikation genutzt werden kann.

Generell kann festgestellt werden, dass sich produktgeprägte Markenimages in der Regel weniger für einen Transfer eignen als nutzengeprägte.

Für die Prüfung – als Vorauswahlschritt –, ob eine Marke über Diversifikations-Potenzial 2. Grades verfügt bzw. nicht verfügt, sind mehrere Untersuchungsansätze vorgeschlagen worden. Die meisten Verfahren sind jedoch aus unterschiedlichen Gründen zur zuverlässigen Beantwortung der zugrundeliegenden Fragestellung ungeeignet, wie auch die wissenschaftlichen Analysen von Zatloukal (2002) und Sattler (1998) nachgewiesen haben. Es wurde daher ein Überprüfungsansatz vorgestellt, der sich seit 1987 in der Praxis bewährt hat.

Das Diversifikations-Potenzial **1. Grades** stellt – als abschließender Überprüfungsschritt – die härtesten Anforderungen an das neue Produkt, das unter einer bekannten Marke angeboten werden soll. Grundsätzlich muss das neue Marken-Produkt als **besser als die bisherige individuelle Hauptmarke** erlebt werden, um regelmäßig gekauft zu werden. Das Segment der Personen, die einen relevanten emotionalen (oder faktischen) Vorteil erleben, muss dabei ausreichend groß sein.

Allerdings reicht selbst die erlebte Vorteilhaftigkeit im Ziel-Markt bei Image-transfers und Line Extensions nicht aus. Denn die größte Gefahr geht bei der Umsetzung von Marken-Diversifikations-Strategien von der Auswahl emotional und/oder faktisch unverträglicher Partner-Produkte aus. Insofern sollte unbedingt eine **Rücktransfer-Überprüfung** vorgenommen werden.

Abschließend sollte bei einem erfolgversprechenden Markt-Potenzial des zukünftigen Marken-Diversifikations-Produktes festgestellt werden, wie groß die **Produkt-Kannibalisierungsrate** ist. Denn das Risiko, dass andere Produkte der Marke eine größere Volume Source darstellen, ist nicht nur bei der Product Line Extension, sondern häufiger auch beim Imagetransfer gegeben.

DISKUSSION ALTERNATIVER VORSCHLÄGE ZUR BESTIMMUNG DES MARKEN-DIVERSIFIKATIONS-POTENZIALS

Empfehlung an den Leser:

Sofern Sie nicht an der eher wissenschaftlichen- und marktforscherischen Auseinandersetzung und der Ursachen-Analyse für das Scheitern alternativer Vorschläge zur Marken-Diversifikations-Potenzial-Bestimmung interessiert sind, springen Sie bitte zu Kapitel V.

(Obwohl die Auseinandersetzung um „Eisberg-Modelle" usw. eventuell doch spannend sein könnte.)

7. DISKUSSION VERÖFFENTLICHTER ALTERNATIVER VORGEHENSWEISEN UND STUDIEN ZUR BE-STIMMUNG DES MARKEN-DIVERSIFIKATIONS-POTENZIALS

> **Vorbemerkung:**
>
> **Es ist unsere Überzeugung, dass ein Marken-Diversifikations-Test nur so gut ist, wie seine Fähigkeit, die spätere Marktrealität vorher-zusagen.** Die meisten Tests haben sich leider als unzuverlässig erwiesen, wie auch die wissenschaftlichen Analysen von Zatloukal (2002) und Sattler (1998) ergeben haben. In der folgenden Diskussion geht es nicht darum, irgendjemanden Fehler nachzuweisen, sondern darum, neue, bessere Wege aufzuzeigen und Fehl-Investitionen zu vermeiden.

7.1. Das Modell von Schweiger

Einen wesentlichen Beitrag zur Operationalisierung des Imagetransfers leistete Schweiger (1978, 1982, 1983; ders./Schrattenecker 1992) mit seinem Imagetransfer-Modell.

Grundanliegen dieses Modells ist die Prognose der Eignung von Produkt-klassen für den Imagetransfer sowie die Bestimmung der Transfer-Tauglich-keit ausgewählter Markennamen. Die Ausgangshypothese besagt sinn-gemäß, dass eine Marke dann Transfer-Potenzial für einen bestimmten Produktbereich besitzt, wenn ihr Image a priori weitgehend mit dem Image der Transfer-Produktklasse übereinstimmt.

Dieses Imagetransfer-Modell wirkt häufig insgesamt auf den ersten Blick bestechend, da es bei streng standardisiertem Untersuchungs-Ablauf zu ei-nem konkreten Ergebnis führt und damit unmittelbar entscheidungsorien-tiert ist.

Analysiert man die Vorgehensweise im Detail, so stößt man jedoch auf zahl-reiche Schwächen.

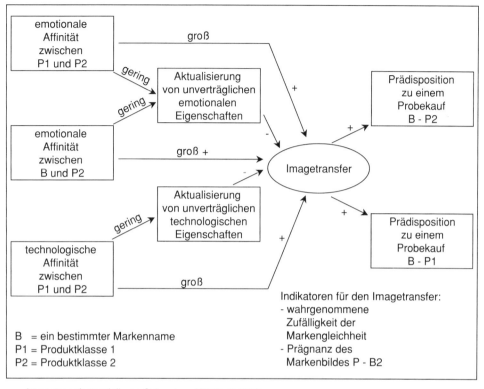

Imagetransfermodell von Schweiger (1983, S. 262)

371

Als Hauptkritikpunkte seien genannt:

1. Die zugrundegelegte Image-Definition: Images werden als Systeme nicht-sachhaltiger (konnotativer) Eigenschaften aufgefasst (Schweiger 1978, S. 131), womit sachhaltige (denotative) Beurteilungskriterien explizit ausgeschlossen werden. Letztere können jedoch – wie bereits gezeigt wurde – zum Scheitern von Imagetransfers führen.

„Das Dilemma, das sich aus dem gewählten Untersuchungsansatz (in der Vorstufe) ergibt, besteht darin, dass ein für 15 verschiedene Marken und Produktklassen gemeinsamer und jeweils einstellungsrelevanter Kriterien-Katalog nicht zu realisieren ist." (Hätty, S. 153)

Es besteht die Gefahr, dass durch das "Prinzip des größten gemeinsamen Nenners" kaufentscheidende Kriterien, die nur für den Einzel-Markt gelten, in der Daten-Erhebung und damit im Ergebnis, nicht berücksichtigt werden. Fehl- und Überinterpretationen sind somit später nicht auszuschließen.

Es ergibt sich zudem die Frage, **welche Aussagerelevanz** die psychologische und/oder technologische Nähe auf Produktklassen-Ebene **für die Transfer-Eignung einer Marke** (in der Vorauswahlstufe) besitzen soll, **wenn hierbei von der Marke und ihrem Image vollkommen abstrahiert wird.**

(Anmerkung: Selbstverständlich ist die Produktgattung auch ein Bestandteil des Markenimages. Letzteres kann allerdings die Produktgattung nahezu vollständig überlagern.)

2. Markenspezifische Nutzen und Werbewelten etc. kommen somit zwangsläufig zu kurz. Im nächsten Schritt – der Endauswahl – werden jene Marken ermittelt, die mit den vorab als geeignet ausgemachten Produktgruppen psychologisch besonders gut verträglich sind. Zu diesem Zweck werden – vereinfacht ausgedrückt – die Marken in den vorher definierten psychologischen Produktraum eingebracht.

Der Marke und ihrem Image wird somit zumindest unzureichend Rechnung getragen.

Dies sei an einem Beispiel verdeutlicht: Mazanec und Schweiger (S. 38) sowie Mayerhofer (S. 239) vertreten angesichts einer zweidimensionalen Produktraum-Lösung (mit 10 Kategorien) die Auffassung, dass ein

Ablaufdiagramm der Imagetransferuntersuchung von Schweiger et al.

Vorstufe

Auswahl erklärungsfähiger Konnotationen

Vorauswahlstufe

Rekonstruktion der Produkträume

Psychologischer
Produktraum

Technologischer
Produktraum

Endauswahlstufe

Rekonstruktion des Produkt-Markenraumes

Umsetzung

Aufstellung eines Imagetransfermodells
zur Ermittlung von Bestimmungsfaktoren
des Transferpotenzials

Hypothesenprüfung

Empirische Überprüfung des Imagetransfermodells durch Folgeuntersuchungen

Restruktion des Marken-Produktraumes von Schweiger

Imagetransfer von Zigarette auf After Shave und Parfüm nicht zu empfehlen sei. – Die Marke DAVIDOFF ist jedoch in beiden Kategorien erfolgreich.

3. Als Entscheidungskriterium für eine gute Imagetransfer-Möglichkeit gilt, dass eine – höchstwahrscheinlich bewusst – nicht genau definierte Höchst-Distanz von Marke und Produkt im gemeinsamen "Imageraum" unterschritten werden muss. Hierin kommt offensichtlich die Kenntnis von Schweiger des "Grundübels" des zugrunde gelegten Verfahrens, der multi-dimensionalen Skalierung, zum Ausdruck:

„Die Dimensionen bestehen nicht aus kontinuierlich ausgeprägten Eigenschaften, sondern aus Regionen, in denen ein Skala-Endpunkt etwas anderes bedeutet als der gegenüberliegende Endpunkt. ..., so dass diese Techniken nicht zum Ausdruck bringen, welches Urteilskriterium letztlich für die Punktekonfiguration und für die Einstellungsbildung maßgeblich ist." (Böhler, S. 275)

Insofern sind Fehlinterpretationen (höchst-)wahrscheinlich und die Entdeckung von (denotativen und/oder) konnotativen Unverträglichkeiten nur bedingt möglich. (Zu weiteren erheblichen Schwächen der MDS sei auf Mayer (de Groot) 1984, S. 158-228 verwiesen).

Abschließende Würdigung des Modells von Schweiger

Der Ansatz von Schweiger ist mit zahlreichen methodischen Mängeln behaftet, die nicht für einen Einsatz sprechen. Dies stellt er selbst auch fest, wenn er zusammen mit Mazanec (1/1981, S. 42) schreibt:

„Aus der marktforscherischen Perspektive ... macht das Experiment weitere Untersuchungen des Transfer-Phänomens erforderlich, die stringentere Methoden anwenden."

Bezeichnend ist auch, dass die Auftraggeber von G. Schweiger, die Firma AUSTRIA TABAKWERKE, ihre zwischenzeitlich recht zahlreichen Imagetransfer-Versuche nicht mit Hilfe des dargestellten Untersuchungsansatzes durchgeführt haben.

Sowohl MILDE SORTE Kaffee als auch JOHNNY Jeans, die beiden einzigen "verwirklichten" Transfer-Empfehlungen, existierten zum Zeitpunkt der Untersuchung bereits im Markt.

Davon einmal abgesehen, wären sie auch keine wirklichen Empfehlungen für das Modell:

• MILDE SORTE Kaffee kam – wie bereits erwähnt – trotz guter Distribution nicht über einen Marktanteil von ca. 1% hinaus.

• JOHNNY Jeans wurde nach 4 Jahren wieder vom Markt genommen.

7.2. Das Modell von Meffert/Heinemann

Basierend auf dem Transfermodell von Schweiger entwickelten Meffert und Heinemann ein Distanz-Modell. Hierbei greifen sie auf die bekannten Distanz- oder Idealpunkt-Modelle zurück, die zur Messung von Einstellungen verwendet werden.

Die Imagetransfer-Tauglichkeit einer Marke wird anhand denotativer und konnotativer Merkmale des jeweiligen Produkts gemessen. Erhoben wird die Distanz zwischen Einstellung zu einem bisherigen Produkt (A) und der Einstellung zu einem hypothetischen Produkt (H) gleichen Markennamens. Die Einstellung wird über mehrere Merkmale gemessen und die Einzelwerte bzw. Distanzwerte zu einem Gesamtwert addiert. Dieser Gesamtwert entspricht der Imagetransfer-Tauglichkeit (IT).

Je geringer der IT, also je geringer die Distanz zwischen der Bewertung für das reale und das hypothetische Produkt gleichen Markennamens, desto größer die Transfer-Tauglichkeit.

Die dargestellte Art der Messung und Verknüpfung beinhaltet folgende Annahmen:

a. "Additivitäts-Prämisse":

„Die Addition der Eindruckswerte erfordert eine Unabhängigkeit der Beurteilungen in den einzelnen Eigenschaften. Halo-Effekte dürfen nicht auftreten" – und eben diese versucht man beim Imagetransfer zu erreichen.

b. "Linearitäts-Prämisse":

„Bei einer Änderung einer Eigenschafts-Ausprägung um eine Einheit muss sich der Imagetransfer-Tauglichkeitsgrad proportional dazu verändern." Dies ist wenig realistisch und kann allenfalls bis zu dem Niveau gelten, auf dem subjektiv ein Bedürfnis voll befriedigt wird.

Keiner käme z.B. auf die Idee zu sagen: Mit zunehmender Temperatur eines Getränkes (z.B. einer Tasse Tee) bewerte ich dieses immer besser – da irgendwann die Schmerzgrenze erreicht wird.

Darüber hinaus gibt es häufiger unterschiedliche "Idealpunkte" in alternativen Markt-Segmenten: z.B. heißer Tee und Eis-Tee. Auch in diesen Fällen ist die Lineraritäts-Prämisse nicht unproblematisch.

c. "Kompensations-Prämisse":

„Eine niedrige Ausprägung einer Eigenschaft kann durch eine hohe Ausprägung in einer anderen Eigenschaft kompensiert werden." (Meffert/ Heinemann, S. 8)

Das würde beispielsweise bedeuten, dass die nicht ausreichende Erfüllung eines Basis-Nutzens einer Kategorie oder eine denotative oder konnotative Unverträglichkeit des Partner-Produktes durch ein "Mehr" an einer anderen Leistung/Eigenschaft ausgeglichen werden kann. – Dies trifft in der Realität natürlich nicht zu.

d. Höchst-Distanz

Als Entscheidungskriterium für eine Imagetransfer-Tauglichkeit gilt eine Höchst-Distanz D.

Dazu merkt Mayerhofer (S. 172) zu Recht „kritisch an, dass nicht angeführt wird, woher die eingetragene Höchst-Distanz D stammt und ob es nicht plausibel wäre, anstelle eines Kreises von ungleicher Gewichtung zwischen denotativer und konnotativer Dimension auszugehen und demnach eine Ellipse einzuzeichnen. Es ist m.E. wahrscheinlicher, dass denotative Kriterien weniger belastet und weniger ausgedehnt werden können im Vergleich zu Konnotationen."

e. Keine Berücksichtigung von potentiellen Rücktransfers

Meffert und Heinemann (S. 9) weisen selbst darauf hin, dass die Möglichkeit der Rück-Übertragung positiver (aber auch negativer) Image-Bestandteile auf die Mutter-Marke unberücksichtigt bleiben.

Abschließende Würdigung des Modells von Meffert/Heinemann

Zusammenfassend kann diesem Ansatz bescheinigt werden, dass er den Anforderungen der Markt-Realität nicht hinreichend entspricht und selbst wissenschaftlich nicht haltbar ist.

So schreibt bereits Stefflre (S. 19): "Wenn jemand die Literatur in der Entscheidungs-Theorie analysiert ... so ist es schwer, seriöse Modelle zu finden, die Ideal Punkte" oder Ideal Vektoren verwenden.

Umfassende Kritik an Distanz- sowie Idealpunkt- und Idealvektor-Modellen findet sich bei Mayer (de Groot 1984, S. 219 ff.), die hier nicht in ausführlicher Form wiederholt werden soll.

(Beide Modelle – Idealpunkt- und Idealvektor-Modelle – haben für sich betrachtet Schwächen. Der häufige Vorschlag, beide in einem mathematischen Raum zu kombinieren, führt dazu, dass dieser dann mathematisch nicht mehr definiert ist.)

7.3. Das Modell von Hätty

Das Imagetransfer-Modell von Hätty (S. 192 ff.) knüpft an der gehirn-psychologischen Erkenntnis an, dass gespeichertes Wissen in Form netzartig verbundener Assoziationen vorliegt. (vgl. Grunert, S. 153 ff.)

Der Transfer des semantischen Netzwerkmodells auf ein Image-Struktur-modell lässt sich damit rechtfertigen, dass das Image subjektiv bewertetes Wissen ist und ganzheitlich interpretiert wird.

Ein semantisches Netzwerk besteht aus Kanten und Knoten. Knoten bezeichnen faktisches Wissen. Die Beziehungen der Knoten zueinander werden durch Kanten symbolisiert. Unterschiedlich starke Kanten repräsen-tieren unterschiedlich starke Assoziationen (Hätty, S. 198).

Insgesamt gelingt es Hätty allerdings nicht, diese Modell-Vorstellung ope-rational auf den Themenbereich zu übertragen – und es ist fraglich, ob dies jemals möglich sein wird. So schreibt er auch selbst (S. 200):

„Schließlich darf nicht übersehen werden, dass menschliches Konsumver-halten viel zu komplex ist, als dass eine Erklärung durch ein geschlossenes Modell erfolgen könnte." „Hinzu kommt, dass das größte bislang ungelöste Problem in der Operationalisierung, Erfassung und Messung netzwerkartig aufgebauter kognitiver Strukturen besteht."

Auf dieses Modell soll daher nicht näher eingegangen werden. Interessan-ter erscheint es, die von ihm durchgeführte empirische Studie zu analy-sieren.

7.4. Die Untersuchung von Hätty

Die Veröffentlichung einer empirischen Studie ist grundsätzlich begrüßens-wert – zumal dies aus Geheimhaltungs-Gründen im Marken-Diversifika-tions-Bereich relativ selten erfolgt.

Bedauerlicherweise berücksichtigt Hätty jedoch nicht in ausreichendem Maße eine detaillierte Erfassung der Markenkenntnis und Markenverwendungs-Erfahrung, noch hält er sich an einen Teil seiner – meist plausiblen – Annahmen.

So schreibt er (auf S. 179 f.):

- „Befragungsgegenstand sollten zwei Marken des gleichen Stammproduktbereiches sein."

- „Sie sollten dem gleichen Produktbereich entstammen und dort auch das gleiche Segment besetzen, um Vergleiche zwischen beiden Marken zu erlauben."

- „Da sich bereits bestehende Prädispositionen allerdings verzerrend auf die Untersuchungs-Ergebnisse auswirken könnten, sollten die Transferprodukte idealiter möglichst wenig bekannt sein."

„Diese (und weitere) Anforderungen schienen (seiner Ansicht nach) durch die beiden Marken MÖVENPICK und MAXIM'S am besten erfüllt zu sein. Sowohl MÖVENPICK als auch MAXIM'S waren von Hause aus Restaurants (Anmerkung: aber in unterschiedlichen "Premium-Segmenten").

In Deutschland waren sie jedoch in erster Linie durch die unter diesem Namen vertriebenen Eiscreme-Produkte bekannt. Es handelt(e) sich um die beiden führenden Marken des Premium-Marktsegments (Marktanteile: MÖVENPICK ca. 50%, MAXIM'S ca. 15%)" (ebd., S. 181).

In der gleichen Veröffentlichung wird deutlich, dass nahezu ein Viertel der MAXIM'S-"Kenner" das Eis nicht kannten. Zudem war zumindest einem Teil der Befragten einzelne als "neu" vorgegebene – im Markt aber bereits existierende und teilweise beworbene – Transfer-Produkte bekannt. (ebd., S. 134; S. 124 ff.)

Ungestützte Bekanntheitsgrade der Mövenpick- bzw. Maxim's-Produkte

Aufgrund dieser und weiterer methodischer Schwächen bzw. falscher Prämissen der Studie möchte der Autor auf eine Ergebnis-Interpretation verzichten.

Mövenpick		Maxim 's	
Eiscreme	99%	Eiscreme	76%
Restaurant	39%	Restaurant	45%
Kaffee	26%	Nachtbar	35%
Hotel	11%	Champagner	18%
Salatsauce	4%	Hotel	10%
Cookies	2%	Schokolade	6%
		Porzellan	2%

Die folgenden Ergebnis-Abbildungen auf Seite 381 dienen nur der Veranschaulichung.

Hätty interpretiert das MÖVENPICK-Ergebnis beispielsweise so: "Das Transfer-Potenzial von MÖVENPICK nimmt mit zunehmender Produktentfernung ab. ... Das Qualitäts-Versprechen der Marke ist ... sehr stark produktbezogen auf Eiscreme fixiert und gilt mit zunehmender Produktentfernung als immer unglaubwürdiger." (ebd., S. 189)

Angesichts dieser Interpretation drängt sich die Frage auf "Ist Salatsauce näher an "Eis" als Wurst?"

(**Anmerkung:** Der Verbraucher dürfte bei 4% spontaner Markenbekanntheit der MÖVENPICK-Salatsauce kaum Kenntnis von der Tatsache haben, dass MÖVENPICK ursprünglich als erstes Unternehmen vorgefertigte Salatsaucen in der Schweiz entwickelt hat. Zumal die MÖVENPICK-Salatsauce – soweit bekannt – nicht in größerem Umfang gegenüber dem Endverbraucher beworben wurde.)

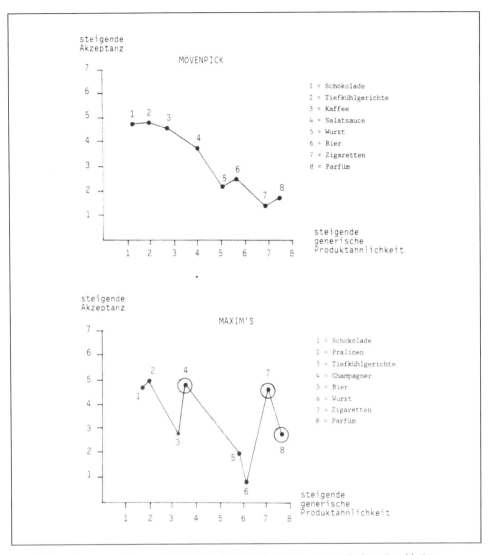

Untersuchungsergebnis von Hätty 1989, S. 188); Zusammenhang zwischen dem Marken-
Diversifikations-Potenzial und der wahrgenommenen „genetischen" Produktähnlichkeit

7.5. Die Untersuchung von Aaker & Keller

Eine der am häufigsten in der Fach-Literatur zitierten Untersuchungen ist die von Aaker & Keller. Diese ähnelt unserem Vorschlag zur Vorauswahl von Transfer-Partnerprodukten (Transfer-Potenzial 2. Grades) – ist aber offensichtlich zur Endauswahl gedacht.

Die Untersuchung von Aaker & Keller basiert auf 107 Studenten als Befragte. – Entsprechend schreiben auch die Autoren „die Stärke ihrer Implikationen ist limitiert" (dies. S. 38) und zum Teil widersprüchlich (vgl. Zatloukal 2002, S. 27 ff. und S. 63 f.). Zudem handelt es sich um hypothetische Imagetransfers.

Insofern möchte sich der Autor hier mit einem "Querverweis" (ebd., S. 27-41) und einer Ergebnis-Tabelle begnügen, obwohl sie interessant zu lesen ist und viele der bereits diskutierten Schlussfolgerungen (z.B. Risiken) ansatzweise bestätigt.

„Die Studien-Mittelwerte sind Durchschnittswerte der Wahrnehmung von 107 Befragten (Studenten) auf folgenden Messgrößen: **Einstellung gegenüber der Extension,** der Durchschnitt der wahrgenommenen Qualität der Extension (1 = niedriger, 7 = überlegen) und die Wahrscheinlichkeit die Extension auszuprobieren (1 = sehr unwahrscheinlich, 7 = sehr wahrscheinlich); **QUALITÄT,** der Qualitäts-Eindruck der Original-Marke insgesamt (1 = niedriger, 7 = überlegen); **TRANSFER,** die wahrgenommene Nützlichkeit der Hersteller-Fähigkeiten und seiner Resourcen in der Original-Produktkategorie, um das Extensions-Produkt zu produzieren (1 = nicht besonders hilfreich, 7 = besonders hilfreich); **ERSATZ,** wechselseitige Ersetzbarkeit des Original-Produktes und der Extensions-Produkte bei der Verwendung (1 = niedrig, 7 = hoch); **ERGÄNZUNG,** Ergänzungsfähigkeit der Stamm- und Extensions-Produktkategorie bei der Verwendung (1 = niedrig, 7 = hoch); und **SCHWIERIGKEIT,** wahrgenommene Schwierigkeit bei der Gestaltung und der Durchführung der Extension (1 = nicht zu schwierig, 7 = schwierig)."

Studien-Mittelwerte	Einstellung zur Extension	Qualität	Transfer	Ersatz	Ergän- zung	Schwie- rigkeit
1. McDonald's- Fotofilm-Entwicklung	2.03	3.33	1.43	1.50	1.69	4.75
2. Heineken Popcorn	2.30	5.57	1.98	1.92	5.35	1.81
3. Heineken-Wein	2.94	5.57	4.36	4.35	5.26	5.19
4. Häagen Dazs-Landkäse	3.13	5.85	3.67	2.85	2.08	2.44
5. Vidal Sassoon-Parfüm	3.24	4.33	3.58	2.41	4.27	4.96
6. Crest-Rasiercreme	3.26	5.48	3.63	2.12	4.47	3.08
7. Häagen-Dazs Popcorn	3.28	5.85	2.39	3.95	3.19	1.81
8. McDonald's Pommes Frites	3.37	3.33	5.84	4.22	3.40	2.10
9. Crest Kaugummi	3.43	5.48	4.06	3.75	3.80	3.58
10. Vidal Sassoon Sportswear	3.48	4.33	1.91	1.71	3.19	4.29
11. McDonald's-Freizeitpark	3.56	3.33	2.31	1.99	3.98	5.46
12. Vidal Sassoon-Hautcreme	3.63	4.33	4.66	2.79	5.09	4.12
13. Vaurnet-Portemonaies	3.78	5.87	2.71	2.26	4.65	3.58
14. Vaurnet-Ski	3.91	5.87	2.79	2.11	6.09	5.93
15. Vidal Sassoon- Sonnenlotion	3.98	4.33	4.33	2.42	3.92	3.87
16. Vaurnet-Uhren	4.07	5.87	2.87	2.75	4.86	5.43
17. Heineken Light-Bier	4.76	5.57	6.71	5.56	5.49	4.51
18. Häagen Dazs candy bar	4.81	5.85	4.37	5.30	4.26	2.88
19. Crest Mundspülung	4.86	5.48	6.08	4.43	5.64	3.50
20. Vaurnet Sportswear	5.15	5.87	3.25	2.88	5.75	4.29
Durchschnitt	3.60	5.08	3.65	3.06	4.32	3.88
Standard Abweichung	1.65	1.53	2.02	2.08	2.03	1.86

7.6. Der Ansatz von Gruber, Titze & Partner

Der Vollständigkeit halber sei auch der Ansatz der oben genannten, ehemaligen Beratungsfirma angeführt. Danach ist eine Markenausweitung sinnvoll, wenn

- mindestens 25% der Verbraucher die Frage: "Würden Sie das Produkt sicher kaufen?" mit ja beantworten und

- mindestens 60% der Konsumenten der Frage zustimmen: "Ist das Produkt besser als Wettbewerbsprodukte?"

Anzumerken ist zu diesem Ansatz, dass aus der Marktforschungs-Praxis bekannt ist, dass

- mindestens 30% der Befragten bei der Frage nach der Kaufbereitschaft nicht in der Lage sind, die richtige Antwort zu geben, die mit ihrem späteren Verhalten korreliert.

  Die Unzuverlässigkeit der Antworten auf Kaufbereitschaftsfragen ist zudem seit langem in seriösen Marktforschungskreisen unstrittig (z.B. Bird/Ehrenberg 1966; Juster 1966, Theil/Kosobud 1968, McNeil 1974, Morrison 1979, Morwitz 2001).

- die meisten Befragten überfordert sind, zuverlässig ein generelles Präferenzurteil abzugeben.

Zudem trägt die Erwartung, dass 60% der Befragten ein Produkt wirklich bevorzugen, den zunehmend fragmentierten Märkten zu wenig Rechnung – und dürfte – strikt angewendet – viel zu sehr limitierend sein. (**Anmerkung:** In den meisten Märkten hat der Marktführer einen Marktanteil von 30% oder weniger.)

Wenn W. Titze (S. 215) abschließend schreibt: „Mut zum Markt heißt heute mehr denn je Mut zur Marke." – So möchte der Autor hinzufügen, dass eine Marken-Diversifikation, die nur auf dieser Überprüfung basiert, **sehr viel Mut** verlangt.

7.7. Zur Einsetzbarkeit des „Eisberg"-Modells zur Marken-Diversifikation

Das sogenannte „Eisberg"-Modell ist **ein Marken-Bewertungs-System und somit zur Markenführung eigentlich NICHT geeignet.** (Dies wurde bereits zu Anfang des Kapitels IV. 2. dieses Buches ausführlich begründet.)

So schreiben selbst Andresen und Nickel, die den Vorschlag unterbreiten, das Eisberg-Modell zur Dachmarken-Führung einzusetzen (S. 660):

*„Zur erfolgreichen strategischen Markenführung sollten **systematische Führungsinstrumente** zum Einsatz kommen." (2001, S. 668)*

„Das Marken-Bewertungs-System ... muss daher ... im Hinblick auf die Implementierung eines systematischen Dachmarken-Potenzial-Managements weiter operationalisiert und präzisiert werden. (Es) ... sollte folgende Anforderungen erfüllen:

- *• **Wissenschaftliche Fundierung,** d.h. theoretische Absicherung und empirische Exploration des eingesetzten Verfahrens,*

- *• **Standardisierungs-Grad des Verfahrens,** ....*

- *• **Relativierungs-Potenzial des Verfahrens,** d.h. die Möglichkeit, Aussagen über das Verhältnis von Dachmarken zu ihren Sub-Brands oder Produkten abzuleiten;*

- *• **Validierung des Verfahrens in der Praxis,** ....*

- *• **Bewährung in der Praxis,** ....*

Diese Kriterien werden gleichermaßen als zweckmäßig und notwendig erachtet, um aus einem System bzw. Verfahren zur Marken-Bewertung relevante Erkenntnisse zur Führung von Dachmarken in der Praxis ableiten zu können." (dies. S. 660)

Dieser Anforderungs-Katalog dürfte allgemeine Zustimmung erfahren. Versucht man, diese Anforderungen auf das „Eisberg"-Modell anzuwenden, so stößt man allerdings bei einzelnen Kriterien auf Probleme.

Methodisch stellt sich die Frage, wie man ein *„Black Box-Modell"*, das das menschliche Verhalten *„nur durch intervenierende Variablen zu erklären"* (dies, S. 646) versucht, wissenschaftlich fundieren und nachweisbar validieren kann.

Bei der Analyse, Bewertung und Führung von Marken-Diversifikationen ergibt sich das Grundsatz-Problem, dass die sogenannten „Eisbergmodelle" unter der „Oberfläche" ein großes, amorphes Gebilde vermuten. (Deshalb die intuitiv ansprechende Analogie „Eisberg".) Dieses wird eher unspezifisch gemessen (Vertrauen, Sympathie, Loyalität).

So stellt auch Andresen als Co-Autor an anderer Stelle fest: *„Der Markenwert ergibt sich jedoch v.a. aus den spezifischen, über die allgemeinen Gedächtnisinhalte hinausgehenden Vorstellungen zur Marke."* (Esch/Andresen S. 23)

Unsere, in der Praxis vielfach bewährte, forschungsleitende Denkrichtung ist, dass es in der Regel **einen** oder wenige zentrale **und konkrete,** insbesondere oft emotionale Ansatzpunkte gibt, die als Transferachse bei der Marken-Diversifikation genutzt werden können.

Diese möglicherweise transfer-geeigneten Schlüssel-Motive muss man aber zuvor präzise herausarbeiten, insbesondere im emotionalen Bereich. Wenn man „irgendwo" bei der Marken-Diversifikation ansetzt, passiert erfahrungsgemäß in der Regel nicht viel. Man muss wissen, wo und ob man „den Nerv" der Zielgruppe in den unterschiedlichen Diversifikations-Märkten trifft.

Selbst die von Andresen und Nickel (2001, S. 666) vorgeschlagene *„Pre/Post-Messung des Eisbergs"* greift zu kurz, denn es werden keine *„spezifischen Vorstellungen zur Marke"* erfasst. Die gemessenen intervenierenden Variablen (Vertrauen, Sympathie, Loyalität) sind zu unspezifisch, um eine Risiko-Abwägung im konkreten Marken-Diversifikations-Fall vornehmen zu können.

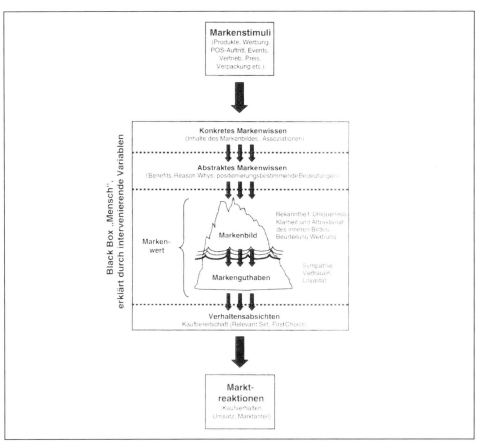

„Eisberg"-Modell zur Erklärung der Black Box zwischen Markenstimuli und Marktresponse
(Quelle: Andresen, Nickel 2001, S. 646)

Dies ist ihnen bewusst (wie ihr Anforderungskatalog auf der vorangegangenen Seite zeigt, um ein Marken-Bewertungs-System in ein Marken-Führungs-System zu verwandeln). Aus diesem Grunde schlagen sie ergänzend *„die Überprüfung des Markenkerns (und) die Diagnose des neuen Konzepts"* vor (2001, S. 666).

Hierbei erwarten sie aber offensichtlich Schwierigkeiten, wenn sie schreiben:

- *„Eine wesentliche Hürde liegt in der mangelnden Integration der einzelnen Bausteine der Erfolgsfaktoren-Forschung." (2001, S. 665)*

- *„Ein Marken-Potenzial-Management kann jedoch nur dann funktionieren, wenn es auch forscherisch als integriertes Management-System verstanden wird." (2001, S. 665)*

Die Einsetzbarkeit des „Eisberg"-Modells zur Marken-Diversifikation entzieht sich einer abschließenden Bewertung, da unklar bleibt, welche konkreten Methoden und spezifischen Kriterien die Autoren letztlich anwenden wollen, wie diese ineinander greifen sowie ob und wie sie den selbst aufgestellten Anforderungskatalog erfüllen. – Der Versuch, einen Marken-Bewertungs-Ansatz in ein Markenführungs-System zu überführen, bleibt natürlich überprüfenswert.

7.8. Der Ansatz von Rangaswamy, Burke und Oliva (Conjoint-Analyse)

Zur Zeit ist die Conjoint-Analyse gerade mal wieder in Marktforschungskreisen und an Universitäten „in". Deshalb wurde bewusst dieser Ansatz gewählt, um zu verdeutlichen, dass die Prämissen dieser Methode äußerst restriktiv sind und die Leistungsfähigkeit des Verfahrens leider sehr begrenzt ist.

Rangaswamy, Burke und Oliva unternehmen einen direkten Versuch, das Diversifikations-Potenzial von Marken zu bestimmen. Sie gehen davon aus, dass die Extensions-Möglichkeit eine Funktion des Nutzens ist, den eine Marke stiftet. Sie unterteilen diesen Nutzen in drei additive Komponenten:

1. Nutzen, den das physische Produkt aufgrund seiner kategoriespezifischen Eigenschaften stiftet. (z.B. Benzin-Verbrauch bei einem Auto)

2. Nutzen, den der Markenname produkt-unabhängig erzeugt.

3. Nutzen, der durch die Interaktion zwischen Markenname und kategoriespezifischen Eigenschaften entsteht. (Die Farbe Rot stiftet in diesem Falle nur einen interaktiven Nutzen, wenn sie einen FERRARI, nicht aber einen FIAT ziert.)

Ihre Interpretation der Modell-Ergebnisse:

• Ist der relative Beitrag des physischen Produktes groß, so stiftet der gemeinsame Markennamen in ihrer Interpretation geringen Nutzen. Das Diversifikations-Potenzial ist in diesem Fall sehr begrenzt.

*(**Kritische Anmerkung:** Im Falle eines angestrebten Lizenz-Erwerbes legen die Wissenschaftler zu Recht eine kritische Überprüfung nahe. Andererseits fördern sie mit dieser Interpretation leider eine der Hauptursachen für das Scheitern vieler Marken-Diversifikationen. Die Vermutung ist falsch, dass man [aufgrund der erwarteten Überlegenheit des transferierten starken Markenimages] die zu erbringenden Leistungen zumindest niveaumäßig vernachlässigen könnte. Dies war und ist ein Trugschluss.)*

• Ist hingegen der Nutzen relativ groß, den der Markenname produktunabhängig erzeugt, so interpretieren sie dies als Hinweis auf vielversprechende Extensions-Möglichkeiten auch in entfernte Produkt-Kategorien.

*(**Kritische Anmerkung:** Bei z.B. emotionalen Nutzen-Transfers hätten die Wissenschaftler Recht. Bei produktgeprägten Images (z.B. Gattungs-Marken) würde die mechanische Anwendung dieses Modells allerdings einen fatalen Irrtum nahe legen.)*

• „Tritt eine signifikante Interaktion zwischen der Eigenschaft „Markenname" und einer oder mehreren kategoriespezifischen Eigenschaften auf" (dies., S. 15), so wird ein allenfalls begrenztes Diversifikations-Potenzial in verwandte Produkt-Kategorien unterstellt.

*(**Kritische Anmerkung:** Im negativen Fall haben die Autoren Recht. Im positiven Fall verhindern sie geradezu die Nutzung der zentralen assoziativen Vorteile des Imagetransfers)*

Zur Bestimmung der Marken-Diversifikations-Möglichkeiten schlagen Rangaswamy, Burke und Oliva die Conjoint-Analyse und ein additives Nutzenmodell vor.

Das Problem bei dieser Methode ist u.a., dass bei diesem Verfahren die Variation von unterschiedlichen Marketing-Mix-Faktoren nur in sehr begrenztem Umfang durchgeführt werden kann. So ergeben sich bereits bei drei Eigenschaften mit jeweils drei Ausprägungen 27 mögliche Kombinationen von Eigenschafts-Ausprägungen. Die Testpersonen müssen dann für alle möglichen Alternativen Gesamtnutzen-Urteile abgeben und diese in eine Rangreihe bringen. Dies erscheint relativ artifiziell und dürfte einen nicht unerheblichen Teil der Befragten überfordern.

Problematischer ist allerdings die erhebungstechnische Begrenzung der Anzahl der Eigenschaften und Ausprägungen. In vielen Märkten sind erfahrungsgemäß zehn oder mehr Kriterien verhaltensrelevant. Dies haben die Autoren auch erkannt, wenn sie schreiben: „Es ist möglich, dass Eigenschaften, die nicht berücksichtigt wurden, einen hohen Interaktionseffekt mit der Marke haben." (dies. 1993, S. 71; vgl. auch Backhaus, S. 354 ff.) Eine lückenhafte Analyse beinhaltet aber nahezu zwangsläufig ein hohes Fehleinschätzungs-Risiko der Marken-Diversifikations-Möglichkeiten.

Viel entscheidender ist allerdings die Tatsache, dass bei Conjoint Analyse-Verfahren z.B. die Eigenschaften und die Marken auf völlig getrennten Dimensionen angesiedelt sind. Denkt man diesen Ansatz mathematisch zu Ende, so bedeutet dies, dass die Reaktion auf unterschiedliche Eigenschaften unabhängig von der Marke, und somit gleich für alle Marken im (Teil-) Markt ist. Dies widerspricht jedoch eindeutig den Erkenntnissen der Marketing-Praxis. – Dieses Schlüsselproblem wird bei Anwendungen von Conjoint-Analysen zu Marketingzwecken generell viel zu wenig beachtet.

Rangaswamy, Burke und Oliva (1990, S. 15) haben diese Gefahr auch erkannt, wenn sie schreiben: „Tritt eine signifikante Interaktion zwischen der Eigenschaft „Markenname" und einer oder mehreren kategoriespezifischen Eigenschaften auf, muss ermittelt werden, welche Marke diese Interaktion hervorruft." (vgl. auch Huber, S. 150) Diese Vorgehensweise erscheint äußerst komplex und risikobehaftet. Zumal es denkbar ist, dass sich Interaktions-Effekte wechselseitig aufheben und hierdurch eventuell nicht erkannt werden können.

Weitere Prämissen wie z.B. die Additivitäts- und die Kompensations-Annahme wurden bereits bei der Diskussion des Modells von Meffert und Heinemann kritisiert und die fehlende Berücksichtigung möglicher Rücktransfer-Effekte moniert. (vgl. auch Huber, S. 155 Fußnote 143)

Conjoint-Analysen dieser Art sind somit zu Marken-Diversifikations-Zwecken zwangsläufig unzuverlässig.

7.9. Zusammenfassung der Diskussion

Es sind bisher mehrere Untersuchungs-Ansätze vorgeschlagen worden für die Prüfung, ob eine Marke für bestimmte Partner-Produkte über Diversifikations-Potenzial verfügt bzw. nicht verfügt. Es wurde nachgewiesen, dass die meisten Verfahren jedoch aus unterschiedlichen Gründen zur zuverlässigen und systematischen Beantwortung dieser zugrundeliegenden Fragestellung ungeeignet sind.

So kommt auch Zatloukal (2002, S. 11 f.) in seiner wissenschaftlichen Analyse von unterschiedlichen Ansätzen und von über 40 empirischen Studien, die hier nicht im Einzelnen behandelt werden sollen, zu dem Ergebnis:

„Problematisch erweist sich jedoch, dass alle bisherigen Studien lediglich **Partialanalysen** durchgeführt haben, d.h. in jeder Studie (und in den alternativ vorgeschlagenen Untersuchungs-Ansätzen) wurde stets nur ein Teil der bisher empirisch ermittelten Erfolgsfaktoren betrachtet. **... Für eine umfassende Entscheidungsunterstützung ist dies jedoch erforderlich. Andernfalls besteht ein hohes Risiko der Fehleinschätzung des Markentransfer-Erfolges. ...** Zudem weisen die bisherigen empirischen Studien **Schwächen hinsichtlich ihres Untersuchungsaufbaus** auf."

Ähnlich kritisch hatte sich bereits Professor Sattler (1998, S. 486) geäußert: „Weiterhin sind die empirischen Studien ... mit verschiedenen Problemen behaftet."

Exkurs zu den weiteren kritisierten Einzel-Problemen:

Untersuchungs-Designs mit hypothetischen Mutter-Marken oder mit hypothetischen Marken-Diversifikationen weisen Erkenntnis- und Validierungs-Probleme auf, sofern nicht wirkliche Einführungen erfolgten. Dies war nur äußerst selten der Fall – und meistens scheiterten diese (vgl. z.B. Schweiger).

Weiterhin wurden bei sogenannten „Konsumenten-Befragungen" überwiegend Studenten als Auskunftspersonen eingesetzt. Die Befragtenauswahl erfolgte meist zufällig und ist für die untersuchten Märkte nur äußerst selten repräsentativ. Darüber hinaus liegt die Befragten-Anzahl meist bei 100 Fällen oder deutlich darunter. Teilweise werden sogar vermeintlich strategisch relevante Aussagen in mehreren Produktkategorien auf der Basis von 60 Befragten oder noch weniger getroffen. Oder „Marken-Kompetenz-Analysen" werden durch vier Gruppendiskussionen gestützt.

[So basieren z.B. die häufig zitierten Untersuchungen von Park, Lawson und Milberg auf 38, von Kardes und Allen auf 60, und von Aaker und Keller auf 107 Studenten sowie z.B. von Bächthold auf der Basis von 4 Gruppendiskussionen.]

Es wurde daher zuvor ein Ansatz zur Bestimmung des Marken-Diversifikations-Potenzials vorgestellt, der sich seit 1987 in der Praxis nachweisbar (z.B. bei NIVEA Creme und NIVEA Soft sowie JULES MUMM) als zuverlässig erwiesen hat. Über hundert weitere Validierungs-Nachweise sprechen für eine ungewöhnlich hohe Prognose-Zuverlässigkeit. Meistens wichen die Prognosewerte um weniger als einen Prozentpunkt von den real erzielten Werten ab. Die Bandbreite reicht von weiteren Kosmetika über Hygieneprodukte, Nahrungs- und Genussmittel bis hin zu Tiernahrung.

ANALYSE VON
LINE EXTENSIONS

Varietäts- und
Sortiments-Optimierungen

„What´s obvious and logical is also not true.
In business, more is less and less is more."
(Ries)

„I´d rather be strong somewhere," said one
manager, „than weak everywhere."
(Ries and Trout)

8. ANALYSE VON LINE EXTENSIONS (Varietäts-Sortiments-Optimierungen)

8.1. Zur Grundidee der Sortiments-Optimierung

In vielen Produktbereichen werden unter einer Marke eine große Anzahl von Varietäten und Sorten angeboten. Man denke nur an Fruchtsäfte, Eiscreme-Hauspackungen, Konfitüre, Tafelschokolade, Nudeln, Jogurt, Fixprodukte, Suppen, Frucht- und Gemüse-Konserven, Wurstsorten, Tee, Brot, Kaffee, Salatsaucen, Tierfutter u.v.m.

Jede neue Sorte, so wird angenommen, bringt auch ein mehr an Umsatz. Doch gleichzeitig sind mit einer Sortiments-Ausweitung auch höhere Kosten verbunden.

Gerade wenn eine Marke eine ganze Reihe von Varietäten subsumiert, wird es zudem immer schwieriger, alle Sorten im Handel zu platzieren.

Sind aber die Sorten unzureichend distribuiert, ist es wahrscheinlich, dass das dem Endverbraucher zur Verfügung stehende Angebot deutlich suboptimal ist.

Umgekehrt kann es sein, dass ein Konkurrent sehr viel mehr Sorten oder eine bessere Sorten-Zusammenstellung anbietet und damit Kauf-Impulse schafft, die die eigene Marke in die Defensive drängen. Und schließlich ist in vielen Fällen unklar, ob das angebotene Sortiment tatsächlich die Bedürfnisse der Konsumenten optimal abdeckt.

Natürlich gibt es auch bislang Möglichkeiten, Sortimente zu optimieren. Man kann nach dem „Versuch und Irrtums"-Prinzip schlecht laufende Sorten aus dem Markt nehmen und eventuell durch neue Sorten ersetzen. – Dabei ist jedoch vorab nie ganz klar, welche Konsequenzen einzelne dieser Maßnahmen haben.

So kann es beispielsweise falsch sein, eine relativ schlecht laufende Varietät aus dem Markt zu nehmen, wenn diese eine wichtige Minderheit von Konsumenten an sich und die Marke bindet. (Man denke z.B. an herb schmeckende Marmeladen, wie z.B. Orangen-Marmelade.)

Grundidee der Sortiments-Optimierung einer Marke ist es, für verschiedene Sortiments-Umfänge (Bündelgrößen) jene Sortiments-Teile zu kombinieren, die einen möglichst großen Umsatz erreichen.

Nach unseren Erfahrungen sind durch eine solche Marken-Sortiments-Optimierung durchaus zusätzliche Umsatz-Potenziale von 10% bis 30% erschließbar: ohne Ausweitung der Sortimente. (Siehe auch das Beispiel auf Seite 29)

Welche Kostenreduktionen durch eine Verkleinerung eines Sortiments möglich sind, ist im Einzelfall sehr unterschiedlich, zum Teil sind jedoch drastische Einsparungen möglich.

Es gilt also z.B. zu prüfen, wie ein Sortiment mit einer bestimmten Produktanzahl zusammengesetzt sein sollte, um möglichst viel Umsatz abzudecken.

Die Aufgabe der Marktforschung ist es heraus zu finden,

- welche der neuen Varietäten die größten Erfolgs-Aussichten haben
- wie groß das zusätzlich erzielte Umsatz-Potenzial ist
- welche Produkte, die Volume Source bilden bzw. kannibalisiert werden.

Diesen Fragestellungen widmet sich unser neuer Testansatz der Line Extension und Sortimentsoptimierung.

8.2. Zur Problematik bisheriger Untersuchungs-Ansätze

Eine Sortimentsoptimierung, die nur auf eine Reduktion der Sortiments-Größe hinauslaufen soll, kann auch anhand von Haushalts-Panel-Daten analysiert werden. Ist jedoch auch ein Austausch von Sorten oder eine Neuaufnahme geplant, dann müssen Befragungsdaten verwendet werden.

Nur eine bloße Rangreihe etwa aus Befragungen über Sorten-Präferenzen ergibt keine mit Sicherheit optimale Auswahl, da hier Konsumenten mit großen Sorten-Relevant-Sets bevorzugt werden: Jede ihrer Sorten wird gleich wichtig genommen wie die eine oder die wenigen Sorte(n) eines Konsumenten, der eben an seinen wenigen Varietäten hängt und diese daher häufig mit höherer Intensität kauft. – Es ist leicht nachvollziehbar, dass man eher dem Konsumenten mit großem Sorten-Relevant-Set und niedriger Konsum-Intensität pro Sorte „etwas wegnehmen" darf als dem Konsumenten mit kleinem Relevant-Set, aber hoher Konsum-Intensität pro Sorte .

Dies ist aber nur ersichtlich, wenn Daten auf Personen-Basis analysiert werden können.

Oft werden Line Extensions oder Varietäts-Veränderungen aber nur durch bloße Konzept-Tests überprüft. In diesen werden die neuen Angebote auf ihre Attraktivität hin überprüft. Diese Tests sind jedoch äußerst problematisch:

- Sie berücksichtigen nicht, was es bereits an Angeboten der untersuchten Marke und der Konkurrenz gibt. Dies hat zur Konsequenz, dass vor allem jene Varietäten präferiert werden, die eine große Nähe zu bestehenden Sorten aufweisen. (So ist z.B. bei Marmelade die Sorte Erdbeer beliebt. Entsprechend dürften in einem Konzept-Test die Vorschläge Erdbeer-Vanille, Erdbeer-Rhabarber, Erdbeer-Orange etc. gut abschneiden.)

- Zudem kann ein solcher Test nicht ermitteln, welches Absatzvolumen hinzukommt und wie hoch der Grad der Kannibalisierung ist.

- Und drittens weiß man nicht, ob eine für die Sorten-Präferenzen „repräsentative" Stichprobe gewählt wurde. Soziodemografische Variablen oder auch die Marken-Verwendung helfen hierbei wenig.

- Darüber hinaus wird meist zu wenig sichergestellt, dass die neuen Sorten für die Konsumenten hinreichend sinnlich nachvollziehbar sind: Man kann sich eine Grapefruit-Schokolade vorstellen, aber keine "Olympia-Schokolade".

Man wird im Grunde bei diesen Fragestellungen also durch Konzept-Tests falsch, zumindest aber unzureichend informiert.

8.3. Der Line Extension-Untersuchungsansatz von Konzept & Analyse zur Sortiments-Optimierung

Ein optimales Angebot kann mehr oder weniger Varietäten erfordern und es muss in jeder Größe hinsichtlich der Zusammensetzung optimal sein.

Grundgedanke unseres Untersuchungsansatzes ist, den Testansatz von (komparativen) Testmarktsimulationen umzudrehen, also zuerst

- eine zukünftige Marktrealität zu simulieren, in der es ein gegenüber dem existierenden Zustand erweitertes Angebot gibt (= low involvement-Situation) und dann zu prüfen,

- was „verloren geht", wenn man die jetzige Situation herstellt oder gar eine Situation mit deutlich weniger Sorten anstrebt.

Dieses Vorgehen hat den Vorteil, dass die Testpersonen in der Erstmessung (zukünftige Situation) die Testabsicht nicht durchschauen. Deshalb tritt auch keine Verzerrung der Ergebnisse zugunsten der neuen Angebote auf, die nachträglich „künstlich" eliminiert werden muss.

Die Darstellung des folgenden Testablaufs ist etwas kompliziert, dies lässt sich bei Offenlegung aller Ablaufschritte eines innovativen Ansatzes nicht leicht anders lösen. Auf der anderen Seite sind wir der Meinung, dass ein Test, der doch finanziell bedeutende Entscheidungen beeinflussen kann, nicht als „Black Box" auftreten kann.

Der Testablauf sieht für eine Marke mit z.B. 20 Varietäten (wie Jogurt, Konfitüre, Eiscreme, Schokolade usw.) wie folgt aus:

1. Das existierende Angebot der Marke und der wichtigsten Wettbewerber wird inklusive hinreichend gut gestalteter neuer Angebote/Varietäten den Testpersonen vorgelegt (Regalkonfrontation). Dabei ist es vorteilhaft, sich auf die wichtigsten Konkurrenten zu beschränken.

2. Die Testpersonen werden gefragt, wie viele Marken und Sorten sie etwa in einem halben Jahr kaufen. Erfahrungsgemäß überschätzen diese die jeweils gekaufte Menge, weil der Zeithorizont falsch eingeschätzt wird, so dass tatsächlich etwa der Jahreseinkauf gemessen wird.

3. Dann werden Sie gebeten, an einer Kühltruhe/Regal etc. fiktiv das einzukaufen, was sie etwa in diesem Zeitraum kaufen würden. In diesem Angebot ist das bestehende Angebot, ein angedachtes, erweitertes Angebot (z.B. 5 neue Sorten) und das Angebot des Hauptkonkurrenten enthalten. Damit erfassen wir, welche Marken und Sorten künftig beim umfassendsten Angebot welchen Marktanteil hätten.

4. Damit erhält man den (fiktiven) Einkauf inklusive neuer Sorten für die Marke und den wichtigsten Wettbewerbern. Die nächsten Schritte dienen dann der „Reduzierung" des Angebots auf die gegenwärtige Situation und eine mit deutlich verringertem Angebot.

5. Die „gekauften" Produkte der Marke werden den Testpersonen schrittweise weggenommen. Sie werden aufgefordert anzugeben, welche Marke/Sorte sie kaufen würden, wenn es dieses spezielle Angebot nicht gäbe. Wenn es individuell keinen adäquaten Ersatz gibt, können die Probanden auch auf einen Einkauf verzichten oder (verbal) in eine andere Produkt-Kategorie wechseln.

   Auf diese Weise erkennt man, welche Produkte wie „austauschbar" sind, wann eine Sorten-Reduktion zu einem Gewinn für die Konkurrenz-Marke führt und wann zu einer Verkleinerung des Marktes.

6. In der Analyse können nun alle Angebote der untersuchten Marke fiktiv „eliminiert" werden, so dass sichtbar wird, wie viel

   • an eigene andere Sorten

   • an die Konkurrenzmarke(n) verloren geht und

   • um wie viel der Markt reduziert wird.

Der Verlust an die Konkurrenz / an Verwendungs-Reduktion muss dann im Unternehmen den Kosten gegenübergestellt werden, die durch eine Reduktion des Sortiments eingespart werden.

Zusätzlich lässt sich berechnen, was ein optimales Angebot für unterschiedlich große Regalstrecken/Facing-Anzahlen wäre.

Kalibrierung der Ergebnisse:

Erfahrungsgemäß ist es auch bei relativ großer Stichprobe außerordentlich schwierig, eine große Range exakt im Studio so zu rekonstruieren, dass der Markt, gemessen etwa an Paneldaten, exakt wiedergegeben wird. Der Grund liegt einfach darin, dass es wegen der Vielzahl der zu untersuchenden Sorten enorm schwierig ist, eine diesbezüglich repräsentative Stichprobe zu ziehen. Dies kann jedoch mit Hilfe einer „iterativen Randsummen-Gewichtung" nachträglich rechnerisch geschehen.

Das Vorgehen sieht wie folgt aus: Jede Person ist normalerweise mit ihrer Konsum-Intensität im Test berücksichtigt. Es kann aber sein, dass zu wenige Einkäufe z.B. für eine Sorte Vanille getätigt wurden, deshalb müsste man eine Person, die Vanille gekauft hat, stärker berücksichtigen. Es könnte aber sein, dass diese Person auch irgendeine andere Sorte kauft, die zu stark in der Stichprobe vertreten ist.

Eine Gewichtung muss folglich alle Sorten im Markt gleichzeitig berücksichtigen. Dies lässt sich nur mit speziellen Verfahren erzielen.

Das von uns genutzte Verfahren sieht nun vor, dass immer wieder neue Gewichtungen vorgenommen werden (iterativ), bis der Gesamtmarkt insgesamt möglichst gut abgebildet wird. Dies geht nicht hundertprozentig, aber doch hinreichend exakt.

Wenn nun die so gewichtete Stichprobe den bestehenden Markt wiedergibt, kann man davon ausgehen, dass auch die Akzeptanz neuer Sorten entsprechend repräsentativ ist.

Diese Vorgehensweise ermöglicht zuverlässige marktnahe Prognosen darüber,

- welchen Anteil die neuen Varietäten (Distributions-abhängig) haben werden
- wie groß das zusätzlich erzielte Umsatz-Potenzial ist
- welche Produkte, die Volume Source bilden bzw. kannibalisiert werden
- und welcher Sorten-Mix der beste ist.

Dieser neuartige Ansatz zur Line Extension- und Sortiments-Optimierung von Konzept & Analyse hat sich bereits vielfach in der Marktrealität bewährt.

V.

WEITERE REALISIERUNGS-MÖGLICHKEITEN VON MARKEN-DIVERSIFIKATIONEN

*„This is the part of a wise man ...
not venture all his eggs in one basket."
(Miguel de Cervantes)*

*„Put all your eggs in one basket and –
WATCH THAT BASKET."
(Mark Twain)*

Aufgabe dieses Abschnittes (zusätzlich zu Kapitel III) kann es nur sein, grundsätzliche strategische Realisierungs-Möglichkeiten der Marken-Diversifikation, insbesondere des Imagetransfers, aufzuzeigen. Die für eine pragmatische Systematik typischen Überschneidungen, Mehrfach-Nennungen und andere Unvollkommenheiten müssen dabei in Kauf genommen werden. Da ein nach einem einheitlichen Differenzierungs-Prinzip auf gestelltes System bei dieser Aufgabenstellung ungeeignet ist.

Überschneidungen ergeben sich bereits aus der Vorgehensweise in der Praxis. Die bereits (in Kapitel III) sowie in der Folge getrennt aufgezeigten grundsätzlichen strategischen Realisierungs-Möglichkeiten werden häufig parallel oder zeitlich versetzt eingesetzt.

In Kapitel III wurde bereits herausgearbeitet, dass Imagetransfers und Line Extensions auf Basis sachlich-funktionaler Nutzen vor allem häufig im Zusammenhang mit Gesundheits-Versprechen und Angeboten in anderer Darreichungsform festzustellen sind (z.B. kalorienreduziert, Multi-Vitamine, lindernde Wirkung etc.).

Die Bandbreite möglicher Marken-Erweiterungen ist bei emotionalen Nutzen-Versprechen meist erheblich größer als bei faktischen. Als Realisierungs-Möglichkeiten wurden die folgenden stärker herausgearbeitet:

- Erotik
- Exklusivität
- Lebensstil
- Welt- und Lebensgefühl, soziales Engagement
- Design in seiner ästhetischen und sozialen Funktion sowie
- die Werbe- und Marken-Welt.

Im Vordergrund dieses Kapitels über die weiteren Realisierungs-Möglichkeiten von Marken-Diversifikationen stehen vor allem die formalen Exekutions-Chancen.

1. ZUR NOTWENDIGKEIT EINER HORIZONTALEN UND VERTIKALEN MARKETING-MIX-ABSTIMMUNG DER PARTNER-PRODUKTE

Bei der Realisierung von Marken-Diversifikationen empfiehlt sich eine aufeinander abgestimmte Gestaltung aller Maßnahmen des Marketing-Mix der Partner-Produkte – zumindest während der Einführungsphase.

Marken-Diversifikations-Strategien erfordern über die vertikale Abstimmung der Marketing-Mix-Instrumente (wie bei der Individual-Markenstrategie) hinaus zusätzlich eine horizontale Abstimmung. Dieses Marken-Diversifikations-„Gesetz" ist allgemein anerkannt. (Mayer de Groot 1987, vgl. auch u.a. Kutz, S. 85; Esch/Fuchs, S. 698; Braitmayer, S. 164 f.; Hätty, S. 305)

z.B. NIVEA Creme   *z.B. NIVEA Shampoo*

	Markenidentität	
- Produktpolitik		- Produktpolitik
- Kommunikationspolitik	←→	- Kommunikationspolitik
- Preispolitik		- Preispolitik
- Distributionspolitik		- Distributionspolitik

Die erforderliche vertikale und horizontale Abstimmung des Marketing-Mix bei der Multi-Produkt-Marke

So erklärte beispielsweise auch Andre Dourcet, Vorstandsvorsitzender von S. T. Dupont auf dem "Europäischen Marketing-Tag" in Köln am 22.10.1981: „Wenn die imagemäßige Expansion von Feuerzeugen auf Schreibgeräte (1972) und Lederwaren (1973) reibungslos verlief, so deshalb, weil wir peinlich darauf bedacht waren, dass jedes Produkt, jede Verkaufsaktion, jede Werbemaßnahme, jede Botschaft, jedes Display zur Bereicherung des Image beiträgt und mit ihm in völliger Übereinstimmung steht."

Grundlage für den Erfolg von Marken-Diversifikations-Strategien ist ein von der Zielgruppe wahrgenommener und akzeptierter gemeinsamer Vorteil der Partner-Produkte.

Die Abbildung verdeutlicht aber auch, dass es sich bei Imagetransfer und Line Extension um eine zentrale Strategie handelt, der sich die Marketing-Mix-Planung der einzelnen Transferpartner weitgehend unterwerfen sollte. Eine parallele Abstimmung der Aktivitäten erweist sich als notwendig, um die Möglichkeit ausnutzen zu können, unterschiedliche Produktklassen erfolgreich unter ein und demselben Markennamen anzubieten und absatzpolitisch zu fördern.

Besonders hohe Anforderungen ergeben sich an die koordinierte Marken-Führung bei der Vergabe von Lizenzen. Sie bedeuten immer auch einen Verlust an Kontrolle, denn man gibt einen Teil der Marken-Steuerung in fremde Hände. Jedes zusätzliche Produkt für das man eine Lizenz vergibt, birgt ein Risiko.

Es gibt vielfältige potenzielle Störfaktoren – neben den bereits aufgezeigten Risiken –, die negativ auf die Gesamt-Marke abstrahlen können. Hier seien nur einige Beispiele genannt:

- Der Lizenznehmer hat einen schlechten Ruf im Markt, der nicht zur Marke passt (z.B. Billig-Anbieter bei einer exklusiven Marke).

- Seine Lieferungen an den Handel sind schlecht, zu spät oder unvollständig. „Wenn nur ein Lizenznehmer schlechte Qualität liefert oder Liefertermine nicht einhält, fällt dies auf die Marke zurück." (Böll 2001, S. 451)

- Der Lizenznehmer übernimmt eine Marke nur, um Mitwettbewerber fern zu halten.

- Die Lizenz-Produkte sind für den Lizenz-Erwerber nur ein Randbereich seines Sortimentes und werden halbherzig behandelt.

- Der Lizenznehmer reduziert seine Anstrengungen, wenn sich der Erfolg nicht sofort einstellt.

- Seine finanzielle Ausstattung oder seine finanzielle Unterstützung der neuen Marken-Partner-Produkte ist zu schwach.

- Der Lizenznehmer verfügt nicht über eine qualitativ oder zahlenmäßig ausreichende Vertriebs-Organisation.

- Der Lizenznehmer wählt Vertriebs-Kanäle, die nicht zur Marke passen.

Der Lizenzgeber muss deshalb alles unternehmen, um die Lizenz-Vergabe und -Nutzung so zu steuern, dass sie zur Bereicherung und Stärkung des Marken-Images (Motiv-Schlüssel) beiträgt und mit ihm in voller Übereinstimmung steht. Die Vorgabe verbindlicher Produkt-, Distributions- und Kommunikations-Richtlinien zur Marken-Verwendung und -darstellung sind erfahrungsgemäß effektive Steuerungs-Mechanismen zur Sicherstellung erfolgreicher Lizenz-Politik. Zudem empfiehlt sich der Einsatz eines Lizenz-Koordinators.

Ein Negativ-Beispiel: Mitte der 90er Jahre scheiterte der ehrgeizige Versuch, die deutsche Marke JOOP! mit möglichst vielen Lizenzpartnern auf dem amerikanischen Markt zu etablieren. Das lag nicht zuletzt daran, dass jeder der Lizenznehmer seine JOOP-Werbung (unkoordiniert) alleine machte, so Joop im Manager Magazin 10/1998. – JOOP erzielte deshalb in den USA eine zu geringe Bekanntheit. Die Positionierung und der u.s.p. (unique selling proposition) von JOOP blieb unklar.

Aber ebenso wurden in Deutschland – auch bereits vor der JOOP-Übernahme durch WÜNSCHE – gravierende Fehler gemacht. So hatten die 17 Lizenznehmer unterschiedliche Kommunikations-Handschriften und es gab keine Vertriebsrichtlinien. Die Designermarke „war sicher zu breit distribuiert". „Das Kern-Image ... war bei den Konsumenten gering ausgeprägt." „Jede Firma hat ihren eigenen JOOP gemacht.", so die JOOP-Geschäftsführer Detlef Braun und Peter Kappler im Jahr 1999. (Schröter, S. 76 f.) – Ähnlich hatte sich bereits Littmann nach dem Besuch der 17 Joop-Lizenznehmer geäußert: „Es gibt keine Identität der Marke."(Manager Magazin 5/1998)

Grundsätzlich wird das Regelsystem des Marken-Erscheinungsbildes um so wichtiger, je größer die Anzahl der Produkte unter einer Marke wird. Die Produkte sollten in einem oder in benachbarten Qualitäts- und Preis-Segmenten angesiedelt sein. Für die langfristig erfolgreiche Multi-Produkt-Marke ist in den verschiedenen Märkten in der Regel eine horizontale und nicht vertikale Struktur erkennbar. Das bedeutet: Wenn Premium-Marke, dann in allen Märkten; wenn Niedrig-Preislage, dann in allen Märkten.

2. IMAGETRANSFER DURCH IM- ODER EXPLIZITE HERAUSSTELLUNG DES PREISES

Zu den bevorzugten Konsum-Motivationen, die den Kaufentscheidungsprozess eines Konsumenten steuern können, gehört das Streben nach Prestige, das in engem Zusammenhang mit dem Bedürfnis nach Selbstbestätigung und Selbstdarstellung im sozialen Kontext (Gruppeneinordnung beziehungsweise Abhebung) gesehen werden muss.

Im hohen Preis, den der Konsument für ein Prestigeprodukt zu zahlen bereit ist, drückt sich neben dem materiellen Produktwert auch der immaterielle Nutzen in der Form der Konnotationen des Markenimages aus.

Der konsequente Einsatz des Preises beziehungsweise der Beibehaltung der Preisrelation zu anderen Produkten der jeweiligen Kategorie positioniert somit Prestigeprodukte im Markt auf dem direktesten Wege. Die gleiche (relative) Preisstellung in unterschiedlichen Märkten ermöglicht es allen Konsumenten der Zielgruppe, exklusive Konnotationen und Wertvorstellungen auf Partner-Produkte mit gleichem Namen zu übertragen. Die Beibehaltung weiterer Elemente des Marketing-Instrumentariums und besonderer Produktmerkmale können dabei den Imagetransfer erleichtern.

Prestige-Marken werden als Gebrauchsartikel herausgebracht, aber mit der besonderen Anmutung ihrer Kategorie. Qualität versteht sich von selbst. Auf einige Ausnahmen wurde im Kapitel „Risiken von Imagetransfer-Strategien" bereits hingewiesen. Festzuhalten bleibt, dass sorgfältigste Verarbeitung mit kompromisslosem Qualitäts-Anspruch die Basis für erfolgreiche Diversifikationen von Prestigemarken bildet.

Häufig werden dem Verbraucher „Rationalisierungshilfen" für den hohen Preis von Prestige-Produkten angeboten. Beliebt sind insbesondere Hinweise auf die verwendeten edlen Materialien, die Herstellung der Produkte in Handarbeit und die Herausstellung von „Qualität bis ins letzte Detail". Darüber hinaus bietet sich beim Imagetransfer der gemeinsame Auftritt beziehungsweise der Hinweis auf wertvolle andere markengleiche Produkte an.

Alle wirklichen Prestige-Marken sind international. Obwohl oft nur wenige das einzelne Produkt besitzen – wie etwa einen Rolls Royce –, kennt es jeder.

Erfolgreiche Prestige-Marken müssen ständig gegen die Gefahr Nr. 1 ankämpfen: den Imageverfall. Die zunehmende Verbreitung von Prestige-marken-Produkten ist der Tribut für ihren Erfolg. Exklusivität und erhöhter Mengenabsatz sind einander gegenläufige Ziele.

Gefahr droht den Prestige-Marken auch von anderer Seite: Wie die ganze Branche, muss CARTIER damit rechnen, dass eine wachsende Zahl von Konsumenten nicht mehr bereit ist, für Marke und Mythos astronomische Aufpreise zu bezahlen. Diesen Sinneswandel bekam CARTIER zu spüren, als der Goldpreis kletterte. Die gestiegenen Materialkosten konnten nicht in vollem Umfang weitergewälzt werden und drückten den Ertrag.

Ursachen für diesen Sinneswandel sind nicht zuletzt die Aktivitäten der Handelsmarken und der Marke BIC. Den BIC-Produkten ist die Reduktion von bis dahin teuren, statusevozierenden Produkten zu prestigelosen, in schlichtester Form gestalteten, funktionellen Gebrauchsartikeln gemeinsam, die mehr oder minder zum späteren Wegwerfen bestimmt sind.

Dem erfolgreichen Imagetransfer von BIC-Kugelschreibern auf Plastik-feuerzeuge (seit 1974) sowie Einwegrasierer (seit 1975) liegt das gleiche Prinzip zugrunde: Niedriger Preis bei hohem funktionalen Produktnutzen.

Beim Imagetransfer durch im- oder explizite Herausstellung des Preises sollten die Produkte einer Marke in einem oder in benachbarten Qualitäts- und Preissegmenten angesiedelt sein. Für die langfristig erfolgreiche Multi-Produkt-Marke ist in den verschiedenen Märkten in der Regel eine horizon-tale und nicht vertikale Struktur erkennbar. Das heißt: Wenn Premium-Mar-ke, dann in allen Märkten; wenn Niedrig-Preislage, dann in allen Märkten.

Dieses Imagetransfer-„Gesetz" befolgt beispielsweise der amerikanische Mode-Designer Ralph Lauren. Neben LAUREN-Mode gibt es bereits LAUREN-Schmuck, LAUREN-Duftwässer, LAUREN-Gepäckstücke und LAUREN-Bettwäsche, alles sehr fein und alles sehr teuer. Bezeichnend ist ein Zitat aus dem Jahre 1986 (Der Spiegel 19/1986, S. 238): „Wir könnten mit Uhren, die zwischen 100 und 300 Dollar (110-330 €) pro Stück kosten, einen Jahresumsatz von 50 Millionen (55 Mio. €) machen', sagte LAUREN-Partner Peter Ström, doch Ralph interessiert sich nur für Uhren mit einem Verkaufspreis von tausend oder mehr Dollar (1.100 oder mehr Euro), also machen wir keine Uhren."

BOSS ignorierte diese Gesetzmäßigkeit und musste beispielsweise bei der Einführung von BOSS WOMAN „teures Lehrgeld" zahlen. Der Vorstandschef Bruno Sälzer räumte in der FAZ vom 23.01.2002, S. 16 ein, dass die Hochpreis-Politik bei BOSS WOMAN falsch war: „Es kann nicht sein, dass ein durchschnittlicher Herrenanzug von BOSS 400 € kostet und die Damen 700 € bezahlen müssen." Die Preise der Damenmode sollen deshalb künftig niedriger angesetzt werden.

„Wir werden in 2002 mit BOSS WOMAN nicht die Gewinnschwelle erreichen. ... Wir haben ein Jahr verloren." – „Hohe Preise für schlecht sitzende Kleider haben die ehrgeizigen Ziele seines Vorgängers Werner Baldessarini vereitelt." (FAZ 27.01.2002, S. 47)

3. DIE MARKEN-STRUKTUREN MÜSSEN EINFACH UND NACHVOLLZIEHBAR SEIN

Generell gilt: starke Marken erfordern Selbst-Beschränkung und Disziplin. Die Marken-Diversifikation darf die Marken-Kompetenz nicht gefährden.

Wesentlich ist bei der Marken-Ausweitung auch, dass die Marken-Strukturen für den Konsumenten einfach und nachvollziehbar sind.

Ein Positiv-Beispiel ist hierfür die Marke ASPIRIN in Deutschland. (Auf das Negativ-Beispiel von ASPIRIN in den USA mit unterschiedlichen Wirkstoff-Auslobungen sind wir bereits eingegangen.) Die Produktlinien-Erweiterungen beginnend bei ASPIRIN mit ASPIRIN Plus C, ASPIRIN direkt und ASPIRIN forte waren in Deutschland leicht nachvollziehbar.

Ähnliches gilt auch für den Wettbewerber DOLORMIN mit zusätzlichen Produkten zu den Schmerztabletten wie z.B. DOLORMIN extra und DOLORMIN Migräne.

Einen vergleichbaren Marken-Ausbau nahm auch SPALT vor – allerdings mit verwirrenden Bezeichnungen: SPALT A+P, SPALT plus Coffein, SPALT für die Nacht, SPALT N, SPALT ASS, Doppel-SPALT compact. Wie sollte der Verbraucher den Unterschied und die Existenz-Berechtigung der einzelnen Produkte verstehen können?

Die unterschiedliche Nachvollziehbarkeit der Vorgehensweisen schlug sich auch in der Marktanteils-Entwicklung nieder:

	1985	2001
ASPIRIN	15,5 %	21,0 %
SPALT	13,3 %	3,8 %

Beispiel PERSIL

Es ist viel los auf dem deutschen Waschmittel-Markt: Zahlreiche Marken tummeln sich, die „jeweils noch weißer waschen", „Farbiges zum Leuchten bringen", Schwarzes wieder richtig schwarz machen. Dabei sind sie umweltfreundlich und preiswert.

Doch die stärkste, bekannteste und erfolgreichste ist schon seit ihrer Einführung im Jahre 1907 dieselbe: PERSIL.

Wie schafft man es, eine Marke über Jahrzehnte hinweg ihre Spitzen-Position zu wahren und auszubauen? Die Antwort brachte Helmut Sihler, der frühere Vorstandsvorsitzende von HENKEL, auf den Punkt: „Persil bleibt Persil, weil Persil nicht Persil bleibt." Das heißt: Die Marke PERSIL hat sich als „das beste Waschmittel für Reinheit und Pflege" positioniert, mit dem Anspruch stets in punkto Qualität an erster Stelle zu stehen. Dieses Versprechen ist jedoch nur einzuhalten, wenn Produktleistung, Verbraucher-Ansprache und Aufmachung kontinuierlich verbessert werden.

1922 entstand das berühmte Werbe-Motiv der „weißen Dame" für PERSIL. Dieses Bild wurde über Jahrzehnte hinweg immer wieder angepasst an die gesellschaftlichen Entwicklungen und die Mode. Sie hat der Marke damit eine unverkennbare Identität gegeben.

Vor allem aber die Produkt-Innovationen und der Marken-Ausbau allein in den letzten zwölf Jahren zeigt, wie PERSIL auf die sich ändernden Bedürfnisse der Verbraucher reagierte.

- 1990 wurde PERSIL Parfümfrei eingeführt und 9 Jahre später in PERSIL Sensitiv umbenannt. Mit dem Verzicht auf Duftstoffe wurden die Bedürfnisse hautempfindlicher Personen gezielt aufgegriffen.

- 1991 kam PERSIL Color als erstes Waschmittel mit Farbschutz auf den Markt.

- 1993 begann PERSIL den Tensid-Komplex Plantaren zu verwenden, der überwiegend auf Basis nachwachsender Rohstoffe hergestellt wird und vollständig biologisch abbaubar ist.

- 1994 gelang mit PERSIL Megaperls ein Kompakt-Waschmittel, das sich äußerlich deutlich von anderen Waschmitteln unterscheidet.

- 1997 kam PERSIL Gel auf den Markt.

- 1998 ermöglichten die PERSIL Tabs eine noch höhere Convenience.

Momentan ist PERSIL in elf verschiedenen und nachvollziehbaren Angebotsformen erhältlich, gemäß dem Slogan: „PERSIL – da weiß man, was man hat."

Während sich PERSIL 1993 noch mit ARIEL ein Kopf an Kopf-Rennen lieferte, hat sich die Marke inzwischen – insbesondere Dank PERSIL Megaperls – mit 33,5% Marktanteil (01–08/2002) zu einem dominierenden Marktführer entwickelt.

4. IMAGETRANSFER DURCH HERAUSSTELLUNG DER PERSON

Beim Imagetransfer durch Herausstellung der Person lassen sich zwei Varianten unterscheiden. Unterscheidungskriterium ist die Beteiligung oder Nichtbeteiligung der herausgestellten Person an der Produkt-Entwicklung beziehungsweise am „Schöpfungsakt".

Im ersten Abschnitt wird der Imagetransfer durch Herausstellung der Person des Schöpfers näher untersucht. Gegenstand des zweiten Abschnittes ist der Imagetransfer durch die Herausstellung von „Stars", die in der Regel nicht an der Produktentwicklung beteiligt sind.

4.1. Imagetransfer durch Herausstellung der Person des Schöpfers

Bei den meisten Markenartikeln tritt ihr Schöpfer – sofern eine explizite Nennung erfolgt – mit der Zeit hinter den Markennamen zurück und wird vergessen. Anders kann es hingegen bei Produkten sein, die eng mit der Person des Konsumenten verbunden sind und ästhetische und expressive Funktion übernehmen. Beispiele hierzu sind modische Oberbekleidung, Parfüms, Accessoires, Schmuck oder auch persönliche Gegenstände wie etwa Brillen, Uhren oder Füllfederhalter.

Dies gilt insbesondere für Prestige-Marken, bei denen der Name ihrer Schöpfer – sei es DUPONT, DUNHILL, CARTIER, CHANEL, LOUIS VUITTON oder PORSCHE – ein ständiger Bestandteil und Träger des Marken-Images bleibt. Die Herausstellung der Person und/oder Persönlichkeit des Schöpfers bietet sich daher bei Vornahme eines Imagetransfers insbesondere bei diesen Produkten an.

Bei den ersten Imagetransfers von JIL SANDER wurde die Person der Designerin prominent in der Werbung für die JIL SANDER-Kosmetik- und -Brillen-Produkte herausgestellt. „Wie bei den meisten Prestigenamen steht hinter der Marke JIL SANDER kein anonymer Apparat, sondern eine von ihrem Ziel und ihrer Produktphilosophie überzeugte Person – und das von Anfang an." (Oppermann/Raithel, S. 36 ff.) In der Kampagne wurde erfolgreich versucht, durch die puristische Abbildung der Modeschöpferin, deren Ausstrahlung und Image auf andere Produktkategorien zu übertragen.

Die JIL SANDER -Werbekampagne setzt sich durch die Abbildung der Person über die Lehre des „Werbe-Altmeisters" David Ogilvy hinweg: „Only in the gravest cases should you show the clients' faces". Doch der Erfolg bestätigt den Ansatz. „Der Umsatzsprung auf 20 Millionen Mark (10 Mio. €) in drei Jahren übertrifft unsere kühnsten Erwartungen", kommentierte der damalige Geschäftsführer des Transferpartner-Unternehmens Lancaster Herbert Frommen.

Weitere Beispiele für die gezielte Herausstellung der Person des Schöpfers gibt es v.a. häufig im Modebereich: z.B. GIORGIO ARMANI, CALVIN KLEIN, VERSACE usw.

Im direkten Zusammenhang mit der Person des Schöpfers steht auch seine Lebens-Anschauung oder Philosophie. Diese kann – auch losgelöst von der Abbildung der Person – als Grundlage des Imagetransfers gewählt werden. Hierbei steht die Erkenntnis Pate, dass ungewöhnliche Leistungen vor allem geistige Dimension haben.

Beide Elemente wurden beispielsweise bei den ersten Imagetransfers auf DAVIDOFF-Produkte gezielt genutzt, die bei der Zielgruppe zugleich das Bedürfnis nach Selbstbestätigung ansprachen.

Ein weiteres, ungewöhnliches Beispiel ist der Sportarzt Müller-Wohlfahrt. Er ist bekannt als Mannschaftsarzt des FC Bayern und der deutschen Nationalmannschaft sowie als persönlicher Leibarzt von Boris Becker, Lothar Matthäus und anderen Prominenten. Jetzt nutzt der Mediziner seine Prominenz und sein jugendliches Aussehen, um eine Lifestyle-Pille auf den Markt zu bringen.

„Der Umsatz der formula Müller-Wohlfahrt Health und Fitness AG hat im vergangenen Jahr zwischen 1,75 und 2 Millionen Euro gelegen. Niemand muss extra betonen, dass diese Zahlen in den kommenden Jahren rapide steigen sollen. ... Die weißen Opalgläser, in denen Müller-Wohlfahrts Pillen abgefüllt sind, unterstützen das Vorhaben. So edel, zurückgenommen sehen sie aus, dass sie dekorativ auf jedem PR-Damen-Schreibtisch stehen können. ....

Mit oxano schlucken die Verbraucher mehr als nur Vitamine, Zink und Betacarotin. Sie schlucken Jetset." (Die Zeit, 02.01.2003, S. 17)

Gefährlich kann es für Marken sein, die lange den Schöpfer hervorgehoben haben, wenn sich diese Person in einem öffentlichen Zerwürfnis von einem späteren Marken-Erwerber zurückzieht. Dies kann den Marken-Kern angreifen. Hierdurch wurde beispielsweise der Wert der Marken JIL SANDER und JOOP erheblich beeinträchtigt.

4.2. Imagetransfer durch Herausstellung von Stars

Möglichkeiten zum Imagetransfer durch Herausstellung von Personen bzw. Persönlichkeiten bestehen auch losgelöst vom „Schöpfungsakt". In den Fällen, in denen bereits ein adäquates, personen-gebundenes Image besteht und sich die Zielgruppe mit dieser Person identifiziert. Identifikations-Möglichkeiten bieten insbesondere Film- oder Sport-Stars. Es können aber auch andere Personen des öffentlichen Lebens oder fiktive Charaktere (z.B. Comic-Helden) sein.

Bestimmte Stars sind nicht nur bei ihrem Publikum beliebt, sondern auch als Namensgeber und Transferpartner für Produkte gefragt. Als Beispiele können Sophia Loren (für Parfüm und Brillen), Alain Delon (für Parfüm, Accessoires wie Krawatten, Schals oder auch für hochwertige Gepäckstücke) und Paloma Picasso (für Parfüm) angeführt werden.

Viele Anfragen bezüglich der von den Stars der Fernseh-Serie „Denver" (in den USA „Dynasty") getragenen Kleidung führten zum Angebot einer speziellen DENVER CLAN-Kollektion. Insgesamt hat die Lizenzabteilung der Twentieth-Century-Fox-Television die Namensrechte der TV-Serie an über 100 Hersteller von Luxusgegenständen verkauft. – Entsprechende Namensrecht-Lizenzen wurden auch bei der damals konkurrierenden Fernsehserie „Dallas" vergeben.

Ein grundlegendes Erfordernis für einen erfolgversprechenden Imagetransfer ist jedoch, dass Produkt, Botschaft und der betreffende Star zusammenpassen. Das heißt, sich gegenseitig ergänzen. Ist diese Voraussetzung nicht in genügendem Maße erfüllt, so sind die Transfer-Bemühungen meistens nicht erfolgreich.

Dabei kommt es nicht nur auf die Beliebtheit und generelle Glaubwürdigkeit des Stars an, sondern vor allem auch auf seine Kompetenz im betreffenden Produktbereich. Diese wiederum ist abhängig von mit der Person verbundenen Image-Merkmalen und deren Assoziations-Bereichen. Die Transferchancen und -möglichkeiten sind je nach der Person und der Persönlichkeit des Stars außerordentlich unterschiedlich.

Der glaubhaften Übereinstimmung zwischen Star und Produkt wird häufig zu wenig Aufmerksamkeit geschenkt. So kommt einer Untersuchung des Marktforschungsinstituts GfK zufolge nur etwa 40 Prozent der Werbung mit Stars auf Anhieb gut an.

In Österreich und den USA sind ähnliche Ergebnisse ermittelt worden. In den USA gaben zum Beispiel 74 Prozent der Befragten an, dass sie nichts von Werbung mit Spitzensportlern halten. Und 85 Prozent würden möglichst keine Produkte kaufen, für die Prominente werben, da nach ihrer Meinung dadurch die Preise in die Höhe getrieben würden (Ergebnisse von Consumer Network, Philadelphia). Bei der Interpretation dieser Ergebnisse sollte allerdings beachtet werden, dass sich die Auskunftspersonen in der Befragungssituation in der Regel sehr viel rationaler geben als in der Realität.

Die Herausstellung von Stars bietet neben übertragbaren Assoziationen auch eine vermehrte Aufmerksamkeit für die Werbung. Es besteht allerdings die Gefahr, dass diese Star-Modelle nahezu die gesamte Aufmerksamkeit auf sich ziehen. Produkt und Produkt-Erläuterung können dann in den Hintergrund gedrängt werden und weitgehend unbeachtet bleiben, sofern die Gestaltung der Werbung dieser Gefahr nicht entsprechend Rechnung trägt.

So warb beispielsweise die Marke JUSTIN BRIDOU mit der Person des Patrick Sébastiens. Dieser war bei Vertragsabschluss noch nicht populär. Mit der steigenden Berühmtheit des Fernseh-Moderators veränderte sich sein Image. Dieses blendete zunehmend das Image der Marke JUSTIN BRIDOU aus. (Kapferer, S. 108)

Probleme kann darüber hinaus auch das Verhalten der Stars für den Image-transfer-Partner bringen. So führte beispielsweise die aktive Wahlkampf-unterstützung von Giscard d'Estaing durch Alain Delon zu zahlreichen Rücksendungen des ALAIN DELON-Parfüms seitens des Fachhandels.

Es kann aber auch noch schlimmer kommen, wie ein Beispiel außerhalb des Bereichs von Imagetransfer zeigt. So war bereits die freizügige Ablichtung des Modells „Frau Antje" (Werbefigur insbesondere für niederländischen Käse) im ersten Playboy made in Amsterdam nicht unproblematisch. Gravierender war dann aber noch die Verhaftung von „Frau Antje" wegen Unterstützung ihres Mannes beim Kokainhandel und ihre anschließende Verurteilung. Die bis dahin sehr erfolgreiche Werbekampagne mit „Frau Antje" wurde daraufhin damals erst einmal eingestellt, um eine weitere imageschädigende Rückwirkung auf holländische Milcherzeugnisse mög-lichst auszuschließen.

Problematisch kann in Sonderfällen auch die ständige Zusammenarbeit mit einem Fotomodell werden. Das Modell kann durch die häufige Abbildung mit einem Produkt möglicherweise in den Augen der Zielgruppe selbst Kompetenz für Produkte dieser Art erlangen. Es besteht dann die Gefahr, dass das Modell diese Kompetenz für den Transfer auf ein neues, eigenes Produkt nutzt. Diesen Weg beschritt beispielsweise Brooke Shields, die für CALVIN KLEIN-Jeans geworben hatte. Das US-Fotomodell nutzte seine Popularität und Kompetenz für die Einführung von BROOKE's Jeans. Im Herbst 1985 wurde eine BROOKE SHIELDS-Damenmode-Kollektion vor-gestellt.

Nach der erfolgreichen Einführung eines „Star"-Markenproduktes ist die Weiterführung dieser „Star"-Marke nicht unproblematisch. Die meisten Marketing-Experten stimmen darin überein, dass, nach der anfänglichen Herausstellung des Stars, dieser vorsichtig von der Marke getrennt werden sollte:

„Eine Star-Marke ist ein sehr ambivalentes Thema. Man führt das Produkt unter dem Star-Namen ein, um die Identifikation zu erhöhen. Danach muss man die Persönlichkeit des Stars zunehmend zurücknehmen, während er diskret noch präsent ist. Das Produkt muss sich selbst durchsetzen."

„Am Anfang haben wir enorm von Alain Delon profitiert. Heutzutage müssen wir mehr und mehr das Logo herausstellen und weniger die öffentliche Figur." (Michalowska, Groushko)

Auch diese Zitate machen indirekt deutlich, dass man sich beim Imagetransfer durch Herausstellung von Stars nicht nur auf die Zugkraft von Namen verlassen kann. Design und Qualität der Erzeugnisse müssen ebenso stimmen wie Werbung und Vertrieb.

5. MARKEN-DIVERSIFIKATION DURCH GEMEINSA-MEN AUFTRITT DER PARTNER-PRODUKTE

Der gemeinsame kommunikative und gegebenenfalls auch distributive Marken-Auftritt der Partnerprodukte bietet sich zur Verdeutlichung und Übertragung von (übereinstimmenden) konnotativen Image-Komponenten an. Dies setzt voraus, dass die zu transferierenden Konnotationen (An-mutungen, emotionale Erlebnisumfelder) hauptsächlich vom – bereits er-folgreichen – Produkt ausgestrahlt werden.

Diese Voraussetzung wird besonders gut von der Mode erfüllt. Imagetrans-fers durch gemeinsamen Markenauftritt der Partnerprodukte sind daher in Verbindung mit der Mode besonders häufig anzutreffen.

Der gemeinsame Markenauftritt in der Werbung muss jedoch nicht unbe-dingt innerhalb einer Anzeige erfolgen. So orientiert sich der Imagetransfer-Partner von BOSS bei der Einführung der Herren-Duftserie, die Firma Henry Maria Betrix GmbH, an der BOSS-Werbung für Herrenmode. Hinter jedem Textil-Motiv folgte eine Duft-Anzeige. In der Gestaltung wird der Imagetransfer auf den Herrenduft BOSS Nr. 1 durch die hochglänzende, schwarze Verpackung mit einem dezenten Nadelstreifen gestützt.

6. MARKEN-DIVERSIFIKATION DURCH HERAUSSTEL- LUNG DER GEMEINSAMEN PRODUKTWELT BEZIE- HUNGSWEISE -IDEOLOGIE

Als Basis für den Imagetransfer kann die bereits vom Konsumenten gelernte Produktwelt beziehungsweise -ideologie gewählt werden. Imagemäßige Diversifikationen der penetrierten Marken-Philosophie sind grundsätzlich in mehrere Richtungen denkbar, die in der Folge kurz analysiert werden sollen.

6.1. Gleiche Verwendungswelt der Partnerprodukte

Der Imagetransfer auf Produkte einer anderen Kategorie, die die gleiche Verwendungswelt beziehungsweise das gleiche Anwendungsgebiet auf- weisen, dürfte in der Regel relativ unproblematisch sein.

Die durchgängige Verwendungswelt kann eine Addierung in der image- mäßigen Wirkung schaffen und vom Verbraucher als Element der Zuver- lässigkeit und Kompetenz erlebt werden. So verwendet beispielsweise STEINWAY & SONS die mit Klavieren aufgebaute Markenassoziation der „gepflegten Musik" für die Diversifikationen in den Pflegebereich von Schallplatten und Musik-Wiedergabe-Geräten.

MELITTA, Marktführer bei Kaffee-Filtertüten, nutzte die gemeinsame Ver- wendungswelt sogar zur imagemäßigen Diversifikation in zwei Richtungen: zu MELITTA-Kaffee und zu -Kaffeeautomaten.

SALOMON, Weltmarktführer bei Ski-Bindungen, transferierte das erwor- bene Image auf Ski-Schuhe.

Ein weiteres interessantes Imagetransfer-Beispiel ist das Self Liquidating Offer von GOLDEN TOAST: Ein Sandwich-Toaster zum Preis von 39,50 €. Das Gerät sollte neue Verwendungs-Möglichkeiten von Toastbrot aufzeigen. Es wurde erwartet, dass dies in erster Linie dem Marktführer GOLDEN TOAST zugute kommen würde. Der Geräte-Verkauf erfüllte die Erwartungen, der Imagetransfer von GOLDEN TOAST auf einen Sand- wich-Toaster war erfolgreich.

Noch wichtiger für die Arbeitsgemeinschaft GOLDEN TOAST, eine Kooperation von mittelständischen Brotherstellern, die gleichmäßig über die Bundesrepublik verteilt sind, war jedoch das Absatzergebnis des Toastbrotes. In dem Monat, in dem die Fernsehwerbung den Sandwich-Toaster präsentierte, wurde mit 2,8 Millionen kg Toastabsatz das beste Januar-Ergebnis in der Geschichte der Arbeitsgemeinschaft erzielt.

Eine etwas andere Zielsetzung verfolgte ursprünglich SHELL bei der Einführung von Karten und Atlanten: „Zielsetzung war zunächst nicht, Karten und Atlanten zu verkaufen. Vielmehr wollten wir dem Autofahrer helfen, angenehm seinen Weg zu finden, das Autofahren in positive Verbindung zu SHELL zu bringen und mit der Karte immer präsent zu sein, wenn es um das Autofahren geht." (Dr. Manfred Sieben, Leiter Werbung und Marktforschung der Deutschen Shell AG)

Die Karten wurden bis 1950 verschenkt: Dann erfolgte die Lizenzvergabe an Mairs Geographischen Verlag. Heute werden die Karten über SHELL-Tankstellen, Buch-Handlungen, Kaufhäuser, Versandhandel und den ADAC vertrieben. Die geschäftliche Abwicklung, einschließlich Verkaufsförderung und Werbung, obliegt dem Lizenznehmer.

6.2. Die Marken-Welt tragbar beziehungsweise kaufbar zu machen

Die CAMEL COLLECTION wurde 1976 zunächst als Promotion eingeführt. Das ursprüngliche Promotionsziel war – wie bereits erwähnt – die Abkehr (bzw. "Korrektur") von einem unerwünschten Vorstellungsbild (dem damaligen "Gammellook") beim Verbraucher. Der Absatz-Erfolg führte zur langfristig angelegten Marken-Diversifikation in den Mode-Bereich.

„Es wäre unsinnig, die CAMEL COLLECTION streng auf die Mode zu positionieren. Wir verkaufen nicht primär Mode, sondern Inhalte. Und was hat Mode im Urwald zu suchen." (Wolff Heinrichsdorf, Geschäftsführer der STAR CORPORATION, einer Tochtergesellschaft der REYNOLDS TOBACCO GmbH)

Das identische Imageprofil von Zigarette und Kleidung wurde in der Werbung durch die Abbildung einer Auswahl „lässiger, aber properer Fotomodelle", der Umgebung sowie einer „souverän entspannten Situation" demonstriert.

1984 wurde der CAMEL-Shop, ein Versandhauskonzept, eingeführt. Die Shop-Artikel werden weltweit ausgesucht oder nach gesonderter Vorgabe entwickelt. Sie müssen folgenden Anforderungen entsprechen: der CAMEL-Welt entstammen, funktional und alleinstehend sein. Die Angebote reichen vom Gürtel („aus reißfestem Militär-Moleskin. Zum Tragen schwerer Lasten eignet er sich ebenso wie als Hosengürtel oder als zusätzlicher Taschenverschluss. Auch als Knebel bei erster Hilfe" (Prospekttext) über Sturmfeuerzeug, Messer, Tropennetz bis zum Flügelventilator.

Die Imagetransfer-Partnerprodukte führen durch ihre wechselseitigen Ausstrahlungen zu einer imagemäßigen Abstützung und Ergänzung der Marken-Erlebniswelt.

MARLBORO ist CAMEL beim Imagetransfer in den Bereich Freizeitkleidung mit einiger Verzögerung gefolgt. Zwar gab es schon früher einzelne Ansätze wie den Western Shop (1978), doch diese hatten mehr Promotions-Charakter und dienten eventuell gleichzeitig dazu, die Geschäftsaussichten zu testen. In einzelnen Ländern gab es bereits in der Vergangenheit Aktivitäten von MARLBORO im Freizeitkleidungsbereich, wie zum Beispiel in Italien und Frankreich. In Spanien wurden MARLBORO-Jeans angeboten.

Europaweit tritt der Geschäftsbereich „Freizeitkleidung" des Tabakkonzerns Philipp Morris Europe erst seit 1985 auf. Joint-Venture-Partner von MARL-BORO Leisure Wear, Lausanne, ist das zweitgrößte Textilunternehmen Italiens: Marzotto. Marzotto entwirft, produziert und vertreibt für MARLBO-RO Leisure Wear Artikel aus dem Bereich der Männermode. Dabei handelt es sich um Kleidungsstücke für Sport und Freizeit.

Als weitere Beispiele für den Imagetransfer-Ansatz, die Produktwelt tragbar beziehungsweise kaufbar zu machen, können angeführt werden:

- das Freizeitmode-, Uhren- und Kosmetiksortiment des CLUB MEDITE-RANEE (Reisen),
- Freizeitmode von CUTTY SARK (Whisky),

- Freizeitmode von J & B (Whisky) sowie

- die Kleidungs-Kollektionen und Accessoires von AUDI, BMW und MERCEDES BENZ.

6.3. Die Marken-Welt erlebbar zu machen

Bei Marken, die sich hauptsächlich durch emotionale Erlebniswelten unterscheiden, bietet sich der Gedanke an, einzelne Aspekte dieser Markenwelt durch Koppelung mit Reisen oder anderen Dienstleistungen für den Konsumenten erlebnismäßig abzustützen und nachvollziehbarer zu machen.

Der Ansatz, die Markenwelt "unmittelbar" erlebbar zu machen, wurde z.B. bei den Zigarettenmarken CAMEL, MARLBORO und PETER STUYVE-SANT durch das Angebot von selektiertem Tourismus genutzt. – BECK´S hat Ende 2002 seinen Einstieg in den Reisemarkt angekündigt.

(Hierauf wurde bereits in Kapitel II. 2.1.3. näher eingegangen, so dass hier auf eine Wiederholung verzichtet werden soll.)

7. MARKEN-DIVERSIFIKATION DURCH HERAUSSTEL-LUNG DES GEMEINSAMEN MARKEN-SYMBOLS

Ein Markensymbol oder -zeichen kann einen erheblichen Wert repräsentieren. Dieser Wert hängt von der Bekanntheit und den positiven Image-Ladungen ab. Besonders wertvoll sind Markenbilder, die Hinweise auf die Art oder Wirkung des Produktes oder dessen Ursprung geben. Diese erleichtern dem Konsumenten eine Zuordnung, ein Wiedererkennen und eine Niveau-Einordnung.

Die prominente Herausstellung des gemeinsamen Markensymbols bietet sich beim Imagetransfer insbesondere dann an, wenn die zu übertragenden Image-Komponenten im Symbol vollständig reflektiert und von den Konsumenten entsprechend erlebt werden.

Die Herausstellung des Markensymbols kann sich allerdings auch empfehlen, wenn die Partner-Produkte des Imagetransfers – bis auf das gemeinsame Markenzeichen – wenig Gemeinsamkeiten aufweisen. Ein besonders prägnantes Beispiel war die Kampagne für Brillen von JAGUAR. Durch die Herausstellung des JAGUAR-Symbols wurde laut Angaben des Brillenherstellers versucht, „Exklusivität, sportliches Design und aufregende Eleganz" auf die Brillen zu transferieren.

Ein bekanntes Beispiel für Imagetransfer durch Herausstellung des gemeinsamen Markensymbols ist LACOSTE. Nach der Einführungsphase stand und steht das Krokodil-Markenzeichen im Mittelpunkt der werblichen Kommunikation. Seit der Einführung in Deutschland wurde das LACOSTE-Markenzeichen gezielt qualitativ aufgeladen.

In der Kommunikation wird eine Doppelstrategie verfolgt. Die werblichen Aktivitäten sind aufgeteilt in Imagewerbung und in Produktwerbung.

Im Rahmen der Imagewerbung wendet sich LACOSTE an eine breite, weitgefächerte Zielgruppe. In der Imagewerbung wird das Markensymbol herausgestellt und das Qualitätsimage teilweise auch anhand von Produktbeispielen gestärkt.

Die Produktwerbung richtet sich an die Kernzielgruppe. Das sind – nach wie vor – die aktiven Sportler, vor allem Tennis- und Golfspieler. Folgerichtig sind die Produkt-Anzeigen in den entsprechenden Spezial-Zeitschriften dieser Sportarten zu finden. In diesen Produktanzeigen werden die zahlreichen LACOSTE-Produkte herausgestellt. Die Produktpalette umfasst eine umfangreiche Tennis- und Freizeitkollektion. Das LACOSTE-Angebot reicht vom Tennisschläger über Strickwaren, Hemden, Pullover, Hosen, Trainings- und Freizeitanzüge bis zu Taschen und Regenschirmen.

Als weiteres LACOSTE-Produkt kann das LACOSTE-Parfüm genannt werden. Dieses Produkt wird aber nicht ausschließlich in Spezialtiteln beworben.

Der Erfolg der Marke sowie die hohe Markenbekanntheit von 77% (siehe dazu OUTFIT 5, Spiegel-Verlag, Hamburg 2001) bei relativ geringem Mediastreuetat lädt dazu ein, sich mit den Ursachen des Erfolges dieser Marke etwas näher zu befassen.

Der Erfolgsweg der Marke begann vor fast 70 Jahren. Damals war es der Franzose René Lacoste, einer der weltbesten Tennisspieler seiner Zeit, leid, auf dem Tenniscourt mit langärmligen Hemden, Manschetten und gestärktem Kragen zu erscheinen. Lacoste wurde wegen seiner Zähigkeit und seinem Kampfgeist von seinen Zeitgenossen auch das „Krokodil" genannt. – Einer Anekdote seines Enkels zu Folge entstand der Name hingegen ursprünglich eher zufällig: Durch den Verlust einer Wette um eine Krokodil-Ledertasche (FAZ 16.02.2003, S. 32). Lacoste ließ sich damals als erster kurzärmelige Hemden schneidern. Der bequeme Baumwoll-Stoff war neu, die kurzen Ärmel waren eine Sensation auf dem Tenniscourt.

Die Hemden beschränkten sich anfangs auf den Eigenbedarf. Doch bereits wenig später gingen die Hemden in Serienproduktion.

Im Laufe der Jahre wurde die Marke konsequent aufgebaut. Kernzielgruppe waren zunächst die Anhänger des weißen Sports, in geringerem Umfang auch die Golfspieler. Erst später wurde an den Ausbau der Zielgruppe gedacht und der „sportliche, mobile und anspruchsvolle Käufer mit entsprechendem Einkommen" gesucht.

Beim Imagetransfer auf andere Produktbereiche wurden zwei Prinzipien der Markenphilosophie beibehalten:

- das Prinzip „Funktion vor Mode". Alle Lacoste-Produkte müssen in Qualität, Design und Trageeigenschaften zuerst sportgerecht funktionell sein.
- das Prinzip „Qualität vor Preis". Alle Produkte mit dem „Krokodil"-Markenzeichen sollen von bestmöglicher Qualität sein – auch wenn dies zusätzliche Kosten bedeutet.

Als Vorteil im Hinblick auf die angestrebte Exklusivität der Marke erwies sich auch die Limitierung der Stückzahlen. Sie verhinderte „Schleuder-preise" und Aktionsverkäufe und garantierte ein stabiles Preisniveau.

Die hohe Markenbekanntheit – bei einem relativ geringen Mediastreuetat – resultiert aus der Originalität und Kontinuität der Werbung. Die Kontinuität zeigt sich im Auftritt, im Format, in der Gestaltung und in der Beibehaltung der Medien. Das Anzeigenraster wurde über Jahre hinweg nur leicht verändert.

Beispielhaft war und ist auch die Nutzung weiterer „Medien" wie Trage-taschen und Prospekte sowie die frühe Heranführung von Kindern an die Marke.

Später, wie bereits im Abschnitt Risiken angesprochen, versuchte allerdings General Mills die Marke LACOSTE – ein authentisches Statussymbol der 70er Jahre – zu stark auszubeuten. Das bekannte Krokodil-Markenzeichen wurde auf ein breites Sortiment an Kleidungsstücken übertragen. Hinzu kamen Qualitäts-Probleme (auch von Imitaten).

Beobachter sehen hierin die Hauptgründe für den starken Absatzeinbruch (der 1982 begann). Plötzlich war der Alligator kein Status-Symbol mehr. – Heute ist die Marke wieder im Familienbesitz und seit drei bis vier Jahren wieder stärker angesagt. Sie ist in 110 Ländern vertreten. Weltweit wurde 2002 ein Umsatz von über 900 Millionen € erzielt. 2003 wird mit einer Milliarde € gerechnet. (FAZ 16.02.2003, S. 32)

Markensymbole oder -zeichen werden auch von vielen anderen Marken, insbesondere im Modebereich, gezielt genutzt. Man denke nur an die berühmten drei Streifen von ADIDAS, an PUMA, den „Swooosh" von NIKE oder an POLO von RALPH LAUREN.

8. MARKEN-DIVERSIFIKATION MIT HILFE DES SYSTEM-PRINZIPS

Das Unternehmen GARDENA bietet seit längerer Zeit nicht mehr nur Garten-Geräte an, sondern auch Haushalts-Geräte und Wasch-Bürsten zur Autopflege. Die Marken-Diversifikation ging von dem praktischen und fest sitzenden Verbindungselement von den Garten-Gerät-Aufsätzen zum Stil aus. Es galt, weitere Anwendungs-Gebiete für dieses Verbindungselement zu finden.

Die Wohnungs-Pflege bot sich als Diversifikations-Möglichkeit nahezu an. Die aufgebaute positive Einstellung zu den Garten-Geräten wurde genutzt, die angeblich lautete: „Mit GARDENA hätten auch die Frauen Spaß an der Gartenarbeit bekommen – schließlich sei Pflanzen und Graben ein Kinderspiel geworden".

Das System der konvertiblen Stile und Aufsätze wurde erfolgreich auf die Wohnungs-Pflege übertragen in Form von Marken-Stielen und verschiedenen auswechselbaren Besen und Bürsten. Die Hausfarben wurden beibehalten.

Eine weitere Diversifikations-Möglichkeit in den Autopflege-Bereich ergab sich durch die Steckverbindung („Wasser-Steckkuppelungen") für den Gartenschlauch in Form von Autowasch-Bürsten. Später wurden diese um GARDENA-Seifen-Stäbchen für die Autowäsche usw. ergänzt.

Zudem konnte die „Freude an Wasserspielen" zu Außen-Impuls-Duschen, Kinder-Duschen etc. genutzt werden. – Die Wasser-Kompetenz erlaubte zudem das Angebot von GARDENA-Sicherheits-Ventilen für die Waschmaschine.

Die Einführung eines System-Prinzips dauert zwar erheblich länger als die von Einzelmarken, aber es kann gegebenenfalls später konsequent zur Marken-Diversifikation eingesetzt werden.

GARDENA scheiterte hingegen mit ihrem Versuch (außerhalb des System-Prinzips), in den scheinbar so naheliegenden Markt der Gartenmöbel bzw. Grillgeräte einzusteigen. Ihr Scheitern führt das Unternehmen auf die starken, etablierten Spezialisten mit ebenfalls sehr positivem Image zurück.

9. WIEDERBELEBUNG ALTER MARKEN

In den für die Verbraucher, aufgrund wachsender Produktdifferenzierung und zunehmenden Verdrängungs-Wettbewerbs, immer unübersichtlicher werdenden Produktmärkten erfüllen bekannte Markennamen eine Orientierungsfunktion. Sie erleichtern dem Käufer die Produkt-Einordnung beziehungsweise -Zuordnung.

Der Stellenwert bekannter Markennamen als Starthilfe für Produkt-Neueinführungen wird zusätzlich dadurch erhöht, dass Markennamen vielfach zur Qualitätsbeurteilung herangezogen werden.

Individuen neigen dazu, wie Untersuchungen zeigen, ihnen bekannten Produktmarken höhere Qualitäten zuzuschreiben als Produkten mit unbekannten Marken. Hat eine Marke einen guten Ruf, so überträgt sich die entsprechende Erwartung auf die Qualitäts-Wahrnehmung des neuen Produktes. Dieser Effekt kommt allerdings – wie bereits aufgezeigt wurde – nicht zustande, wenn die von Markennamen ausgelösten Assoziationen im Widerspruch zu denjenigen Assoziationen stehen, die von dem wahrgenommenen neuen Produkt der gleichen Marke bewirkt werden.

Assoziationen werden nicht nur durch aktuell vermarktete Namen ausgelöst, sondern sie können sich auch beim Kontakt mit alten Namen ergeben, selbst wenn diese zeitweilig von der Bildfläche verschwunden waren.

Altbekannte Markennamen haben somit (häufig) hohe Neubeginn-Chancen. Diese sind nicht unbedingt nur auf den ursprünglichen Markt beschränkt. Je nach Art der Assoziationen können sie auch auf andere Produktmärkte transferiert werden.

Als ein anschauliches Beispiel für die Wiederbelebung einer alten bekannten Marke und Transfer der Assoziationen auf andere Produktmärkte kann die Marke BUGATTI angeführt werden. „Bis heute gelten die Bugattis als Meister – jeder in seinem Metier." „Über drei Generationen hinweg hatte die vier Bugattis immer wieder für Überraschungen auf dem Markt der erlesenen Gebrauchskunst und des exklusiven Designs gesorgt. Mit untrüglichem Sinn für gediegene Form und solides Handwerk gelangten sie von Erfolg zu Erfolg – jeder auf seine Weise: Während Carlo Bugatti (1856 bis 1940) exotische

Möbel baute und Rembrandt (1885 bis 1940) mit Skulpturen Erfolg hatte, schneiderten Ettore (1881 bis 1947) und Jean (1909 bis 1939) der Welt schönste Auto-Karossen." (art Februar 1982, S. 95 und S. 92).

Die Zeiten der stolzen Wagen aus dem Elsass waren mit dem Tod von Ettore Bugatti (1947) ebenso vorbei wie die Ära der raffinierten Möbel und der exotischen Plastiken. Es blieben jedoch die mit diesem Namen verbundenen Erfolgs-, Exklusivitäts- und Eleganz-Assoziationen bei den Konsumenten erhalten.

Seit 1978 ist der Versuch erfolgreich, diese Assoziationen auf BUGATTI-Männermode und später auf BUGATTI-Brillen zu transferieren. BUGATTI kam ursprünglich mit vier Mänteln auf den Markt. Vier Jahre später, mit Beginn der Endverbraucher-Werbung für BUGATTI, wurde die erste Jacken- und Blouson-Kollektion unter dem Label eingeführt.

Die nächsten Stufen der Ausweitung des Marken-Konzeptes war der Launch der Leder-, sowie der Sakko- und Anzugs-Kollektion. Die Marke wurde gezielt zum Komplett-Anbieter von Männer-Mode ausgebaut. Bei weiteren Ausweitungen entschied man sich nach Abwägung aller Vor- und Nachteile für die Lizenzierung, gemäß der Devise: „Was wir selbst können, machen wir selbst. Alles andere geben wir in die Hände erfahrener Spezialisten." (Möller 2001, S. 345)

„Nach dem Motto „Eins passt zum anderen, alles passt zusammen" entsteht (mehrmals im Jahr) die Leitbild-Kollektion mit einer einheitlichen BUGATTI-Aussage über alle Kollektions-Segmente hinweg. Diese Teamarbeit ist der Schlüssel für die ganzheitlich an der BUGATTI-Identität ausgerichtete Kollektion. .... Jedes Produkt, ganz gleich ob aus dem Stammhaus oder vom Lizenznehmer, muss eine Werbung für die Gesamtmarke darstellen. Um dieses sicherzustellen, gibt es bei BUGATTI einen Lizenzkoordinator." (Möller 2001, S. 349)

Der VOLKSWAGEN-Konzern hat den bekannten BUGATTI-Namen auch im Automobilbereich, mit einem exklusiven Sportwagen, wiederbelebt. Insofern bieten alte bekannte Namen auch nach Jahren eine interessante Möglichkeit zur Reaktivierung und zur Marken-Diversifikation, vorausgesetzt die Assoziationen stimmen.

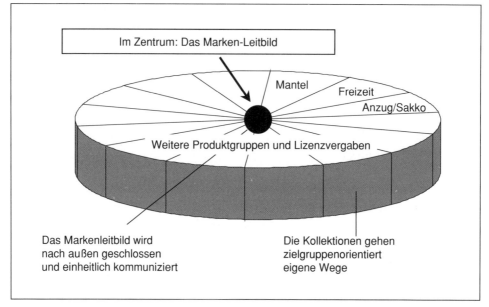

Der geschlossene Marken-Auftritt von Bugatti (Quelle: nach Möller 2001, S. 348)

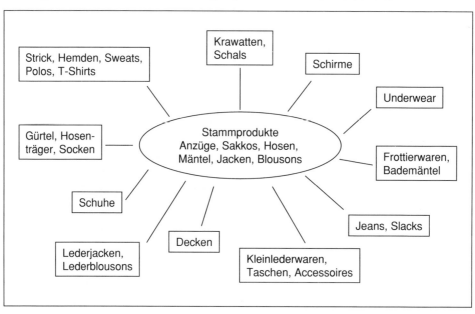

Die Bugatti-Produkt-Palette zeigt, dass „Mann" sich von Kopf bis Fuß in Bugatti einkleiden kann. (Quelle: nach Möller 2001, S. 350)

10. CO-BRANDING

Eine interessante Sonderform der Marken-Diversifikation ist das sogenannte „Co-Branding". Rein formal gesehen, kennzeichnet beim Co-Branding ein Unternehmen ein Angebot seiner eigenen Marke zusätzlich mit einem anderem Marken-Namen (-Zeichen oder -Symbol), dessen Rechte eine andere Organisation besitzt. Dabei werden Produkte unter einem gemeinsamen Aspekt zusammen gebracht, z.B. SCHIESSER-Textilien und ARIEL Waschmittel (Pflege/Werterhaltung) oder WASA-Knäckebrot mit DU DARFST-Margarine (kalorienarme Ernährung).

Die Zusammenarbeit kann noch weiter gehen und bis zum Verschmelzen von Produkten führen. So versieht beispielsweise die VISA Kreditkarten mit dem ADAC- und dem LUFTHANSA-Logo und die MASTERCARD wird durch das Engagement von MERCEDES BENZ zur MERCEDES CARD. Ein weiteres bekanntes Beispiel war der Szene-Drink BACARDI-LIP, einer Mischung aus BACARDI-Rum, LIPTON-Eistee („LIPTONICE") und dem „prickelnden und belebenden Geschmack" von APOLLINARIS & SCHWEPPES. Aktuell erfolgreich ist die Marken-Allianz der RITTER-Schokolade mit SMARTIES (NESTLÉ) und BAILEY´S.

Mit der zusätzlichen Nutzung eines weiteren Markenzeichens wird ein Transfer der mit dieser Marke assoziierten Image-Komponenten angestrebt. Marken-Allianzen werden vom Konsumenten (und auch im Business zu Business-Bereich) als Qualitäts-Signale interpretiert. Insofern empfiehlt es sich, auch das Co-Branding mit den gleichen harten und verlässlichen Kriterien abzuprüfen wie einen Imagetransfer oder eine Line Extension. Denn die Marke setzt einen guten Teil ihrer Reputation aufs Spiel.

Mit dem Co-Branding wird zudem versucht, gezielt den Kunden-Stamm der anderen Marke zu erschließen. So berichten Ottwein und Schiele (S. 84) beispielsweise, dass nahezu ein Drittel der 1991 emittierten 760.000 VISA Kreditkarten sich im Besitz von ADAC-Mitgliedern befanden.

Andere, negative Erfahrungen machte hingegen die CITIBANK mit der (DEUTSCHEN) BAHNCARD. Die Verbraucher wurden zu spät und in ihrer Wahrnehmung nicht vollständig informiert. Viele potentielle Kunden fühlten sich „über den Tisch gezogen". Konsequenz: Rund 80% der Antragsteller verzichteten auf das „Plus" der BAHNCARD. An Stelle der geplanten 2,5 Millionen Neukunden wurden nur circa 100.000 Bahn-Kreditkarten verkauft. Vor allem die CITIBANK dürfte dies teuer zu stehen gekommen sein. Sie hatte allein für ein neues Karten-Abrechnungs-Zentrum 150 Millionen € investiert. (Reitschauer, S. 71 f.)

Weitere Vorteile der Co-Branding-Partner-Unternehmen sind in möglichen Synergie-Effekten, Kosten-Ersparnissen/-Splittings bzw. Budget-Vorteilen sowie Hinein-Verkaufs-Argumenten gegenüber dem Handel zu sehen.

Co-Branding ist allerdings ein „zweischneidiges Schwert", bei dem häufig die Risiken überwiegen und unterschätzt werden. Als potentielle Nachteile sind vor allem zu nennen:

- der große Koordinations-, Organisations- und Abstimmungs-Aufwand
- die langen Vorlaufs-Zeiten
- die wechselseitige Verwässerungs-Gefahr der Marken-Profile sowie ggf. Schwierigkeiten der Differenzierung
- die Gefahr negativer Rücktransfers bei unverträglichen Marken-Assoziationen oder Qualitäts-Problemen (Hierbei kommt es nicht auf die objektive Qualität, sondern auf die wahrgenommene Qualität an.)
- möglicher Verlust eines Teils der eigenen Stamm-Kunden
- potentielle Konkurrenz-Mentalität: Jeder versucht, den anderen zu übervorteilen.
- Interessen- oder Zielkonflikte
- erhöhte Kommunikations-Streuverluste.

Erfahrungsgemäß scheitern viele Co-Branding-Versuche schon im Vorfeld der Realisierung, an der Frage der Marken-Hoheit: Wer hat das letzte Wort in der Führung der Marken-Allianz. Uneinigkeiten bei dieser Frage ist der häufigste Grund für den Abbruch der Verhandlungen.

11. INGREDIENT BRANDING

Eine weitere Sonderform ist das sogenannte Ingredient Branding. Während beim Co-Branding unterschiedliche Marken horizontal auf der Endverbraucher-Stufe kooperieren, erfolgt die Zusammenarbeit beim Ingredient Branding vertikal, zwischen einem wesentlichen Bestandteil und dem Endprodukt.

Eines der bekanntesten Beispiele des Ingredient Branding ist INTEL. In der Ausgangs-Situation gab es im Jahre 1991 eine Menge an Chip- oder Mikroprozessoren-Herstellern. INTEL, einer von diesen, wollte sich von den Konkurrenten abheben, die allenfalls Fachkreisen bekannt waren. Mit dem Slogan INTEL inside, der als Marke geschützt wurde, verband INTEL seinen Chip mit bekannten Computer-Marken wie IBM und COMPAQ. Es wurden 280 Millionen € in die Werbung investiert, von denen INTEL 110 Millionen € zahlte. Bei den Computer-Käufern entstand ein hoher Qualitäts-Eindruck, INTEL wäre etwas besonders wertvolles. Warum würden sonst namhafte Computer-Hersteller darauf hinweisen? – 1992, ein Jahr nach der Werbe-Kampagne, stieg der INTEL-Umsatz um 63% auf 4,5 Milliarden €. Eine Umfrage im Jahre 1993 ergab, dass 80% der Käufer einen PC mit INTEL-Chips bevorzugten. – Inzwischen zählt INTEL zu den fünf wertvollsten Marken der Welt. (Quelle: INTERBRAND 2002).

Ungewöhnlich war auch die erfolgreiche Vorgehensweise von NUTRA-SWEET. Dieser Süßstoff wurde zunächst direkt beim Endverbraucher beworben. – Hinzu kamen unzählige Gratisproben in Form von Gummibällchen (analog Gummibärchen), damit der Verbraucher unmittelbar davon überzeugt werden konnte, dass NUTRASWEET trotz weniger Kalorien gut schmeckt.

Eigentlich hoffte aber der Produzent G. D. SEARLE, Tochter des MONSANTO-Konzerns, die Lebensmittel- und Getränke-Hersteller dazu zu bewegen, NUTRASWEET als Ingredienz in ihren kalorienreduzierten Produkten zu verwenden. Aspartam, der Wirkstoff von NUTRASWEET überzeugte zwar kalorien- und geschmacksmäßig, war aber dreißigmal so teuer wie andere Süßstoffe (z.B. SACHARIN, Zucker, Sirup).

Ingredient Branding im Automobil-Bereich betreiben beispielsweise BLAUPUNKT, BECKER und INFINITI AUDIO SYSTEMS (Auto-Radios), BILSTEIN und MONROE (Stoßdämpfer), BOSCH (u.a. Elektrik), KEIPER-RECARO (Sitze) sowie VDO (Armaturen).
Im Hobby-Sportbereich können FICHTEL & SACHS und SHIMANO (Bremsen, Schaltungen) angeführt werden.
Im Küchenbereich betreibt DUPONT mit TEFLON (Beschichtungen) Ingredient Branding.
Zahlreiche Beispiele gibt es zudem bei Textilfasern z.B. GORE TEX, KEV-LAR, LYCRA, TREVIRA und STAINMASTER (fleckenfeste Teppichfaser).

Wann lohnt sich Ingredient Branding? Was sind die Erfolgs-Voraussetzungen? Es muss sich um einen Schlüssel-Bestandteil des Endprodukts handeln, der trotzdem vielseitig in zukünftigen Anwendungen ist. Die Ingredient-Eigenschaften müssen in Endverwender-Vorteile umsetzbar sein. Der „unsichtbare" Bestandteil muss zwar durch Werbung sichtbar werden, darf aber nicht allein von der Werbung abhängen. Unerlässlich für den Erfolg sind zudem nicht zuletzt eine strategische Allianz zwischen dem Zulieferer und dem Hersteller sowie vor allem eine überlegene Qualität. Denn die Endprodukt-Marke setzt ihre Reputation aufs Spiel.

Hätte beispielsweise – rein hypothetisch – der auf COCA COLA und PEPSI COLA ausgelobte Süßstoff NUTRASWEET zu Akzeptanz-Problemen oder Allergien etc. bei Konsumenten geführt, so wären die Rücktransfers auf COCA COLA (und MINUTE MAID) sowie auf PEPSI COLA (und KENTUCKY FRIED CHICKEN, TACO BELL sowie andere PEPSICO Produkte) vermutlich verheerend gewesen.

Zu bedenken ist beim Ingredient Branding für den Endprodukt-Hersteller auch, dass in gewissem Sinne ein „Teufelskreis" entsteht. Zudem wird er mit zunehmendem Erfolg der Ingredient-Marke verstärkt vom Zulieferer abhängig. Zumindest verschieben sich die Verhandlungs-Gewichte.

Es lassen sich drei Entwicklungs-Stufen unterscheiden:

1. die unbekannte Ingredient-Marke profitiert von der bekannten Endprodukt-Marke (Goodwill-Transfer, Rufausbeutung)

2. die Ingredient-Marke wird bekannt bis berühmt und erzielt auch für die Endprodukt-Marke einen Mehrwert (wechselseitiger Goodwill-Transfer, Synergie)

3. die Ingredient-Marke ist allgegenwärtig und eignet sich nicht mehr zur Unterscheidung. Konsequenz: Verstärkter Preiskampf bei den Endprodukten.

12. MARKEN- UND PRODUKTWEITERFÜHRUNG NACH ERFOLGREICHER MARKEN-DIVERSIFI-KATION

Nach dem erfolgreichen Imagetransfer ist die Weiterführung des neuen Markenproduktes nicht immer unproblematisch. In den meisten Fällen wird die bekannte Marke nach der anfänglichen Herausstellung vorsichtig zurückgenommen.

Diese Vorgehensweise unterstreicht noch einmal deutlich, dass das neue Produkt qualitativ in der Lage sein muss, „auf eigenen Füßen" zu stehen. Der bekannte Markenname gewährt dem neuen Produkt beim Konsumenten „nur" einen Vertrauensvorschuss. Wird dieses Vertrauen missbraucht beziehungsweise werden die durch den Markennamen beim Verbraucher ausgelösten Qualitätsvorstellungen nicht erfüllt, so ist der erste Kauf in der Regel auch schon der letzte.

Durch die Zurücknahme des bekannten Namens tritt das Produkt mit seinem Leistungsvermögen stärker in den Vordergrund. Es gewinnt dadurch stärker selbst für den betreffenden Markt an Kompetenz, ohne die durch den bekannten Markennamen ausgelösten Assoziationen zu verlieren.

In einem weiteren Schritt bietet es sich an, das Produkt mit einem eigenständigeren Image aufzuladen. Im Zeitablauf wird die Existenz eines Markenproduktes dadurch in einem bestimmten Markt zur Selbstverständlichkeit. So mag es heute bereits für viele Verwenderinnen von CHANEL No. 5 oder CHANEL No. 19 unbekannt sein, ob zunächst die Marke als Parfüm oder als Modemarke bestanden hat.

Imagetransfers und Line Extensions müssen – wie bereits mehrfach betont wurde – als Multi-Produkt-Strategie sorgsamer mit ihrer Marke umgehen als die Einzel-Produkt-Strategie. Je vielfältiger die Produkte einer Marke werden, um so wichtiger wird die Aufgabe, die Idee der Marke – gegebenenfalls anhand einiger Produkte – zu bewerben. Bei der Multi-Produkt-Marke ist die – einzelne – Produktwerbung nicht zwangsläufig identisch mit der Markenwerbung. Als Beispiel wurde hierzu bereits LACOSTE angeführt. Die Werbung für die Marke LACOSTE unterscheidet sich in diesem Fall erheblich von der Werbung für das einzelne Produkt. – Gleiches galt für die „blaue Dachmarken-Kampagne" von NIVEA.

Ein weiteres interessantes Beispiel bietet CHANEL. Hier wurden mehrfach langfristig die Exklusivrechte spezifischer Models erworben, „die (jeweils) den Coco-Chanel-Typ der heutigen Zeit verkörpert(en)". Durch die Herausstellung beziehungsweise den Auftritt des „Coco Chanel"-Models im Mode-, Accessoires- und Parfüm-Bereich soll die Anbindung dieser Produkte an die Marke verstärkt und die Marke selbst wieder stärker aufgeladen, „personifiziert" werden.

Neue Produkte unter einer Marke stellen neue Einnahmequellen dar und können der Aktualisierung der Marke dienen. Die Erhaltung des Vertrauens in die Qualität und Zuverlässigkeit der Marke kann allerdings auch bedeuten, Maßnahmen zu unterlassen, die dem Vertrauen in die Marke als Ganzes abträglich sind. Die Marke, ihre Eigenschaften und ihre Gestalt, darf daher nicht kurzfristigen oder zu schnell aufeinanderfolgenden Produkteinführungen oder Trends untergeordnet werden. In der Hierarchie steht die Marke an oberster Stelle, nicht das Produkt.

Eine Erweiterung der unter einer Marke angebotenen Produkte sollte daher nur aus einer Position der Markenstärke heraus erfolgen und nicht dann, wenn die Marke Probleme hat beziehungsweise wenn sie die letzten Marken-Erweiterungen noch nicht ganz verwunden hat.

Kontinuität in der Markenpersönlichkeit ist Voraussetzung für ihren Bestand. Die Produkte können unter einer Marke kommen und gehen, die Marke bleibt. Kontinuität bedingt daher bei der Marken-Diversifikation einen geplanten Erweiterungs- beziehungsweise Wandlungsprozess, der eher unauffällig und auf keinen Fall abrupt sein sollte. Es empfiehlt sich daher, die Erweiterung der Marke Schritt für Schritt vorzunehmen und durch nachweisbar zuverlässige Marktforschungsverfahren abzusichern.

Ein gutes Beispiel für diese Vorgehensweise ist NIVEA. Wie vorsichtig die Marken-Diversifikation von NIVEA entwickelt wurde, dokumentieren besonders deutlich die Produktfelder, die erst ausgeschlossen wurden. So wurden beispielsweise die wiederholt vorgetragenen Wünsche nach einem Markentransfer von NIVEA auf Deo- und Duftprodukte oder dekorative

Kosmetik lange Zeit abgelehnt. "Das verwässert das Image" befanden diverse Studien der Tragfähigkeit und Glaubwürdigkeit von NIVEA. Erst 1992 wurden die ersten NIVEA-Deo(creme)-Produkte eingeführt. (Weitere Beispiele entnehmen Sie bitte der ausführlichen Schilderung der NIVEA-Fallstudie im nächsten Kapitel.)

Dies ist bezeichnend für die Entwicklung der "NIVEA-Familie": Es besteht zwar ein eng abgesteckter Rahmen grundsätzlicher Diversifikations-Überlegungen, aber diese sind nicht völlig starr – sondern man passt sich der Entwicklung der Konsumentenvorstellungen und des Marktes an.

Grundsätzlich empfiehlt es sich, die Marken-Diversifikation durch nachweisbar zuverlässige Marken-Erweiterungs-Untersuchungen und Tracking-Studien [eventuell in (halb-) jährlichen Erhebungswellen] zu begleiten. Wesentlich ist dabei die Erfassung der Entwicklung des Marken-Motiv-Schlüssels für die Gesamtmarke sowie der Motiv-Schlüssel für die einzelnen Partner-Produkte im Zeitablauf. Bei der Interpretation muss die jeweilige Marken-Produkt-Kenntnis, die Verwendungserfahrung und Usage-Intensität sowie die Werbe-Kontaktchancen pro Befragtem adäquat berücksichtigt werden. Hierdurch kann möglichen Fehlentwicklungen frühzeitig durch die Einleitung geeigneter Maßnahmen vorgebeugt werden.

13. ZUSAMMENFASSUNG

Im Vordergrund dieses Kapitels über die weiteren Realisierungs-Möglich-keiten von Marken-Diversifikationen stehen vor allem die formalen Exeku-tions-Chancen und zu beachtenden Gesetzmäßigkeiten. Insgesamt wurden elf Realisierungs-Punkte beziehungsweise -Wege herausgearbeitet:

1. Notwendigkeit einer horizontalen und vertikalen Marketing-Mix-Ab-stimmung der Partner-Produkte

2. Imagetransfer durch im- oder explizite Herausstellung des Preises

3. Die Marken-Strukturen müssen einfach und nachvollziehbar sein

4. Imagetransfer durch Herausstellung der Person (des Schöpfers, des Stars)

5. Imagetransfer durch gemeinsamen Marken-Auftritt der Partner-Produkte

6. Imagetransfer durch Herausstellung der gemeinsamen Produkt-Welt beziehungsweise -ideologie.

7. Imagetransfer durch Herausstellung des gemeinsamen Marken-Symbols

8. Marken-Diversifikation mit Hilfe des System-Prinzips

9. Diversifikation durch Wiederbelebung alter bekannter Marken

10. Co-Branding

11. Ingredient Branding

Die für eine pragmatische Systematik typischen Überschneidungen, Mehr-fach-Nennungen und anderen Unvollkommenheiten müssen in diesem Kapitel und in Kapitel III in Kauf genommen werden. Da ein nach einem einheitlichen Differenzierungs-Prinzip aufgestelltes System bei dieser Auf-gabenstellung ungeeignet ist. – Überschneidungen ergeben sich zudem bereits aus der Vorgehensweise in der Praxis. Die aufgezeigten grundsätz-lichen Realisierungs-Möglichkeiten werden häufig parallel oder zeitlich versetzt eingesetzt.

In einem abschließenden Abschnitt wurde kurz auf die Weiterführung der Marke und der Partner-Produkte nach erfolgreicher Diversifikation einge-gangen.

VI.

AUSFÜHRLICHE ANALYSE VON 3 MARKEN-DIVERSIFIKATIONEN:

NIVEA, CAMEL, JULES MUMM

„The marketing battle will be a battle of brands, a competition for brand dominance. Business and investors will recognize brands as the company's most valuable asset."
(Larry Light)

Auf Grund unserer Kunden-Beziehung zu BEIERSDORF sei hier ausdrücklich vorweg geschickt, dass bei dieser Analyse nur auf veröffentlichtes Material zurückgegriffen wird.

1. BEISPIEL: NIVEA – MIT EINER KONSEQUENTEN MARKEN-DIVERSIFIKATIONS-STRATEGIE ZUM ERFOLG

Brand Extension ist für NIVEA eigentlich nichts Neues. Es ist keine Erfindung moderner, weitblickender Marketingplaner. Sondern diese Strategie prägte die Erfolgsgeschichte von NIVEA von Anfang an.

NIVEA ist einer der ältesten (deutschen) Markenartikel. 1906 wurde als erstes NIVEA-Produkt eine überfette Basisseife eingeführt, was häufig vergessen wird (vgl. Bongard, S. 157 ff.). Der Grund: Das Markenimage wird heute – nach wie vor – durch die 1911 eingeführte Hautcreme geprägt, die seinerzeit eine echte Produktinnovation war und häufig salopp als „Mutter aller Cremes" bezeichnet wird. NIVEA Creme ist bis heute unangefochtener Marktführer in diesem Bereich: ein MarkenMonopol®.

Bereits in der ersten Nivea-Werbung im Jahre 1912 warb der ideenreiche Apotheker Oscar Troplowitz aus Lokstedt für drei Nivea Produkte „der ersten Stunde": NIVEA Seife, Creme und Puder.

Haarmilch, Rasierseife und die erste Sonnenbrandcreme folgten sowie später Lippenpomade, Shampoo, Mundwasser, Zahnseife und Kinderöl, um nur einige Beispiele zu nennen.

Das Prinzip der Marken-Ausdehnung wurde somit bei NIVEA von Anfang an genutzt. Auch wenn man zunächst eher nicht von Brand Extension sprechen kann, da auf Markenprofile damals noch wenig Rücksicht genommen wurde. – Der Erfolg dieser zusätzlichen NIVEA-Produkte hielt sich auch bis Mitte der 70er Jahre in sehr engen Grenzen, von einigen Ausnahmen wie z.B. NIVEA-Sonnenschutz abgesehen.

Vor allem deshalb, weil kein stringentes NIVEA-Markenkonzept existierte. Die Ansiedlung von neuen Produkten unter der Marke NIVEA beruhte bis dahin in erster Linie auf dem Zufallsprinzip, der sogenannten „trial and error"-Vorgehensweise.

Marken-Diversifikationen von NIVEA vor der strategischen Neu-Ausrichtung

1906	Nivea Basis-Seife
1911	Nivea Creme
1912	Haarmilch, Puder
1914	Sport-Puder, Teint-Puder, Kinder-Puder, Schweiß-Puder
1915	Press-Puder, Soldatenpuder
1922	Rasierseife
1923	Goldcreme, Kindercreme, Teerseife
1924	Haarwasser, Creme fettfrei, Kamillenseife, Badeseife
1929	Stangenbrillantine, Sonnenbrandcreme
1930	Rasiercreme, Abschminke, Lippenpomade, Klettenwurzelöl
1931	Shampoo, Gesichtswasser, Hautfunktionsöl, Kabinett-Rasierseife
1932	Mundwasser
1933	Kristallöl, Zahnpasta
1936	Wasch-Eau-de-Cologne, Trockencreme, Sonnencreme Ultra Schutz
1938	Ultra-Öl, Haarfixativ
1942	Zahnpulver
1945	Zahnseife
1949	Kinderöl, Badeseife
1951	Hautfunktionsöl
1960	Babyfein-Seife, -Hautöl, -Wundcreme
1962	Sonnenöl
1963	Sonnenbad (Sonnenmilch), Milk
1965	babyfein Wattestäbchen
1966	Sonnencreme
1966	babyfein Bad, Sonnenbad mit Mückenschutz
1971	Kinder-Shampoo

1967 kam der bekannte Professor Bergler und Inhaber eines Marktfor-schungs-Instituts in einer „Grundlagenuntersuchung über den subjektiven Bedeutungswert einzelner Pflegebereiche", einer „Imageanalyse der Marke NIVEA" sowie einer „Analyse des Werbestils" u.a. zu folgenden Ergebnis-sen:

- „NIVEA steht vor allem für eine Universalcreme ... Sie ist weit bekannt, wird als verlässlich geschätzt, aber als wenig aufregend bis langweilig eingestuft".

- Eine Zukunft in dem Wachstumsmarkt Kosmetik sei ihr versperrt: „Eine Ausweitung des Sortimentes in diese Richtung ist deshalb psychologisch nicht empfehlenswert."

- Die NIVEA-Produktpalette „wird vom Konsumenten als etwas verwir-rend erlebt. Eine Straffung wäre hier wünschenswert, ehe daran gedacht wird, dem Sortiment weitere Artikel hinzuzufügen". Unter das Marken-dach, welches „psychologisch als „alles für Sauberkeit, Gesundheit und Frische" des Körpers (besonders der Haut) auf durchschnittlichem, soli-dem, bürgerlichen Niveau formulierbar" sei, würden Creme, Seife, Kör-perpuder und Sonnenschutzmittel gut passen.

Die NIVEA-Reihe Babyfein sei schon schwierig, aber die Produkte NIVEA Milk, Lavendelseife, Rasiermittel, Zahnpasta und Kletten-Haarwurzelöl lägen außerhalb der Reichweite des Markendaches.

Insgesamt bescheinigte die Grundlagenstudie somit NIVEA nur eine gerin-ge und recht unattraktive Zukunft. Das Positive beschränkte sich auf die Sympathie und das Vertrauen, welches vor allem der Creme entgegenge-bracht wurde. Aktualität, Attraktivität und Sortimentsgestaltung ließen hin-gegen viel zu wünschen übrig (vgl. Schröter).

Die schwierige NIVEA-Situation Anfang der 70er Jahre

Den Wendepunkt von dem weitgehend spontanen Ansiedeln neuer Produkte im NIVEA-Umfeld auf eine langfristig und unter strategischen Gesichts-punkten angelegte Marken-Diversifikation markiert den Übergang von den sechziger auf die siebziger Jahre.

In dieser Zeit „wurde die NIVEA-Creme von verschiedenen Seiten hart attackiert, am stärksten von einer damals neu eingeführten Creme in einem orangefarbenen Kunststoff-Tiegel. Deren gesamtes Marketing-Konzept war darauf ausgerichtet, die junge und moderne Variante von NIVEA-Creme zu sein." (Hans-Otto Wöbcke, damals Vorstand, heute Aufsichtsrat der BEIERSDORF AG, in: Blick durch die Wirtschaft) – 1971 hatte die CREME 21 von HENKEL bereits einen Marktanteil von 12% erreicht (in einem Bundesland sogar von 18%). Die Hälfte davon ging zu Lasten von NIVEA.

Der anfängliche Erfolg des Düsseldorfer Herausforderers war jedoch nur ein Symptom für die strukturellen Veränderungen des Marktes:

1. Spezielle Pflegeprodukte wie z.B. Tages-, Nacht-, Feuchtigkeits-, Vitamin- und Schutzcremes kamen zunehmend auf den Markt. Es bestand somit die Gefahr, dass die NIVEA-Kunden zu diesen neuen Spezial-Marken abwandern würden.

2. Demographische Studien sagten für die nächsten Jahre eine Stagnation in den traditionellen Nivea-Käuferschichten voraus.

3. Der traditionelle Vertriebsweg über Drogerien war damals allgemein – nicht nur für NIVEA – im Verfall begriffen. Die Konsumenten strömten zunehmend den Selbstbedienungs-Formen des Lebensmittelhandels zu. Diesen Trend nutzte die CREME 21 bei ihrer Einführung.

Das Szenario, mit der sich das NIVEA-Management Anfang der siebziger Jahre konfrontiert sah, war also „alles andere als rosig". Die Folgen waren deutlich absehbar: Wenn nicht Entscheidendes mit der Traditionsmarke NIVEA geschehen würde, wäre es nur eine Frage der Zeit gewesen, bis ihr der Abstieg vom Marktführer ins „farblose" Mittelfeld bevorstehen würde. Das wäre auch für die gesamte BEIERSDORF-Gruppe nicht ohne gravierende Konsequenzen geblieben. Zumal NIVEA bereits damals der Hauptumsatz-Träger war (vgl. Prick 1988, 1989, 1990).

Kernziele für die NIVEA Revitalisierung und die zukünftige Produktrange

Die Hauptziele für die Aktualisierung von NIVEA Creme und die zu entwickelnde NIVEA-Produktrange waren:

1. Die Muttermarke NIVEA Creme jung zu halten und ihren Anteil im Markt zu stabilisieren.

2. Umsatzwachstum vor allem durch neue Produkte auf neuen Märkten zu erreichen und damit auch die Marke aktuell zu halten.

„Dieses zweite Ziel war nicht zu erreichen, ohne mit Priorität die Pflege des Stammgeschäftes zu betreiben." (Prick 1988, S. 95). Deshalb hatte auch die Übereinstimmung des Marken-Profils von NIVEA und der ganzen Produktfamilie Priorität vor kurzfristig möglichen Umsatz-Erfolgen. Brand Extension und Führung der Stamm-Marke waren und sind nicht zu trennende Teile der Gesamtkonzeption.

Erfolgreiche Revitalisierung von NIVEA

Bevor der langfristig geplante zweite Schritt des gezielten Ausbaus der Marke NIVEA getan werden konnte, musste zunächst die Marke selbst aktiviert und gestärkt werden.

„Imagetransfers oder Line Extensions sollten grundsätzlich nur vorgesehen werden für starke Marken, die keine Image-Probleme haben. Bei Marken, die sich in einer Schwächephase befinden, führt eine zusätzliche Markenausdehnung in „neue" Märkte zu einer weiteren erhöhten Markenbelastung. ... Darüber hinaus reduziert der Transfer eines bereits „angegriffenen" Images deutlich die Erfolgschancen für das neue Produkt. In dieser Situation empfiehlt es sich, das "Marken-Haus" erst einmal in Ordnung zu bringen, bevor die Marke erneut belastet wird." (Mayer de Groot 1992, S. 132).

Bei der Planung der NIVEA-Revitalisierungs-Strategie mussten nicht unerhebliche Limitierungen berücksichtigt werden

1. Es sollten keine Veränderungen am Produkt vorgenommen werden. Denn die Rezeptur der NIVEA Creme war allen Mitbewerbern weit überlegen.

2. Auch Veränderungen an der Packung waren tabu. Da die blaue Blechdose einschließlich ihrer Gestaltung beim Konsumenten so fest im Vorstellungsbild etabliert war, dass Veränderungen eher eine Belastung dargestellt hätten.

3. Der Vertriebsweg Drogerie sollte zunächst beibehalten werden (vgl. Prick, Schröter).

Kern der 1972 anlaufenden Revitalisierungs-Strategie war daher eine Werbekampagne, die den Alleinstellungs-Anspruch des Marktführers unterstreichen sollte. Erstmalig wurde nur für ein NIVEA-Produkt geworben, die NIVEA Creme. Zuvor war meist die gesamte Produkt-Palette ausgelobt worden.

In Anzeigen präsentierte sich NIVEA selbstbewusst. Jedes Motiv wurde aus juristischen Gründen nur einmal geschaltet. Tenor aller Anzeigen war: „Eine bessere gibt es nicht". Die Kampagne erzielte Wirkung beim Verbraucher. Nach weniger als zwei Jahren hatte NIVEA im Markt der Universal- und Handcremes den früheren Anteil von mehr als 30 Prozent wiedergewonnen und damit die Position als Marktführer deutlich stabilisiert (vgl. Prick 1988, 1989, 1990).

CREME 21 hingegen verlor ständig an Marktbedeutung. 1980 betrug ihr Marktanteil noch 5 Prozent. 1986 wurde sie vom Markt genommen.

Durch die erfolgreiche Revitalisierungs-Kampagne gestärkt, konnte nun der zweite Schritt der gezielten Erschließung neuer Märkte für NIVEA in Angriff genommen werden.

NIVEA – Mit einer konsequenten Marken-Diversifikations-Strategie zum Erfolg

Die Grundidee der NIVEA Brand Extension war, die Marke NIVEA durch Sortiments-Bereinigung und durch gezielte Einführung weiterer Produkte von einer Creme – zur Dachmarke „für milde (Haut-) Pflege" weiterzuentwickeln.

Zu diesem Zwecke wurden „Eckpfeiler" für die Markenkompetenz von NIVEA definiert. Diese wurden in sieben Grundsätzen festgelegt, um einerseits die Marken-Persönlichkeit von NIVEA nicht etwa durch ausufernde Brand Extensions zu gefährden.

Andererseits sollte den unter NIVEA anzusiedelnden Produkten gestattet werden, ein relativ großes Maß an Eigenleben zu entfalten und nicht allein „passiv" vom Goodwill der „Marken-Mutter" zu leben.

Die sieben Grundsätze lauteten (vgl. Prick 1988/1989/1990):

1. eigenständig in den Teilmärkten

2. Zusatzleistung Pflege/Milde

3. einfach und unkompliziert

4. keine Problemlöser-Konzepte (Anmerkung: Dieser Grundsatz wurde im Laufe der 90er Jahre zunehmend relativiert.)

5. Qualitätsführerschaft

6. gutes Preis-Leistungs-Verhältnis

7. breite Distribution

1. Eigenständig in den Teilmärkten

Eigenständig ist in zweierlei Hinsicht zu interpretieren, einmal im Hinblick auf den Produkt-Nutzen und zum anderen auf den Produkt-Erfolg, wie die folgenden Zitate verdeutlichen.

„Dachmarken gibt es im Kopf des Verbrauchers nicht. Er gibt sein Geld für einen bestimmten Nutzen und nicht für eine Dachmarke aus." (Dr. Rolf Kunisch, Vorstandsvorsitzender des Beiersdorf Konzerns, im Handelsblatt vom 24.03.1998).

„Ohne Innovationen gibt es kein Wachstum. Doch um dieses zu erreichen, müssen wir in der Definition sehr sorgfältig sein. Jede Innovation muss nämlich als neue Problemlösung im Sinne eines neu wahrnehmbaren Nutzens klar erkennbar sein. Nur dann ist der Verbraucher bereit auch mehr zu bezahlen." (Thomas-Bernd Quaas, Beiersdorf Geschäftsbereichsleiter Consumer Products Deutschland, in: LZ 26.03.1999).

Neben der Stärkung der Marke gilt ein durchschlagender Erfolg in der Produktkategorie als unabdingbares Ziel.

„Nur das Unternehmen verdient Geld, das mit seinen Produkten in möglichst vielen Marktsegmenten weltweit die Nr. 1 oder Nr. 2 ist. Spätestens auf Position 5 wird Geld verloren. Dazwischen existiert eine Grauzone, in der man sich schnell entscheiden muss zwischen dem Erringen der Marktführerschaft oder der Aufgabe des betroffenen Geschäftsfelds." (Dr. Rolf Kunisch, in: SÖFW-Journal 08/1999, S. 40)

„Das übergeordnete strategische Ziel blieb unverändert: NIVEA sollte durch neue Produkte mehr Kompetenz und Glaubwürdigkeit als die Marke für alle Belange der Hautpflege gewinnen. „Nur auf diesem Weg können wir auf den kaum noch wachsenden Märkten das notwendige Wachstum realisieren sowie Umsatz und Gewinn weiter verbessern." „Eine Kümmermarke darf es unter dem Label NIVEA nicht geben." (Uwe Wölfer, Beiersdorf Vorstand cosmed). Ziel für NIVEA Deo waren mindestens fünf Prozent Marktanteil in drei Jahren. Alle Erfolge wurden an der Erreichung des angestrebten Marktanteils gemessen. (w&v 15/1996, S. 91)

So stellte BEIERSDORF im Jahr 2002 das NIVEA-Baby-Sortiment ein – bis auf zwei Ausnahmen: Baby-Seife und Baby-Sonnencreme. Das NIVEA-Baby-Sortiment war erst 1996 gelauncht worden mit Cremes, Öl, Puder über Bäder und Pflegetücher. Es gelang jedoch nicht den Baby-Spezialisten PENATEN und BÜBCHEN die Marktführerschaft streitig zu machen. Der wirtschaftliche Erfolg blieb – mit Platz 3 – hinter den Erwartungen zurück. „Es wäre sehr schwer geworden, Marktführer zu werden. Deshalb haben wir uns entschlossen, die Ressourcen in andere, vielversprechende Märkte zu investieren." (LZ, 31.01.2002)

2. (Zusatz-) Leistung im Bereich Pflege/Milde

Die strategische Marken-Klammer von NIVEA lautet: „milde (Haut-) Pflege". Insofern ist Pflege und Milde als Basisnutzen – oder auch als relevante zusätzliche – Leistung ein Muss für alle NIVEA-Produkte.

Deshalb sind beispielsweise unter dem Namen NIVEA keine nur durch den Duft differenzierte Produktvarianten auf dem Markt. – Im Gegenteil: Der Duft wird in den unterschiedlichen Kategorien möglichst gleich gehalten und dient so als verbindendes NIVEA-Element.

Ebenso kommt beispielsweise Zahnpasta nicht mehr in Frage. Denn NIVEA ist beim Verbraucher mit dem Image einer Hautpflege-Creme verbunden – eine Vorstellung, die auf eine Zahnpasta nicht zu übertragen ist.

Gleiches galt lange auch für den Sektor der Haarpflege. Erst die Wandlung im Verbraucherverhalten hat diesen Markt für NIVEA geöffnet: Haare waschen dient nicht mehr wie früher ausschließlich der Reinigung, sondern ist zu einem Teil der täglichen Körperpflege geworden. Statt Waschkraft und Schaum ist Milde gefragt. – Milde Pflege ist aber eine Produktqualität, die weitgehend identisch mit dem NIVEA-Bild des Verbrauchers ist.

3. Einfach und unkompliziert

Dieser Grundsatz ist offensichtlich und soll daher hier nicht weiter erläutert werden.

4. Keine Problemlöser-Konzepte

Das NIVEA-Image wurde lange Zeit vor allem durch die Universal-Creme geprägt. Spezialmärkte und -Produkte für Problemfälle passten daher eher nicht zu NIVEA.

Dies hat sich mit der wachsenden Wichtigkeit des Pflege-Gedankens in unterschiedlichen Spezialmärkten im Laufe der 90er Jahre zunehmend relativiert.

5. Qualitätsführerschaft

Einführungsvoraussetzung scheint immer eine hohe Qualität zu sein, mindestens auf dem Niveau des im jeweiligen Teilmarkt führenden Mitbewerbers und möglichst in einem pflegerelevanten Kriterium besser.

6. Gutes Preis-Leistungs-Verhältnis

Das heißt: keine Billig-Preise, aber auch keine Exklusiv-Preise.

7. Breite Distribution

Die angestrebte breite Erhältlichkeit ist für NIVEA selbstverständlich und soll daher hier nicht weiter erläutert werden.

Diese sieben Grundsätze erlauben, jedes potentielle neue Marken-Produkt vorab einmal zu beurteilen:

- Passt es zu dem NIVEA-Image?

- Ist es geeignet, die Marken-Philosophie langfristig zu stützen?

- Stärkt es sowohl die Muttermarke als auch die gesamten NIVEA-Partnerprodukte?

1991 wurden diese Grundsätze in der „NIVEA Brand Philosophy" – der sogenannten „blauen Bibel" – noch stärker ausgearbeitet und präzisiert. Da diese von BEIERSDORF vertraulich gehandhabt wird, wird deren Inhalt hier nicht näher erläutert.

Insgesamt haben die Grundsätze sowie die vorsichtige, sukzessive Marken-Diversifikation dazu geführt, dass NIVEA-Produkt-Neueinführungen eine außerordentlich niedrige – einstellige! – Floprate aufweisen. (Ergebnis eigener Recherchen, wobei eine harte Flop-Definition (= Einstellung eines Produkt-Angebots) verwendet wurde. – Es mag sogar sein, dass im einen oder anderen Fall die wirtschaftlichen Ziele erreicht wurden und im Regal Platz für vielversprechendere NIVEA-Offerten gemacht werden sollte. Dann gäbe es so gut wie keinen „NIVEA-Flop".

Diese geringe Floprate ist um so beeindruckender, wenn man sich vergegenwärtigt, dass sie durchschnittlich 80% bei Imagetransfers und immerhin noch 28% bei Line Extensions beträgt.

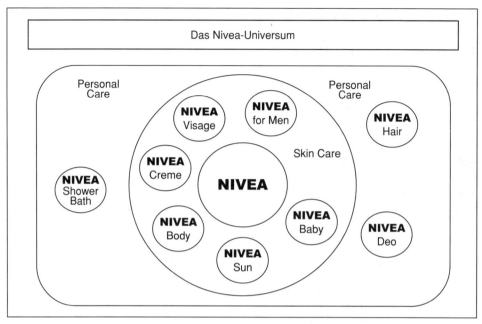

Quellen: Beiersdorf AG, 2001; Verlagsgruppe Milchstraße (Hrsg.): Fallstudie NIVEA, 1998

Vorsichtige sukzessive Marken-Diversifikation

Die Verbraucherbefragung, die dem Markenausbau und der -Aktualisierung von NIVEA ursprünglich zu Grunde lag, hat deutlich gezeigt, in welchen Bereichen NIVEA vom Konsumenten Kompetenz eingeräumt wurde. Das waren zunächst vor allem Segmente, die sehr eng mit der Hautpflege zusammenhängen wie Cremes, Seifen und Sonnenschutz.

Wie vorsichtig die Marken-Diversifikation von NIVEA entwickelt wurde, dokumentieren besonders deutlich die Produktfelder, die erst ausgeschlossen wurden.

Beispielsweise ist unter dem Namen NIVEA bisher kein Parfüm auf dem Markt – denn NIVEA stand lange Zeit für ein geruchsneutrales Universalprodukt, ein Image, das mit der Vorstellung von Duft nicht zu vereinbaren war.

Ebenso gehörte der Markt der After Shaves lange zu einem Segment, auf das sich NIVEA nicht vorwagte. After Shave war für den Verbraucher in erster Linie mit der Vorstellung von Duft und nicht von Pflege verbunden. Die sehr alkoholhaltigen, sich vornehmlich durch ihre Duftnote unterscheidenden After Shaves waren auch gezielt darauf ausgerichtet, ein individuelles Dufterlebnis zu vermitteln, vielleicht noch ein wenig Erfrischung zu bieten. – NIVEA for men After Shave Balsam wurde als Einstieg in den noch wenig entwickelten Bereich der Herrenkosmetik gewählt. Auch hier machte eine Wandlung im Verbraucher-Bewusstsein eine Übertragung der Pflegephilosophie auf ein After Shave Balsam mit der werblichen Aussage möglich: "NIVEA for men After Shave Balsam erfrischt die Haut nicht nur. Er entspannt sie auch und macht sie spürbar glatter, weil er viele pflegenden Substanzen enthält und außergewöhnlich wenig Alkohol."

Um die Glaubwürdigkeit der vor allem auf Pflege abgestellten nutzenorientierten Positionierung nicht zu untergraben und damit das Markenimage zu verwässern, wurden bisher keine Duft-Differenzierungen bestehender NIVEA-Produkte durchgeführt.

Die wiederholt vorgetragenen Wünsche nach einem Markentransfer von NIVEA auf Deo- und Duftprodukte oder dekorative Kosmetik wurden lange

Zeit abgelehnt. „Das verwässert das Image" befanden diverse Studien der Tragfähigkeit und Glaubwürdigkeit von NIVEA. Doch Wöbcke (Vorstandsmitglied, verantwortlich bei BEIERSDORF für "COSMED"), der sich vor einigen Jahren auch noch kein NIVEA für das Waschen der Haare vorstellen konnte, ließ sich ein Hintertürchen offen: „Ich habe gelernt, dass diese Welt nicht statisch ist. „Nur im Moment," betonte er 1986, „übersteigt ein NIVEA-Deo oder -Parfüm mein Vorstellungsvermögen" (Raithel 1986, S. 239 f.). 1992 wurden die ersten NIVEA-Deo(creme)-Produkte eingeführt.

Einige Marken-Diversifikationen von NIVEA nach der strategischen Neu-Ausrichtung (Eine Auflistung aller – über 300 – Produkte würde den Rahmen dieses Buches sprengen)	
1971	Kinder-Shampoo, -Pflegelotion
1972	Kinder-Cremebad
1974	Apres Lotion, Creme Seife
1976	Creme-Bad
1978	Baby-Haut-Creme, -Duschbad
1980	After Shave Balsam, Baby-Waschlotion
1981	Wasserfeste Sonnenmilch, Tropic-Öl, Après-Creme
1982	Gesichtswasser (Nivea Visage), Reinigungsmilch, Ölbad
1983	Fließend-Sanfte-Seife
1984	Pflege-Shampoo, Pflege-Spülung
1985	Tropic Sonnenmilch
1986	Lotion, After Shave Balsam
1991	Deodorant
1993	Spezielle Gesichtscremes
1994	Soft Creme
1994	Nivea Vital (Pflege für reife Haut)
1995	Lippenpflege
1996	Firming Body Lotion
1996	Baby-Pflege-Sortiment
1996	Haar-Styling
1998	Handcreme
1998	dekorative Kosmetik
1998	Gesichts-Reinigungs-Streifen
1999	Sun Sprays

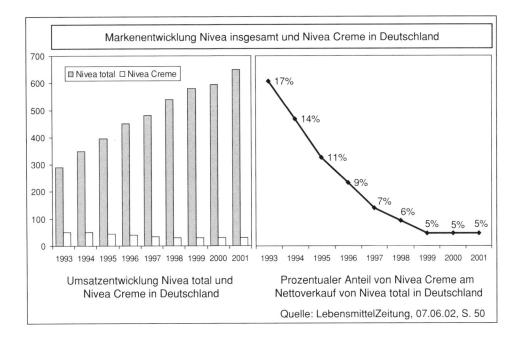

Umsatzentwicklung Nivea total und
Nivea Creme in Deutschland

Prozentualer Anteil von Nivea Creme am
Nettoverkauf von Nivea total in Deutschland

Quelle: LebensmittelZeitung, 07.06.02, S. 50

Dies ist bezeichnend für die Entwicklung der "NIVEA-Familie": Es besteht zwar ein eng abgesteckter Rahmen grundsätzlicher Transferüberlegungen, aber diese sind nicht völlig starr – sondern man passt sich der Konsumentenvorstellungs- und Markt-Entwicklung an.

Wie weit das geht, wird auch an der Einführung von Sonnenschutz-Faktoren bei der NIVEA-Linie deutlich, die der Philosophie der Universalcreme auf den ersten Blick widerspricht.

Doch auch hier gab der Wandel im Verbraucherverhalten den Ausschlag. Der Konsument hat im Umgang mit anderen Produkten gelernt, mit diesen Klassifizierungen umzugehen und sie nicht mehr als unverständlich oder gar Problemlöser anzusehen. Hier ist aus einem Nischenmarkt ein Massengeschäft geworden.

Resumee

Der wirtschaftliche Erfolg hat die strategische Neuausrichtung der Marke NIVEA in vollem Umfang bestätigt, die ursprünglich in Reaktion auf gravierende Markt-Veränderungen Anfang der siebziger Jahre begann.

Bereits innerhalb des ersten Jahrzehnts mit der („neuen") Marken-Diversifikations-Strategie (1975 – 1985) haben sich die Gewichte innerhalb von NIVEA, wie geplant, deutlich verschoben. – Während der Creme-Umsatz in diesem Zeitraum im Inland um 41 Prozent stieg, erreichten die Partner-Produkte eine Zuwachsrate von 405 Prozent. Der Anteil der NIVEA-Diversifikations-Produkte stieg von 47 Prozent in 1975 auf 72 Prozent des gesamten Umsatzvolumens in 1985 und in 2001 machten sie 95% des NIVEA-Gesamtumsatzes aus.

Inzwischen umfasst das NIVEA-Sortiment über 300 Produkte und zwölf Sub-Brands. Hier wird auch der Unterschied zu der Marketing-Strategie der früheren Jahre sichtbar. „Denn solche Erfolge sind allein durch die Übertragung eines Erfolgsrezeptes auf eine Palette von Produkten nicht erreichbar, sondern nur durch Produkte, die zu selbstständigen Marken-Persönlichkeiten geworden sind." (Prick 1988, S. 95).

Seit der schwierigen NIVEA-Situation Anfang der siebziger Jahre ist NIVEA zur weltweit größten Hautpflege-Marke aufgestiegen. Dank einer langfristig und unter strategischen Gesichtspunkten angelegten Marken-Diversifikations-Politik.

Dieser Erfolg ist um so höher zu werten, da sich BEIERSDORF mit NIVEA gegen deutlich größere und finanzstärkere Wettbewerber wie beispielsweise PROCTER & GAMBLE, L´ORÉAL und UNILEVER durchgesetzt hat. In 2001 ist die Cosmed-Sparte von BEIERSDORF „doppelt so schnell gewachsen" wie der direkte Wettbewerber L´ORÉAL in Frankreich und viermal so schnell wie PROCTER & GAMBLE in den Vereinigten Staaten oder der britisch-niederländische Konzern UNILEVER.

„In 50 systematisch erfassten Ländern halte die Marke NIVEA heute über 140 erste Plätze, vor fünf Jahren seien es lediglich 50 gewesen. Bis zum Jahr 2006 sollen „mindestens" 250 erste Positionen erreicht werden.

Unter anderem sei die Marke NIVEA bei Hautcremes und Hautlotion in jeweils 28 Ländern, bei Gesichtsreinigung in 23 Ländern, bei Gesichtspflege in 18 Ländern und bei Sonnenschutz-Artikeln in 15 Ländern Marktführer." (FAZ, 20.02.2002, S. 20).

Der NIVEA-Umsatz stieg von 0,65 Milliarden € in 1991 auf 2,5 Milliarden € in 2001. So berichtete auch das – häufig so kritische – Manager Magazin 2/1996 über den Erfolg von NIVEA (und NIVEA Soft) unter den Titelzeilen: „Das blaue Wunder. Die Erfolgsgeschichte von NIVEA beweist zweierlei: Traditionsmarken können jung bleiben. Und: Beiersdorf hat eine erstklassige Markenstrategie."

Zuverlässige strategische Marktforschung war und ist hierfür eine wichtige Voraussetzung.

Ausblick

Die Diversifikation der Marke NIVEA war und ist bisher ausgesprochen erfolgreich verlaufen.

In aktuelleren Psychodramen haben wir jedoch deutliche Hinweise auf entstehende Probleme und Grenzen der Marke NIVEA festgestellt.

(Anmerkung: Dies erinnert uns in gewisser Weise an unsere Grundlagenstudien für JEVER. Wie Herr Schmidt, ehemaliger Leiter des Nordfriesischen Brauhaus zu Jever auf unserem 7. Marken-Erfolgs-Kongress am 18.04.2002 bestätigte, hatten wir bereits 6 Jahre zuvor vorhergesagt, dass die Marke WARSTEINER erhebliche Probleme bekommen würde. Zunächst wurden wir (und er) allerdings vom Vertriebschef des Nordfriesischen Brauhaus zu Jever und anderen „ausgelacht". – Damals hatte WARSTEINER noch eine dominierende Marktführer-Stellung sowie höhere Wachstumsraten. – In den letzten Jahren hat die Markt-Entwicklung allerdings bestätigt, dass unsere Prognose richtig war.)

Nun wäre es allerdings falsch zu vermuten, dass die Marke NIVEA zwangsläufig in größere Schwierigkeiten kommt. Entscheidend ist in naher Zukunft, dass die richtigen Maßnahmen für NIVEA getroffen werden. Hierfür hat das NIVEA-Management in der Vergangenheit mehrfach ein hervorragendes „Gespür" bewiesen.

Gegenwärtig zeigt sich in unseren Studien deutlich, dass NIVEA durch eine überlegene emotionale Positionierung und durch „preiswertere" Handelsmarken angreifbar wäre.

Zudem entsteht in unseren qualitativen Studien deutlich der Eindruck einer Tendenz von NIVEA zur Überalterung. Aktuelle Studien aus unserem Hause zeigen, dass sich Frauen, die sich jung und moderner fühlen, zunehmend weniger durch NIVEA angesprochen fühlen. Zudem scheint das Marken-Image in den am weitesten entfernten Bereichen vom „Mutter-Marken-Produkt" NIVEA Creme in der Wahrnehmung imageabträglich „auszufransen".

Insofern scheint vor allem eine spitze, zukunftsorientierte emotionale Positionierung der Marke NIVEA und eine Phase der Re-Investition in den Markenkern dringend geboten. Das eher rationale Nutzen-Versprechen „milde Pflege" reicht unseres Erachtens allein nicht aus, um beispielsweise auch im dekorativen Kosmetik-Extensions-Bereich mittelfristig eine stärkere Stellung zu erzielen. Hinzu kommen offensichtlich Probleme in der Logistik besonders modischer „Flankier-Produkte". – Bei letzteren stellt sich eventuell die Frage, ob und in wie weit diese eigentlich zu NIVEA passen.

2. BEISPIEL: CAMEL

CAMEL wird heute häufig als Paradebeispiel für erfolgreiche Zigaretten-Markendiversifikation angeführt. Zu Recht, obwohl das Stammprodukt seit Mitte der 80er Jahre unter Absatzschwund leidet. Im Hinblick auf erfolgreiche Marken-Diversifikation ist es ein spannendes „Lern"-Beispiel, da bei den Marken-Erweiterungen zunächst einige der klassischen Fehler gemacht wurden.

Zur CAMEL-Zigarette

1913 gab Richard Joshua Reynolds der ersten national distribuierten amerikanischen Zigarette den Namen CAMEL. Mit diesem Namen wurde einer Mischung aus amerikanischen und türkischen Tabaksorten ein orientalisches Ambiente gegeben.

Erst über 50 Jahre später, 1968, wurde die CAMEL in Deutschland eingeführt. Die Marke entwickelte sich ausgesprochen positiv mit dem legendären CAMEL-Mann mit dem Loch im Schuh, der „meilenweit" für seine CAMEL ging. Dieser bestand diverse Abenteuer im Dschungel mit Bravour, bevor er sich am Lagerfeuer oder Wildbach eine Zigaretten-Pause gönnte. In der Spitze erreichte die CAMEL Mitte des Jahres 1984 einen Zigaretten-Marktanteil von 8,6%.

Nur die MARLBORO wuchs damals schneller. Dies ist durch unseren BrainCluster-Ansatz leicht nachvollziehbar, da die Markenwelt der CAMEL hauptsächlich nur die „Thriller" ansprach, während die MARLBORO-Kampagne sowohl „Thrillern", „Harmonizern" als auch (vor allem weiblichen) „Performern" eine gute Identifikationsfläche bot. (Die BrainCluster wurden an anderer Stelle (im Buch BrainCluster von P.-H. Stein) ausführlicher erläutert und sollen hier deshalb nicht weiter vertieft werden.)

1991 wurde aus einer Promotion-Idee heraus eine neue Kampagne entwickelt. Originelle Arrangements mit dem tierischen Markenzeichen sorgten in Print und Plakat für Aufmerksamkeit. Im Kino hatten tapsige Plüschkamele, die allerlei kuriose Geschichten durchlebten, die Lacher auf ihrer

Exkurs: Das Beispiel der Camel-Werbung verdeutlicht, wie gefährlich es ist, eine Werbe-Beurteilung auf Basis aller Befragten – und nicht nur in der relevanten Zielgruppe – durchzuführen. In der Masse der Fälle (insbesondere bei Multi-Client-Pretests) wird die Zielgruppe einer Marke deutlich weniger als 50% der Befragten ausmachen. Das Urteil der Nichtzielgruppe ist jedoch meistens irrelevant für den Markenerfolg.

Solche unterhaltsame und witzige Werbung, wie bei CAMEL (ebenso wie z.B. bei der „tierischen" „Nichts ist unmöglich-Kampagne" von TOYOTA oder dem „AXE-Eunuchen"-Spot) erreicht in repräsentativen Umfragen unter allen Befragten hohe Attraktivitätswerte. Sie ist aufmerksamkeitsstark und sie wird gern gemocht, weil sie die – für die Nichtzielgruppe – lästigen Werbeunterbrechungen nicht nur erträglich, sondern amüsant gestaltet. Wenn dies jedoch zu Lasten der eigenen Verwender geht (wie in den drei genannten Fällen), hat dies einen gravierend negativen Abverkaufs-Effekt.

Deshalb ist es zur Vermeidung von Fehlentscheidungen zwingend erforderlich, bei Werbe-Pretests Potenzial und Nicht-Potenzial zu trennen. Ausschlaggebend muss die gemessene Werbe-Wirkung (Image- und Abverkaufs-Wirkung) bei der relevanten Zielgruppe sein.

Seite. – Die Kampagne wurde zudem mit zahlreichen Kreativ-Preisen ausgezeichnet.

Für die Marke CAMEL war die Kampagne aber ein Desaster. Sie griff den seriösen Markenkern der Marke an und insbesondere die Status-orientierten Thriller mögen es überhaupt nicht, wenn Marken, die sie konsumieren, ins Lächerliche gezogen werden.

Die Konsequenz: Die Plüschkamel-Werbung führte zu drastischen Absatzrückgängen. Innerhalb von nur 2 Jahren fiel die CAMEL Filters auf einen Marktanteil von 4,5% zurück. Allein in den ersten 5 Monaten des Jahres 1992 verlor die CAMEL Filters ein Viertel Ihres Volumens (Lebensmittel Zeitung 11.06.1992).

Hinzu kamen Fehler im Merchandising: Die „Kamele" und die Kampagnenmotive, umgesetzt auf Accessoires und Geschenkartikel in Form von Spardosen, Tassen, Aschenbechern und in Stoff, fanden zunächst reißenden Absatz. Gleiches galt für relativ preiswerte, bedruckte Taschen und weitere „billige" Merchandising-Artikel der Marke CAMEL.

Der Verkauf der CAMEL-Produkte wurde bundesweit auf 800 Tabakwarenläden ausgedehnt, die damals die blaugelbe Produktreihe mit Feuerzeugen, Geldbörsen und weiteren Artikeln führten.

Der Tabakkonzern wollte hierdurch zum einen vor allem jüngere Leute in die Tabakwaren-Fachgeschäfte locken, die damals vorwiegend von älteren Käuferschichten – im Schnitt ab 40 Jahren – frequentiert wurden. Zum anderen bot das Konzept einer zigarettenbegleitenden Produktlinie vermeintlich einen strategischen Vorteil im Kampf um Regalplätze. So installierte REYNOLDS in den betreffenden Läden jeweils eigene Regalsysteme. Die Marke CAMEL war dadurch wesentlich präsenter als in Vergleichsläden. Die geäußerte Erwartung, dass ihr Absatz dementsprechend steigen würde (Horizont 13.03.1992, S. 10), erwies sich jedoch schnell als falsch: Der CAMEL-Zigaretten-Absatz war in den ersten fünf Monaten des Jahres 1992 mit 22,6% rückläufig (Horizont 19.06.1992, S. 2).

Der große Erfolg der gelb-blauen "Plastikreihe" an CAMEL-Promotionartikeln, die in Tabakläden zu Niedrig-Preisen angeboten werden, dürfte mittelfristig den höherpreisigen CAMEL-Transfer-Produkten Probleme bereitet haben – beispielsweise den CAMEL TROPHY-Uhren mit Preisen von damals umgerechnet 125.- bis 375.- €. – Es bestand die Gefahr, dass die angestrebten kurzfristigen Promotion-Erfolge zu Lasten der langfristigen Entwicklung der Imagetransfer-Produkte gingen. So schrieb auch die Horizont vom 30.08.1991 auf S. 14 über die blau-gelbe "CAMEL Plastikreihe" und fragte zu Recht: „Das reißt doch alles runter. Ist ein solcher Spagat sinnvoll?"

Mit der auf die Plüschkamel-Werbung folgenden „Taste the Adventure"-Kampagne, die die Packung attraktiv verfremdet in den Mittelpunkt stellte, sowie der „It´s so tasty"-Kampagne versuchte man anschließend vergeblich, die Marke CAMEL mit Abenteuer-Romantik wieder ins Lot zu bekommen.

Noch erschreckender war allerdings für externe Marken-Strategen 1996 die Beobachtung, dass die Ursachen der fatalen CAMEL-Entwicklung durch die erste Plüschkamel-Werbung vom CAMEL-Marketing-Management und ihrer Agentur nicht verstanden worden waren. So äußerte der damalige CAMEL-Marketing-Manager anlässlich der Vorstellung der „CAMEL-Tips"-Kampagne: „Schräger Humor spielt eine tragende Rolle, denn Humor kommt immer gut an". Und der Creative Director ergänzte: „Humor ist ein Kernbestandteil der Marke CAMEL." (Horizont 23.08.1996, S. 46; w&v 33/1996, S. 62)

Entsprechend sah die in London entwickelte Kampagne mit englischem Humor aus: Ein angekokeltes Kamel stürzte zwischen Häuserschluchten hinab, ein anderes lag plattgesessen im Sessel. Ein drittes sollte auf dem Nachttisch für die Zigarette „danach" werben. Ein viertes erregte im Domina-Look vorrübergehend die Aufmerksamkeit. – Der Abwärts-Trend der CAMEL setzte sich erwartungsgemäß fort.

Seit dem Jahre 2001 wird mit dem Slogan „Slow down. Pleasure up" geworben. Dieser kommuniziert zwar in gewisser Weise den zentralen Basisnutzen der Zigaretten-Kategorie, den wir in Psychodramen für andere Zigarettenhersteller herausgearbeitet haben, aber die Kampagne spricht ihn nicht präzise genug an. – Fraglich bleibt ohnehin, ob die Talfahrt der CAMEL Filters nach dem Kommunikations-Wirrwarr und der weitgehenden Zerstörung des Marken-Kerns überhaupt noch zu stoppen ist.

Zur CAMEL-Marken-Diversifikation

Die Imagetransfers der Marke CAMEL werden heute häufig zu Recht als Beispiel für erfolgreiche Zigaretten-Markendiversifikation angeführt. Dabei wird allerdings oft vergessen, dass diese lange vorher begannen, bevor die CAMEL-Zigarette in den Abwärtstrend geriet. Darüber hinaus wird selten berücksichtigt, dass die die CAMEL-Markenrechte nutzende STAR COOPERATION (heute WBI WORLDWIDE BRANDS INTERNATIONAL) durch eine lange Lernkurve ging und der Umsatz über mehrere Jahre hinweg (z.B. von 1980 bis 1984) stagnierte und teilweise sogar rückläufig war. Dies hatte mehrere Ursachen:

1. es wurde – laut STAR – zumindest in einem Diversifikations-Bereich zunächst ein "falscher" Kooperationspartner (im Textilbereich) gewählt.

2. zumindest im Falle der gescheiterten "CAMEL-ABENTEUERREISEN" wurden zu wenig die Erfordernisse des Diversifikations-Marktes bzw. die Bedürfnisse der Konsumenten berücksichtigt, wie bereits an anderer Stelle und noch ausführlicher in Kapitel II Ziele in Abschnitt 2.1.3 in diesem Buch erläutert wurde.

3. die einzelnen CAMEL-Transfer-Produkte wurden zunächst nicht separat beworben, da man auch von der weitverbreiteten, aber falschen Annahme ausging, dass diese bereits durch die "berühmte" Marke vorverkauft seien. Nicht existierende "economies of scale" wurden offensichtlich auch bei der Einführung der "CAMEL COLLECTION" und später von "CAMEL BOOTS" erwartet, wie die folgenden historischen Zitate zeigen:

„Für REYNOLDS ist dieser Schritt in die Diversifikation von begrenztem Risiko. Während Zigaretten-Neueinführungen zwischen 15 und 20 Millionen DM (7,5 - 10 Mio. €) für begleitende Werbung und Promotion-Aktionen verschlingen, liegt der Promotion-Etat für die CAMEL-Kollektion mit DM 200.000 (€ 100.000) nicht zuletzt deshalb so niedrig, weil die laufende CAMEL-Werbung (Jahresetat: 6 Millionen €) unterstützend genutzt wird." (o. V. 21.03.1977)

„ ... eine halbe Million Mark (250.000 €) steckten die Textilindustriellen (R & A BECKER) in die Einführungskampagne des CAMEL-Looks. Die Kölner (REYNOLDS) indes bezahlten keinen Pfennig in den Werbetopf. „Wir beteiligen uns mit unserem Namen", so der damalige CAMEL-Produktmanager, „und der ist wertvoll genug". (o. V. 18.03.1977)

„1980 ... wird damit begonnen, die Endverbraucher mit Werbung für die "CAMEL Collection" direkt anzusprechen." (o. V. FAZ, 21.01.1980)

Die im Zusammenhang mit einem Rechtsstreit 1984 durchgeführte repräsentative Befragung machte deutlich, dass die Befragten mit CAMEL kaum die Marken-Diversifikations-Produkte spontan nannten (vgl. OLG Köln: Urteil v. 30.11.1984 "Camel", S. 560):

- zu   86,0% mit Tabakwaren
- zu 1,7%   mit CAMEL-Bekleidung/Collection (Einführung 1977)
- zu 3,1%   mit CAMEL-Schuhe/Boots   (Einführung 1979)
- zu 2,1%   mit CAMEL-Abenteuerreisen   (Einführung 1980/81)

REYNOLDS hat damals aus den niedrigen Bekanntheitswerten der Partner-Produkte die richtigen Konsequenzen gezogen. 1988 wurden bereits circa 4,5 Mio. € für das Marketing der CAMEL-Transferprodukte ausgegeben, wovon etwa 3 Mio. € auf klassische Werbung entfielen.

Den Effekt verdeutlicht folgendes Zitat, auch wenn die Ursache-Wirkungs-Kette in falscher Reihenfolge genannt wird: „Vergleichbar erfolgreich wie die Umsatzentwicklung verläuft die Kurve der Markenbekanntheit." Nach mehreren Jahren verstärkter Werbung betrug die Markenbekanntheit 1988 bereits 53% für CAMEL BOOTS und 51% für CAMEL COLLECTION. (vgl. o. V. 1988, S. 32 ff., Zitat: S. 36).

Das Werbe-Budget der Partner-Produkte lag 1998 „beträchtlich über 10 Millionen DM" (5 Millionen € – w&v 38/1998, S. 80). Im Jahr 2001 wurde der Etat über 100% gesteigert (Financial Times Deutschland 25.01.2001, S. 9). Medial lag der Schwerpunkt bei Kino und Plakat.

2.1. Ziele der CAMEL-Marken-Diversifikationen

Bevor auf die (Markt-) Entwicklung der einzelnen CAMEL-Imagetransfer-bereiche eingegangen wird, sollen die verfolgten Zielsetzungen analysiert werden.

Folgende Zielsetzungen können bei den CAMEL-Imagetransfers unterstellt werden, wie die teilweise bewusst gewählten historischen Zitate in den folgenden Abschnitten nachweisen:

2.1.1. Aufrechterhaltung bestehender und Erschließung neuer Kommunikations-Möglichkeiten für die Zigaretten-Marken

Das Kernziel der CAMEL-Marken-Diversifikationen war und ist die Aufrechterhaltung von direkten bzw. indirekten Kommunikations-Möglichkeiten für die Zigaretten-Marke, wie auch die FAZ vom 08.07.2000 auf Seite 21 nach einer WBI-Pressekonferenz bestätigt: „Entstanden sind diese (Marken-Diversifikationen) ursprünglich Ende der siebziger Jahre, um damals schon befürchtete Werbeverbote für Tabakwaren zu umgehen."

Die "CAMEL COLLECTION" wurde und wird via Print-Medien annonciert, "BOOTS"-Spots liefen zusätzlich in Film-Theatern. Dem Kino-Spot waren häufig Bezugsnachweise aus dem örtlichen Fachhandel angehängt. "SHOP"-Angebote werden über Magazinbeilagen beworben sowie ... mittels Direct Mail". (vgl. o. V. 6/1984, S. 48 f.)

Nur einmal (oder nur sehr kurze Zeit) sind CAMEL-BOOTS-Spots auch im Fernsehen geschaltet worden. (Anmerkung: Seit 1975 darf in Deutschland für Zigaretten und zigarettenähnliche Tabakerzeugnisse nicht mehr im Fernsehen oder Radio geworben werden (§22 Lebensmittelgesetz, vgl. Mayer (de Groot) 1980, S. 148 f.). Gründe für die Einstellung der TV-Ausstrahlungen sind nicht bekannt.

Die CAMEL TROPHY-Uhren-Kollektion ist 1993 mit 75 TV-Spots in RTL und SAT 1 beworben worden. Zuvor liefen diese Werbespots von März bis April 1991 im Schweizer Fernsehen. In einer Entscheidung des Bundesgerichtshofes in Lausanne wurde festgestellt: „Zwar sei unverkennbar, dass ein Imagetransfer von einem Markenprodukt auf ein anderes stattfinde. Solange aber nicht feststehe, dass diese Diversifizierung mit der Absicht zur Umgehung des Werbeverbotes erfolge und auch keine unterschwellige Werbung vorläge, sei das Tabakwerbeverbot zugunsten der Handelsfreiheit eng auszulegen, erklärten die Richter." (Horizont 19.02.1993)

2.1.2. Intensivierung des CAMEL-Markenbildes

In der fünfundzwanzigjährigen Geschichte der CAMEL-Marken-Diversifikation wurde jeweils situationsbedingt eine große Bandbreite an Zielen für die erfolgreich etablierte Zigaretten-Marke verfolgt u.a.:

- die Abstützung der Markenwelt
- die Erweiterung/Ergänzung des Markenbildes sowie
- die Aktualisierung bzw. Korrektur der Marken-Assoziationen.

a. Abstützung der Markenwelt

Insbesondere durch das Angebot von Abenteuerreisen sollte die CAMEL-Markenwelt unmittelbar erlebbar werden: „Die "CAMEL-Welt" umfasst Männlichkeit, Abenteuer in unberührten Regionen, Individualität, Eskapismus – mehrheitlich Inhalte, die im Alltag nicht nachvollziehbar sind, für die gleichwohl bei einer breiten Verbrauchergruppe latenter Bedarf besteht." (o.V. 06/1984, S. 48)

b. Erweiterung, Aktualisierung und Korrektur der Marken-Assoziationen

Die gewünschte Abkehr von einem unerwünschten Teil des Markenbildes (des damaligen "Gammellook") dürfte auch bei dem „aus einer Promotionidee entstandenen Konzept, das Image einer Top-Zigarettenmarke auf Freizeitkleidung zu übertragen" (Köhler 1978), Pate gestanden haben. „Die Kleidungsstücke ("edel-leger") ziert ein winziges aufgesticktes "CAMEL" ... und sind auch ein bisschen teurer als die herkömmliche, markenlose Freizeitkleidung." „Dass die "CAMEL COLLECTION" ... noch besser läuft, dafür soll zunächst einmal die "verfeinerte" und sauberer gewordene Kollektion sorgen."

„Fein dosiert woll(t)en die Reynolds-Manager das "CAMEL"-Werbeprofil den modernen Erfordernissen eines Markenartikels anpassen. Der erste Schritt ist mit Bob Beck getan, der den urigen Typen im Gammel-Look und durchgelaufener Schuhsohle abgelöst hat. Leger und gepflegt ist er allen

Mitbewerbern meilenweit überlegen und verkörpert ein leicht retuschiertes "CAMEL"-Image, das allmählich die Sachaussage durch eine Philosophie (ersetzt). Die Marke soll nicht mehr allein für Zigaretten stehen, sondern für einen Lebensstil, ..." (FAZ, 21.03.1977).

2.1.3. Heranführung bzw. Erschließung neuer Konsumenten-Kreise

„Die schwierigste Aufgabe, die jede Zigarettenmarke zu lösen hat, ist die Notwendigkeit, ihre Anhängerbasis ständig zu erneuern." (Black 1984, S. 83)

Entsprechend sollte „sich die CAMEL-Transfer-Zielgruppe idealerweise (folgendermaßen) zusammensetzen":

„Abzuleiten von Gesamtimage CAMEL haben die beiden Sortimentsbereiche eine jugendliche, männliche Zielgruppe, die einen selbstbewussten, individuellen Lebensstil hat, Interesse und Aufgeschlossenheit für Abenteuer besitzt. Dabei sollen mit "CAMEL BOOTS" primär die 18-34jährigen Männer angesprochen werden. Die jüngere Collection wird ... von Männern zwischen 18 und 29 getragen." (w&v 23/1988, S. 32)

Die Begrenzung der Zielgruppe – nach unten hin – auf zumindest Achtzehnjährige dürfte juristische Gründe haben. Insbesondere die gezielte Heranführung der nachwachsenden Raucherschaft an CAMEL dürfte aber eigentlich eine wesentliche Imagetransfer-Zielsetzung gewesen sein.

2.1.4. Einsparung von Marketing- und Werbekosten

Durch die CAMEL-Marken-Diversifikationen soll die Marketing-Effizienz der Gesamt-Marke gesteigert werden durch

- die Ausstrahlung der Imagetransfer-Partnerprodukte auf das Stammprodukt (Spill over-Effekte)

- Nutzung effizienterer (z.B. elektronischer) Medien

- Erschließung neuer Distributionskanäle für die Marke

Bei REYNOLDS versprach man sich von weiteren Imagetransfers „eine zusätzliche Breitenwirkung bei bisher nicht angesprochenen Verkehrskreisen." (Handelsblatt, 25.01.1978)

„In Zukunft wird es darauf ankommen, alle Instrumente des Marketing geschickt und energisch zu nutzen", meinte Fischer (damals General Marketing Manager, REYNOLDS). Dazu gehört auch die "CAMEL COLLECTION" (LZ, 25.01.1980).

2.1.5. Erschließung zusätzlicher Profitquellen

Die Erzielung von Gewinnen im Diversifikations-Bereich oder zumindest ein ausgeglichenes Geschäfts-Ergebnis, empfiehlt sich bei der CAMEL auch aus juristischen Gründen, um im Falle eines Werbeverbotes für Tabakwaren Kommunikations-Möglichkeiten für die Zigaretten-Marke aufrechterhalten zu können. Ansonsten dürfte sich der Gesetzgeber veranlasst sehen, legislativ einzuschreiten.

„Wir wollen", so der damalige CAMEL-Produktmanager, „zusammen mit geeigneten Partnern Geld mit neuen Produkten verdienen." (o. V. 18.03.1977)

„Und auch REYNOLDS geht nicht leer aus: Für das Bereitstellen von Image und Markenzeichen gibt es Lizenzgebühren. Diese werden jedoch ... wieder investiert. Kurz- und mittelfristig ist REYNOLDS's ... nicht auf Gewinn aus." (FAZ, 28.01.1978)

2.2. Zur Kooperation mit den Transfer-Partner-Unternehmen

„Je wichtiger dem Lizenzgeber die Marke ist, um so intensiver wird er das Marketing beeinflussen", lautete das Credo von Manfred Wolterhoff, Geschäftsführer der (damaligen) STAR COOPERATION. Die REYNOLDS-Tochtergesellschaft zeichnete verantwortlich für die Absatzstrategie der CAMEL COLLECTION (Lizenznehmer KEMPEL & LEIBFRIED) und CAMEL BOOTS (SALAMANDER). Zusätzlich obliegt dem Unternehmen der Ausbau eines Direkt-Versandgeschäfts (CAMEL SHOP)." (o. V. 12/1986, S. 42)

„In dieser Kooperation übernimmt REYNOLDS das Marketing, verwaltet den Werbeetat und gibt gegen Lizenz den Markennamen, während bei der BECKER-Gruppe Produktion und Vertrieb liegen." (Handelsblatt, 16.06.1977)

Diese Aufteilung der Zuständigkeiten gilt auch heute noch – mit teilweise anderen Partnerunternehmen, wie u.a. das Zitat von Wolterhoff (General Manager von WBI) in w&v (38/1998, S. 80) verdeutlicht: „Wir haben uns von Anfang an mit Spezial-Unternehmen zusammengetan. So werden unsere Schuhe von SALAMANDER produziert, unsere Hemden von der SEIDENSTICKER-Tochter DORNBUSCH. Wir liefern das Label, unsere Partner das Know-how. Das funktioniert, weil wir die strategische Markenführung bestimmen. Das gilt für das Design und Werbeauftritte der 2000 CAMEL-Produkte, und auch für den Vertrieb. ... Mit stringenter Markenpolitik konnten wir die CAMEL-Markenfamilie im oberen Preissegment positionieren."

„Die Lizenzverträge regeln im wesentlichen die Lizenzgebühren (netto-umsatzbezogen) und die Abstimmung im Marketingbereich. Am Punkt Produktqualität verdeutlicht Wolterhoff die Notwendigkeit einer engen Zusammenarbeit: „Auch dieser Komplex ist vertraglich festgelegt, soweit dies schriftlich und juristisch fassbar ist. Aber es muss mit jeder Kollektion neu darüber gesprochen werden. Denn Produktqualität meint nicht nur Verarbeitungs-, sondern auch Design-Qualität." (o. V. 12/1986, S. 42)

2.3. Zur Entwicklung der einzelnen Transferfelder

Bei der folgenden Analyse der einzelnen CAMEL-Produktfelder wurde u.a. versucht, die Umsatzentwicklung in den ersten Jahren nach der Einführung soweit wie möglich zu ermitteln, da diese besonders interessant als Vergleich für die eigene finanzielle Planung von Marken-Diversifikations-Projekten sein dürfte. Zudem werden die wesentlichen Änderungen in der Transfer-Strategie bzw. -Umsetzung untersucht, die zum größeren Diversifikationserfolg führten.

Seit 1977 wird Bekleidung unter CAMEL verkauft. 1978 folgten Stiefel (Boots). 1984 wurde der CAMEL-Shop, ein Versandhaus-Konzept, eingeführt. 1989 wurde die Marke um Uhren sowie 1990 um Taschen und Reisegepäck erweitert.

2.3.1. CAMEL COLLECTION

CAMEL-Textil-Partner war von 1976 (zunächst als Promotion) bis einschließlich 1982 die Gruppe R. + A. BECKER in Stuttgart, die aber mehr auf Damen-Oberbekleidung spezialisiert war, während sich die CAMEL COLLECTION hauptsächlich an Männer richtete. (Das ursprüngliche Promotionziel war – wie bereits erwähnt – die Abkehr (bzw. "Korrektur") von einem unerwünschten Vorstellungsbild ("Gammellook") beim Verbraucher.) In den ersten Jahren wollte man ursprünglich allein in Deutschland einen Jahresumsatz von 15 - 20 Mio. € erreichen: „Die Initiatoren erhoffen sich fürs erste einen Jahresumsatz zwischen 30 und 40 Millionen Mark." (Peter Sauer, BECKER Geschäftsführer in: Wirtschaftswoche, 18.03.1977). Diese Erwartungen haben sich allerdings zunächst nicht erfüllt, wie die Umsatz-Entwicklungs-Tabelle auf einer der folgenden Seiten zeigt.

Der erste Wechsel des textilen Lizenzpartners zu KEMPEL & LEIPFRIED, mit dem auch eine Umstellung der Distribution verbunden war, und später der zweite Wechsel zu BLÜTEL WORLDWIDE FASHION (Jacken und Hosen) sowie die Ausweitung mit DORNBUSCH (Hemden, Strick, T-Shirts), COMO SPORT (Lederjacken) und FALKE (Socken) zeigte sich (erst verzögert, dann aber deutlich) in der Umsatzkurve der CAMEL COLLECTION.

Der Umsatz-Anstieg dürfte zudem auch verstärkt auf eine andere Ursache zurückführen sein: Den Beginn der separaten CAMEL COLLECTION-Werbung.

Interessant ist auch die zunehmende Loslösung der CAMEL COLLECTION von der ursprünglichen CAMEL-Welt im Zeitablauf. Dies sei anhand dreier Zitate verdeutlicht:

- Anfänglich galt: „Es wäre unsinnig, die CAMEL COLLECTION streng auf die Mode zu positionieren. Wir verkaufen nicht primär Mode, sondern Inhalte. Und was hat Mode im Urwald zu suchen?" Heinrichsdorf, damals Geschäftsführer der STAR COOPERATION

- Ab 1984 wurde die CAMEL COLLECTION zunehmend „emanzipiert": „Bis 1984 war die Printkampagne noch sehr stark an das gewohnte CAMEL-Erscheinungsbild von Freiheit und Abenteuer angelehnt ... Bereits in der Folgekampagne wird der Modeanspruch klarer visualisiert, und „1986 integrierte sich die Mode organisch in das CAMEL-typische Umfeld." (w&v 23/1988, S. 31 f.)

- Im Jahre 2001 erfolgte ein weiterer „Imageschwenk. Die bisherige „Outdoor-Marke" CAMEL" solle sich in ein trendiges Modelabel verwandeln, sagte Wolterhoff (WBI-Geschäftsführer)." (Financial Times Deutschland 25.01.2001, S. 9)

Distribution: "Es hat eine Weile gedauert, ehe der Handel Zutrauen gefasst hat, aber heute vertreiben wir unsere Kollektion über 700 erstklassige Fachgeschäfte in Deutschland." (w&v 23/1988, S. 31) Im Jahr 2000 waren die CAMEL-Marken-Diversifikationen im Versandhandel, in 6000 Fachhandel-Outlets sowie in 21 lizenzierten CAMEL-Stores erhältlich (FAZ 08.07.2000, S. 21).

2.3.2. CAMEL BOOTS

In einem weiteren Schritt wurde 1978 die Werbeerinnerung des Konsumenten an das „Meilenweit"-Thema und an den „Mann mit dem Loch im Schuh" für die Einführung von CAMEL BOOTS genutzt. Beide Assoziationen interpretierte der Verbraucher (damals angeblich) „als Beweis für die Strapazierfähigkeit des Schuhwerks".

Das damalige CAMEL-Management machte nicht den Fehler, die Entwicklung und insbesondere auch den Vertrieb der Diversifikationsprodukte selbst in die Hand zu nehmen. Dennoch erwies sich der Imagetransfer auf einen weit entfernten Produktbereich als Herausforderung, wie das folgende Zitat von Wolterhoff, damals Geschäftsführer der STAR COOPERATION zeigt: „In 1978 waren wir absoluter Newcomer im Schuhmarkt. Und Sie können mir glauben, dass es trotz eines kompetenten Kooperationspartners, der SALAMANDER AG, nicht einfach war, die neue Schuhmarke CAMEL BOOTS im deutschen und später auch in außerdeutschen Märkten zu platzieren.

Was den Erfolg anbelangt, so ist dies in erster Linie auf eine konsequente und marktorientierte Kollektionspolitik, auf eine kompromisslose Qualitätsvorgabe und auf eine attraktive und kontinuierliche Kommunikationsunterstützung für den Handel zurückzuführen.

Nicht umsonst ist CAMEL BOOTS inzwischen die Herrenschuhmarke Nummer eins im deutschen Markt geworden. Aber es hat viel Kraft und Durchhaltevermögen gekostet." (Horizont, 30.08.1991, S. 14)

Dies verdeutlicht auch die Umsatzentwicklungs-Tabelle auf einer der folgenden Seiten.

Entscheidend für den "Durchbruch" dürften vor allem folgende Faktoren gewesen sein:

1. Die Erweiterung der Produktrange vor allem um Halbschuhe etc.

2. Die (verstärkte) Bewerbung seit 1984 von CAMEL-Boots sowie die Entwicklung eines eigenständigeren Marken-Produktauftritts und die gezielte Herausstellung der Produkt-Qualität: „Für die BOOTS, die keine mehr sind, wurde zur Herausstellung der neuen Modellpolitik Götz George, alias Horst Schimanski, eingespannt. ... George verkörperte als Imageträger die Produktpositionierung ideal" (w&v 23/1988, S. 32) und "garantierte" einen aufmerksamkeitsstarken CAMEL Boots-Auftritt.

2.3.3. CAMEL Tours

Mit Hilfe der HAPAG LLOYD REISEBÜRO GMBH sowie dem Reiseunternehmen AIRTOURS wurde ein Programm an ausgewählten Abenteuer-
Reisen herausgebracht. Es handelte sich um zehn Programme in drei Kon-
tinenten.

„Die Reisen dauern im Durchschnitt vierzehn Tage, sind, wie es bei der
Vorstellung in Frankfurt hieß, "auf das individuelle Erlebnis eingestellt" und
sind in drei Kategorien unterteilt.

Beim Typ A wird Strapazen nicht ausgewichen; die Bereitschaft, mit unvor-
hergesehenen Ereignissen fertig zu werden, wird vorausgesetzt – ein Hauch
von Expeditionscharakter. Auch die Reisen des Typs B führen abseits der
normalen Touristikrouten. Die Anforderungen an die Teilnehmer sind aber
weniger hart; ein gewisser Komfort wird geboten. Die Reisen vom Typ C
sollen dem Reisenden neben dem Abenteuer auch Erholung bieten, sie
werden aber ebenfalls auf touristisch wenig bekannten Routen durchgeführt.
... Die Reisen kosten zwischen 2.669 und 5.750 Mark (1.335 - 2.875 €)."
(FAZ, 07.08.1980)

Es zeigte sich aber laut dem (damaligen) Geschäftsführer Heinrichsdorf,
„dass zwar viele Leute den Wunsch nach Abenteuer hätten, letztlich aber
lieber davon träumten als den Mut (und das Geld) für eine solche Reise aufzubringen." (FAZ, 10.10.1984)

2.3.4. CAMEL SHOP

„Ganz anders als die Modeaktivitäten ist der CAMEL SHOP aufgebaut, den
Helmut Hagenlücke in Hamburg von Beginn an, also seit 1983, werblich
betreut. Bei allen Maßnahmen wird grundsätzlich nach Stammkunden und
Neukunden unterschieden.

Mit Beilagen werden Neukunden auf den Shop-Katalog "mit vielen Ideen
gegen das Alltägliche" aufmerksam gemacht. 50 Seiten stark, durchgehend
vierfarbig, ist der Katalog attraktiv, der anfangs eher eine Blattsammlung
war. Die Stammkunden beliefert Hagenlücke regelmäßig zweimal jährlich

mit dem Katalog und mit sogenannten Zwischenangeboten." (w&v 23/1988, S. 33 f.)

Zur Umsatzentwicklung auf Basis von Endverbraucherpreisen sehen Sie bitte die Tabellen auf den folgenden Seiten.

2.3.5. CAMEL TROPHY Uhren

Ende 1990 kaufte die damalige STAR COOPERATION von ihrer Muttergesellschaft R. J. REYNOLDS den Markennamen "CAMEL TROPHY". Dieses seit über 10 Jahren existierende internationale Promotion- und Public Relations-"Ereignis" verfügte über einen hohen Bekanntheitsgrad.

Als erstes Produkt unter diesem Namen war die Uhrenmarke "CAMEL TROPHY ADVENTURE WATCH" seit 1991 zu Preisen zwischen 125 und 375 € im Uhrenfachhandel erhältlich. (Mosch 04/1991)

Laut Aussagen des Geschäftsführers ist die Entwicklung positiv:

„Wolterhoff: Die Einführung der CAMEL TROPHY-Uhren im deutschen Fachhandel ist tatsächlich ein Riesenerfolg, der unsere bereits sehr hochgesteckten Ziele noch weit übertroffen hat. Umsatzergebnisse einzelner Geschäftsbereiche veröffentlichen wir aus Wettbewerbsgründen zwar nicht, aber soviel kann ich Ihnen schon sagen: CAMEL TROPHY Uhren haben bereits jetzt eine Distribution von mehr als 500 deutschen Fachgeschäften erreicht, und das nach nur acht Monaten Einführungszeit. Und der Trend ist weiterhin steil nach oben gerichtet." (Mosch 30.08.1991, S. 14)

Es gab aber – bei einer grundsätzlich positiven Entwicklung – auch Rückschläge beim Uhren-Umsatz, z.B. mit minus 9,5% im Jahre 1992 und mit minus 13,7% im Jahre 1997.

Im Jahr 2000 lief nach 20 Jahren das letzte Rennen um die CAMEL TROPHY. Im Jahr 2001 wurde CAMEL TROPHY durch die neue Bezeichnung CAMEL ACTIVE ersetzt. Von dem neuen Namen verspricht man sich eine bessere Ausschöpfung des Kundenpotenzials.

2.3.6. CAMEL-Sonnenbrillen, CAMEL-Herrenkosmetik, CAMEL-Stifte

1993 wurden CAMEL-Sonnenbrillen und eine CAMEL-Herrenkosmetik-Range in Spanien getestet. Scheinbar mit geringem Erfolg, da zumindest die Herrenkosmetik-Range die Kompetenz der Marke CAMEL überfordert haben dürfte.

Vielleicht wurde die Idee durch den Marken-Diversifikations-Erfolg von DAVIDOFF nicht nur in den Zigaretten- sondern auch in den Herren-Duft- und -Kosmetik-Bereich ausgelöst. – Es zeigt sich aber immer wieder, dass der Erfolg einer vermeintlich ähnlichen Marke noch lange keine Garantie für die Diversifikation der eigenen Marke bedeutet, da die unterschiedlichen Marken meist deutlich im Hinblick auf ihre Historie, ihr Image (ihren Motiv-Schlüssel) usw. differieren. Insofern ist eine markenspezifische Überprüfung der Diversifikations-Möglichkeiten, wie ihn auch CAMEL vorgenommen hat, unerlässlich.

Getestet wurden 1994 neue CAMEL-Schreibgeräte. Diese hatten eine Taschenlampenform und funktionierten auf jeder Oberfläche, sogar unter Wasser. Sie waren jedoch nicht ausreichend erfolgreich.

2.4. Resumee

Nach anfänglichen Fehlern (u.a. zu geringe Werbeunterstützung der Diver- sifikationen, unzureichende Berücksichtigung der Erfordernisse der Trans- fermärkte, falsche Partner-Unternehmenswahl usw.) haben sich die Diversi- fikationen der Marke CAMEL (meist) ausgesprochen positiv entwickelt.

Als vorbildlich kann die Marken-Diversifikations-Führung aus einer Hand bezeichnet werden und die frühzeitige Zurücknahme der „Marken-Mutter". Hierdurch gewannen die Diversifikations-Produkte lange Zeit an Eigenstän- digkeit und konnten sich von der negativen Entwicklung der CAMEL-Zi- garette erfolgreich abkoppeln.

Der Relaunch von CAMEL TROPHY in Richtung „CAMEL ACTIVE" und die Aufgabe der angestammten Positionierung ist allerdings kritisch zu sehen. So vertritt auch Ernst-Albrecht Klahn, Managing Director Brand

Consult GmbH Hamburg, davor Geschäftsführer von REEMARK, einer Tochtergesellschaft für Marken-Diversifikationen von REEMTSMA, in einem E-mail im April 2003 folgende Auffassung:

„Es wurde ein neuer Auftritt entwickelt, der mit sehr viel gutem Willen noch halbwegs zu den Plüschkamelen passt und trotzdem den Marken-Diversifikationen im Modebereich noch eine akzeptable kommunikative Plattform bietet. Das Ergebnis sehen wir zur Zeit auf dem Markt: CAMEL ACTIVE. Diese Entwicklung wird meiner Einschätzung nach aus folgenden Gründen nur schwer funktionieren:

• Die neue Plattform hat nichts mehr mit der alten Positionierung zu tun (selbst das CAMEL-Logo ist verschwunden), so dass die bisherigen Verwender ihre Marke nicht wiedererkennen werden.

• Gleichzeitig ist der neue Auftritt so flach und generisch (CAMEL ACTIVE ...), dass es wohl kaum gelingen wird, neue Käufer für diese Marke zu generieren.

• Dem neuen Lizenznehmer SEIDENSTICKER fehlt vermutlich die Durchsetzungskraft und strategische Kompetenz, um diesen Kraftakt der Markenumbildung durchzutragen.

Es bleibt abzuwarten, ob die neue Zigaretten-Kampagne eventuell helfen kann, die im Markt bereits sichtbare negative Entwicklung von CAMEL ACTIVE umzudrehen. Zweifel daran haben meiner Ansicht nach durchaus ihre Berechtigung."

Umsatz in Mio. € zu Endverbraucherpreisen

	1976	1978	1980	1981	1982	1983	1984	1985	1986	1987	1988
Collection	2	15	11	8	10	7	12	19	18	22	24
Boots	-	3	9	9	15	11	9	12	16	27	50
Shop	-	-	-	-	-	-	1	1	3	4	5
Total	2	18	19	17	25	17	21	31	38	53	79

Umsatz in Mio. € zu Endverbraucherpreisen

	1989	1990	1991	1992	1993	1994	1995	1996	1997	1998	1999
Collection	21	25	46	50	56		76	89	113		
Boots				89		104		120			170
Reisegepäck, Uhren				22							
Shop				17				24			
Total	94	122	149	178	188	204	220	240	284	318	339
Internat.	147	270	280					510			

Quellen u.a.:
FAZ 28.01.1978, 30.01.1979, 10.10.1984, 08.07.2000 S. 21; absatzwirtschaft 12/1986, S. 42; Handelsblatt 25.01.1978, 18.03.1998 S. 22, 09.09.1999;
Süddeutsche Zeitung 18.03.1998; Textilwirtschaft 04.03. und 15.07.1993; Horizont 4/1991, 30.08.1991 S. 14, 42/1991, 14.02.1992;
w&v 10.06.1988, S. 32; w&v online 18.03.1999; Financial Times Deutschland 25.01.2001, S. 9
Anmerkung: Der "eigentliche WBI-Umsatz", den CAMEL-Produkte zu Endverbraucherpreisen erzielt haben, ist deutlich niedriger, weil WBI im Produktbereich Schuhe nur als Lizenzgeber auftritt.

3. BEISPIEL: JULES MUMM

Die folgende Fallstudie basiert auf der Veröffentlichung von Johannes Kues und Alexa Michel, ROTKÄPPCHEN-MUMM SEKTKELLE-REIEN sowie Thomas Scharf, Konzept & Analyse: Jules Mumm: Fruchtig, frech und erfolgreich, in planung & analyse 1/2003.

Die erfolgreiche Einführung und Entwicklung neuer Marken-Produkte zählt angesichts enormer Flopraten zu den spannendsten und schwierigsten Herausforderungen im Marketing. Die Erfolgsstory JULES MUMM beweist, dass neben dem Mut zu agieren statt zu reagieren, dem notwendigen „Fingerspitzengefühl", vor allem die bessere Kenntnis der emotionalen und faktischen Verbraucherbedürfnisse der wichtigste Wettbewerbsvorteil eines Unternehmens ist.

Die Absatz- und Marktanteilsentwicklung von JULES MUMM ist höchst erfreulich und zeigt – im rückläufigen Champagner- und Sektmarkt – kontinuierlich nach oben. Zudem hat sich auch die prognostizierte schwache Kannibalisierungsrate mit MUMM CLASSIC im Markt bestätigt. Hierdurch bedingt konnte die Gesamtmarke MUMM den höchsten Marktanteil in den letzten fünf Jahren übertreffen.

Die Ausgangs-Situation: Harte Zeiten für deutschen Traditionssekt

Zum Zeitpunkt der ersten Marken-Diversifikations-Überlegungen für MUMM war der deutsche Sektmarkt schon recht ungemütlich geworden. Die deutschen Traditions-Sektmarken litten unter den vehementen Zuwächsen von FREIXENET und später auch Prosecco: Beide Angebote, so die Vermutung, verkörperten eine gänzlich neue Art von Sekt, die vor allem auf jüngere Zielgruppen einen hohen Anreiz ausübt.

Das Unternehmen SEAGRAM stand vor der Herausforderung, mit initiativem Geist auf die veränderten Marktgegebenheiten zu reagieren. Eine grundlegende Marktforschungsanalyse des deutschen Sektmarktes, die Konzept & Analyse durchführte, sollte die Möglichkeiten aufzeigen, wie MUMM die Marktveränderungen nutzen konnte. Die Grundlagenstudie sollte als Ausgangspunkt für eine langfristig angelegte Markenstrategie dienen.

Die Entscheidung war, „ganz von vorne" anzufangen. Wenn das Marketing einen Einfluss auf das Verhalten und die Markenwahl der Konsumenten haben will, dann muss es zunächst die ursächlichen Gründe und Motivationen für das Kaufverhalten kennen und verstehen. Vereinfacht ausgedrückt standen wir vor den Schlüssel-Fragen:

- Warum eigentlich trinken die Leute Sekt?

- Und warum greift der eine Verbraucher zu MUMM, während der nächste auf FREIXENET schwört?

Den Markt verstehen: saubere Diagnostik statt „Versuch und Irrtum"

Dass Sekt ein hoch emotionales Getränk ist und nicht unbedingt zum Durstlöschen getrunken wird, ist naheliegend. Aber was genau macht die Faszination von Sekt aus? Was steckt hinter dem veränderten Verhalten der Verbraucher?

Die Emotionen, die mit dem Konsum von Sekt verbunden sind, zu entdecken, begreifbar zu machen und möglichst bildhaft darstellen zu können: Das war das Kernanliegen des ersten Untersuchungsschritts.

Um an diese Emotionen zu kommen, wurden ganztägige Psychodramen durchgeführt. Durch den Einsatz spezifischer Techniken (u.a. Rollenspiele, Symbolik, Abstraktionsverfahren) konnten die rationalen und vor allem die emotionalen Verhaltensmotive freigelegt werden. Speziell über den Einsatz von Rollenspielen können die Befragten (nach einer gewissen Anwärmungsphase) quasi in ihrem Verhalten beobachtet und der soziale Kontext mitberücksichtigt werden.

Hier seien nur einige Erkenntnis-Beispiele genannt:

- Worin unterscheidet sich in emotionaler Hinsicht eine Situation, in der z.B. Prosecco verwendet wird, von einer anderen, in der MUMM getrunken wird?

- Welcher Anlass der Sektsituation wird jeweils herausgestellt? Wie sehen die dargestellten Verwendertypen aus?

- Welche Funktion hat Sekt in diesen Situationen?

Über exploratives Nachfragen (sogenanntes ‚Interview in der Rolle‘) können die Situation näher durchleuchtet und die Motive und die Stimmungen der Teilnehmer tiefergehend eruiert werden. Experimentelle Veränderungen während des Workshops erlauben interessante Einsichten in latent vorhandene Barrieren:

- Wie verändert sich für z.B. FREIXENET-Verwender eine Situation, in der anstelle von Freixenet überraschend MUMM serviert wird?

- Wie stellen Prosecco-Verwender wohl eine Gruppe von MUMM-Verwendern dar?

(Eine ausführliche Darstellung der Methode wurde bereits an anderer Stelle in diesem Buch vorgenommen.)

„Psychologie des Sekts“

Die wichtigsten Erkenntnisse aus dem Psychodrama: Sekt ist überspitzt ausgedrückt der einzige sozial akzeptierte Alkohol für Frauen. Männer geben seltener den Anstoß und bleiben nur kurzfristig beim Sekt, um dann zu anderem Alkohol zu wechseln. Sekt strahlt (auch wegen der historischen Champagner-Herkunft) eine gewisse Wertigkeit und Festlichkeit aus. Er gilt als leichter, nicht so schwer und macht nicht so betrunken wie andere Alkoholika. Sekt lässt daher den Tag (z.B. nach einem Frühstück) und auch den Abend (z.B. bei erotischen Absichten) noch offen.

Diese Aspekte, die Wertigkeit und das Leichte, sind wohl der Grund dafür, dass Sekt ein Getränk ist, das aus sozialem Blickwinkel als „gemeinsamer Nenner" betrachtet werden kann. Mit Sekt macht man bei Einladungen oder wenn man etwas spendieren will, nichts falsch.

Drei Nutzenebenen von Sekt lassen sich damit auf Basis der Psychodrama-Szenarien unterscheiden:

1. Grundsätzlich: Sekt verbindet und schafft Gemeinsamkeit

Typisch für die Rollenspiele: Nachdem Sekt ausgeschenkt wurde, wird es wieder lebendig. Man kommt ins Gespräch, lacht miteinander oder ein Pärchen kommt sich näher.

2. Sekt dient zur Würdigung von Situationen

Die extremste Form von Sekt zur Würdigung ist im Champagner zu sehen. Dieses wertige Getränk wird zur Hervorhebung von außergewöhnlichen Anlässen (runder Geburtstag, großer Geschäftsabschluss, Siegesfeier) verwendet. Mit Champagner wird sozusagen ein großer Moment gewürdigt. Dass Champagner für eine gewisse Klientel auch Ausdruck von Lebensstil und Hedonismus ist, soll dabei nicht unerwähnt bleiben.

Sekt dient dagegen eher zur Würdigung von „normalen" Anlässen. Allerdings scheint hier weniger häufig auf den aktuellen Moment als auf einen künftigen Zeitraum angestoßen zu werden: Geburtstage, Hochzeitstage, Silvester. Sekt markiert diese Situationen als kleine Einschnitte und erzeugt eine Vergemeinschaftung der Anstoßenden.

3. Sekt als Anstoß zur positiven Veränderung

Sekt braucht aber nicht immer (bzw. nicht länger) feststehende Anlässe oder Jubiläen. Sekt wird auch, wie es die Verbraucher formulieren, „einfach so, zwischendurch, aus Lust und Laune" getrunken. Die szenischen Darstellungen ließen allerdings eine klare Funktion dieses neuen Sektgefühls erkennen: Sekt ändert die Stimmung der Teilnehmer und gibt das Gefühl „gut drauf zu sein" (oder demonstriert zumindest einen gewollten Stimmungswechsel).

Damit ist im Grunde schon das Kernproblem des deutschen Sektmarkts skizziert: Die deutschen Traditionsmarken sind quasi festzementiert in der klassischen „Würdigungsecke". Sie erscheinen vor allem den jüngeren Sektkonsumenten für ihre Lifestyle-Orientierung als deplatziert, steif und antiquiert. – FREIXENET & Prosecchi strahlen hingegen den erwünschten Glanz von modernem Lebensstil und Savoir-Vivre aus.

Eine quantitative Absicherung der Ergebnisse durch eine GAP-Analyse (Image- und Positionierungsanalyse) mit 1000 Sekt-Konsumenten erlaubte eine klare Strukturierung der Sektverwender in Verbrauchertypen mit unterschiedlichen Anforderungsprofilen und Lebenswelten.

Auch auf der Produktebene zeigten sich klare Unterschiede. Ein Sekt im sogenannten „traditional segment" muss „trocken" oder „extra trocken" sein, um „etwas zu gelten".„Im ‚modern segment" lassen sich eher Vorlieben zu weniger trockenen Geschmacksnoten erkennen. Begrifflichkeiten wie „halbtrocken" oder gar „süßlich" waren dennoch in beiden Gruppen weitgehend verpönt und für viele mit qualitativ hochwertigem Sekt fast unvereinbar.

MUMM, fast prototypisch für die deutschen Sektmarken, hatte und hat seinen Schwerpunkt klar im „traditional segment". Die Marke strahlt in diesem Segment immer noch Glanz aus. Starkes Wachstum war aber in diesem (stark preisumkämpften) Segment nicht mehr zu erwarten.

Was tun? – „Wir müssen der Marke ein moderneres Image verpassen", heißt es in solchen Situationen gerne. Dies kam jedoch für MUMM nicht in Frage: Die treuen MUMM-Käufer im „traditional segment" wollte man nicht mit einer aufgesetzten Modernität irritieren.

Mit JULES MUMM ins „modern segment"

Nicht mit einem umgekrempelten MUMM-Auftritt, sondern mit Hilfe einer Line Extension sollte das attraktive „modern segment" erreicht werden. Die ersten, evolutionären Überlegungen gingen zunächst sehr behutsam in Richtung „MUMM medium dry", mit starker Orientierung an der Stamm-Marke. Dies erwies sich aber in den ersten qualitativen Tests als übervorsichtig.

Basierend auf den ersten Verbraucherreaktionen wurde eine mutigere Variante entwickelt: „revolutionary" – mit modernem und peppigem Etikett, durchsichtiger Flasche, differenzierendem Namens-Schriftzug und auch „eigenem Namen": JULES MUMM. Als Namenspate für die MUMM-Marken-Diversifikation diente übrigens der Neffe des MUMM-Begründers: eben Jules Mumm.

Klar war damit auch, dass JULES MUMM nicht, wie ursprünglich angedacht, als klassische Line Extension positioniert ist. JULES MUMM wurde vielmehr als eigenständige Sub-Brand definiert (für die MUMM lediglich seine Absenderkompetenz in die Waagschale wirft).

Anhand des Konzept-Pretests im durchgängigen MOT-Testsystem (MOT = Marketing-Mix-Optimierungs-Test) wurden die Marktchancen des neuen MUMM-Konzepts überprüft. Die Ergebnisse waren sehr vielversprechend:

• JULES MUMM erreichte bei einer ausreichend großen Verwendergruppe Präferenz (erster Platz im Relevant Set). Eine Zielgruppe, die sich, wie geplant, vor allem aus dem „modern segment" rekrutierte.

• Die Kannibalisierungsrate mit MUMM classic war deutlich unter dem kritischen Niveau. JULES MUMM sprach wie erhofft eine neue Verwendergruppe an. Die von JULES MUMM überzeugten MUMM-Verwender gehörten zudem ohnehin eher zum „gefährdeten Potenzial" (MUMM-Verwender mit Affinität zu FREIXENET).

• Negative Auswirkungen auf das Image der Marke MUMM ließen sich nicht erkennen. Die Marke profitierte eher vom Esprit des „jüngeren Neffen".

Fazit: JULES MUMM konnte klar erkennbar vom Qualitätsanspruch der Stamm-Marke MUMM profitieren und öffnete elegant die Tür zum „modern segment". Ohne Gefährdung des bestehenden MUMM-Potenzials und der MUMM-Positionierung.

Entwicklung der Kommunikation

Im nächsten Entwicklungsschritt ging es um eine optimale kommunikative Ausschöpfung des Potenzials: Wie sollte JULES MUMM in Zukunft auftreten?

Zunächst wurde eine merkfähige Auslobung gesucht, die dem Produktcharakter entspricht und Lust auf JULES MUMM auslöst. Der Begriff "Semi Dry" erschien uns zu schwach. Gewählt wurde der stärker differenzierende Begriff „fruchtig". Dieser umschreibt die Wünsche der Zielgruppe nach einem weniger trockenen, sondern eher genussvollen und zeitgemäßen Sekt besser. Er sollte fortan als Geschmacksauslobung für JULES MUMM eingesetzt werden.

Bei der Etablierung einer emotionalen Positionierung kommt der Werbung eine wesentliche Bedeutung zu. Ziel war eine zugkräftige TV-Kampagne, die eine möglichst emotionale Ansprache des „modern segment" erreicht. Ohne als Kopie von FREIXENET oder der Prosecco-Welt wahrgenommen zu werden.

Vor der werblichen Umsetzung wurden erneut zwei Psychodramen mit Sektverwendern speziell aus dem „modern segment" durchgeführt. Untersuchungs-Ziel war es, aus der kreativ-psychologischen Auseinandersetzung mit JULES MUMM auf Verbraucherseite handlungsorientierte Richtlinien und Kriterien für die Entwicklung einer wirksamen Kommunikation herauszufiltern.

Der daraufhin von der Agentur Ogilvy entwickelte Spot „Rendezvous" löste nicht nur im Hause MUMM, sondern auch bei den Verbrauchern Begeisterung aus.

Der stimmungsvolle TV-Spot zeigt drei selbstbewusste junge Frauen mit flottem Outfit in einem modernen, hellen Appartement, die sich offensichtlich zum Ausgehen vorbereiten und dabei ihre eigene, kleine Modenschau veranstalten. Sie genießen dabei spontan JULES MUMM und lassen sich die unbeschwert-ausgelassene Stimmung durch ihre draußen wartenden und hupenden Freunde weder beeinträchtigen noch verkürzen. Sondern haben ihren Spaß. Die Fruchtigkeit von JULES MUMM wird dabei elegant durch die Analogie zu frischen Weintrauben visualisiert. (Der TV-Spot ist zu sehen unter: www.jules-mumm.de/marke/Aktuelles)

Die Überprüfung mit dem WerbeWirkungs-Pretest MOT belegte die überdurchschnittliche Wirksamkeit des Spots, sowohl im Hinblick auf die Image- als auch die Abverkaufs-Wirkung. Die im Briefing eingeforderten Kommunikations-Inhalte wurden auf den Punkt getroffen. Und der Spot vermittelte die Kernaussagen auf eine denkbar emotionale und unverkrampfte Art und Weise. Situation und Darstellerinnen boten für die Zielgruppe erkennbar eine hochattraktive Identifikationsfläche an.

Resumee

JULES MUMM konnte bereits in der Testlistung einer großen Handelskette ohne Werbeunterstützung voll überzeugen. Die Absatz- und Marktanteilsentwicklung ist höchst erfreulich und zeigt – im rückläufigen Champagner- und Sektmarkt – kontinuierlich nach oben. Zudem hat sich auch die prognostizierte schwache Kannibalisierungsrate mit MUMM classic im Markt bestätigt. Hierdurch bedingt konnte die Gesamtmarke MUMM den höchsten Marktanteil in den letzten fünf Jahren übertreffen.

Damit Markterfolge wie JULES MUMM richtig entwickelt und prognostiziert werden können, ist es unumgänglich, im Anfangsstadium die emotionalen Verwendungsmotive der Kategorie und der einzelnen Marken aufzuklären. Dies ermöglicht es, zielgerichtet und nicht nach dem Trial & Error-Prinzip zu agieren. Die Konzeptprüfung muss dann die entscheidenden Fragen zuverlässig beantworten:

• Kann mein Marken-Produkt ein ausreichend großes Potenzial überzeugen? (Damit ist kein vage geäußerter Goodwill gemeint, sondern eine klar messbare Präferenzänderung.)

• Bin ich ausreichend unique?

• Ist die firmeninterne Kannibalisierungs-Rate nicht zu groß?

• Und welche konkreten Optimierungshinweise gibt es, um mein Potenzial noch besser auszuschöpfen?

Grundvoraussetzung ist dabei der Wille, die Marktforschung als Beratungs-
und Prüfinstrument zu begreifen und zu nutzen. Wer Marktforschung dagegen als Erbsenzählerei versteht und nutzt, wird am Ende eben Erbsen
gezählt bekommen.

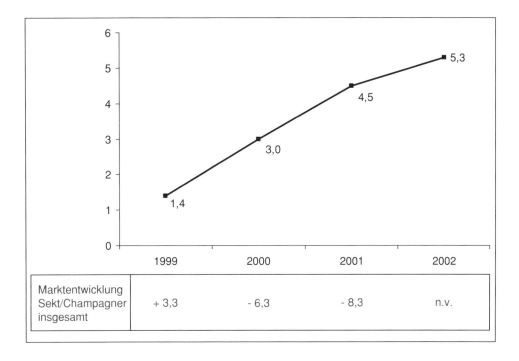

| Marktentwicklung Sekt/Champagner insgesamt | + 3,3 | - 6,3 | - 8,3 | n.v. |

VI. AUSFÜHRLICHE ANALYSE VON 3 MARKEN-DIVERSIFIKATIONEN

	1997	1998	1999	2000	2001
Jules Mumm	-	0,9	1,3	2,0	3,0
Mumm Classic	6,1	5,8	7,3 *	6,6	6,2
Gesamtmarke Mumm	6,1				8,5

Deutliche Erhöhung der Käuferreichweite für Mumm Gesamtmarke

* „Jahrtausend-Wechsel"-Peek

Quelle: GfK

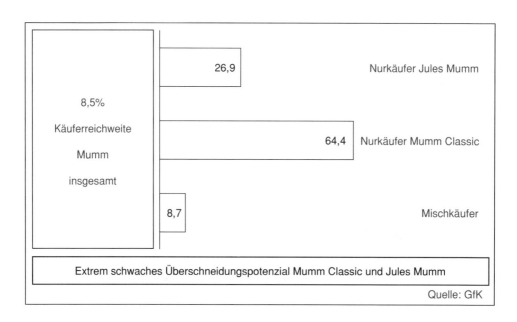

8,5%

Käuferreichweite

Mumm

insgesamt

26,9 — Nurkäufer Jules Mumm

64,4 — Nurkäufer Mumm Classic

8,7 — Mischkäufer

Extrem schwaches Überschneidungspotenzial Mumm Classic und Jules Mumm

Quelle: GfK

Literaturverzeichnis

D. A. Aaker: Strategic Market Management, 6. Aufl., New York 2001

D. A. Aaker: Building Strong Brands, New York 1996

D. A. Aaker: Managing Brand Equity, New York 1991

D. A. Aaker: Brand Extensions: The Good, the Bad, and the Ugly, in: Sloan Management Review, 1990 (Summer), S. 47 ff.

D. A. Aaker; E. Joachimsthaler: Brand Leadership, New York 2000, Kempten 2001

D. A. Aaker; K. L. Keller: Consumer Evaluations of Brand Extensions, in: Journal of Marketing, 54. Jg. (Jan. 1990), S. 27 ff.

L. Adler (Hrsg.): Plotting marketing strategy, New York 1967

R. I. Allison; K. P. Uhl: Influence of Beer Brand Identification on Taste Perception, in: JMR, 3/1964, S. 36 ff.

A. Anastasi: Angewandte Psychologie, Weinheim 1973

W. Anson: Corporate licensing a hot property, in: Advertising Age, 06.06.1985, S. 28

R. Bachem; M. Esser; H. Riesenbeck: Mit „BPP" den Markenwert maximieren, in: McKinsey akzente 20, Juli 2001, S. 2 ff.

K. Backhaus u. a.: Multivariate Analysemethoden, 6. Aufl., Berlin u.a. 1990

S. Bänsch: Käuferverhalten, 3. Aufl., München 1986

R. Bechthold: Umbrella Strategien, in: T. Tomczak; S. Reinecke (Hrsg.): Marktforschung, St. Gallen 1994, S. 232 ff.

S. C. Beckmann; R. H. Elliott (eds): Interpretive Consumer Research Paradigms, Methodologies & Applications, Copenhagen 2000

N. E. Beckwith; H. H. Kassarjian; D. R. Lehmann: Halo-Effects in Marketing Research, in: Advances in Consumer Research, hrsg. v. K. H. Hunt, Vol. 5, Chicago 1978, S. 466

N. E. Beckwith; D. R. Lehmann: The importance of Halo effects in multi-attribute attitude models, in: JMR, 1975, S. 275 ff.

Beiersdorf AG: NIVEA-Evolution of a world famous brand demonstrated by advertising 1911 - 2000, Hamburg 2001

Beiersdorf AG: NIVEA Brand Philosophy, 4th edition, April 1999

Beiersdorf AG: NIVEA-Evolution of a world famous brand demonstrated by advertising 1911 - 1995, Hamburg 1995

Beiersdorf AG: 100 Jahre Beiersdorf 1882 - 1982, Hamburg 1982

C. Belz (Hrsg.): Akzente im innovativen Marketing, St. Gallen 1998

R. Bergler: Psychologie des Marken- und Firmenbildes, Göttingen 1963

BGH v. 29.11.1984 "Dimple", in: GRUR, 7/1985, S. 550 ff.

B. Bernbach: The Art of Writing Advertising, in: The Art of Writing Advertising, hrsg. v. D. Higgins Chicago 1965, S. 23 ff.

S. Bhat; S. K. Reddy: The impact of parent brand attribute associations and affect on brand extension evaluation, in: Journal of Business Research, 53/2001, S. 111 ff.

B. Biehl: Sieben magere Jahre drohen, in: Lebensmittel-Zeitung, 18.10.2002, S. 44

C. Binder: Markentransfer mit Lizenzen, in: Absatzwirtschaft 7/2001, S. 92 ff.

C. Binder: Lizensierung von Marken, in: F.-R. Esch (Hrsg.): Moderne Markenführung, 3. Aufl., Wiesbaden 2001, S. 385 ff.

M. Bird; A. Ehrenberg: Intention to buy and claimed brand usage, Operations Research Quaterly, March 1966, S. 27 ff.

G. Black: Power Brands oder die Realität subjektiver Werte, in: M. Gotta (Hrsg.) u.a. : Brand News, Hamburg 1988

H. Böhler: Beachtete Produktalternativen und ihre relevanten Eigenschaften im Kaufentscheidungsprozess von Konsumenten, in: Konsumentenverhalten und Information, hrsg. von H. Meffert u. a., Wiesbaden 1979, S. 273 ff.

K. Böll (Hrsg.): Handbuch Licensing, Frankfurt 2001

K. Böll: Merchandising und Licensing, München 1999

K. Böll: Merchandising: Die neue Dimension der Verflechtung zwischen Medien und Industrie, München 1996

J. Bönisch; R. Mayer de Groot; T. Scharf: Langneses eiskaltes Marken-Manöver, in: Absatzwirtschaft Sonderausgabe (Nov.) 2002, S. 10 ff.

J. Bönisch; R. Mayer de Groot; T. Scharf: Senkrechtstart dank Psychodrama und umfassender GAP-Analyse, in: SG Süsswarenhandel, Internationales Fachmagazin für die Süßwarenwirtschaft, 8/2002, S. 32 ff.

J. Bönisch; R. Mayer de Groot; T. Scharf: Nach 20 Jahren gezielt und schnell zur Marktführerschaft: Langnese Cremissimo, in: planung & analyse, 3/2002

W. Bongard: Fetische des Konsums, Hamburg 1964

P. A. Bottomley; S. J . S. Holden: Do we really know how Consumers evaluate Brand Extensions?, in: Journal of Marketing Research, Nov. 2001, S. 494 ff.

P. Bourdieu: Die feinen Unterschiede, Paris 1984

D. M. Boush; B. Loken, u.a.: A Process Tracing Study of Brand Extension Evaluation in: Journal of Marketing Research, Feb. 1991, S. 16 ff.

D. M. Boush; S. Shipp; B. Loken; u.a.: After Generalization to Similar and Dissimilar Brand Extensions, in: Psychology & Marketing, 4/1987, S. 225 ff.

K. Brandmeyer: Unterwegs in Sachen Marke, Hamburg 1990

P. Brückner: Die informierende Funktion der Wirtschaftswerbung, Berlin 1967

A. Buchholz; W. Wördemann: Was Siegermarken anders machen, Düsseldorf 1998

R. D. Buzzell; B. T. Gale: The PIMS-Principles, New York 1987

R. D. Buzzell; R. E. M. Nourse: Product innovation in food processing, Boston 1967

S. Carson; A. Dunkin: What's in a Name? Millions, if it's Licensed, in: Business Week, 08.04.1985, S. 50

D. Chakravati; D. J. MacInnes; K. Nakamoto: Product Category Perceptions, Elaborative Processing and Brand Name Extension Strategies, in: Golberg u.a.: Advances in Consumer Research, 1990, S. 910 ff.

A. P. Dacin; D. C. Smith: The Effects of Brand Portfolio Characteristics on Consumer Evaluation of Brand Extensions, in: Journal of Marketing Research, May 1994, S. 229 ff.

C. von Dassel; K. M. Wecker; R. Mayer de Groot: Durch strategische Markt-forschung zum Erfolg: NIVEA und NIVEA Soft, in: planung & analyse, 2/2001

C. von Dassel; K. M. Wecker; R. Mayer de Groot: NIVEA SOFT – Sanft zur Haut und zur Dachmarke, in: Absatzwirtschaft, 10/2001

C. von Dassel; K. M. Wecker; R. Mayer de Groot: Harte Fakten führen sanf-te Creme zur Spitze, in: Horizont, 19/2001

H. Davidson: Even more Offensive Marketing, London 1997

H. Davidson: Offensive Marketing, London 1987

P. DeGraba; M. W. Sullivan: Spillover effects, cost savings, R & D and the use of brand extensions, in: International Journal of Industrial Organization 13/1995, S. 229 ff.

Deloitte & Touche: 1998 Vision in Manufacturing. in: Deloitte & Touche and Deloitte Consulting in collaboration with researchers at Kenan-Flagler Business School of the University of North Carolina, unpublished paper.

F. A. Diederichs: Music Licensing, in: K. Böll (Hrsg.): Handbuch Licensing, Frankfurt 2001

D. Dietz: Vom Single zur Prinzenfamilie. General Biscuits setzt auf neues Dachmarkenkonzept, in: Lebensmittelzeitung, 27.03.1991, Seite J 8

H. Domizlaff: Die Gewinnung des öffentlichen Vertrauens, Hamburg 1982

Douglas, LeMaire: Le Style de Vie, in: Revue Francais du Marketing, 62/1976, S. 61

F.-R. Esch: Moderne Markenführung, 3. Aufl., Wiesbaden 2001

F.-R. Esch: Die Marke als Wertschöpfer, in FAZ, 25.03.2002, S. 25

F.-R. Esch; T. Andresen: Messung des Markenwertes, in: U. Hauser: Erfolg-reiches Markenmanagement, Wiesbaden 1997, S. 11 ff.

O. Fischer: Geliehener Ruhm, in: Manager Magazin, 8/1999, S. 119 ff.

T. Gamble: Brand extension, in: Plotting marketing strategy, hrsg. v. L. Adler, New York 1967, S. 173 ff.

A. Garrett: Ethik ist unverzichtbar, in: w & v Nr. 42 vom 18.10.1991, S. 42 f.

W. Geise: Einstellung und Marktverhalten, Frankfurt a. M. 1984, S. 284 ff.

O. Göttgens; B. Sander; B. Wirtz; M. Dunz: Markenbewertung als strategischer Erfolgsfaktor, hrsg. von BBDO Consult, Düsseldorf 2001

M. Gotta (Hrsg.) u.a.: Brand News, Hamburg 1988

C. Greene: TV mit Charakter – Eine Auswahl der besten Werbespots aus aller Welt. unveröffentl. Vortragsmanuskript

Grey (Werbeagentur): Wie man Marken Charakter gibt, Düsseldorf 1993

Grey (Werbeagentur): "Überlebensstrategie: Kompetenz-Marketing via Kompetenz-Marken, Düsseldorf o.J.

K. Grunert: Die Erhebung von Produktanforderungen, Produkterfahrungen und Produktwissen, in: Jahrbuch der Absatz- und Verbrauchsforschung, H. 2 1989, S. 153 ff.

G. Gutjahr: Taschenbuch der Marktpsychologie, 2. Aufl., Heidelberg 1983

H. Hätty: Der Markentransfer, Heidelberg 1989

E. Haimerl; R. Mayer de Groot; K. Seibert: Marktforschung für „echte" Innovationen: Probleme und Lösungsansätze, in: planung & analyse, 5/2001

E. Haimerl; R. Roleff: Role play and psychodrama in market research, in: S. C. Beckmann; R. H. Elliott (eds): Interpretive Consumer Research Paradigms, Methodologies & Applications, Copenhagen 2000, pp. 109

E. Haimerl; R. Roleff: Rollenspiel und Psychodrama als Marktforschungsmethoden, in: GfK Jahrbuch der Absatz- und Verbraucherforschung, 3/1996, S. 266 ff.

W. Hall; P. Taylor: How Coke swallowed it's pride, The Financial Times (London), 13.07.1985

P. Hauftvogel: 100 Millionen nebenbei, in: Wirtschaftswoche, 10.05.1991

S. Hauser: Erfolgreiches Markenmanagement, Wiesbaden 1997

G. Heidelberg: Doch der Luxus-Multi Cartier hat Strahlkraft eingebüßt, in: Süddeutsche Zeitung, 24.12.1990

R. Heimlich: TV-Emotionen als Markenartikel, Lebensmittel-Zeitung, 38/1998, S. 46 f.

Heller: The Naked Market, London 1984

R. Henseler: Image und Imagepolitik im Facheinzelhandel, Frankfurt a. M. 1971

A. Hermanns; F. Riedelmüller (Hrsg): Management Handbuch Sportmarketing, München 2001

D. Higgins (Hrsg.): The Art of Writing Advertising, Chicago 1965

W. Hillebrand: Angriff auf die Tiefkühltruhe, in: Manager Magazin, 4/1987, S. 114

H. H. Hines: Effectiveness of "entry" by already established firms, in: Quarterly J. of Economics, 1957, S. 136

U. Howe: Barbie-Outfit: Nicht mehr nur für Puppen, in: Horizont, 19.07.1991, S. 24.

U. Howe: Die Marke ist die Brücke zum entfremdeten Verbraucher, in: Horizont, 37/1990, S. 76

H. Huber: Markenwert und Extensionspotential, in: U. Hauser: Erfolgreiches Markenmanagement, Wiesbaden 1997, S. 125 ff.

J. Huber; W. James: A measure of halo, in: Advances in Consumer Research, hrsg. v. K. H. Hunt, Vol. 5, Chicago 1978, S. 478

K. Huber: Global Image, Corporate Image, Marken-Image, Produktimage, Landsberg a. L. 1987

K. Huber: Image-Transfer: Davidoff-Reemtsma, in: K. Huber: Global Image, Corporate Image, Marken-Image, Produktimage, Landsberg a. L. 1987

K. H. Hunt (Hrsg.): Advances in Consumer Research, Vol. 5, Chicago 1978

O. Hupp: Wovon hängen die Erfolgschancen von Markentransfers ab?, in: Markenartikel, 2/2001, S. 12 ff.

O. Hupp; S. Högl; H. Sattler: The financial value of brands, in: (ESOMAR) Research World 2/2003, S. 16 f.

E. Huppert: Image öffnet das Regal, in: absatzwirtschaft, 8/1976, S. 48 f.

U. Johannsen: Das Marken- und Firmen-Image, Berlin 1971

U. Johannsen: Vom Bekanntheitsgrad zum Imagebegriff, in: Die Anzeige, 1975, S. 10

J. P. Jones: What's in a name?, Aldershot, England 1986

F. T. Juster: Consumer buying intentions and purchase probability, in: Journal of American Statistical Association, 1966, S. 658 ff.

K.-P. Kaas: Langfristige Werbewirkung und Brand Equity, in: Werbeforschung & Praxis 3/1990, S. 48 ff.

J.-N. Kapferer: Die Marke – Kapital des Unternehmens, Landsberg 1992

F. R. Kardes; C. T. Allen: Perceived Variability and Interferences about Brand Extensions, in: Advances in Consumer Research, 1991, S. 392 ff.

K. L. Keller: Conceptualizing, measuring and managing brand equity, in: Journal of Marketing, 1/1993, S. 1 ff.

K. L. Keller; D. A. Aaker: The Effects of Sequential Introduction of Brand Extensions, in: Journal of Marketing Research, Feb. 1992, S. 35 ff.

W. Kennedy: Marketing Solutions, in: Adweek's Marketing Week, 02.01.1989, S. 44 f.

L. Kessler: Licensing, (special section), in: Advertising Age, 01.06.1987, Seite S - 2

L. Kessler: Wider market awareness a tempting enticement, in: Advertising Age, 01.06.1987, S. 2 und S. 4

L. Kessler: Adidas fits nicely to Beecham, in: Advertising Age, 01.06.1987

L. Kessler: Anheuser-Busch gives beer drinkers an ID, in: Advertising Age, 06.06.1985, S. 26

T. C. Kinnear; K. L. Bernhard: Principles of marketing, 2. Aufl., Glenview 1986

G. Kitir: Die Pfanni-Produkt-Range mit beschreibenden Namen, in: M. Gotta: Brand News, Hamburg 1988

N. Klein: No Logo, London 2000

G. Kleining: Zum gegenwärtigen Stand der Imageforschung, in: Psychologie und Praxis, 4/1959, S. 57 ff.

E. Kleinschmidt; R. Cooper: The Impact of Product Innovativeness on Performance, in: The Journal of Product Innovation Management, 1991, S. 240 ff.

J. Koch: Lebenswerte – Illusionen werden zur Wirklichkeit, in: w & v, Nr. 14 (27.03.1992), S. 29

P. Körfer-Schün: Melitta – Von der Produktvielfalt zur Markenkompetenz, in: M. Gotta (Hrsg.) u.a.: Brand News, Hamburg 1988, S. 159 ff.

W. Köhler: Selbst den Landrover gibt es im neuen Camel Shop, in: FAZ, 10.10.1984

W. Köhler: "Camel" zum Rauchen und zum Anziehen, in: FAZ, 28.1.1978

P. Kotler: Über die Entwicklung von Wertangeboten zur Unique Selling Proposition, in: Absatzwirtschaft 3/2000, S. 46 ff.

A. Krejtman; C. F. Tchertoff: The participants observation as an adequate technique to build a brand diversification strategy, in: ESOMAR, Amsterdam 1977, S. 239 ff.

W. Kroeber-Riel: Konsumentenverhalten, 2. Aufl., München 1980, 3. Aufl., Berlin 1984

R. Köhler; W. Majer; H. Wiezorek (Hrsg.): Erfolgsfaktor Marke, München 2001

J. Kues; A. Michel; T. Scharf: Jules Mumm: Fruchtig, frech und erfolgreich, in: planung & analyse, 1/2003

R. Kunisch: Brand-Stretching: Chancen und Risiken, in: Erfolgsfaktor Marke, hrsg. von R. Köhler, W. Majer, H. Wiezorek, München 2001, S. 150 ff.

J. Liesse: Brands in trouble: As brand loyalty crumbles marketers look for new answers, in: Advertising Age, 02.12.1991, S. 16

Lebensmittel-Zeitung (Hrsg.): Tod im Regal – Eine Analyse der Lebensmittel-Zeitung zur Me-too Problematik bei der Einführung neuer Produkte, Frankfurt a. M. 1985

E. Levitt: Marketing Myopia, in: Havard Business Review, J/A. 1960, S. 45 ff.

D. J. Luck; O. C. Ferrell: Marketing strategy and plans, Englewood Cliffs 1985, S. 65 ff.

D. J. Luck: Product policy and strategy, Englewood Cliffs 1978

M. A.-Y. Lou: Lizenzen, in: Lexikon der Werbung, 7. Aufl. 2002, hrsg. von D. Pflaum u.a., S. 268 ff.

K. J. Maack: Marke im Licht, in: Absatzwirtschaft, 22. Jg. (1980) H. 4, S. 24 ff.

C. Macrae: World Class Brands, Wokingham, England u. a. 1991

J. C. Mähens: Effects of Brand Preference upon Consumers' Perceived Taste of Turkey Meat, in: Journal of Applied Psychology, 1965, S. 261 ff.

J. Madell: New Products: How to succeed when the odds are against you, in: Marketing Week, 1980, S. 20-22

E. Manz: Steigerung des Marken- und Unternehmenswert durch Lizenzen, in: K. Böll, Handbuch Licensing, Frankfurt 2001, S. 35 ff.

I. Martin; D. W. Stewart: The differential impact of goal congruency on attitudes, intentions, and the transfer of brand equity, in: Journal of Marketing Research, 11/2001, S. 471 ff.

K.-H. Maul: Mehr Macht den Marken, in: Food Economy 7/2002, S. 20

A. und R. Mayer (de Groot): Imagetransfer, Hamburg 1987

R. Mayer de Groot: Imagetransfer, in: Lexikon der Werbung, 7. Aufl. 2002, hrsg. von D. Pflaum u.a., S. 188 ff.

R. Mayer de Groot: Rollenspiele schärfen die Erkenntnis: Emotionen sind ein wichtiger Wachstumsmotor der Marke – Messung über Psychodrama möglich, in: Lebensmittel-Zeitung, 20.09.2002, S. 70

R. Mayer de Groot: Imagetransfer, unveröffentlichte Grundlagenstudie und Beratungspapier über Imagetransfer bei Markenartikeln, erstellt für H. F.& Ph. F. Reemtsma, 1992

R. Mayer de Groot: ASSESSOR: A pre-test-market forecasting model of new-product performance, European Petfood Market Research Conference, Maidenhead, U.K. 1985, unpublished

R. Mayer de Groot: Produktpositionierung, Köln 1984

R. Mayer (de Groot) : Rechtliche und quasi-rechtliche Limitierungen im Rahmen werblicher Produktkommunikationsmaßnahmen, Dipl.-Arbeit, Köln 1980

W. Mayerhofer: Imagetransfer: Die Nutzung von Erlebniswelten für die Positionierung von Ländern, Produktgruppen und Marken, Wien 1995

W. Mayerhofer; W. Schönthaler; M. P. Walther: Imagetransfer: Zigaretten oder Kaffee, das ist hier die Frage!, in: Werbung in Österreich Nr. 33, Mai 1978, S. 28 ff.

J. Mazanec: Strukturmodelle des Konsumverhaltens, Wien 1978

J. Mazanec: Probalistische Messverfahren in der Marketingforschung, in: Marketing ZfP, 3/1979, S. 174 ff.

J. A. Mazanec, G. C. Schweiger: Improved marketing efficiency through multi-product brand names?, in: European Research, Jan. 1981

M. J. McCarthy: New Coke Gets New Name, New Can and New Chance, in: The Wall Street Journal, 07.03.1990

J. McNeil: Federal programs to measure consumer purchase expectations, 1946 – 1973, in: Journal of Consumer Research, 1974, S. 1 ff.

H. Meffert u. a. (Hrsg.): Konsumentenverhalten und Information, Wiesbaden 1979

H. Meffert; G. Heinemann: Operationalisierung des Imagetransfers, in: Marketing ZfP, 1/1990, S. 5 ff.

H. Mergel: Die Rufausbeutung als Unlauterkeitsbestand in der neueren Rechtssprechung des BGH, in: GRUR, 9/1986, S. 646 ff.

P. W. Meyer: Hans Domizlaff: Eine große Persönlichkeit, in: w & v 19/1992, S. 27

K. J. Möller: Bugatti – Vom Outdoor-Spezialisten zur Lifestyle-Marke, in: K. Böll (Hrsg.): Handbuch Licensing, Frankfurt 2001, S. 341 ff.

D. G. Morrision: Purchase intentions and purchase behaviour, Journal of Marketing, 1979, S. 65 ff.

V. G. Morwitz: Methods for forecasting from intention data, in: Armstrong, J. S. (ed): Principles of forecasting, Boston 2001, S. 33 ff.

M. Mosch: Natürlich gehört eine ordentliche Fitness dazu, in: Horizont, 30.08.1991, S. 14

M. Mosch: "Camel Trophy" am Handgelenk, in: Horizont, 4/1991

G. Müller: Das Image des Markenartikels, Opladen 1971

L. Müller-Hagedorn: Das Konsumentenverhalten, Wiesbaden 1986

S. Müller-Hillebrand: Bedarfsbündelorientierter Absatz der Konsumgüterindustrie, Diss. Nürnberg 1972

H. G. Nauck: Marktführer mit zarter Versuchung, in: Absatzwirtschaft, Sonderausgabe 10/1989, S. 96 ff.

H. G. Nauck: Von der Monomarke zur Dachmarke: die MILKA-Kuh, in: Markenartikel,10/1989, S. 512 ff.

R. Nieschlag; E. Dichtl; H. Hörschgen: Marketing, 15. Aufl., Berlin 1988

D. Ogilvy: On Advertising, London 1983

OLG Köln: Urteil v. 30.11.1984 "Camel", in: GRUR, 7/1985, S. 560

K.-D. Opp: Methodologie der Sozialwissenschaften, Reinbek 1970

C. Oppermann; H. Raithel: Gezielt bis unter die Haut, in: Manager Magazin, 1/1983, S. 36 ff.

C. Oppermann; H. Raithel: Wir haben Monopoly gespielt, in: Manager Magazin, 12/1981, S. 68 ff.

M. Ott: Von Donna bis Donald – Lizenzen: Marken, Märkte, Meinungen, in: Textilwirtschaft, 11.06.1998, S. 50 ff.

o.V.: Behutsamer Markenausbau, in: Food Economy, 48/2001, S.21 (ohne Nennung von C. von Dassel; K. M. Wecker; R. Mayer de Groot)

o.V.: Freiwillige spülen Pril nach vorn, in: Horizont, 7.6.2001, S. 24

o.V.: Richard Branson überdehnt die Marke Virgin, in: FAZ, 05.10.1998, S. 31

o.V.: Study puts success rate for „new" items at 33%, in: Frozen food age: the industry magazine of marketing and distribution, 45/1997, S. 1 und S. 16

o. V.: 4711: Neuer Sockel für ein Marken-Monument, in: w&v, 34/1991, S. 28

o. V.: Die große Revolution im Reich der schönen Düfte, in: w&v, 26/1991, S. 14

o. V.: JIL SANDER: Stetige Aufwärtsentwicklung erwartet, in: FAZ, 08.05.1991

o. V.: Nur Sympathie bringt den Strumpf ans Bein, in: w&v, 23.11.1990, S. 25

o.V.: In der Camel-Welt rückt die Zivilisation vor, in: Horizont Nr. 8, 1990.

o. V.: Nestlé to focus on Disney promotions during the next decade, in: Euromarketing, 16.01.1990

o. V.: Natreen kommt mit Wurst, in: Horizont, 24.02.1989

o. V.: Cartier ist nicht mehr Hoflieferant, in: Hamburger Abendblatt, 27.01.1989

o. V.: Organisierte Abenteuer, in: FAZ, 07.08.1980

o. V.: Levi's: Back to Basic, in: w&v, 17.06.1988, S. 26

o. V.: Diversifikation einer Zigarettenmarke, in: w&v, 10.06.1988, S. 31 ff.

o. V.: Small Cigar Maker finds it is forced to diversify, in: The Wall Street Journal, 28.12.1987

o. V.: Messmer mit Mövenpick, in: ZV + ZV, 8/1987, S. 24

o. V.: Steffi Graf wirbt für Jade, in: Horizont, 17.07.1987, S. 3

o. V.: Dunhill-Mode für Amerika, in: Handelsblatt, 07.04.1987, S. 16

o. V.: Lohnen Lizenzmarken? Vom Marketing mit Symbolkraft, in: absatzwirtschaft, 12/1986, S. 41

o. V.: Japan: Verrückt nach Europäischem, in: Wirtschaftswoche, 12.12.1986, S. 59

o. V.: Verkauftes Image. in: Wirtschaftswoche, 12.12.1986, S. 62

o. V.: Verkauftes Image, in: Wirtschaftswoche, 12.12.1986, S. 58

o.V.: Einst liebte Lucy Zino Davidoff, in: Absatzwirtschaft, 1986, Sonderausgabe, S. 270

o. V.: Die kleinen Alliierten. Durch Marketingkooperation wachsen?, in: Absatzwirtschaft, 8/1985, S. 43 ff.

o.V.: Eiskönig, in: w&v, 31/1985, S. 20 ff.

o.V.: Major Advertiser Ad Tel Scheduling Study, in: Effective Frequency, S. 44 ff.

o. V.: Fernsehspots durch die Hintertür, in: w&v, 6/1985, S. 14

o. V.: Spalier für den Markenstar, in: Absatzwirtschaft, 6/1984, S. 48

o. V.: Keine Durststrecke mit "Camel", in: Lebensmittel-Zeitung, 25.01.1980

o. V.: Reynolds – einer der zwei Gewinner am Zigarettenmarkt, in: FAZ, 21.01.1980

o. V.: Produkten-Schaschlik: Die heiße Angebotsform, in: Absatzwirtschaft, 9/1978, S. 36 ff.

o. V.: Der Salamander grüßt das Camel, in: Handelsblatt, 25.01.1978

o. V.: Camel trägt Zigaretten und Kleidung stetig voran, in: Handelsblatt, 16.06.1977

o. V.: Meilenweit für Camel-Moden, in: Wirtschaftswoche, 18.03.1977

o. V.: Bob Beck ist der Größte, in: FAZ, 21.03.1977

o. V.: Bob Beck ist der Größte, in: Blick durch die Wirtschaft, 21.03.1977

o. V.: Meilenweit für Camel-Moden, in: Wirtschaftswoche, 18.03.1977

o. V.: Stapellauf für neue Marken, in: Absatzwirtschaft, 19. Jg., 1976, H. 7, S 22 f.

C. W. Park; R. Lawson; S. Milberg: Memory Structure of Brand Names, in: Advances in Consumer Research, 1989, S. 728 ff.

J. O. Peckham, Sr.: The Wheel of Marketing. An Analysis and Interpretation of what generally can be expected to happen to Consumer Sales of Branded Food Products, Household Needs, Toiletries, Proprietary Drug Products when a series of marketing actions takes place, based on NIELSEN RETAIL INDEX DATA, Scardale, N.Y., U.S.A. 1981

R. Perrier: Interbrand´s World´s Most Valuable Brands, New York 1999

S. Pfeiffer: Die Akzeptanz von Neuprodukten im Handel, Wiesbaden 1981, S. 178 ff.

C. Philipps; A. Pruyn; M.-P. Kestemont (Hrsg.): Understanding Marketing. AS European Casebook, London 2000

H. G. Polenz: Montblanc – Eine Sternstunde und deren Folgen, in: M. Gotta (Hrsg.) u.a.: Brand News, Hamburg 1988, S. 156 ff.

H.-J. Prick: NIVEA-Markentransfer: von der Marke für Hautcreme zur Dachmarke für Hautpflege, in: Gesellschaft zur Erforschung des Markenwesens: Markentransfer-Chancen und Risiken, Wiesbaden 1990

H. J. Prick: NIVEA-Markentransfer. Von der Marke für Hautcreme zur Dachmarke für Hautpflege, Markenartikel, 1989, S. 504 ff.

H.-J. Prick: Warum Line Extension für NIVEA?, in: M. Gotta (Hrsg.) u.a.: Brand News, Hamburg 1988, S. 89 ff.

J. Priewe: Giorgio Controlletti, in: Manager Magazin, 6/1991, S. 42 f.

J. A. Quelch: Marketing the Premium Product, in: Business Horizons, M/J 1987, S. 39 ff.

J. A. Quelch: How to build your licensing program, in: Havard Business Review Nr. 3, 1985, S. 193 ff.

H. Raithel: Das blaue Wunder, in: Manager Magazin 2/1996, S. 64 ff.

H. Raithel: Die Wiedertäufer, in: Manager Magazin 10/1987, S. 61 ff.

H. Raithel: Gepflegt in alle Ewigkeit, in: Manager Magazin, 6/1986, S. 239 ff.

A. Rangaswamy; R. R. Burke; T. A. Oliva: Brand Equity and the Extendibility of Brand Names, Working Paper No. 90-019R, The Whatton School, University of Philadelphia 1990; dies.: Brand Equity and the Extendibility of Brand Names, in: International Journal of Research in Marketing 10/1993, S. 61 ff.

J. Rehorn: So testen Sie neue Produkte, in: Absatzwirtschaft, 1978 Sonderausgabe, S. 98

A. Richard-Wolf: Mit Vollgas in die Klamotten, in: Stern 8/1984, S. 168

A. Ries: Focus, Glasgow 1996

A. Ries; L. Ries: The 22 Immutable Laws of Branding, London 2000

A. Ries; J. Trout: The 22 Immutable Laws of Marketing, London 1994

A. Ries; J. Trout: Positioning, 2. Aufl., New York u. a. 1987

A. Ries; J. Trout: Positioning. The battle for your mind, New York 1981

D. Roche: Product Development, in: Harvard Business Review, 1/1999

P. Rohlmann: Merchandising – Quo vadis? Zukünftiger Stellenwert des Marketing, in: A. Hermanns; F. Riedelmüller (Hrsg): Management Handbuch Sportmarketing, München 2001

A. Roosdorp: Nivea: brand transfer for continuous and innovative product maintenance, in: C. Philipps; A. Pruyn; M.-P. Kestemont (Hrsg.): Understanding Marketing. AS European Casebook, London 2000, S. 177 ff.

J. Rossant: Can Maurizio Gucci bring the Glamour back?, in: Business Week, 05.02.1990, S. 83 f.

A. Rück: Das Markenpuzzle, in: LZ Spezial, 2/2001 Nonfood, S. 66 f.

P. Ruppel: Die Bedeutung des Images für das Verbraucherverhalten, Diss. Göttingen 1965

C. zu Salm: Merchandising und dessen Auswirkungen auf das Kinderfernsehen von heute, in: Handbuch Licensing, hrsg. von K. Böll, Frankfurt 2001, S. 123 ff.

Sandler: Good will als Verkaufshilfe, in: Wirtschaftswoche, 16/1977, S. 68 f.

H. Sattler: Das Image macht die Marke wertvoll, in: Lebensmittel Zeitung 23.10. 1998 (LZ 1998)

H. Sattler: Brand-Stretching: Chancen und Risiken, in: Erfolgsfaktor Marke, hrsg. von R. Köhler, W. Majer, H. Wiezorek, München 2001, S. 141 ff.

H. Sattler: Beurteilung der Erfolgschancen von Markentransfers, in: ZfB, Zeitschrift für Betriebswirtschaft, 5/1998, S. 475 ff.

J. Saunders: Brands and Valuations, in: International Journal of Advertising, 9/1990, S. 96 f.

A. M. v. Scheidlin: Hubert de Givenchy, Couturier und Gentleman, in: Textilwirtschaft, 17.10.1991, S. 54 ff.

H.-R. Schewe: Strategien marktadäquater Programmpolitik, Köln 1981, S. 91 f.

P. Schlitt: MEDIMA teilt die Marke, Horizont, 32/1991, S. 21

H. J. Schmitt: Durch Marktforschung zum Erfolg, in: planung & analyse, 5/1999

E. Schneider: Stellungnahme zum Artikel "Einst liebte Lucy Zino Davidoff" in: Absatzwirtschaft, 12/1986, S. 102

H. G. Schröter: Erfolgsfaktor Marketing, Freiberger Arbeitspapiere, 95/9

R. Schröter: Joop ist zu deutsch, in: w&v, 5/1999, S. 76 f.

F. E. Schürch: Marken-Diversifikation oder: Der Raubbau am Markenartikel, in: Marketing Journal, 5/1987, S. 411 ff.

A. Schultz; U. Koppelmann: Produktdesign als Marketinginstrument, in: Marketing ZfP, 5. Jg. (1983), H. 4, S. 228

G. Schweiger: Verwendung von gleichen Markennamen für unterschiedliche Produktgruppen (Imagetransfer), in: planung & analyse, 6/1983, S. 260 ff.

G. Schweiger: Imagetransfer, in: Marketing Journal, 15. Jg (1982), H. 2, S. 321

G. Schweiger: Ergebnisse einer Image-Transfer-Untersuchung. in: Österreichische Werbewissenschaftliche Gesellschaft (Hrsg.): Die Zukunft der Werbung. Bericht der 25. Werbewissenschaftlichen Tagung, Wien-Hofburg vom 5.7. - 7.7.1978, Wien 1978

T. P. Schiele: Markenstrategien wachstumsorientierter Unternehmen, Mannheim 1997

B. Seger: Zum Billigtarif, in: Wirtschaftswoche, 08.11.1991

M. Seiwert: Die große Spannweite der Fledermaus, in: Absatzwirtschaft, Marken-Sonderausgabe, März 2003, S. 100 ff.

J. Silverman: Why new products fail – the manufacturer's contribution, in: ADMAP, 7/1985, S. 355 ff.

J. Simmons: Mattel's Barbie grows into marketer's dream, in: Advertising Age, 06.06.1985, S. 22

H. Simon: Goodwill und Marketingstrategie, Wiesbaden 1985

H. Simon: Produktlinienpolitik. Ein empirisches Marketingmodell, in: Marketing ZfP, 1/1985, S. 6 ff.

B. Six: Das Konzept der Einstellung und seine Relevanz für die Vorhersage des Verhaltens, in: F. Petermann: Einstellungsmessung – Einstellungsforschung, Göttingen u. a. 1980, S. 56 ff.

M. Song; M. Montoya-Weiss: Critical Development Activities for Really New versus Incremental Products. in: The Journal of Product Innovation Management, 2/1998, S. 124 ff.

B. Spiegel: Die Struktur der Meinungsverteilung im sozialen Feld, Bern 1961

H. Steffenhagen: Wirkungen absatzpolitischer Instrumente, Stuttgart 1978

V. Stefflre: Multidimensional scaling as a model for individual and aggregate perception and cognition, in: AMA-Proceedings, Educators Conference, 1978, S. 19 ff.

P.-H. Stein: MarkenMonopole: Wie man seinen Markt dominiert, 5. Auflage, Konzept & Analyse AG, Nürnberg 2001

P.-H. Stein: MarkenMonopole: Mach's gleich richtig! Von Anfang an Total Quality Marketing, 4. Auflage, Konzept & Analyse AG, Nürnberg 2001

H. Stern: Viel Starthilfe bei der Einführung einer neuen Marke zahlt sich aus, Sonderdruck aus der Absatzwirtschaft, 20/1966, S. 9

R. Südhoff: Brauereikonzern Beck wagt Einstieg in Reisemarkt, in : Financial Times Deutschland, 12.12.2002, S. 6

M. Sullivan: Measuring image spillovers in umbrella branded products, in: The Journal of Business, 3/1990, S. 309 ff.

L. Sunde; R. J. Brodie: Consumer Evaluation of Brand Extensions, in: International Research in Marketing, 10/1993, S. 47 ff.

V. Swaminathan; R. J. Fox; S. K. Reddy: The impact of brand extension introduction on choice, in: Journal of Marketing 10/2001, S. 1 ff.

E. M. Tauber: Brand Leverage: Strategy for Growth in a Cost-Controlled world, in: Journal of Advertising Research, Aug/Sept. 1988, S. 26 ff.

E. M. Tauber: Brand franchise extension. New product benefits from existing brand names, in: Business Horizons, M/A 1981, S. 36 ff.

W. Titze: Marken-Macht, in: Manager Magazin, 5/1991, S. 206 ff.

A. Trachtenberg: Imagetransfer kann nützen. Und schaden, in: Bestseller 3/1985, S. 45 f.

J. Tobuschat, R. Mayer de Groot: Starker Hebel im überfüllten Markt, in: Absatzwirtschaft, Marken-Sonderausgabe, März 2003, S. 62 ff.

J. Trout; A. Ries: How to position your product, in: Advertising Age, 08.05.1972, S. 115 ff.

V. Trommsdorff: Die Messung von Produktimages für das Marketing, Köln 1975

G. Del Vecchio: Keeping it timeless, trendy, in: Advertising Age, 23.03.1998, S. 24

L. van der Post: Blut auf dem Laufsteg, in: Financial Times Deutschland 03.08.2001

A. van Versendaal: Goldfinger – Das Lizenzgeschäft blüht, in: Manager Magazin, 10/1998, S. 356

Verlagsgruppe Milchstraße: Fallstudie Nivea, Hamburg 1978

U. Viehöfer: Zwischen Himmel und Erde. Der Geländewagen Cayenne birgt Gefahren für das Porsche-Image, in: Automobilwoche, 1/2002, S. 33

V.I.P. AG: Mit der Lizenz zum Erfolg, Hamburg 2000

K. M. Wecker: Erfolgsgeschichte einer Marke, in: planung & analyse, 1/1997, S. 18 ff.

R. Wesp: Medima-Dessous: Abkehr vom Hasenkopf-Image, in: Horizont, 40/1991, S. 14

A. Wiesberger: Design als Markenartikel, in: Österreichische Werbewissenschaftliche Gesellschaft (Hrsg.): Vision 2000 (Bregenz 19 -22.05.1987), Wien 1987

A. Winkler: Kritische Überlegungen zur Tragfähigkeit des Image-Begriffes, in: Jahrbuch der Absatz- und Verbrauchsforschung, 10. Jg., 1973, H. 2., S. 147-156

U. Winter: "Die Vergangenheit vergessen? Im Prinzip Ja", in: Horizont, 10/1992, S. 18

G. Wiswede: Motivation und Verbraucherverhalten, 2. Aufl., München/Basel 1973

H. O. Wöbcke: Wie der Erfolg nicht nachlässt, Lebensmittel-Zeitung, 18.01.1985, S. F22

G. Zatloukal: Erfolgsfaktoren von Markentransfers, Wiesbaden 2002

G. Zatloukal: Erfolgsfaktoren von Markentransfers, Jena 1999

ZDF Werbefernsehen (Hrsg.): NEUE ASPEKTE. Auf dem Weg zur Optimierung der Werbewirkung in der Fernsehwerbung, o. J. (1991)

T. Zimmermann: Lizenzbranche am Wendepunkt, in: Lebensmittel-Zeitung, 13/1999, S. 46 f.